# 餐饮管理

## 第四版

黄文波 编著

南开大学出版社
天津

**图书在版编目(CIP)数据**

餐饮管理 / 黄文波编著. —4 版. —天津：南开大学出版社，2019.8
ISBN 978-7-310-05871-6

Ⅰ.①餐… Ⅱ.①黄… Ⅲ.①饮食业－商业管理－高等职业教育－教材 Ⅳ.①F719.3

中国版本图书馆 CIP 数据核字(2019)第 181115 号

## 版权所有　侵权必究

南开大学出版社出版发行
出版人：刘运峰
地址：天津市南开区卫津路 94 号　邮政编码：300071
营销部电话：(022)23508339　23500755
营销部传真：(022)23508542　邮购部电话：(022)23502200

\*

唐山鼎瑞印刷有限公司印刷
全国各地新华书店经销

\*

2019 年 8 月第 1 版　2019 年 8 月第 1 次印刷
210×148 毫米　32 开本　13.75 印张　391 千字
定价:34.00 元

如遇图书印装质量问题，请与本社营销部联系调换，电话：(022)23507125

# 第四版前言

《餐饮管理》于 2000 年 12 月在南开大学出版社第一次出版至今已经修订到第四版，累计 15 次印刷，共发行十余万册。五十余所大专院校已将《餐饮管理》作为旅游或饭店管理专业的教材。因此，我要感谢这些院校的教授，感谢数万名的读者。这些数字说明了《餐饮管理》教材内容正确、实用，符合餐饮经营的潮流。每一次再版后，我们都主动征求使用此教材的教授和学生的意见，同时也收到了许多热心读者的信件和电话。他们肯定了教材的信息量大、可读性强和结构严谨，同时也提出了许多宝贵的意见。在南开大学出版社童颖女士的支持和帮助下，现在又完成了第四版的修订。

第四版《餐饮管理》考虑到宏观经济、政治、社会环境的变化以及 IT 技术的发展，对大部分章节的内容进行了补充和修改。与第三版相比，新版的《餐饮管理》有以下特点：

一、新版对餐饮业新技术的应用做了及时的更新。对第四版的第一章、第三章、第四章、第九章等做了较多的调整，加入了现代 IT 技术在餐饮业中的应用，对一些过时的数据、表格以及案例进行了删减。

二、增加了近年来社会经济环境变化对餐饮业的影响等内容，更新了国内外餐饮业发展新动态。

三、对案例进行了重新整理。除个别章节保留原来较好的案例外，大部分章节后的案例做了重新选择，使案例更具有时代性、可读性。

在第四版的修订过程中，我的同事李云飞、陶伟、王宏业、田新等老师提供了宝贵资料和建议，在此表示感谢。其中，李云飞修订第四章，陶伟修订第九章，张晓玲修订第十一章。

尽管我们对文字和数字进行了认真的校对和审查，书中仍有可能出现缺点和不足，敬请广大读者给予批评和指正。

黄文波（whuang@fiu.edu）

2019.6

# 目 录

第四版前言 ································································ 1
第一章　餐饮概述 ························································ 1
　第一节　餐饮业与餐厅 ············································· 2
　第二节　餐饮业的构成 ············································ 11
　第三节　餐厅的分类 ················································ 14
　第四节　餐厅管理的复杂性 ····································· 20
　第五节　餐饮经营的特点 ········································· 25
第二章　餐饮组织结构设计 ········································· 37
　第一节　餐饮组织的内部分工及岗位职责 ················· 38
　第二节　工作任务与工作细则 ·································· 52
　第三节　饭店餐饮员工的配备 ·································· 59
　第四节　创造满意的员工 ········································· 69
第三章　餐饮经营理念 ················································ 83
　第一节　餐饮经营的理念 ········································· 84
　第二节　经营组合 ··················································· 93
　第三节　餐饮经营方式的更新 ································· 104
　第四节　餐厅命名与餐饮品牌 ································· 107
第四章　菜单计划 ······················································ 120
　第一节　菜单的重要性 ··········································· 121
　第二节　菜单的种类 ··············································· 124
　第三节　菜单设计的依据 ········································ 129
　第四节　菜单分析方法 ··········································· 138
　第五节　菜单的设计与制作 ····································· 146

## 第五章　食品原料的采购、验收与储存管理 158
第一节　食品原料的采购管理 159
第二节　食品原料的验收管理 173
第三节　食品原料的储存管理 180
第四节　食品原料的发放与存货控制 192

## 第六章　餐饮销售管理 206
第一节　餐饮产品销售价格 207
第二节　餐厅顾客需求分析 219
第三节　餐饮销售控制 224
第四节　电脑点菜系统与餐饮销售控制 232
第五节　盈亏分界点的确定 236

## 第七章　餐饮服务 247
第一节　餐饮服务的基本技能 248
第二节　餐饮服务方式 255
第三节　餐饮服务程序 261
第四节　宴会组织与管理 264

## 第八章　餐饮成本核算与控制 279
第一节　餐饮产品成本构成和成本分类 280
第二节　餐饮成本核算的方法 286
第三节　食品成本控制的途径 295

## 第九章　餐饮促销 302
第一节　服务员推销 304
第二节　餐饮推销活动 311
第三节　美食节的计划与组织 321
第四节　餐饮广告与公共关系 329
第五节　社交媒体营销与会员营销 347
第六节　促销组合 359

## 第十章　饮料基本知识 365
第一节　饮料简介及分类 366

| 第二节 | 无酒精饮料 | 369 |
| 第三节 | 发酵酒 | 374 |
| 第四节 | 世界著名蒸馏酒 | 380 |
| 第五节 | 配制酒 | 390 |
| 第六节 | 鸡尾酒 | 396 |

**第十一章 餐厅的安全与卫生管理** 402
| 第一节 | 餐厅安全管理 | 403 |
| 第二节 | 餐厅环境与卫生管理 | 411 |

**参考文献** 428

# 第一章　餐饮概述

**学习目的**

- 了解国内外餐饮业的发展现状
- 掌握餐厅的概念和分类
- 了解餐饮经营的复杂性
- 掌握餐饮经营的特点和复杂性

**基本内容**

餐饮业与餐厅

- 我国餐饮业的发展与特点
- 国外餐饮业的发展现状
- 我国餐饮业现阶段存在的问题
- 现代餐厅的发展趋势

餐饮业的构成

- 餐饮业的含义
- 餐饮企业的名称及其实质
- 餐厅的概念和内涵

餐厅的分类

- 按供应时间分类
- 按风味特色分类
- 按服务方式分类

- 按服务的对象分类
- 按档次高低分类
- 按经营的组织形式分类

餐厅管理的复杂性
- 规模和不同的隶属关系
- 服务的广度
- 菜系多样性
- 顾客需求的多样化

餐饮经营的特点
- 生产、流通、服务一体化特点
- 生产上的特点
- 流通中的特点
- 服务上的特点
- 餐饮经营对环境要求高
- 资金周转快
- 餐饮收入的可变性特点
- 需求弹性随餐厅人均消费水平的降低而增大

## 第一节 餐饮业与餐厅

餐饮业是一个古老而又现代的行业。远在中国的商周时期以及西方的古罗马时期就有许多有关餐饮业发展的描述；餐饮业之所以又是一个现代的行业，是因为它在不断吸纳新的科学技术，不断随着市场的变化而进行自我调整。中国餐饮业经过近四十年市场经济的洗礼，逐渐演变并进入一个崭新的时代。各种类型的餐厅、各种风味的菜品，以及绿色餐饮、外卖送餐、APP点菜、二维码菜单、机器人上菜、微信和支付宝买单、频繁的倒闭与开业等已经成为这个新时代的特征。为了更加清楚地了解餐饮业面临的挑战，还是让我们首先认识一下餐饮业。

## 一、我国餐饮业的发展与特点

中国国内生产总值（GDP）增速之快闻名于世。然而增速比国内生产总值（GDP）还要快的就是我们的餐饮业了。尽管"八项规定"对高星级餐饮消费产生过影响，但是人们日益增长的可支配收入与消费观念的变化仍然成为餐饮市场快速发展的动力。在刚刚过去的2017年，全国餐饮收入达39644亿元，是十年前餐饮收入12352亿元的3倍多。

餐饮业的发展还呈现出四个特点：

1. 现代信息技术在餐饮销售中的应用越来越多

新技术的全面导入，具有互联网时代特征的新餐饮已经形成，智能餐厅、APP点菜、微信支付等大大便利了餐饮业的销售。

2. 家庭和个人的餐饮消费需求迅速增长

消费观念从以"在家就餐"为主向"在外就餐"转变。消费形式由单一餐饮消费向餐饮组合消费转变，文化与餐饮的融合已经成为一种新的经营趋势和新的消费时尚。在整体餐饮销售中公款消费比例大幅减少，而个人支出比例不断增大，且年轻人是餐饮市场消费的主力军。

3. 餐饮连锁经营依然保持高速发展

餐饮业的连锁经营从以前的国外品牌主导发展到现在的国外品牌与国内品牌并举，连锁的模式以直营店和加盟店为主。餐饮连锁统一进货、统一配送，体现了生产的多品种、少批量，低投入、高产出，快周转、高效率。今后，传统餐饮向现代餐饮升级的步伐将会加快。以连锁经营、品牌培育、技术创新为特征的现代餐饮业，将快速改变传统餐饮业的手工随意性生产、单店作坊式经营、人为经验型管理方式，大批餐饮企业集团的不断涌现，带动了现代餐饮的进步与发展。

**4. 餐饮业竞争加剧**

很多原先定位高档的餐厅因宏观环境的变化转向大众消费，房地产价格的不断飙升导致餐厅租赁成本飞涨，用工荒导致劳动力成本也在不断上升，这三个主要因素使得餐饮企业的经营成本上升，利润下降。中商数据曾经在 2015 年对上海数百家餐饮企业进行过一次大范围调查，传统餐饮品牌的寿命周期只有 2.1 年。也就是说，大多数餐厅开业两年就倒闭。当然，这个行业的传统是不怕"牺牲"，前赴后继，新开业餐厅不断吸取教训，竞争也从单一的价格竞争发展到菜品质量竞争、广告品牌竞争、服务方式竞争，以及文化内涵等方面的竞争。

## 二、国外餐饮业的发展现状

餐饮业在西方发达国家无论是在发展规模、人均消费水平，还是管理水平上都有很多值得借鉴的方面。对中国餐饮业发展影响较大的应该说是美国。麦当劳、肯德基、必胜客等美国快餐店在中国遍地开花，家喻户晓。表 1-1 所列出的是美国排名前 20 名的商业型餐饮服务组织的餐饮销售收入情况。

表 1-1　美国前 20 名商业型餐饮服务组织的餐饮销售收入

| 2011 年排名 | 餐饮集团名称 | 主营业务 | 2011 年销售收入（百万美元） |
|---|---|---|---|
| 1 | 麦当劳（McDonald's） | 三明治 | 34172 |
| 2 | 赛百味（Subway） | 三明治 | 11434 |
| 3 | 星巴克（Starbucks） | 咖啡 | 8490 |
| 4 | 汉堡王（Burger King） | 三明治 | 8131 |
| 5 | 温迪（Wendy's） | 三明治 | 8108 |
| 6 | 塔可钟（Taco Bell） | 三明治 | 7000 |
| 7 | 杜肯面包圈（Dunkin Donuts） | 饮料小吃 | 5931 |

续表

| 2011年排名 | 餐饮集团名称 | 主营业务 | 2011年销售收入（百万美元） |
|---|---|---|---|
| 8 | 必胜客（Pizza Hut） | 比萨 | 5500 |
| 9 | 肯德基（KFC） | 鸡 | 4600 |
| 10 | 苹果社区烧烤吧（Applebee's Neighborhood Grill & Bar） | 便餐 | 4428 |
| 11 | 福来鸡（Chick-fil-A） | 鸡 | 3992 |
| 12 | 索尼克汽车快餐店（Sonic Drive-In） | 三明治 | 3689 |
| 13 | 橄榄园（Olive Garden） | 便餐 | 3585 |
| 14 | 红辣椒烧烤吧（Chili's Grill & Bar） | 便餐 | 3564 |
| 15 | 达美乐（Domino's Pizza） | 比萨 | 3443 |
| 16 | 帕尼罗面包（Panera Bread） | 面包咖啡 | 3197 |
| 17 | 玩偶匣（Jack in the Box） | 三明治 | 2946 |
| 18 | 阿拜（Arby's） | 三明治 | 2940 |
| 19 | 奶业女王（Dairy Queen） | 三明治 | 2660 |
| 20 | 红龙虾（Red Lobster） | 便餐 | 2632 |

资料来源：Top 100: QSR Report, 2012。

值得说明的是，美国的餐饮行业发展比较成熟，根据美国餐厅协会的统计资料，除了麦当劳稳速发展外，其他餐饮组织的销售额近十年来或多或少，变化不大。

### 三、我国餐饮业现阶段存在的问题

#### （一）餐饮经营模式雷同，缺乏创新

虽然近些年新的餐饮品牌不断推出，而且也逐步扩大，但是从总体上看，仍然存在着发展模式千篇一律，互相模仿的现象。当一个新的创意出现在市场上，许多餐厅争先仿效，随意"克隆"，盲目跟风，但是核心竞争力并不是容易模仿的。因此，很多模仿者在几

年之内纷纷倒闭,甚至影响到最先持此创意的餐厅。即使有些"网红"餐厅名噪一时,但在菜品质量、价格和服务上缺乏创新,也只是昙花一现。

**(二)经营者及管理人员总体素质偏低**

感觉型、经验型、随意型的管理方法是普遍现象。现在的经营业主及许多管理人员,绝大多数是从员工中提拔或者是从其他行业转入餐饮业的,由于管理机制的滞后,使一些不具备餐饮经营资格的人员从事了餐饮业,相当一部分经营者没有掌握餐饮经营运作规范,总体文化素质较低,缺乏管理技巧与专业知识,导致管理水平低下。一些经营者目光短浅,蒙骗消费者的现象时有发生,既损害了消费者的利益,又影响了餐饮业的形象。

**(三)经营模式落后,不能适应市场需求**

大多数的餐饮企业仍然保留着传统的经营观念与经营模式,其思想仍停留在改革开放初期,随着社会发展,人们的饮食思维已从"果腹充饥"转向"品尝休闲",从"生理需求"升为"心理需求"。他们创新与开发意识不强,菜品、经营模式、环境等特色不明显,许多餐饮企业甚至不知道"食无定味、适口者珍"的道理,处处以正宗自诩,抱着所谓传统模式不放,与消费需求和市场变化不适应,使得行业的整体经营水平还比较落后。而企业要在市场中占据一席之地,必须加强创新经营力度和企业文化品牌的塑造。逐步改变以手工随意性加工、单店作坊式经营、经验性管理为主的状况,向标准化操作、工厂化加工、连锁规模化经营和现代化管理的方向发展,不断促进行业整体水平的提高。在市场经济条件下,不能适应市场需求,必将被市场所淘汰。

**(四)缺乏行业制度建设,市场秩序缺少规范**

餐饮行业管理组织相对松散,行业制度建设滞后,缺乏统一的行业规范,生产经营标准和技术含量欠缺,市场管理和行业管理流于形式,远远落后于经济发展需要。据中国烹饪协会《中国餐饮产业运行报告白皮书》分析,现阶段,随着食品原材料成本持续上升、地皮价格日益昂贵，餐饮业经营成本也日益增长，餐饮企业营利能力不断下降，导致餐饮行业竞争进一步加剧，企业微利状况普遍，经营态势不容乐观，另外存在着虚假宣传、价格欺诈和恶性竞争等行为。

由于餐饮网点缺少规划，不少店铺委身于临时建筑、违章建筑，"短期行为"非常严重。由于资金投入和经营管理经验的不足，加上市场准入制度不规范，餐饮行业也被称为"开关行业"，许多中小型餐饮企业食品安全隐患突出，从餐饮管理者到厨师普遍缺乏卫生意识，无证经营现象仍然存在。很多中小型餐厅为了追求营业面积最大化，没有设立顾客卫生间，给顾客造成了很大的不便。

### 四、现代餐厅的发展趋势

作为一个现代化的餐厅，不是单纯地看它装修是否豪华、规模是否庞大，而应该具备以下五个标志：

#### （一）使用现代化的生产设备

随着烹饪技术的发展，厨房设备也随之发展。20 世纪 80 年代之前，许多饭店厨房设备较为简陋，只有少数饭店的厨房有煤气灶，多数使用自砌的烧煤炉灶、木制工作台以及砖砌的、由瓷砖贴面的出菜台。80 年代后，新兴的不锈钢厨房设备层出不穷，且款式新颖、光亮美观、防腐性好、清洁卫生、经久耐用。厨房设备的发展改善了卫生条件，减轻了体力劳动，提高了工作效率，同时又促进了烹饪技术的发展。

现代化厨房设备包括：

（1）不锈钢炉灶、蒸气锅、电磁炉等；

（2）各种烘烤箱，如常规烤箱、对流烤箱、远红外烤箱、微波炉等；

（3）切片机（Slicer）；

（4）搅拌机（Mixer）；

（5）切碎机（Food Chopper）；

(6) 削皮机（Peeler）；

(7) 冷冻、冷藏设备；

(8) 洗碗机、移动洗涤槽；

(9) 各种小型设备与用具，如标准计量器、成套茶匙、量杯、不同用途的刀具等。

## （二）烹调技术的科学化

随着科学技术的发展，烹饪已经由传统的手艺走向烹饪科学，实现艺术与科学的有机结合。这主要表现在对食品原料的物理性质和化学性质有一定的研究。

如鸡蛋的蛋白质凝结温度为：打匀的全蛋 69℃，蛋清 60℃—69℃，蛋黄 62℃—70℃。而且，由于蛋清中含硫，蛋黄中含铁，高温、长时间加热不仅可使鸡蛋变硬，还会产生硫化铁。有些煮鸡蛋的蛋黄外层呈暗绿色，原因即在于此。

牛肉烤到 60℃（Rare）即可食用，但猪肉和鸡肉必须做熟（Well Done），因为家禽易携带沙门氏菌，猪又易得旋毛虫病。

再如味精，东方人喜吃，尤其是中国人。日本人虽发明"味の素"，但日本料理中已使用不多。为什么味精要后加呢？因为高温会使其分解。实际上味精本无味，只是刺激味蕾。西方人敬而远之，认为可导致头痛和胸闷。一些西方人对味精的敏感几乎达到了神经质的程度，以至于出现"中国餐馆症"。

## （三）重视菜品的营养卫生

今天的消费者在吃上不仅讲究口味，而且更重视营养与卫生保健。营养与卫生保健应该成为厨师和餐厅管理人员的必修课。他们应该了解食品原料的营养成分及其功效。食品营养素有以下六大类：

1. 碳水化合物：主要源于谷物、薯类、食糖和水果，主要功能是提供人体热量。

2. 蛋白质：主要源于肉类、鱼类、禽类、蛋类、奶制品和豆制品，主要功能是修补组织，构造机体，调节生理机能，供给人体热能。

3. 脂肪：主要源于植物油和动物油以及奶油，主要功能是提供人体热量和必要的脂肪酸。

4. 维生素：分脂溶性维生素和水溶性维生素，脂溶性维生素包括 A、D、E、K 类，水溶性维生素包括 B 族、C 族、P 族等。人体对维生素的需求量甚微，但又必不可少。当膳食中某种维生素长期缺乏或不足，就会引起人体代谢紊乱并出现病理变化，导致相应的维生素缺乏症。

5. 矿物质：也称为无机盐，主要有钙、磷、铁、碘等，主要功能是构成人体骨骼，组成软组织如肌肉和血管，调节人体正常生理功能。

6. 水：各种食物和营养物质的消化、吸收都离不开水，所以水也是必需营养素之一。

从我国近几年的全国烹饪大赛和地方烹饪大赛来看，参赛菜品的营养价值和卫生状况已成为重要评分依据。许多饭店餐厅在菜单上也标出了菜品的营养价值或所能提供的热量。

我们经常听到一些人说某种食品原料的营养价值高，其实这是一种模糊甚至错误的说法。这要看该食品所含的哪种营养成分高。很多人会认为龙虾比鸡肉营养价值高，然而就蛋白质含量而言，鸡肉比龙虾高！所谓高营养是指营养的平衡，而不是越多越好。营养不足和营养过剩都属于营养不良。

饮食服务卫生也是餐饮经营者需要密切关注的问题。在烹饪原料的选用上，一定要保证其安全可靠，不携带有害微生物。许多科研成果和餐饮业食物中毒案例都向经营者与消费者敲响了警钟，如果子狸携带 SARS 病毒，福寿螺与广州管圆线虫病，织纹螺与麻痹性贝类毒素等。

### （四）标准化的加工生产

传统的厨房生产主要依靠厨师的个人经验和技术，不同的厨师制作出的菜品可能会不一样。一些顾客经常抱怨为什么今天的菜不如上次好吃，原因即在于此。今天，标准化已成为现代化生产的代名词。作为一个现代化的餐厅，厨房生产必须做到标准化。也就是说，厨房生产必须依靠标准化菜谱和标准化操作程序来进行。

西方发达国家在厨房生产的标准化方面有很多值得我们学习的地方。在美国，即使很有经验的厨师，在菜品制作上都离不开量杯、量匙等量器，并且严格按照标准化菜谱进行烹制生产。在许多管理完善的餐饮企业，厨房办公室都有标准化菜谱卡片，供操作人员随时调用。这样，无论菜品是由哪位厨师制作，其质量是相同的。

麦当劳、肯德基等快餐连锁集团的经营之所以成功，主要原因之一就是标准化。当您走进世界上任何一个城市的该连锁餐厅，其产品的分量、大小、味道、温度，乃至服务等都是相同的。我国越来越多的饭店餐厅已经意识到标准化的重要性，有的甚至将标准化奉为其经营理念。

**（五）重视环境保护和社会效益**

一些有远见的餐厅经营者已经接受了新的理念和新的思想，环境保护意识和社会效益意识逐渐加强。绿色饭店、可持续发展等概念已不再陌生。美国的圣地亚哥已经出现了绿色餐厅协会，然而"绿色餐厅"在中国还是一个新的概念。绿色餐厅所倡导的不仅是简单的绿色食品，更主要的是如何节约能源、减少浪费、减少环境污染等。

**（六）餐饮服务的科技含量越来越高**

传统的观点认为，餐饮业是一个科技含量低的服务行业。然而，现代化的餐饮企业离不开科学技术。科技含量不仅体现在各种食品加工与烹饪设备上，还体现在服务过程当中。现代的餐饮业已经普遍使用销售终端（POS）系统来进行点菜和收银，使用信息系统进行原料采购、储藏和发放，使用手机应用（APP）和微信进行促销与收银也成为趋势，甚至还出现了机器人上菜与服务。新的技术在餐饮经营过程中的应用越来越广泛。另外，网络媒体在餐饮企业的销售中起到了不可低估的作用，"大众点评"等成为很多年轻人选择餐厅的依据。

## 第二节 餐饮业的构成

### 一、餐饮业的含义

餐饮业是指以从事饮食烹饪加工和消费服务经营活动为主的行业。主要包括以下三大类：

**（一）宾馆、酒店、度假村、公寓、娱乐场所中的餐饮部系统**

包括：

1. 各种风味的中、西餐厅；
2. 酒吧；
3. 咖啡厅；
4. 泳池茶座。

**（二）各类独立经营的餐饮服务机构**

包括：

1. 社会餐厅、酒楼、餐馆、餐饮店；
2. 快餐店、小吃店；
3. 茶馆；
4. 酒吧；
5. 咖啡屋。

**（三）企事业单位餐厅及一些社会保障与服务部门的餐饮服务机构**

包括：

1. 企事业单位食堂、餐厅；
2. 学校、幼儿园的餐厅；
3. 监狱的餐厅；
4. 医院的餐厅；

5. 军营的饮食服务机构。

## 二、餐饮企业的名称及其实质

看到前面的一长串与餐饮业有关的名称，读者不禁要问："怎么餐饮业中有这么多令人头晕目眩的名字？它们到底有什么区别和联系？"下面我们就把这些名称不同，但看起来又没有多大区别的店名、店号进行归纳和整理。

在英语当中，与餐饮业有关的名称很有限，不像我们汉语中的名字这样繁杂。以美国英语为例：

Hotel：是指以提供客房服务为基本业务，以餐饮服务或其他娱乐项目为辅的饭店、宾馆或旅馆。事实上，有不少饭店的餐饮收入已经超过了其客房收入。Hotel 可以不提供餐饮服务，但作为 Hotel，必须要有客房服务。

Motel：是 Motor Hotel 的演变词，意为汽车旅馆，在概念上从属于 Hotel。

Restaurant：是指有固定场所，提供饮食和服务的机构。我们一般汉译为餐厅、餐馆、饭馆、酒楼。

Bar：酒吧，"吧"字即源于此词的音译。有的酒吧从属于宾馆和餐厅，也有的酒吧是独立经营的。

那么，前面提到过的那么多涉及餐饮服务的中文名称，又都属于哪一类呢？一般来说，可以这样划分：

1. Hotel 类

宾馆、饭店、酒店、旅馆、招待所、客店、客栈都属于此类，只是其名称下面所隐含的档次、规格和规模不一样。如宾馆、饭店、酒店隐含着"高档""豪华"的意思；而旅馆、招待所会给人以"中档""普通"的印象；若取名为客店、客栈，人们马上会联想到"低档""简陋""大通铺"。当然，这些地方一般都提供餐饮服务。

容易使人模糊不清的是，饭店、酒店也可以用来作为独立餐厅的名称，正像其字面含义一样，提供"饭"和"酒"。有很多饭店、酒店只提供餐饮服务，而不提供客房服务。因此，一定要搞清楚是 Hotel 还是 Restaurant。

2. Restaurant 类

酒楼、酒家、酒馆、饭馆、菜馆、面馆、餐厅、饭厅、快餐店、饮食店、小吃店、小吃部、饭铺、食堂等，都属于 Restaurant。

当然，这些名称也有档次高低之分。酒楼、酒家含有"高档""规模大"之意，饭馆、菜馆、面馆等给人以"中低档"的印象，而小吃店、小吃部、饭铺则通常意味着马路边的个体餐厅。

读者也许会发出这样的感叹："名字真多！"不过这些名字还不算多，它们并不是某一餐厅的"注册"店名，只是属性名称。真正的"注册"店名还要多得多，而且大多使用以下字号：

居：美膳居、同合居、砂锅居；

楼：登瀛楼、燕春楼、鸿宾楼；

春：满堂春、雁翎春；

阁：聚宾阁、画萃阁；

堂：聚英堂；

台：鱼花台；

顺：贵发顺、东来顺、鸿起顺；

斋：全素斋；

坊：天一坊、食为天美食坊；

香：一品香。

3. 酒吧、歌厅、迪厅、夜总会、俱乐部等

这些地方提供酒水和简单的食品，属于餐饮业。同时，由于这些地方提供不同程度的娱乐活动，因而又可以属于娱乐业。有时我们笼统地称之为"饮食娱乐业"。

为了简便和统一，我们在本书中称第一类（HOTEL）为饭店，称第二类（RESTAURANT）为餐厅。

### 三、餐厅的概念和内涵

餐厅是通过出售服务、菜品和饮料来满足顾客饮食需求的场所。或者说，凡是有一定的场所，公开为顾客提供饮食服务的设施机构，都可称为餐厅。

餐厅的设施、设备、服务是构成餐厅的基本条件，一般来说，餐厅的内涵有以下三条：

**（一）固定的场所**

固定的场所是指具有一定的有形建筑物，有一定接待能力的餐饮空间或营业场所，有提供餐饮的设备和设施。

按照中华人民共和国制定的《旅游涉外饭店星级的划分及评定标准》，三星级饭店的餐厅要求具有与客房接待能力相适应的中餐厅、西餐厅、咖啡厅和宴会厅（或多功能厅兼用宴会厅）。

**（二）提供食品、饮料和服务**

食品、饮料是基础，餐饮服务是保证，是顾客评价餐厅的主要依据之一。对顾客来说，优良的服务并不能掩盖或完全弥补餐饮质量所造成的问题。因此，餐厅提供的食品和饮料应做到质量、数量、价格和服务的统一。

**（三）以盈利为经营目的**

饭店的餐饮部是一个主要利润中心，独立餐厅也要尽快收回投资。餐饮工作者应努力扩大客源市场，节约成本，适应市场变化与竞争形势，使自己的企业办得更具特色和魅力。

以上三者缺一不可，缺少其中任何一项，都不能称之为餐厅。

## 第三节 餐厅的分类

对餐厅分类的了解，可以帮助我们进行餐饮市场细分，确定目标顾客，进一步做好餐饮管理及市场营销具有重大意义。餐厅有多种分类标准，但无论采用哪一种分类标准，餐饮业中所有的餐厅都可以在此标准下找到自己的位置。

## 一、按供应时间分类

### （一）早点业

这类餐厅是指以提供早餐服务为主的饮食服务机构。由于我国地域辽阔，人们的饮食习惯差异很大。北方人的早点通常是豆浆、豆腐脑、云吞、炸油条、炸糕、稀饭、鸡蛋等；而南方人，尤其是广东人，主要是早茶项目，如肉粥、炸虾球、烩牛肚、凤爪等。近年来，各地早点业有融合的趋势。

### （二）正餐业

这类餐厅只提供午餐和晚餐，而且午餐菜单和晚餐菜单相同，一般不提供早餐。这类餐厅有各种风味、各种菜系，是最常见的一类餐厅。

### （三）茶点业

这类餐厅在餐饮业中所占比例不大，而且从营业时间上看，一般是和正常进餐时间错开的，以提供茶点为主。

### （四）宵夜

这类餐厅通常晚上开业，营业至午夜甚至凌晨。这类餐厅是以夜生活顾客和上夜班的人员为主要目标市场，所提供的菜品相对比较简单。

## 二、按风味特色分类

### （一）专门经营某一类菜肴的餐厅

这类餐厅通常采用较单一的产品组合策略用来满足不同的顾客群体或某一顾客群体的特殊需要，如海鲜餐厅、野味餐厅、素食餐厅等。

### （二）突出某一地方菜系的餐厅

几千年饮食文化的进化和演变，形成了著名的八大菜系，也有人提出十大菜系，很多餐厅选择其中一种作为其经营内容。如：川菜、鲁菜、粤菜、苏菜（淮扬菜）、京菜、浙菜、闽菜、湘菜等公认的著名菜系，由于其制作工艺和烹饪风格的不同而各有千秋，各有特色。

**（三）突出某一民族或国家风味的餐厅**

按照这一分类标准，所有的餐厅可分为中式餐厅和西式餐厅。西式餐厅包括法国菜、俄国菜、意大利菜、墨西哥菜、日本菜、美国菜和其他民族风味的菜。事实上，真正的美国菜并不存在，它只是世界各民族菜系的大融合。

**三、按服务方式分类**

**（一）餐桌服务式餐厅（Table Service Restaurant）**

这是我们常见的一类餐厅。顾客入座后，由服务员点菜、上菜、清台，最明显的特点是服务员提供桌边服务。

这类餐厅也称为正餐厅，服务较全面、正规。它可以是中式，也可以是西式。一般来说，所有装饰华丽、服务高端、食品精美、环境舒适的餐厅都提供桌边服务，属于餐桌服务式餐厅，但并非所有的餐桌服务式餐厅都是高档的餐厅。

**（二）自助餐厅（Cafeteria）**

自助餐厅从其名称可以看出，带有自助性质，而不是提供餐桌服务。具体讲，自助餐厅有以下特点：

1. 由顾客自己将食物端至桌前，而不是由服务员。
2. 大多数食品饮料均在柜子上陈列，由客人自取，然后付款。
3. 用餐后，客人将托盘等餐具放在指定位置。
4. 热菜一般由服务员装盘。
5. 有时连最后的加工都是由顾客自己完成。

如西餐厅的吐司（Toast）、英式松饼（English Muffin），中餐中的火锅、烧烤等。

注意自助餐厅与自助餐（Buffet）的区别：

自助餐厅（Cafeteria）是一种类型的餐厅，而自助餐（Buffet）是一种服务方式或宴会形式。即使餐桌服务式餐厅也可以搞自助餐。

目前在中国流行的西式快餐厅，如麦当劳、肯德基、必胜客等，均属于自助餐厅，顾客点完食品和饮料后，须自己端至餐桌，餐厅只提供有限的服务。但由于这类餐厅深受顾客喜爱，发展非常迅速，因而也有的学者把快餐厅作为一种独立的餐厅形式列出，成为与前两类并列的餐厅类型。

### （三）柜台服务式餐厅（Counter Service Restaurant）

在这种餐厅里，顾客坐在柜台旁，可边聊天边欣赏厨师的厨艺。菜是由服务员或厨师直接上给顾客，由于这种餐厅的服务速度非常快，所以也被称为"速简餐厅"。

此类餐厅在西餐中较多，中餐并不多见，主要是某些经营风味小吃的小餐厅。目前在中国比较流行的日式铁板烧即属于此类。

### （四）外带服务式餐厅（Take-out or Carry-out Service Restaurant）

这种餐厅主要提供外带服务，即厨师将菜制作以后，不是装盘上给顾客，而是将菜品用纸盒包装好，由顾客带至餐厅以外的地方去吃，如在汽车、办公室、住宅、公园等地方吃。

值得说明的是，现在许多自助餐厅和餐桌服务式餐厅也提供外带服务。以麦当劳为例，许多麦当劳快餐厅在厨房后面靠近车道的地方开一窗口，汽车驾驶员不需下车，只要把车窗放下，点好所喜爱的食品，里面的服务人员会从窗口把食品递给司机。这样既节省了餐厅内部的服务空间，又方便了驾车旅行的顾客。

### （五）自动售货机（Vending Machine）

自动售货机在美国非常普遍，不仅出售饮料、糖果和香烟，而且还出售冷热食品。自动售货机也可作为餐厅的一种，但并不是严格意义上的餐厅。

### 四、按服务的对象分类

**（一）商业型餐厅（Commercial Restaurant）**

这类餐厅营利目的性较强，其服务对象流动性较大，并不是每天都有相同的顾客。人们日常外出就餐，或请客吃饭，都是在这种餐厅里。

**（二）企、事业单位餐厅（Institutional Restaurant）**

这类餐厅有时也称为"食堂"，营利目的性不强，其服务对象是固定的。如企业内部的餐厅，学校的学生餐厅，医院、监狱、军营的餐厅。

划分商业型餐厅和企、事业单位餐厅的重要意义在于菜单计划决策。餐厅可根据顾客不同的喜好、不同的消费水平来设计菜单，以满足不同服务对象的需求。

### 五、按档次高低分类

我国目前的餐饮企业是多口管理，有的属于国家旅游局系统（多为高档），有的属内贸系统。原国内贸易部饮食服务管理司曾试图将全国的餐饮企业统一起来，并进行等级评定，但也只是做了一些试点工作，没有贯彻落实，因此餐饮业没有全国统一的分类标准。但是，各省、市基本上有一套自己的分类标准。例如北京、四川等地对餐厅的分类同酒店一样是按照星级划分的，如四星级或三星级餐厅；河南省将餐厅划分为甲级、乙级等；天津的餐饮业分为四类，即特级户、一级户、二级户和三级户；有的地方是将餐厅划分为A、B、C、D等几类。尽管各地缺乏统一的分类名称，但是分类的标准基本相同，主要考虑以下几个方面：

1. 设施设备：
（1）房屋建筑；
（2）餐厅（营业现场）；
（3）厨房；

（4）公共设施设备。

2. 技术力量：

（1）烹调；

（2）面点；

（3）餐厅服务；

（4）管理人员。

3. 菜点质量。

4. 服务质量。

对餐饮业进行分类的目的是为了加强管理，鼓励正当竞争，制止价格欺诈和暴利行为，保护消费者和经营者的合法权益。

### 六、按经营的组织形式分类

#### （一）独立经营的餐厅

独立经营的餐厅是指餐厅独立核算、有经营自主权、有自己的注册资本，具有法人资格。我国绝大多数餐厅属于独立经营的餐厅。

#### （二）依附经营的餐厅

依附经营的餐厅是指饭店餐饮部系统的餐厅，从属于饭店，没有自己的注册资本，不具备法人资格。

#### （三）连锁经营的餐厅

连锁经营在国外非常普遍，尤其是快餐业。据统计，美国汉堡包销售量的90%是由连锁经营的餐厅销售的。麦当劳通过连锁经营，用了短短的四十年时间，已发展成为全球最大的快餐连锁集团。目前，已在全球一百多个国家开设了两万余家分店。据麦当劳的年报介绍，经营最好的分店是在北京的几家分店，每天人流如潮，在美国是绝对看不到的情景。

一般来说，连锁有三种形式：

1. 特许经营（Franchise）。

2. 直接投资（Own）。

3. 合同经营（Contract）。

其中，特许经营倍受宠爱，国内外餐饮企业争相效仿，中国人的效仿能力在这一领域又得到了充分的发挥。许多餐饮连锁集团如雨后春笋般在各地出现，如上海的荣华鸡、天津的狗不理等。然而，特许经营这条路并不好走，荣华鸡、红高粱也曾有过辉煌，但今天，已从各地纷纷"败阵"。

企业在发展连锁经营时，必须认清自身的优缺点，努力发挥优势，克服不足。

连锁经营的优点：

（1）从建筑设计、店内装潢到菜单、菜谱完全一样，实行标准化经营。

（2）统一人才培训。

（3）便于广告宣传，公众形象易认识。

（4）统一进货，可降低进货成本。

（5）统一服务质量。

但是，如果连锁集团的管理不严格，也会出现反面作用：

（1）因循守旧，墨守成规，不能改变菜单或菜式。

（2）一家信誉不好，导致其他餐厅信誉下降。

## 第四节　餐厅管理的复杂性

### 一、规模及隶属关系不同

饭店餐饮部门和独立餐厅在规模和隶属关系上有很大的不同。英国的餐厅大多是家庭所有，经营规模较小；美国的快餐企业大多是连锁经营的；中国的餐饮业虽然已经关注连锁经营，但多数还是分散的独立经营。

大型组织得益于规模经济效益（因为无论是一天接待1000位还是1位客人，同样只需要一个主厨和餐饮经理，等等），而小规模经营却可以提供一个高质量的个性化服务。许多入住大型饭店的客人都可以得到高标准的专业化的餐饮服务，但是他们经常觉得自己仅仅是一个不为饭店员工所熟知的客人。缺乏个性化的服务在大规模的餐饮经营中是不可避免的。这只能通过高标准的美食烹饪，极友好的服务和高度的舒适感来给予补偿。

大规模经营的一个优势就是他们有能力聘请专家，他们完全可以聘用一位特级厨师、一位经验丰富的餐饮经理、一位优秀的会计师和营销主管。此外，他们在专业化方面有着很大的优势，厨务部通常可以分为8—12个专业部门，各自专门负责不同的烹饪工序与烹饪风格。这种高度的专业化是促进美食烹饪高标准化的强有力因素。而私人餐厅经营规模偏小，聘请专家或进行高度专业化的食品生产就不大可能了。

餐饮企业或者组织都有各自不同的归属。以饭店餐饮企业为例，其中的大多数都属于饭店连锁集团，而独立经营的小餐饮企业极少。此外就是隶属于饭店行业以外的诸如航空公司或者是其他的一些组织，在国内非餐饮类事业单位也运用其闲置的资金来开办餐饮企业。

在市场中，独立的、私营的餐饮企业在数量上占有明显的优势，原因在于开办一家餐饮企业要投入的资金远比进入饭店业的投资要少，并且其进入的壁垒也比较低。而数量相对较少的，隶属于同时经营许多部门的饭店管理集团的餐饮部门，在经营的规模、服务的广度以及民族烹饪特色上与前者大有不同。

## 二、服务的广度

饭店餐饮部门和独立的餐饮企业提供的服务在广度上有很大的差异。饭店餐饮部门通常都经营着几个餐厅（国内饭店餐饮部门通常同时至少经营着中餐厅和西餐厅，还一些饭店甚至经营有泰式餐厅、法式餐厅等);而小型私营饭店的餐厅只是象征性地提供午餐和晚餐。

饭店的规模并不总是能够反映餐饮服务的广度。在西欧的一些国家,特别是在瑞士,那儿有数量众多的大型饭店,但是它们只提供住宿;他们根本就不设餐饮部,当然茶、咖啡和一些点心小吃还是可以买到的。

大多数的汽车旅馆倾向于仅提供住宿,甚至已经达到中型饭店的规模时也是如此。因为要经营大量的外带食品,就需要行之有效的管理。国内的汽车旅馆比较少,一般也只是提供一些简单的如面包和牛奶之类的早点。

餐饮服务的广度是造成餐饮经营管理的复杂性的一个因素,由于不同的服务类型、不同的菜单和不同销售网点的价格策略差异,更加剧了餐饮管理复杂性和难度。

**三、菜系多样性**

餐饮经营中的饮食文化是其中一个重要的方面。仅仅是中餐,由于中国几千年饮食文化的演变,形成了著名的八大菜系,也有人提出十大菜系。很多餐厅选择其中一种作为其经营内容。如:

1. 经营四川菜系的餐厅:简称川菜,以麻辣、鱼香、家常、怪味、酸辣、椒麻、醋椒为其主要特点。

2. 经营广东菜系的餐厅:简称粤菜,以选料广泛,讲究鲜、嫩、爽、滑、浓为主要特点,主要由广东菜、潮州菜和东江菜组成。代表菜有龙虎斗、脆皮乳猪、咕噜肉、大良炒鲜奶、潮州火筒炖鲍翅、蚝油牛柳、冬瓜盅、文昌鸡等。

3. 经营山东菜系的餐厅:简称鲁菜,其特点是选料精细,刀法细腻,注重实惠,花色多样,善用葱姜。代表菜有:干燸大虾、糖醋鱼、锅烧肘子、葱爆羊肉、葱扒海参、锅塌豆腐、红烧海螺、炸蛎黄等。

4. 经营江苏菜系的餐厅:简称苏菜,由淮扬菜、苏州菜、南京菜等组成，其特点是制作精细，因材施艺，四季有别，浓而不腻，味感清鲜，讲究造型。代表菜有：烤方、淮扬狮子头、叫花鸡、火烧马鞍桥、松鼠桂鱼、盐水鸭等。

5. 经营浙江菜系的餐厅：简称浙菜，由杭州、宁波、绍兴三种地方风味发展而成，特点是讲究刀工，制作精细，变化较多，富有乡土气息。代表菜有：西湖醋鱼、龙井虾仁、干炸响铃、油焖春笋、西湖莼菜汤等。

6. 经营福建菜系的餐厅：简称闽菜，以福州菜和厦门菜为主要代表，其特点是制作细巧，色调美观，调味清鲜。代表菜有：佛跳墙、太极明虾、闽生果、烧生糟鸭、梅开二度、雪花鸡等。

7. 经营安徽菜系的餐厅：简称徽菜，素以烹制山珍野味著称，擅长烧、炖、蒸，而少爆炒，其烹饪特点是芡大、油重、色浓，朴素实惠。代表菜有：火腿炖甲鱼、雪冬烧山鸡、符离集烧鸡、蜂窝豆腐、无为熏鸭等。

8. 经营湖南菜系的餐厅：简称湘菜，以熏、蒸、干炒为主，口味重于酸、辣，辣味菜和烟熏腊肉是湘菜的独特风味。代表菜有：麻辣子鸡、腊味合蒸、东安子鸡、洞庭野鸭、霸王别姬、冰糖湘莲、金钱鱼等。

9. 经营北京菜的餐厅：北京菜是由北京本地菜、山东菜、宫廷菜和清真菜等不同风味构成。代表菜有：北京烤鸭、涮羊肉、烤肉、蝴蝶海参、三不粘等。

10. 经营上海菜的餐厅：上海菜是在本地菜基础上，广泛吸取了其他菜系及西餐的长处而发展起来的年轻菜系，其特点是：汤卤醇原，浓油赤酱，咸淡适口，保持原味。代表菜有：椒盐蹄膀、五味鸡腿、砂锅鱼头、口蘑锅巴汤、大闸蟹等。

中餐的各种菜系，其原料、烹饪手法和饮食风味特点是千差万别。此外，西式餐厅经营有法国菜、俄国菜、意大利菜、墨西哥菜、日本菜、美国菜和其他民族风味的菜。由此可见其复杂的程度，所以说餐饮管理的复杂性眼见于此。

四、顾客需求的多样化

**（一）不同顾客的就餐目的有很大区别**

不同顾客的就餐目的有很大的区别，最简单的目的就是满足生理的需要，通俗地说就是填饱肚子。很显然，现在这种简单的目的相对少一些，更多的是夹带了其他一些更为复杂的目的。有研究结果表明，一个较少出外就餐的客人（至少六个月一次）在外就餐的目的比较多地集中在庆祝特别的场合（43%），比如说婚庆、款待配偶（30%），朋友聚会（18%）以及创造一次家外就餐的经历（18%），而与之形成对比的是经常在外就餐的顾客（至少两星期一次）的目的更多是朋友聚会（27%）、摆脱家内就餐（27%）、款待配偶（21%）和逃避下厨（19%）。由于顾客的目的不同，餐饮部门要提供的服务也会相应地有所差异，但是顾客的目的是顾客的内心动机，作为餐饮管理者难以洞察，这也成为餐饮管理复杂性的一个重要的原因。

**（二）顾客的构成很复杂**

许多行业存在固定的顾客群体。波音公司的顾客是购买飞机的航空公司，服装厂的顾客是经销服装的批发商或服装店。而对于餐厅来说，任何人都有可能成为目标顾客。餐厅服务人员接待的顾客可能是商界人士，可能是旅游者，可能是教授，可能是警察，也可能是逃犯或黑社会打手。这些人有着不同的社会背景和经济背景，他们对餐饮服务的质量期望有着很大的差异。根据专家的研究，商界人士注重服务的优雅和规范，旅游者注重服务的快捷和菜品的价格，教授可能更看重服务中的可靠性和移情性。他们对服务中的缺陷有较高的容忍度，而对于后者来说，对服务缺陷的容忍度较低。此外，面对过分粗暴和挑剔的顾客，服务人员不得不提心吊胆，谨小慎微，承受着巨大的工作压力。

## 第五节 餐饮经营的特点

### 一、生产、流通、服务一体化特点

普通的商业只有流通和服务，工业企业则重在生产，而餐厅却集生产、服务、流通于一体。表现在：

**（一）厨房的业务活动是生产性的**

厨房的业务活动和工业企业一样，是再创造，而不是普通的加工。生产与加工是有区别的。

加工不改变原材料的性质，如染布，颜色虽改，但质量、性质未变。再如蔬菜的摘洗，也属加工，未改变性质。

生产既改变了原料的形状又改变了原料的性质。例如，一条黄鱼经过宰杀、去鳞、切头、打花刀、上粉、油炸、装盘成形、浇汁等一系列工序，就制作成了松鼠黄鱼。盘中之物不再是水产动物的范畴，而是一道美味可口的菜肴了。

**（二）餐厅的前厅属于流通**

顾客在前厅中点菜就餐，点菜即意味着交易的达成。餐厅将菜品和饮料销售给顾客，顾客就餐后付款，这是商品买卖过程。

**（三）在生产、流通的同时，提供服务**

这种服务比其他任何类型的企业都完善和讲究。关于服务问题，在后面的章节中有详细的论述。

### 二、生产上的特点

**（一）生产的即时性与及时性特点**

即时性就是指生产的速度快。餐饮产品的生产是通过对食品原料的加工、切配、烹调制作来完成的。一份菜品的制作往往只需要几分钟或十几分钟，即使是一次宴会也不过几个小时。

及时性是指顾客点菜后马上生产，尽量缩短顾客的等候时间。这一特点要求厨房在生产上要迅速。中餐大部分是小炒，提前做不得，即使提前准备，也只能将原料备齐，或是半加工。烹调阶段必须是即时进行，产品烹制完成后马上销售，否则，菜品的色、香、味、形、温度等都会受到影响。

### （二）产品的不可储存性

产品一经生产出，就马上给顾客服务，不能将今天做的菜存到明天再出售，没有工业企业中成品储藏待售这一环节。这实际上是指餐饮服务的一次性特点。

### （三）批量小

工业企业可以通过流水作业大批量生产，而餐厅则不能。西餐中，尤其是西餐宴会的菜品可以批量生产，一炉可烤制几十甚至几百份，但也仅此而已。

快餐业，尤其是快餐连锁集团，其产品可批量生产，但这种生产是在中心加工厂完成的，而不是在每个分店的厨房内完成的。

### （四）每天的生产量不易预测

客人上门餐厅才有生意做，而客人的人数及其所要消费的餐饮品种是很难预测的。由于菜品原料种类繁多，制作某一菜品需要多种原材料，而同一原材料又有各种不同的用法。所以，餐厅必须进行充分的准备，以满足顾客的各种需求。

## 三、流通中的特点

### （一）零售性强

流通领域包括批发和零售。餐饮产品是直接销售给最终消费者，因此，其销售属于零售。餐饮产品没法批发。和零售商业企业类似，营业现场大，销售量就大，而批发则不受营业现场影响。由于餐厅接待能力受餐厅场地的大小、桌椅的数量等限制，因此，如何提高座位周转率是值得餐厅经理研究的课题。

## （二）销售量受供应时间限制

营业时间短，餐厅的销售量会受到限制。很多餐饮企业在人员安排许可的前提下，尽量延长营业时间，甚至全天候，以扩大销售额。

## （三）餐厅产品的无形性特点

人们通常认为，饭店服务是无形的产品，而餐厅产品是有形的。餐厅产品的确有形，但它们具有无形性的特点，这是相对于一般商品而言的。

例如，顾客在商店买东西时，他可以检查商品的质量，可以试看效果，然后再决定是否购买。但他们在购买餐饮产品时却不会有同样的机会。就像住宾馆不能试住一样，上餐厅用餐也不能试用。

餐厅服务本身是看不见、摸不着的东西，消费者不能把服务购买回家，他带回去的只是服务产生的效果，是服务对消费者所产生的生理、心理感官上的作用和影响。

## 四、服务上的特点

### （一）服务的周到和完善

服务是餐厅销售的无形产品，因此，服务比其他任何企业都周到和完善。餐厅中负责接待与服务的岗位有：

迎宾员：穿着与餐厅气氛协调，负责迎宾。

客厅服务员：入餐前在客厅等候客人，因此要设此服务员。

领台员：负责将宾客引到预订台位。

餐桌服务员：提供餐桌服务。

收银员：输入菜品销售信息，收款结账。

再豪华的商场也做不到这一点，只有餐厅可以。

### （二）不同的餐厅有不同的服务要求

不同档次的餐厅和不同类型的餐厅在服务上有不同的服务要求。餐厅越高级，服务应越好，当然，价格也越高。快餐厅只提供柜台服务，一般不提供餐桌服务，而高档的餐桌服务式餐厅则无论是在服务程序还是在服务员素质上都有严格的要求。

**（三）宴会对人际服务的要求最高**

这是指在同一餐厅内，对散客和宴会宾客的服务是有区别的。当然这种区别并不是说对宴会宾客大献殷勤，对消费散客不屑一顾，而是表现在对服务的整体安排上。如对散客来讲，一个服务员可同时为三桌顾客服务，而对宴会包间则至少应有一名服务员。如果档次高、标准高，或是 VIP，则应加强服务力量。记住一点：价格越高，宴会原料成本率越低，但服务成分增加。所以高档宴会不是贵在原料成本上，而是贵在服务与气氛上。

餐饮经营的这一特点也可以用顾客的平均消费能力（Average Spending Power，ASP）与餐饮产品的有形因素和无形因素的关系来表达，如图 1-1 所示。

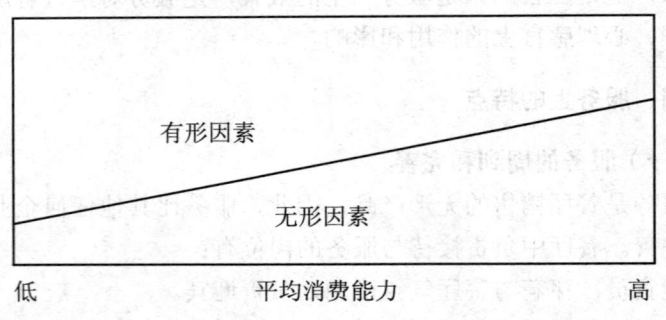

图 1-1　平均消费能力的有形与无形因素

平均消费能力也称为顾客平均消费水平，是指每餐中平均每人的消费金额。从图 1-1 中可以看出，随着平均消费能力的增加，产品的有形因素逐渐减少，而无形因素逐渐增加。

一般来说，西餐厅由于菜品种类有限，而且又是分餐制，每位顾客的消费水平差异不是很大，因此，平均消费能力在很大程度上标志着餐厅的档次，即平均消费能力越高，餐厅的毛利率也越高，对无形的服务要求也越高。

对于很多中餐厅来说，由于菜品种类多，档次差异大，不同的顾客群体即使在同一餐厅内部就餐，消费水平也有可能有较大的差异，图1-1同样适用。如果某一顾客群体的平均消费能力较高，餐厅应提供相应的高水平服务。

**（四）服务的无形性**

服务是一种表现或行动，而不是实物，我们不能像感觉有形商品那样来看到、感觉或触摸到服务。服务营销理论创始人之一，芬兰学者格罗鲁斯（Christian Gronroos）对服务与有形产品的区别进行了归纳，通过表1-2，我们可以看到二者的区别。

表1-2 服务与有形产品的区别

| 有形产品 | 服务 |
| --- | --- |
| 有形 | 无形 |
| 同质 | 异质 |
| 生产、传递与消费过程分离 | 生产、传递和消费过程同时发生 |
| 一种物体 | 一种活动或过程 |
| 核心价值在工厂中生产 | 核心价值在买与卖的交互过程中实现 |
| 通常顾客不参与生产过程 | 顾客参与生产过程 |
| 可以储存 | 无法储存 |
| 涉及所有权的转移 | 不涉及所有权的转移 |

资料来源：克里斯廷·格罗鲁斯. 韩经纶，等译. 服务管理与营销：基于顾客关系的管理策略（第2版）. 北京：电子工业出版社，2002：33.

由此看出，服务是由一系列活动所组成的过程，在这个过程中，生产与消费同步进行。当顾客来到餐厅进餐时，餐厅的服务也随之完成。

**五、餐饮经营对环境要求高**

**（一）餐厅对内部环境的要求**

1. 舒适性：餐厅室内装修的气氛、格调、色彩等要给顾客以舒适、清爽的感觉，而不能使顾客感到压抑、憋闷。

  2. 整洁性：餐厅的整体布局、桌椅摆放要整齐，高档餐厅对桌面摆设、桌腿的方向、台布下摆的位置都有严格的要求。餐厅的墙壁、家具、台面、地板、地毯应每天擦拭吸尘，卫生间要保证绝对的干净，空气清新。

  3. 文明性：中国以文明国家而自居自傲，餐厅更应体现其文明性。餐厅的文明需要员工和顾客的密切配合，无论是总经理还是服务员，言行举止要体现出文明和高雅。一般来说，顾客在这样一个文明的环境中是很少出现甚至不会出现不文明行为的。

（二）餐厅对外部环境的要求

  餐厅的外部环境主要是指餐厅的坐落地点和周围环境。外部环境对于餐厅类型和档次高低的选择至关重要。高档餐厅一定要设在市中心和商业区。市区边缘和主干公路上可设中低档的餐桌服务式餐厅或快餐厅。

## 六、资金周转快

  食品原料的内在特点决定了餐饮业的库存量不可能太大。有的原料，如蔬菜、面包、牛奶、鲜活鱼虾等，需要每天进货；而有些干货原料，由于不易变质，进货时间可长些，如一周或两周。餐厅的资金周转期一般在一周或 10 天。同其他企业相比，资金周转是比较快的。

## 七、餐饮收入的可变性特点

  由于饭店客房数量和客房价格在一定时期内是固定不变的，因此饭店客房的最高日营业额也相对固定。但餐饮服务的最高日营业收入却因餐厅座位周转率和顾客的人均消费水平的变化而变化，变化的幅度要比客房收入变化幅度大得多。因此，饭店内的餐厅应努力挖掘潜力，为饭店创造更多的利润。

## 八、需求弹性随餐厅人均消费水平的降低而增大

这里所讨论的需求弹性（Elasticity of Demand）实质上是需求的价格弹性（Price Elasticity of Demand），它是指餐饮产品的需求对价格变化的反应程度。如果较小的价格变动会导致较大的需求变化，该产品则具有较大的需求弹性；如果较大的价格变化对需求的数量没有什么影响，则其需求缺乏弹性。

但是，对于不同人均消费（Average Check，简称 AC）水平的餐厅，其需求弹性是不同的。图 1-2 所表示的是不同人均消费水平的餐厅所对应的需求弹性。

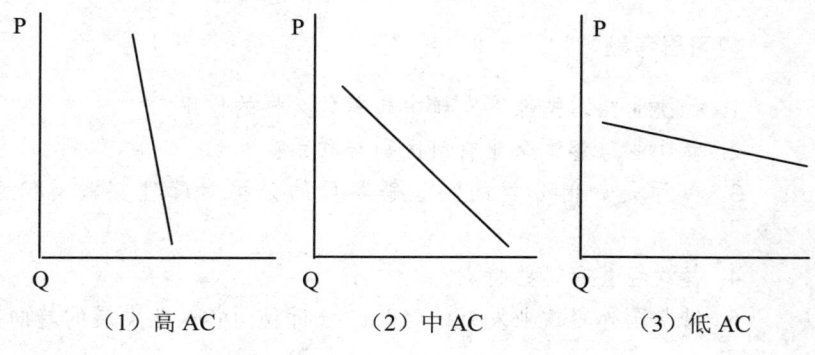

图 1-2　需求弹性示意图

第一个图显示，如果该餐厅的人均消费水平较高，即使餐厅菜品价格下降，顾客的需求也不会有明显的增加。也可以说，在高档餐厅，就餐顾客不太关心价格的变化，其需求缺乏弹性。在这样的餐厅，促销方式很少采用降价策略。相反，在第三个图中，餐厅的平均账单较低，需求弹性较大，顾客对价格的反应比较灵敏，较小幅度的降价会导致需求的大量增加。这类餐厅一般是大众化的快餐，这也是为什么像肯德基和麦当劳这样的大众餐厅经常使用价格策略的原因。

**本章小结**

本章的第一节介绍了国内外餐饮业的发展现状及存在的问题。第二节介绍了餐饮业的构成，对餐厅的基本概念进行了界定。第三节是餐厅的分类，根据供应时间、风味特色、服务方式、服务的对象、档次高低以及经营组织形式的区别，对餐厅的类型进行了划分。第四节从餐厅的规模、不同的隶属关系、服务的广度、菜系多样性以及顾客需求的多样化等方面论证了餐厅管理的复杂性。在最后一节，分别从生产、流通、服务等方面对餐厅经营的特点进行了分析，同时指出了餐饮经营对环境要求高、资金周转快、餐饮收入的可变性、需求弹性随平均消费能力的降低而增大等特点。

**复习思考题**

1. 餐饮业在国民经济发展中起着什么样的作用？
2. 餐饮业与餐饮企业有何区别与联系？
3. 餐厅是如何分类的？了解餐厅的分类对管理实践有何意义？
4. 餐饮经营有哪些特点？
5. 借鉴国外餐饮业发展的经验，分析我国餐饮业发展的趋向。

# 案例分析

### 高端餐饮突围路在何方

十年前，随着国民收入和消费水平的大幅提升，国内高端餐饮业态疯狂生长。彼时，高端餐饮收入一度占到餐饮行业总收入的30%左右，以俏江南、湘鄂情、小南国、净雅、唐宫等为代表的高端餐饮品牌风头十足，赚得盆满钵满。

好景不长。2013年之后，高端餐饮遭遇发展困境，渐显颓势，诸多高端餐饮连锁品牌营业收入出现断崖式下跌，部分餐企跌幅甚至超过50%。大面积关店潮之下，仅湘鄂情一年就关闭了13家门店，高端餐饮江湖哀鸿遍野。

从表面上看，在国家限制"三公消费"的威力之下，一些主要依赖公务、商务消费的高端餐企受到了重创。但实际上，对消费需求和市场变化的滞后反应，以及经营思维、手段的落后，才是高端餐饮品牌逐渐没落的主因。

转型求生是唯一的出路。问题是，在整个餐饮江湖的大洗牌和惨烈竞争之中，正确的突围路径在哪？

江湖不相信眼泪。"如果两年前，我能够下得起这个决心，把所有高端店全部关掉，相信净雅不会是现在的状态"。

2016年12月，在一次餐饮酒店领袖论坛上，净雅集团总经理张桂君泪洒现场，直言由于传统思维不能快速适应变化，以致全面关店，濒临倒闭。要知道，鼎盛时期的净雅，有近30家酒楼，其金牌店人均消费曾高达2 000元，一度被认为是高端餐饮的标杆企业。

2012年，中央"八项规定"出台后，主打高端海鲜，瞄准公务、商务宴请的净雅首当其冲，经营状况急转直下。客观来看，政策限制只是高端餐饮陷入困境的催化剂，更为关键的原因在于——消费需求的变化。

首先，大桌变小桌。相比过去大家庭动辄十几口人吃一大桌菜，讲究装潢和排场，80、90后组建的小家庭就餐更讲究精致和实惠。其次，消费升级趋势下，餐饮向年轻化和精致化转变。以外婆家、绿茶、新白鹿等为代表的餐饮快时尚品牌兴起，凭借充满设计感的就餐环境和高性价比，俘获了一大批80、90顾客群，抢走了高端餐饮很大一部分生意。

净雅并非没有寻求转型之路，2013年，净雅集团董事长张永舵就曾宣布战略转型，试图通过多业态组合、多品牌经营来扭转颓势。

具体而言，净雅开起了火锅店，同时发展团膳、低端中餐、机场餐、地铁餐等业务。另外，净雅还发力线上渠道，开通"净小二商城"，瞄准半成品和准成品业务。然而，净雅的这场转型并不成功。一方面，净雅集团高层一度对公务、商务消费抱有幻想，认为这两项以后仍是主要收入，没有及时关停早已入不敷出的高端酒楼。这种错判和观望，令净雅始终难以彻底转型。另一方面，净雅的自救措施虽然"多而全"，但与其优势品类——"海鲜"的关联性并不强，导致每项新业务都未形成核心竞争力，其收入远远抵不上自身支出的拖累。更为重要的是，净雅从单一品牌摇身变为多业态品牌，在缺乏强大资金和供应链能力的支持下，要同时应付海鲜、火锅、中餐、地铁餐等多条生产线，显然力不从心。

转型失败的净雅，如今只能靠变卖自有资产来偿还债务。不只是净雅，高端餐饮的另外两面旗帜俏江南、湘鄂情同样在转型中迷失。

创始人出局、控制权几经易主的俏江南卖起了盒饭，彻底变身大众餐饮品牌，与做"餐饮界爱马仕"的初衷已渐行渐远；而湘鄂情面对业绩下滑，没有从餐饮市场的变化中寻找新的机会，也没在管理和营销上做出实质性改变，却盲目转向互联网和环保行业。由于亏损严重，最后不得不转让商标还债，门店仅剩寥寥几家。

高端餐饮品牌向大众化、多元化方向转型固然正确，但如果只是病急乱投医，盲目转型，不仅会拉低品牌形象，失去既有消费者，也不见得能够迅速赢得新消费群体的认可。要知道，政策导向和市场环境淘汰的只是畸形的餐饮消费形态，而不是高端餐饮本身。说到底，净雅、俏江南、湘鄂情等还是败给了自己。

但高端餐饮依然有成功突围的玩家。2017年8月7日，高端餐饮品牌小南国正式更名国际天食，年中财报显示，集团净利润同比上涨188%。同样是孵化新品牌，与净雅忽视主营品类的关联性相比，小南国推出的新品牌南小馆、小小南国、慧公馆，从形象到菜品都与小南国一脉相承，品牌调性保持一致。

南小馆主要针对年轻消费者，主打生煎、锅贴、烧麦等经典上海小吃；小小南国经营江浙菜，以家庭消费为主；而慧公馆则主打精品本帮菜，选址具有老上海风情的场所。小南国打出的这三张"副牌"都是围绕"上海特色"作为品牌立足点，打造产品和服务。如此一来，除了保持品牌的延续性外，更重要的是可以统一供应链，减少不必要的资源消耗。

小南国转型成功之处在于：第一，针对不同消费能力、口味的人群，开发不同的子品牌，一改价格昂贵、口味单一的形象；第二，改革供应链管理，降低综合成本。

2017年7月，被称为"自助餐中的劳斯莱斯"的金钱豹如大厦般轰塌，来自员工和供应商的诉讼不断。究其根本，"扶墙进，扶墙出"的时代已经过去。从前，人们对自助餐的认识是"随便吃"。但当大众消费升级被不断强调的时候，"以量取胜"自然就变成了不高档的代名词。当高端的定义变成了"更精致、更细分、更特别"时，做精做美、做小做新才是餐饮正确的打开方式。

深海餐饮集团旗下高端海鲜火锅品牌"怡乡春竹"一度人均消费高达400—1000元，但在2013年前后，同样遭遇了高端餐饮的"寒冬"。在市场的倒逼下，创始人孙志刚只好转型。

孙志刚的转型之路分为三步：第一步，他将海鲜火锅门店全部改成了自助餐，降低人均消费，挡住了第一波洗牌的冲击；第二步，他对海鲜品类市场再细分，在一线城市推出中端海鲜自助品牌"深海800米"，定价250元左右；第三步，渠道下沉，布局海鲜超市、街边店和社区店，主打人均消费百元的大众海鲜餐饮。

"将高端变低端，大店变小店，不断降低成本，通过走连锁化品牌经营的道路，才有可能取得成功。"在孙志刚看来，在保持品牌差异化的同时进行"消费降维"，也是一种突围路径。

事实上，大众消费整体处于升级趋势，价格、档次早已不是高端餐饮的壁垒，取而代之的是充满差异化和个性化的"场景"。中国餐饮业正经历着结构和质量的大升级，符合市场主流的高端消费方式仍然有上升空间。褪下价格虚高、品牌奢华的外衣，真正回归到产品、服务、用户身上，才是未来高端餐饮发展的正确方向。

资料来源：作者根据《商界杂志》一文（2017-11-15）整理。

**案例思考题**

1. 为什么在 2013 年中国的高端餐饮出现断崖式下跌？
2. 静雅、俏江南、湘鄂情等高端品牌失败的原因是什么？
3. 小南国的成功经验是什么？

# 第二章 餐饮组织结构设计

## 学习目的

- 了解餐厅各岗位的名称
- 了解餐厅各岗位的职责
- 掌握餐饮组织结构设计的原则
- 掌握工作任务与工作细则的确定方法
- 了解餐饮部与饭店其他部门的关系
- 掌握餐饮员工配备的程序与方法
- 创造满意员工的原因和途径

## 基本内容

餐饮组织的内部分工及岗位职责

- 餐饮组织结构
- 管理跨度与组织层次
- 餐饮组织结构设计应遵循的原则
- 餐厅岗位职责
- 餐饮部与饭店其它部门的关系

工作任务与工作细则

- 工作任务
- 工作细则

饭店餐饮员工的配备
- 影响员工配备的因素
- 员工配备程序
- 班次的安排

创造满意的员工
- 员工招聘
- 员工培训与开发
- 绩效考评
- 激励
- 保持良好的上下级关系

没有一个健全而完整的组织机构，即使餐厅有一流的厨师、高水平的服务员和豪华的设施，其经营也会失败。因为每一个人的工作都是与其他岗位相联系的，每个岗位要有明确的职责和权利，而且要相互配合，这是餐厅经营的前提条件。

## 第一节 餐饮组织的内部分工及岗位职责

组织是指为了达到某种特定目的而结合起来的群体。餐饮组织结构是指在该组织中各成员部门之间的相互关系。为了保证饭店或餐厅的顺利运转，必须以某种方式将一定规模的有意参与其活动的人群有效地组织起来，并进行科学分工，使各个部门和岗位各司其职，以实现组织的共同目标。对于较小的"夫妻店"来说，经理既是厨师，又是服务员，同时还负责采购、储藏以及会计等工作。当然，他也可以雇用一个人来担任服务员或做一些厨房内的杂活，分工较简单。但对于一个可容纳几百人甚至上千人的餐厅来说，情况就不同了。每一个工作必须有专人去做，而且不止一人，每人必须明白自己应向谁负责或汇报、具体负责什么、有什么权利和义务。每个饭店不完全一样，要真正做好这些工作并不容易。企业的人力资源部门不仅仅是招聘和考核，而且还应将所有员工按一定的结构组织起来，使工作顺利进行。

一、餐饮组织结构

饭店或餐厅的内部组织结构，因饭店规模的大小和各餐饮部门本身职能的不同而形式各异。从组织结构设计上看，没有绝对统一的标准模式。各餐饮企业应根据自身的特殊情况和经营任务，来设计组织结构，目的是保证该组织目标的实现。下面我们分别了解一下不同规模的饭店和独立餐饮企业的组织结构情况。

（一）大型饭店餐饮部组织结构

根据规模的大小，饭店通常划分为大型、中型和小型的饭店。饭店的规模通常是按客房数量来划分的。目前国际上划分的标准是：客房在600间以上的为大型饭店，客房在300—600间的为中型饭店，客房在300间以下的为小型饭店。

由于大型饭店餐厅数量较多，一般在5—8个以上，有的甚至多达几十个餐厅。中西餐、宴会、酒吧、客房送餐等各类餐厅齐全，厨房与各种类型的餐厅配套，内部分工十分细致，组织机构专业化程度高。大型饭店的餐饮经营在组织结构设计上有两种模式：一种是每个餐厅都设有与之配套的厨房，各个厨房分别负责自己对应餐厅的菜品制作；另一种是厨房实行专业化管理，饭店设立中心厨房，各个餐厅设立卫星厨房。大型饭店的餐饮组织结构如图2-1所示。

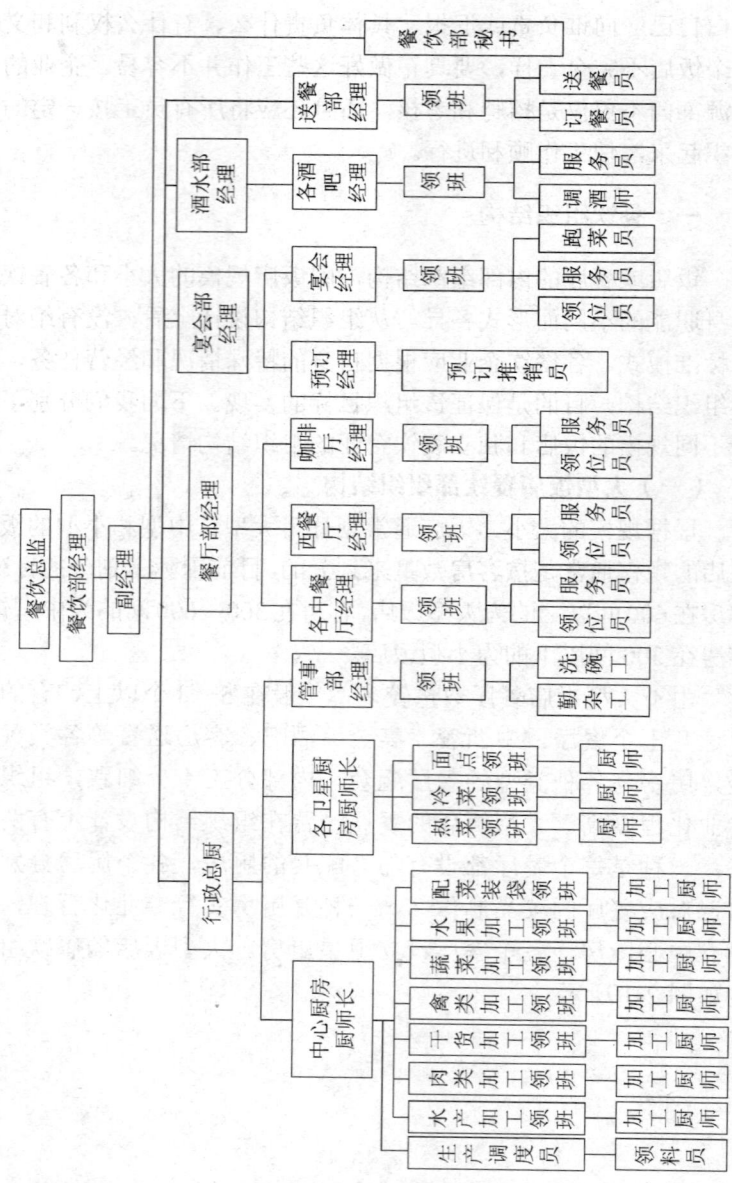

图 2-1 大型饭店餐饮组织结构图

## （二）中型饭店的餐饮组织结构

中型饭店餐饮部一般采用四级管理体制，但分工比较细致，功能也较全面。中型饭店餐饮组织结构如图2-2所示。

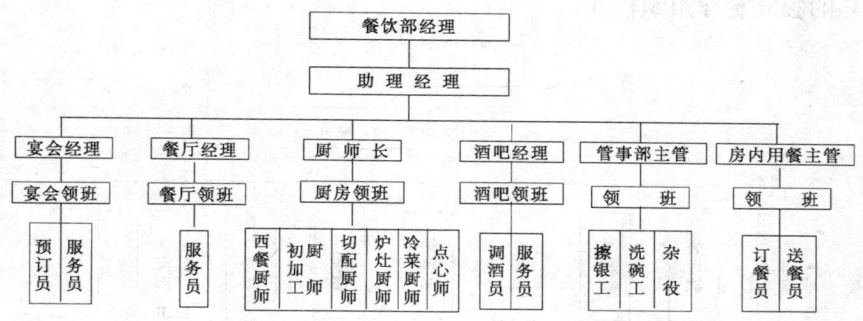

图2-2 中型饭店餐饮组织结构图

## （三）小型饭店的餐饮组织结构

小型饭店由于餐厅数量少，类型单一，餐饮组织模式比较简单，分工也不宜过细。小型饭店的餐饮组织结构如图2-3所示。

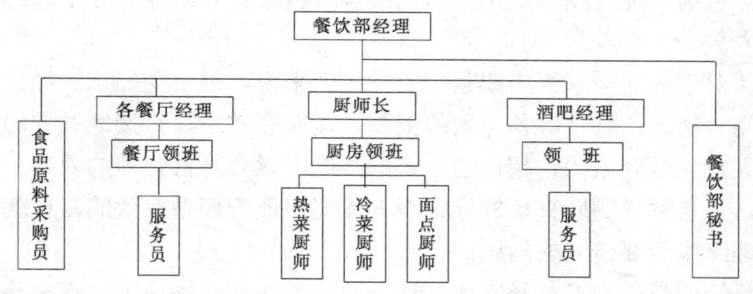

图2-3 小型饭店餐饮组织结构图

## （四）独立经营餐厅的组织结构

独立经营的餐厅在组织结构上与饭店餐饮部系统有很大区别，它有非常健全的机构和功能。这类餐厅构成了餐饮业的中坚力量。

一些高档涉外餐厅在其豪华程度和服务质量上与四星、五星级的大饭店相比毫不逊色。由于这类餐厅在企业规模、档次高低、接待能力等方面差异较大，因此组织结构也有较大的差异。图 2-4 是典型的独立餐厅组织模式。

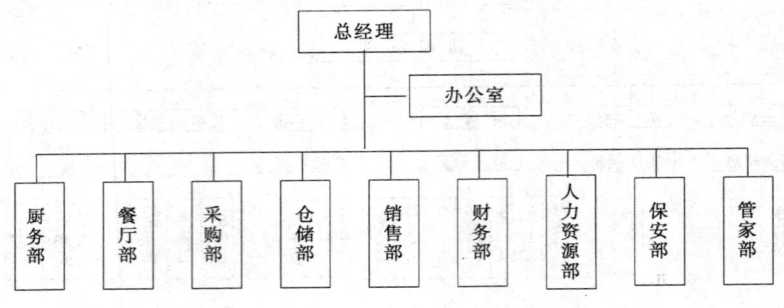

图 2-4　独立餐厅的组织结构图

## 二、管理跨度与组织层次

### （一）管理跨度

所谓管理跨度，是指一名上级领导直接且有效地领导下属的可能人数。

对于任何一家饭店或餐厅的领导者来说，由于受知识、经验、时间、精力、条件等各方面的限制，能够有效地、直接地领导的下级人数总是有限的，超过了一定的限度，就会降低管理的效率。因此，一名领导到底直接领导多少人才能保证管理是有效的，这就是管理跨度所要研究的问题。

管理学的学者已经发现了这个数字，在高层领导中，管理跨度通常为 4—8 人，在低层领导中，这个数字为 8—15 人。在由美国管理协会对 100 家大公司的调查中，向总裁汇报工作的高级管理人员的人数以 1 人到 24 人不等，只有 26 个总裁拥有 6 人或不到 6 人的下属，中间数字是 9 人。在被调查的 41 家小公司中，25 个总裁有 7 个以上的下属，一般的人数为 8 人。在其他的研究报告中可以找到类似的结果。

由于餐饮业大多数属于中小型企业,因此管理跨度一般为 5—12 人。但对于某一具体的饭店或餐厅来说,管理跨度的宽窄还应考虑以下因素:

1. 下属人员的培训

下属人员培训得越好,必要的上下级关系的影响就越少。训练有素的饭店员工会严格按照饭店的各种制度和要求自觉履行职责,不需要上级管理人员花太多的时间进行指导与控制。上级只要进行常规检查和例外事件的处理就行了。

2. 授权的明确程度

如果管理人员明确地授权给一个训练有素的下属去完成一项十分明确的任务,下级就能把事情做好,基本上不需要上级花什么时间和精力。如果对下属的授权不明确,即使下属能力很强,也会给饭店的领导增加很多工作。下级要么是"种了别人的地,荒了自己的田",要么是事无巨细,一律请示上级,自己不承担任何责任。

3. 工作的标准化程度

组织管理的一个很重要的内容就是工作标准。如果饭店员工不知道某项工作应做到什么程度,不知道什么是做得好,什么是做得差,一切要由上级经理来进行评判与指导,势必会增加上级经理的工作量,从而使管理跨度变窄。

4. 信息沟通技术

如果每一个计划、指示、命令或指导都必须通过个人接触进行沟通,并且每一项组织变革或人事问题都必须口头处理,那么,管理人员的工作时间显然是会增多的。如果管理人员具备一种能够清晰地传达计划和指示的能力,也可以扩大管理跨度。下属离开上级的办公桌之后,或接到指示后,若仍然没有弄明白该干什么或者上级说了什么,迟早还会要求再见面,这样,作为一个下级人员,他最满意的事情就是有一位能够很好地表达自己意思的上级。管理人员随意的、无拘束的风格可以平易近人取悦于下级,但如果这种无拘束变成混乱和浪费时间时,其后果将会极大地缩小管理的有效跨度,且往往降低士气。

(二)**组织层次**

组织层次是与管理跨度密切相关的。大型餐饮企业有数百名员工,大型饭店也有上千名员工,面对如此多的员工,企业的总经理不可能对每一位员工进行直接指挥和管理,这就要设置不同的管理层次,实行分级负责管理。组织层次就是指直线行政指挥系统分级管理的各个层次。可见,组织层次和管理跨度是成反比关系的。

由于现代信息技术的发展,微信、QQ等即时沟通软件的使用,使得人与人之间的沟通变得更加方便,很多饭店和餐厅都使用"扁平式"组织结构,也就是说,管理跨度变大,组织层次减少,其组织结构图呈扁平状。这种扁平式结构有其明显的优点:

1. 扁平结构由于管理层次减少,使得管理人员减少,各种办公设备、办公用品、活动费等开支都可减少,从而节约管理费用。

2. 扁平结构通过管理层次的减少,缩短了上级与基层之间的行政距离与感情距离,密切了上下级关系,改善和加强了纵向的沟通联络,使上下级之间接触增多,感情加深,共识增多,更加容易达成默契和协调。

3. 有利于基层管理人员的成长。因为随着管理幅度的加大,上级对下级的指导与监督减少,下属不能期望从他的上级那里得到很多帮助,下属要有效地行使管理权,就必须努力提高自身的管理能力和管理水平,同时这也加重了下属的管理责任,使下属更多地需要自己做出决策,有利于下属的成长与成熟。

4. 有利于提高决策的民主化程度。下属在决策中的作用增强,发言机会增多,同时也由于上级把主要的责任授权给了下级,这就使得高层领导有更多的时间和精力用于精心决策。

5. 由于管理层次减少,使信息流通加快,决策更加迅速,经营机会把握得更好。

扁平式结构也有它的弊端：

1. 随着管理幅度的加大，每一个主管人员直接领导的下属可能增加较多，这样一来，上级对下属的指导可能会有所减少，对下属的监督与控制也不可能那么严密了。

2. 扁平结构虽然有利于上下级之间的沟通与联络，但管理幅度的加大会使同级的沟通联络产生新的困难。

3. 上级的权威受到挑战。权威因上下级之间的过多社交活动而降低。扁平结构有助于培养有能力、有自信心、有独立性的下属，但这样的下属也往往会自觉或不自觉地突出他们的特权，并建立起他们自己的强有力的附属部门和势力范围，既有可能把本部门的利益变得远比全局的利益更重要，也有可能利用自己的权力与势力公开对抗，破坏组织的统一性，这是一种危险的倾向。因此，在扁平结构中，上级领导者要特别注意放权的艺术，既要敢于放权，又要善于放权，拥有必要的权威性，特别是在企业的紧急关头，更要有权威。

### 三、餐饮组织结构设计应遵循的原则

#### （一）根据业务活动需要设计组织结构

餐饮组织的业务活动是围绕其中心经营线展开的。餐厅的中心经营线，是指餐厅经营的流程。一般来说，餐厅的中心经营线为：

采购→验收→储藏→发货→生产→销售→服务

组织结构设计的任务就是要把从采购到服务整个过程中所有的工作都委派给具体的部门。

#### （二）效率原则

饭店或餐厅的组织结构应越简单越好。组织结构过于复杂会导致效率下降和官僚主义。所以，组织机构的规模、形式和内部结构必须在业务需要的前提下，将人员精简到最低限度，用最少的人力去完成任务。精简的目的是为了减少内耗，提高效率。效率原则要求做到以下几点：

1. 不应因人设岗。岗位要按实际业务活动的需要来设置，即因事设岗，而非因人设岗。

2. 不应设可有可无的岗位。在效率原则前提下，应砍掉可有可无的岗位。对于因某种特殊任务而设立的岗位，在该任务结束后应予以撤销。

3. 管理跨度不宜太大，一般以 3—8 人为宜。当然，指挥幅度因被指挥者的素质和工作性质的不同而有差异。指挥幅度过大必然会造成对下属管理的失控。

4. 尽量减少层次，以利信息快速传达。管理层次过多意味着沟通渠道延长，它不仅使信息传递速度减慢，而且也会使管理效率降低。

（三）统一指挥原则

餐厅中每位员工只接受一位上级领导的指挥，各级的管理者也只能按管理层次向自己管辖的下级人员发号施令。在制定岗位职责时，必须说明汇报上级是谁、直属下级是谁。饭店不应要求任何一个人同时受命于几个上级。政出多门必然导致下级无所适从，从而影响组织的稳定，最终影响组织目标的实现。

（四）授权明确原则

管理者在给下级授权时，必须明确规定下级的职责范围和权限，并将职责范围和权限具体列在岗位描述中。这样，下级会清楚地知道哪些工作是由自己负责的，哪些工作需要向上级报告。授权虽然体现了一种领导风格，但授权者必须考虑组织结构的大小和特点，进行适度的分权，不能事无巨细，也不能撒手了之。

（五）授权完整原则

授权完整原则是指为达到企业经营目标应具备的每一种功能必须委派给一定的个人或部门。无论饭店规模的大小，采购、仓储、加工、生产、服务、会计、工程、保安、人力资源等都是必不可少的职能部门。不同的是，在大型的组织中，这些工作是由不同的部门来完成的；而在小型的组织中，这些工作是由不同的个人来完成，甚至由一个人来负责几项工作。

**（六）权责相等原则**

餐饮管理是运用不同职位的权力去完成管理任务。责任是权力的基础，权力是责任的保证。责任和权力不相适应，管理人员就无法正常地从事各项管理工作。权责相等原则要求各级管理人员的责任明确，权力大小能够保证所承担任务的顺利完成，权责分配不影响各级管理人员之间的协调与配合。也就是说，有权必有责，有责必有权。

### 四、餐厅岗位职责

**（一）岗位职责的形式与内容**

岗位职责（Job Description）也称为岗位描述或工作描述，是在工作分析的基础上所制定的针对于某一岗位的责任书，它规定了该岗位的位置特点、主要工作以及任职资格等方面的内容，是该岗位人员履行自己工作职责的指南。

岗位职责一般包括以下几个方面的内容：

1. 组织名称；
2. 岗位名称；
3. 所属部门；
4. 报告上级；
5. 直接下属；
6. 起草人员和执行日期；
7. 具体职责；
8. 任职资格。

**（二）餐厅主要岗位职责例选**

1. 餐厅经理的岗位职责

花园饭店岗位职责书

岗位名称：餐厅经理

所属部门：餐饮部
报告上级：餐饮总监
直接下属：餐厅领班
起草人：张晓玲
日期：2018年3月10日

职责：

1. 在餐饮总监的领导下，负责餐厅的经营管理和对顾客的服务工作。

2. 协助餐饮总监制定所辖餐厅的岗位职责和规章制度，并负责制定餐厅的工作标准、服务程序，并组织实施。

3. 负责餐厅员工的工作安排。

4. 检查餐厅的各项工作，纠正偏差，督导员工按规范操作。

5. 负责所辖餐厅员工的业务培训和考核。

6. 负责签署餐厅设备维修、物品领用、补充、损坏等报告单，定期提出设备更新、用品添置计划。

7. 负责所辖餐厅的内外协调。

8. 负责处理客人提出的各种要求和投诉，并向餐饮总监汇报。

9. 负责餐厅的安全消防工作。

任职资格：

1. 政治思想和职业道德

（1）遵纪守法，廉洁奉公，保守机密。

（2）有较强的事业心和责任感。

（3）工作认真，团结协作，热心服务，注重质量，讲求效率。

（4）诚实，公正。

2. 知识水平

（1）业务知识：掌握餐厅管理与服务的业务知识，了解食品、酒水、烹饪、成本控制等知识，懂得服务心理及营销方面的知识，熟悉餐饮设备的使用和日常保养，了解餐厅装潢、插花等知识，熟悉主要客源国的宗教信仰和饮食习俗，懂得饭店财务、安全、消防等知识。

（2）政策法规知识：了解食品卫生法和治安、消防管理条例，了解旅游及有关涉外法规，熟悉饭店的规章制度。

3. 工作能力

（1）业务实施能力：能正确地理解上级的指令，合理使用人财物，做好餐厅的管理和对顾客服务工作。

（2）协调能力：能与相关部门密切配合。

（3）应变能力：能妥善处理客人投诉和各类特殊情况。

（4）外语能力：能熟练运用一门外语进行对客服务。

4. 学历、经历、培训与身体素质

（1）学历：中专以上。

（2）经历：在餐厅任领班一年以上。

（3）培训：经过岗位资格培训，取得《岗位培训证书》。

（4）身体素质：身体健康，仪表端庄，精力充沛。

2. 餐厅领班的岗位职责

花园饭店岗位职责书

岗位名称：餐厅领班

所属部门：餐饮部

报告上级：餐厅经理

直接下属：餐厅服务员

起草人：张晓玲

日期：2018年3月10日

职责：

1. 在餐厅经理的领导下，负责本班组的管理和服务工作。

2. 协助餐厅经理制定工作标准和服务程序，并组织实施。

3. 负责本班组服务员的工作任务分配与安排，检查本班组的对客服务情况。

4. 负责向餐厅经理和厨师长反馈客人对食品、服务方面的信息。

5. 负责处理餐厅里发生的问题和客人的投诉，并及时向餐厅经理汇报。

6. 定期检查、清点、保管餐厅的设备、餐具、布草等物品，并将结果汇报给餐厅经理。

7. 督促服务员做好餐厅安全和清洁卫生工作。

8. 协助餐厅经理做好对服务员的培训工作。

9. 完成餐厅经理布置的其他工作任务。

任职资格：

1. 政治思想和职业道德

（1）遵纪守法，作风正派，热爱本职工作。

（2）认真负责，善于学习，服从领导。

（3）宾客至上，热情礼貌，质量第一。

（4）团结协作，维护饭店信誉。

2. 知识水平

（1）业务知识：掌握餐厅管理与服务的业务知识，了解食品、酒水、烹饪等知识，懂得服务心理及推销技巧，熟悉餐饮设备的使用和日常保养，了解主要客源国的宗教信仰和饮食习俗，懂得饭店安全、消防等知识。

（2）政策法规知识：了解食品卫生法规，熟悉饭店的规章制度。

3. 工作能力

（1）业务实施能力：能正确地理解上级的指令，完成餐厅管理与服务工作，有娴熟的服务技能和较强的餐饮推销能力。

（2）应变能力：能妥善处理客人投诉和各类突发事件。

（3）外语能力：能用一门外语进行对客服务。

4. 学历、经历、培训与身体素质

（1）学历：职业高中以上。

（2）经历：在餐厅工作二年以上。

（3）培训：经过岗位资格培训，取得《岗位培训证书》。

（4）身体素质：身体健康，仪表端庄，精力充沛。

**五、餐饮部与饭店其他部门的关系**

**（一）与前厅部的关系**

餐饮部与前厅部之间的关系主要体现在内部信息的沟通和工作的协调上。餐饮部门要依据前厅部提供的主客量预测日常销量；根据前厅部提供的团队用餐单安排团队客人的餐饮；根据前厅部提供的贵宾（VIP）入住通知单及接待规格给他们送水果、花篮或点心、茶水等；餐饮部门还要从前厅部取得住客信用方面的信息，以决定是否予以赊账。餐饮部也应该主动为前厅部提供有关信息，如大型餐饮活动计划、重要宴会等，以便前厅部回答客人查询。

**（二）与销售部的关系**

销售部负责餐饮部门大型销售活动的推销和承接会议、宴会等活动。即使餐饮部门有自己的推销部，但由于饭店销售部门接触的客户面广、信息渠道广阔，仍可为餐饮部带来许多生意。因此，餐饮部必须与销售部互通信息，向销售部提供各种促销资料，共同制定年度和临时的推销计划和促销组织安排，及时了解销售部掌握的客人对本饭店餐饮的反映和投诉。另外，在餐饮销售预测方面，餐饮部也有赖于销售所提供的信息。

**（三）与采购部之间的关系**

在制定新菜单时，应征求采购部对其原料行情方面的意见，列出采购产品规格书。

餐饮部应与采购部协商，制定合理的采购量和采购计划，避免和减少计划外采购。

采购部与餐饮部之间要加强市场信息方面的沟通，及时掌握新设备、新原料和时令菜的行情。

## （四）与财务部之间的关系

1. 协助财务部门做好及时、准确的营业日报，便于正确掌握实际经营情况。

2. 发挥餐饮成本控制部门的作用，及时提供餐饮成本的波动情况，做好成本的控制与监督。

## （五）与工程部之间的关系

1. 餐饮部在本部门设备使用过程中，要经常检查设备的运转情况，发现问题立即报工程部派专业人员维修，非专业人员不得随便拆修机器设备。

2. 与工程部一道，制定设备的保养、维护计划，分工要明确，日常维护与计划保养相结合，减少人为的机器设备损坏。

3. 教育、培训本部门职工正确使用机器设备，按规定的程序和方法操作，责任落实到使用者。

# 第二节 工作任务与工作细则

在前一节的岗位职责中，我们只是对岗位进行描述，明确了该岗位负责什么。而对于该工作岗位来说，具体有哪些工作任务，这些工作任务如何完成，应该达到什么样的标准，则是本节要解决的问题。

## 一、工作任务

工作任务是通过"工作任务单"（Task Listing Sheet）来体现的。工作任务单向员工阐明其职位的所有工作，而每一项工作又分解成许多个步骤，每个步骤又将提供详细的注意事项。表 2-1 至表 2-3 是餐厅经理、餐厅领班和餐厅服务员的工作任务单。

表 2-1　餐厅经理工作任务单

| 任务 | 频率 | 重要程度 | 难度 |
|---|---|---|---|
| 营业前准备 | 每天 | 一般 | 不难 |
| 接受预定 | 每天 | 一般 | 不难 |
| 迎候客人 | 每天 | 非常 | 不难 |
| 处理客人投诉 | 必要时 | 非常 | 较难 |
| 接听电话 | 必要时 | 一般 | 不难 |
| 书面工作 | 每天 | 一般 | 不难 |
| 检查出勤 | 每天 | 非常 | 不难 |
| 班前例会检查 | 每天 | 一般 | 不难 |
| 员工顾客关系 | 每天 | 非常 | 较难 |
| 部门例会 | 每周 | 非常 | 不难 |
| 培训 | 每周 | 非常 | 较难 |

表 2-2　餐厅领班工作任务单

| 任务 | 频率 | 重要程度 | 难度 |
|---|---|---|---|
| 营业前准备 | 每天 | 一般 | 不难 |
| 迎候顾客 | 每天 | 一般 | 不难 |
| 拉椅让座 | 每天 | 一般 | 不难 |
| 开订单 | 每天 | 一般 | 较难 |
| 鸡尾酒服务 | 每天 | 一般 | 不难 |
| 呈递菜单 | 每天 | 一般 | 不难 |
| 接受点菜 | 每天 | 一般 | 不难 |
| 监督服务员 | 每天 | 非常 | 较难 |
| 处理客人投诉 | 必要时 | 非常 | 较难 |
| 协助培训 | 每周 | 非常 | 较难 |

表 2-3　餐厅服务员工作任务单

| 任务 | 频率 | 重要程度 | 难度 |
|---|---|---|---|
| 营业前准备 | 每天 | 一般 | 不难 |
| 布置服务台 | 每天 | 一般 | 不难 |
| 摆台 | 每天 | 一般 | 不难 |
| 问候顾客 | 每天 | 一般 | 较难 |
| 拉椅让座 | 每天 | 一般 | 不难 |
| 接受点菜 | 每天 | 一般 | 不难 |
| 对客服务 | 每天 | 一般 | 不难 |
| 处理客人投诉 | 必要时 | 非常 | 较难 |
| 翻台 | 每天 | 一般 | 不难 |
| 整理服务台 | 每天 | 一般 | 不难 |
| 结束收尾工作 | 每天 | 一般 | 不难 |

## 二、工作细则

许多饭店的岗位工作细则是通过工作细则表（Task Detailing Sheet）一步步列出的，目的是指导员工的工作。通常，在工作细则表上，首先列出每一项工作的几个步骤，然后注明其中的要点，再列出完成这个步骤的标准。这样就将一项比较复杂的工作简单明确地细分化了，便于员工掌握，也便于实施检查，保证餐厅的服务质量。由于篇幅所限，在此只就餐厅经理的工作细则举例说明。

在表 2-1 中，餐厅经理的工作任务列出了 11 项，下面对这些工作任务分别进行细化说明。

### （一）营业前准备

1. 检查客情报告单

（1）有何特别要求：餐前会时应提醒员工注意特别要求。

（2）亲自照顾重要客人：关照服务员对重要客人的特别服务。

2. 检查台面布置及餐厅设施

（1）音响和灯光：背景音乐音量适中，灯光符合要求。

（2）鲜花和装饰盆景：鲜花新鲜无枯叶，按规定位置摆放。

（3）台面布置符合要求：银器和玻璃器皿光亮无斑迹，台面摆放整齐、统一，餐厅内清洁、整齐。

3. 检查备用品

（1）与餐厅主管或助理检查备用品库存情况：按规定库存量准备库存，保证所有备用品齐全，检查菜单和收银台。

（2）签署领料单：领用量适当。

4. 确定当天的特色菜

与厨师长商定今日特选菜品：今日之汤，今日肉类，今日鱼类，今日蔬菜。

5. 上下沟通

对特殊事项和紧急事情进行沟通，包括管理者之间口头或书面的沟通，在餐前会上与下级进行口头上的沟通。

**（二）接受预定**

1. 接听电话

（1）铃响三声以内接听，报出餐厅名称。

（2）使用规定的接听电话程序和礼貌语言。

2. 接受预定

（1）时间。

（2）姓名。

（3）人数。

（4）特别要求：是否要生日蛋糕，特别付款方式，有小孩或是残障人士等。

（5）电话或房间号码：所提供的号码必须保证能和客人取得联系。

3. 重复客人预定

4. 感谢客人预定

5. 落实预定

## （三）迎候客人

1. 招呼客人

（1）微笑。

（2）如果可能，应用客人的姓称呼，不要叫客人的名字，不要用昵称。

2. 帮助入座

（1）征求客人意见，引领到合适的餐桌。

（2）优先安排女士。

（3）拉开椅子。

（4）当女士坐下后帮助她将椅子推近餐桌。

（5）为男士拉椅让座。

## （四）处理客人投诉

1. 耐心聆听

（1）不打断客人的叙述。

（2）做好记录。

2. 表示出理解他的申诉

（1）礼貌、冷静。

（2）扼要地复述客人投诉。

3. 对给客人带来的不便表示歉意

（1）告诉客人你对所发生之事非常抱歉。

（2）态度诚恳，表现出希望解决问题的诚意。

4. 提出迅速解决问题的建议

（1）先是提出和上级商量一下，给厨房以足够的准备时间。

（2）永不指责客人不对。

5. 处理问题要显示出效率

（1）通常当客人知道已经采取行动了他会高兴一些。

（2）告诉客人你的意见。

6. 回慰客人

（1）表示你确已解决了问题。

（2）征求客人对你处理的意见是否满意。
7. 感谢客人向你反映问题
（1）再次对给客人带来的不便表示歉意。
（2）态度诚恳。
8. 向餐饮部经理汇报
　　将处理结果向上级汇报，记下客人的投诉及处理经过，记下客人的姓名、电话号码和地址。

**（五）书面工作**
1. 工作日记
（1）有关食品和饮料的表扬和批评意见。
（2）记录每个班次的销售量和销售收入。
2. 日程计划
（1）提前一周安排计划。
（2）每周抽一天时间处理特殊事情。
3. 月会记录
（1）记录每个月开会的时间。
（2）向员工传达有关信息。
4. 考勤记录
（1）对员工的出勤做好详细的记录。
（2）考勤具体到工作时间和所上班次。
5. 每日每周预测
（1）帮助预测和计划。
（2）要与历史数字、天气和当地时间相结合。

**（六）班前例会检查**
1. 召集员工
　　班前检查员工准时出勤情况。
2. 班前例会内容
（1）当日特选。
（2）特别活动。

（3）重点宾客。

（4）特别要求。

3. 仪表仪容

（1）头发梳理整齐。

（2）不留胡须。

（3）女服务员的长发要束起。

（4）指甲清洁、剪短。

（5）女服务员化淡妆。

（6）制服清洁、熨平。

（7）名牌别左胸。

（8）女服务员着长袜，男服务员穿深色短袜。

## （七）员工顾客关系

1. 保持与顾客的良好关系

（1）时刻准备为客人提供帮助。

（2）努力使顾客满意。

2. 发展与员工的良好关系

（1）让员工知道发生任何问题时你将提供帮助；尽量少离开自己的餐厅，随时准备需要时亲自动手。

（2）鼓励团队精神，经理与员工同处一个集体。

（3）与餐饮总监密切配合，不能解决的问题随时汇报给上级。

（4）严格履行餐厅和饭店的规章制度

3. 自律

（1）以经理的标准要求自己，赢得员工和下属的尊敬。

（2）穿着整齐，梳理得当，专业能力强。

4. 沟通

（1）使上级掌握真实的经营情况。

（2）只有自己不能解决的问题才转交上级。

（3）认真听取下级意见，不得唯我独尊。

5. 与员工个别交谈
（1）每周都要与员工讨论服务及个人行为等问题。
（2）个别谈话中要解决的问题必须做好记录。

**（八）部门例会**
1. 做好会前准备
（1）有关本餐厅餐饮活动的信息。
（2）努力发现存在的问题。
2. 参加餐饮部会议
（1）汇报本周餐饮活动。
（2）提出需要上级支持和配合的问题。
3. 本周工作重点
（1）记录本周餐饮部所抓的工作重点。
（2）准备传达和落实。

**（九）培训**
1. 使新员工熟悉经营体系
（1）解释要清楚。
（2）参考工作手册和工作标准。
2. 新制度、新服务程序、新卫生设备的不断培训
（1）达到餐饮部制定的标准。
（2）参考工作手册和工作标准。

## 第三节 饭店餐饮员工的配备

**一、影响员工配备的因素**

**（一）餐饮组织的类别和档次**
不同类型的餐厅所提供的服务是有很大差异的。例如，出售食

品和饮料的自动售货机是不需要服务的；自助餐厅、快餐厅提供简单的服务，用人较少；而提供法式服务的餐厅或宴会等对服务要求较高，分工也比较细，用人较多；美式服务属于中等程度的服务。服务程度低的餐厅对服务员的服务技术要求也简单，而服务程度高的餐厅需要不同技术的专职服务人员，对服务技巧和专业知识的要求也较高。

### （二）菜单的品种

菜单品种少的餐厅，只需要较少的烹调人员和服务人员，而且原料的采购和保管也不需太多的人员。菜单品种增加，原料库存增多，采保人员和不同烹调技术的厨师也应增加。对于菜单项目只有一两个基本产品的快餐店，虽然供应数量很大，但它与制作精巧、品种繁多的宴会产品和点菜餐厅相比，所需的技术和人员要少得多。所以控制菜单的品种也是减少职工人数的一个途径。

### （三）厨房的设备状况和生产能力

厨房使用现代化的加工机械代替传统的人工操作可以节省时间，减少人工。例如，用现代化的切肉机切肉只要 5 分钟，而同样量的肉用人工切需要 15 分钟；100 斤土豆用机器削皮只需几分钟；用切蔬菜机切菜能比人工操作节省 4—6 倍时间。因此，厨房使用效率高的现代化机器设备，也是减少人手提高劳动生产率的一个因素。

### （四）客流量和生产规模

由于餐饮企业产品的生产和销售几乎是同时进行的，产品的生产数量与当时客流量的大小直接相关。餐饮企业的人员配备要与不同时段的销售数量相称。餐饮企业在配备职工人数和安排班次时必须预测不同时段的客流量。在人员配备一定的情况下，企业的客流量越大，职工的劳动生产率也越高。餐饮企业要找出客流规律，分出清淡和高峰时段，这样可以减少对人力的需要量，提高劳动生产率。

### （五）烹调制作过程的复杂程度

烹调制作过程的复杂程度是决定厨师配备的主要因素。我们假设把烹调过程的复杂程度划分为 0—100 的范围。复杂程度为 0 的餐厅只是购买现成制作好的并且已经预先分好份的菜品，这样的餐厅基本上不须制作，只在出售前加热即可，所以这种餐厅只需很少的员工和专业技术人员。相反，在复杂程度为 100 的餐厅，所有购进的原料都需要进行复杂的加工，包括宰杀、切割、洗涤、切配、上浆、上粉、腌制或酿制等，这样的餐厅不仅需要很多的人员，而且对人员的技术素质也有很高的要求。企业若要减少员工配备，可以减少加工环节和加工程度，例如可以购进半成品，而不是需要大量加工的原材料。

**二、员工配备程序**

无论是饭店餐饮部还是独立经营的餐厅，其员工可以分为两大类，第一类是涉及固定费用的员工，也就是说，这些岗位对员工的需要量与营业量的大小没有直接关系，如不管该餐厅营业多忙，餐厅经理只有一位，属于此类的员工还有会计、厨师长、采购员、验收员、收银员等。第二类是涉及可变成本的员工，他们的数量配备与营业量的大小有直接的关系。当营业量达到一定程度时，就必须增加员工，餐厅服务员、厨房一般工作人员、洗碗工等都属于此类员工。由于涉及变动成本的职工的需要量与营业量相关，因而在配备这类员工时，有必要对每日和每时段的营业量进行具体分析。

**（一）每日营业量分析**

餐饮与客房及其他产品不同，在一个星期中每天的需求量是不同的。这种需求量的变化大体上有一定的规律，所以有必要对每日的营业量做具体分析。每日营业量的分析要以客人统计数据为依据，每日做好客人数和菜品服务数的统计就能较精确地预测每日的营业量。这样，管理人员就能根据对每日营业量的预测来配备员工数。但是，仅凭某一天的数据不能反映客流规律，因而以一天的数据来安排职工显然是不明智的，必须连续收集几个星期中各天的数据，将这些数据列成表格（参见表 2-4），找出各数据的中位数（中位数并不是平均值，而是居中的数据），以此作为配备员工数的依据。

表2-4　国际大厦餐厅晚餐客人数统计　　　　　　　　单位：人次

| 日期 | 星期一 | 星期二 | 星期三 | 星期四 | 星期五 | 星期六 | 星期日 |
| --- | --- | --- | --- | --- | --- | --- | --- |
| 5.3—5.9 | 114 | 143 | 128 | 159 | 198 | 235 | 189 |
| 5.10—5.16 | 90 | 128 | 138 | 167 | 180 | 250 | 199 |
| 5.17—5.23 | 112 | 157 | 150 | 148 | 178 | 239 | 200 |
| 5.24—6.1 | 105 | 114 | 108 | 150 | 190 | 200 | 195 |
| 6.2—6.8 | 145 | 120 | 130 | 110 | 149 | 199 | 162 |
| 中位数 | 112 | 128 | 130 | 150 | 180 | 235 | 195 |

从表2-4中可以看出，五个星期一客人数的范围是90—145，两个最高数据是145和114，两个最低数是90和105，去掉两端的最高和最低数，112则是中位数。如果用15天的数据，则去掉7个最高数据和7个最低数据，取中位数。

我们之所以取中位数而不求平均数，是因为中位数最能反映营业量的趋势，而不受最低和最高两个极端的影响。例如，星期日客人数为189、199、200、195、162，如果求平均数是188，而中位数则是195。这个中位数比较能代表通常的客人数。因为某天最低数也许是由于恶劣天气造成的，而某天的最高数据也许是因为该天是某个节日或有特殊宴会活动。极端的数据对平均数的影响较大，但不能正常反映营业规律。

管理人员可以根据预测每日的营业量来配备不同数量的员工。

**（二）各时段营业量分析**

每日营业量分析能帮助管理人员安排职工的工作日和休息日，但仍不能解决由于需求量不同而使职工在生意清淡时无事可干、在高峰时人手不够的问题。特别是全天24小时开放的咖啡厅、酒吧更有必要统计午餐、晚餐高峰期,以及下午3:00—6:00清淡时段的客人数,即使在正餐厅的早、午、晚餐营业时间中也有高峰时段,也应配备不同的职工数。

各时段客人数分析的基础是各时段的销售记录。各时段的客人统计通常有三种方法:一是由领座员记录每小时客人到达数或离开数。这种方法很简单,但不够精确。

第二种方法是将账单副联送到厨房时,收银员在账单上盖上时间,在每餐结束时统计客人数。这种记录较准确,它反映客人订菜后厨房生产食品的时间。但是该方法比较费时间。

第三种方法是在客人结账时,收银员统计客人数,这种方法也不如第二种精确。

使用餐饮销售终端(POS)系统的餐厅可以自动提供每一时段的客流量。

各时段客人数预测也不能取一天的数据,要连续统计一段时间,如上所述取中位数据,找出营业规律,将这些规律性数据列在一张表格上,如表2-5所示。

表2-5 某餐厅就餐时段客人预测表

|  | 经营钟点 | 客人数 |
|---|---|---|
| 早餐 | 7:00—8:00 | 90 |
|  | 8:00—9:00 | 80 |
| 午餐 | 11:00—12:00 | 40 |
|  | 12:00—1:00 | 80 |
|  | 1:00—2:00 | 70 |
| 晚餐 | 6:00—7:00 | 65 |
|  | 7:00—8:00 | 125 |
|  | 8:00—9:00 | 80 |

管理人员可根据各时段的客人数安排职工的人数和工作的班次。
### （三）确定劳动定额

涉及变动成本的职工配备的数量与营业额直接相关，职工数量的配备要根据营业量和劳动定额。劳动定额是指各工种的职工在一定服务时间内应提供的服务或应生产的产品的数量。

劳动定额通常以供餐的时数作时间单位，也有以小时或每班的工作时数作时间单位。例如，每餐服务数、每小时服务数、每天服务数。服务数量一般以客人服务数、菜品服务数、营业收入金额等来表示。

对于餐厅服务员来说可用每餐服务的客人数和每小时服务的客人数作劳动定额。例如，某饭店餐厅服务员的点菜劳动定额为：

正餐厅：早　餐　　30—40 客人/每餐
　　　　午晚餐　　25—30 客人/每餐
咖啡厅：15—20 客人/每餐

每餐服务数定额能反映不同餐别服务数量的差别，因为不同餐别服务的简单和复杂程度及客人用餐时间都不同。

对于厨师来说可以用每餐服务客人数、每天烹调的菜品份数作指标，洗碗工以每餐服务的客人数和每天洗涤多少份菜品的餐具作指标。例如，某饭店厨师和洗碗工的劳动定额为：

|  | 厨师 | 洗碗 |
|---|---|---|
| 早餐 | 50—60 客人/每餐 | 100—120 客人/每餐 |
| 午、晚餐 | 30—40 客人/每餐 | 80—90 客人/每餐 |

酒吧服务员和调酒师的劳动定额难以用客人数来表示，因为有的客人喝杯饮料后匆匆离开，有的客人则在酒吧里会客，也许连续用多杯饮料，所以用营业收入作酒吧服务员的劳动定额更为合适。

例如，某酒店酒吧服务员的劳动定额为：

     酒吧服务员   5000 元/天

不同档次的餐厅、不同的餐别和设备条件都会对劳动定额产生影响。例如，快餐店、咖啡店和高档法式餐厅的劳动定额必定有别，零点用餐、会议用餐、宴会用餐、自助用餐等劳动定额也不相同。会议用餐一个服务员每餐可以服务 50—60 位客人，而高档宴会也许两个服务员一餐只能服务一桌客人。

根据对每日营业量的预测和职工的劳动定额，可以确定每日的职工需要数。例如，滨江餐厅根据对客人的预测以及各工种职工的劳动定额，确定一周中每日职工的需要量，如表 2-6 所示。

表 2-6 滨江餐厅职工配备数（晚餐）

| 劳动定额 \ 日期 | 星期一 | 星期二 | 星期三 | 星期四 | 星期五 | 星期六 | 星期日 |
|---|---|---|---|---|---|---|---|
| 预测人数 | 112 | 128 | 130 | 150 | 180 | 235 | 195 |
| 餐厅服务员 25—30<br>需要数　客人/职工 | 4 | 5 | 5 | 6 | 6 | 7 | 6 |
| 洗碗工需要数 80—90<br>需要数　客人/职工 | 2 | 2 | 2 | 2 | 2 | 3 | 3 |
| 厨师需要数 30—40<br>需要数　客人/职工 | 3 | 3 | 3 | 4 | 4 | 5 | 4 |

### 三、班次的安排

根据每日对职工的需要数，可安排出一周内每日各职工的班次。请参考滨江餐厅服务员班次表，如表 2-7 所示。

表 2-7 滨江餐厅服务员班次表

| | 星期一 | | 星期二 | | 星期三 | | 星期四 | | 星期五 | | 星期六 | | 星期日 | |
|---|---|---|---|---|---|---|---|---|---|---|---|---|---|---|
| | 午餐 | 晚餐 | 午餐 | 晚餐 | 午餐 | 晚餐 | 午餐 | 晚餐 | 午餐 | 晚餐 | 午餐 | 晚餐 | 午餐 | 晚餐 |
| 服务员需要数 | 3 | 4 | 3 | 4 | 3 | 4 | 3 | 4 | 3 | 4 | 3 | 4 | 3 | 4 |
| 黄昱 | 10—3 | 5—9 | 休 | | 10—3 | 5—9 | 10—3 | 5—9 | 10—3 | 5—9 | 10—3 | 5—9 | 10—3 | 5—9 |
| 纪宁 | 10—3 | 5—9 | 10—3 | 5—9 | 休 | | 10—3 | 5—9 | 10—3 | 5—9 | 10—3 | 5—9 | 10—3 | 5—9 |
| 张学鹏 | 休 | | 10—3 | 5—9 | 10—3 | 5—9 | 10—3 | 5—9 | 10—3 | 5—9 | 10—3 | 5—9 | 10—3 | 5—9 |
| 张佳帅 | 休 | | 10—3 | 5—9 | 10—3 | 5—9 | 10—3 | 5—9 | 10—3 | 5—9 | 10—3 | 5—9 | 10—3 | 5—9 |
| 边国亮 | 休 | | 10—3 | 5—9 | 10—3 | 5—9 | 10—3 | 5—9 | 10—3 | 5—9 | 10—3 | 5—9 | 10—3 | 5—9 |
| 李汉卿 * | | 5—9 | | 5—9 | | 5—9 | | 5—9 | | 5—9 | | 5—9 | | 5—9 |
| 张雨桐 * | 休 | | 休 | | 休 | | | 5—9 | | 5—9 | 10—3 | 5—9 | 10—3 | 5—9 |

注：*为临时工。餐厅共需 5 名正式工、2 名定时半职临时工。

一般来说，客人数量越多，每位员工能服务的客人数越多。管理人员可通过测试，调节不同营业时间内对员工的需要数。美国有一家咖啡厅经过反复测试后得出不同情况下对工作人员的不同需要量，如表 2-8 所示。

表 2-8 不同客源水平下员工配备数

咖啡厅午餐 11:00—2:00

| 客人数 | 200—299 | 300—399 | 400—499 | 500—599 | 平均每人工时服务人数 |
|---|---|---|---|---|---|
| 餐厅服务员配备数 | 5 | 6 | 7 | 8 | 13.3—24.9 |
| 洗碗工配备数 | 2 | 2 | 3 | 4 | 33.3—44.9 |
| 厨师配备数 | 3 | 3 | 4 | 4 | 22.2—44.9 |

在每日营业时间中还有清淡和高峰时段，根据各时段营业量配备职工和安排职工的上班时间，使餐厅在高峰时段多配备职工，清淡时段少安排职工，充分利用职工的工作时间。例如，美国某咖啡厅对各时段预测的客人数及餐厅服务员需要数如表 2-9 所示（劳动定额为 20 名客人/小时）。

表 2-9 咖啡厅周五客人预测数及服务员需要数

| 营业钟点 | 预测客人数 | 餐厅服务员需要数 |
|---|---|---|
| 10：00—11：00 | 0 | 2* |
| 11：00—12：00 | 40 | 2 |
| 12：00—1：00 | 100 | 5 |
| 1：00—2：00 | 100 | 5 |
| 2：00—3：00 | 60 | 3 |
| 3：00—4：00 | 10 | 1 |
| 4：00—5：00 | 10 | 1 |
| 5：00—6：00 | 50 | 3 |
| 6：00—7：00 | 90 | 5 |
| 7：00—8：00 | 100 | 5 |
| 8：00—9：00 | 95 | 5 |
| 9：00—10：00 | 75 | 4 |
| 10：00—11：00 | 50 | 3 |
| 11：00—12：00 | 0 | 2* |

注：*餐厅在营业前一小时需要 2 名服务准备开业，在营业结束后一小时需 2 名服务员打扫整理餐厅。

根据各时段对服务员的需要数排出工作时间,如表 2-10 所示。

表 2-10 咖啡厅职工班次安排表

| 餐厅服务员 | 10—11 | 11—12 | 12—1 | 1—2 | 2—3 | 3—4 | 4—5 | 5—6 | 6—7 | 7—8 | 8—9 | 9—10 | 10—11 | 11—12 |
|---|---|---|---|---|---|---|---|---|---|---|---|---|---|---|
| A | →|→|→|→|→|→| | | | | | | | |
| B | | |→|→|→|→| |→|→|→|→|→| | |
| C | |→|→|→|→| | | |→|→|→|→| | |
| D | | |→|→|→|→|→|→|→|→|→|→| | |
| E | →|→|→|→|→|→|→|→|→|→|→|→|→| |
| F | |→|→|→|→|→|→|→|→|→|→|→|→| |

针对餐饮业每日营业的高峰和清淡时段客源变化大、供餐时间不连贯的特点,为节省人工往往可采取以下两种措施:

(1) 分班制。安排员工在上午工作几个小时,下午工作几个小时,在餐厅不营业或经营清淡的时间可以不安排或少安排职工上班。这样,可以节省人工,但是每天最多分两班。

(2) 利用兼职临时工。餐厅中有许多工作属非技术或半技术性,可以雇用临时工。此外,餐厅在每日及每日各时段对服务的需求量变化很大。如果全部使用正式工,生意清淡也要照付工资,并且正式工享受"五险一金"以及各种劳保、奖金等待遇,对企业负担较大,巧妙地安排使用兼职临时工可节省人工费用。

但使用兼职工要注意以下几点:

(1) 要尽量定时。定时雇用临时工,可使临时工预先安排好自己的时间，保证餐厅的人力需要。同时，长期使用一些定时的兼职工，可使这些临时工积累工作经验、提高服务技术，并使餐厅减少招聘费用和人力。

（2）注意技术培训。尽管雇用临时工的工作一般属半技术性或非技术性，但为保障服务质量也有必要对他们进行培训。

（3）每天雇用的时间要适合（尽量不要少于3—4小时）。兼职工由于不是每天上班8小时，平均每小时的工资要比全日临时工高些。

为保障餐厅的服务质量，正式工的数量不能过少。例如，海鲜餐厅可以用4名正式工和4名兼职工，但为了保证服务质量和职工的供给数，使用5名正式工和2名兼职工。正式工必须每天安排8小时工作，有条件尽量安排几名职工上连日班。

在安排班次时，每日高峰时段的职工需要数是餐厅一日中至少需雇用的职工数，每周最忙日子的高峰时段的职工需要数是餐厅近期应安排职工的最低数。管理人员应根据预估数量并安排好临时工，特别是旺季要预先安排。

## 第四节　创造满意的员工

餐饮组织问题不仅涉及组织结构的设计，而且还涉及组织制度的建立和完善。在适应市场需求，创造满意顾客的同时，企业还应努力做好内部营销，创造满意的员工。这就要求餐饮企业招聘合格的员工，对员工进行必要的服务培训与开发，采用正确的激励方法，对员工绩效给予客观、公正的评价等。有关人力资源管理的教科书中对这些问题有非常详细的论述，本书仅从如何创造满意员工的角度来简单分析一下这个过程。

### 一、员工招聘

如果企业能在一开始就招聘到合格并且有服务意愿的员工,那么顾客满意和员工满意都比较容易实现。在招聘工作开始之前,必须要事先进行工作分析和人力资源规划,这样才能确保招聘工作顺利进行。

#### (一)员工招聘的途径

招聘的途径有以下几种:

1. 内部人员推荐介绍

当职位出现空缺时,饭店通常使用员工推荐的方法来填补,即人力资源专业人员或一线经理要求员工推荐合格的朋友和同伴,有时饭店会向推荐人提供一些奖励。

2. 求职者毛遂自荐

许多饭店经常会收到一些对公司工作感兴趣的人主动提出的申请或简历。求职者毛遂自荐式的招聘在薪酬政策、工作条件、雇员关系或参加社区活动方面享有好声誉的知名饭店里最盛行。

3. 招聘广告

最广为人知的弥补工作空缺的方法就是招聘广告。在适当的媒体上登载广告主要依赖于招聘的地理区域。若寻求当地求职者,饭店可在地方报纸上刊登招聘广告,也可在饭店网页上通知招聘信息,小型餐厅甚至直接将招聘信息放在门口。

4. 劳务中介机构

我国的劳务中介机构有若干种不同的形式,有临时的劳务市场和固定的劳动介绍机构,也有各类人才交流中心和专门从事提供高级管理人员的猎头公司。饭店可向这些中介机构提供所需人员的素质要求和技能要求,中介机构就承担了寻找和筛选求职者的任务,并向饭店推荐优秀的求职者以备进一步筛选。

5. 校园招聘

校园招聘是指饭店派人到各相关院校招聘应届毕业生。校园面试一般会持续 20—30 分钟,招聘者和学生彼此做决策。招聘者对学生是否适合该工作做初步的评价,学生对饭店的情况也做初步的判断。学生对饭店的兴趣主要依赖于面试期间招聘者的行为和态度。如果招聘者表现得太傲慢或太冷淡,学生可能会不感兴趣;同样,招聘者如果将自己的企业绩效和各种待遇过分夸张,使学生产生过高的期望值,一旦实际工作中不能兑现的话,就很容易产生不满意。

**(二)招聘面试的类型**

1. 非结构化面试

非结构化面试的特点是面试官可以与申请人讨论各种话题,不必依据任何固定的线索。非结构化面试可以帮助饭店全面了解申请人的兴趣和特长。

2. 半结构化面试

半结构化面试有两种,一种是面试官提前准备问题,但不一定按固定的次序提问;另一种是面试官事先设计问题对应征者进行提问。半结构化面试可以帮助饭店了解申请人的管理能力、技术能力和性格类型等情况。

3. 结构化面试

提前准备好问题和各种可能答案的面试称之为结构化面试。结构化面试可以根据应聘人的回答速度对应聘人做出不理想、一般或优异等各种简洁的结论,减少面试的随意性,突出重要问题,是一种比较规范的面试方式。

4. 系列化面试

系列化面试是指饭店要求应聘人员接受饭店各个层次的管理人员的面试,一般都是非结构化面试。各层次的主试人员依据标准评价表对应聘候选人独立做出评估意见,然后对每位主试人员的评定结果进行综合比较分析,最后做出录用决策。

5. 小组面试

小组面试是指一组主试者对应聘候选人进行的面试。小组面试允许每位主试人员从不同的角度提出问题,要求应聘者回答,这种面试类似记者在新闻发布会上的提问。与一对一的系列化面试相比，小组面试能获得更深入、更有意义的回答。小组面试的一种变化是"集体面试"，即由小组面试人员和多个面试者同时进行面试。面试小组提出一个需要解决的问题，然后观察哪位应聘者首先给出答案。

6. 压力面试

压力面试是指主试者提出一系列直率的问题，使应试者感到不舒服的面试。主试者通常寻找应试者在回答问题时出现的破绽，在找到破绽后，主试者就集中对破绽质问，希望以此使应试者失去镇定。这种面试可以测验应试者如何应付工作的压力，了解应聘者的应变能力，探测应聘者在适度压力下是否会意气用事。

**（三）招聘测验**

1. 笔试

笔试是测验招聘者学识水平的重要工具，这种方法可以有效地测试应聘人的基本知识、专业知识、管理知识、综合分析能力和文字表达能力等素质状况。

2. 操作与身体技能测试

操作能力测试是指身体的协调性与灵敏度测试，身体技能测试是指力量和耐力测试。对大多数人来说，身体技能和操作能力是可以通过技术培训来培养的。操作与身体技能测试可以被用作判断应聘人是否适合接受训练，估计应聘者需要多长的时间才能学会这些技能，以及决定应聘人能否胜任这项工作的依据。操作与身体技能测试有助于剔除那些永远也无法胜任这项工作的应聘人。

3. 个性与兴趣测试

员工的工作业绩不仅取决于他的智力和身体能力，还取决于其他诸如个性、兴趣和人际关系技能等因素。个性测试可以测试应聘者个性情况，如内向性、稳定性、动机等。国际上比较通用的个性测试问卷是"爱森克个性问卷"（EPQ），通过问卷中 48 个问题的选择，可以反映出被测试者是内向型性格还是外向型性格，是意志脆弱还是意志坚强，是情绪稳定还是情绪易波动，问卷还可以反映出被测人的社交意愿以及虚荣心的强弱。兴趣测试是将应聘者的兴趣同各种职业成功员工的兴趣做比较，来判断应聘者适合做什么工作，并作为员工职业规划的参考。一个人对他感兴趣的工作，可能做得更好。如果你选拔与那些成功的在职者有大致相同兴趣的人填补职位，这些候选人在新的工作岗位成功的可能性更大。

4. 模拟测试

模拟测试也称情景模拟测验法，是一种在控制的情景模拟状态下进行的练习，在行为模拟过程中，应聘者表现出与组织目标相关的行为。模拟测试尤其适合于对应聘者是否具有某种潜能的评价。

**二、员工培训与开发**

要维护和发展一支顾客导向并关注服务质量的员工队伍，组织必须为员工提供优质服务培训。一旦招聘到合适的员工，组织必须着手对员工进行培训，使员工掌握必要的服务技能和态度，从而保证为顾客提供满意的服务。

**（一）通过员工培训提高员工技能**

我们可以把技能分成3类：技术技能、人际技能和解决问题技能。大多数培训活动都试图改善一种或多种技能。

1. 技术技能

大多数培训项目的主要目的是要更新和提高员工的技术技能，餐厅服务人员的技术技能包括托盘行走、摆台、餐巾折花、斟酒、分菜等许多技能。文员的技术技能还涉及文秘知识、写作、计算机应用等内容。管理人员还要掌握菜单计划、成本控制等技能。

2. 人际技能

几乎所有员工都属于某个工作单位，在某种程度上，他们的工作绩效取决于他们与同事和上司相处的能力。有些员工具有出色的人际技能，但有些人就需要通过培训来提高这种技能，包括学习怎样做一个好的听众，如何更清晰地表达自己的观点，如何做一个有效的团队成员。

3. 解决问题技能

管理人员以及从事非常规性的员工，在工作过程中都会面对大量的问题。如果他们缺乏解决这些问题所需的技能，可以参加解决问题技能的培训。这些能力包括逻辑推理能力、问题定义的能力、因果推断能力、开发替代方案、分析方案和选择方案的能力。对于大多数引入自我管理团队或实行全面质量管理的组织而言，对员工进行问题解决技能的培训是一项基础性的工作。

（二）培训方法

大多数培训都在工作现场进行，这是因为在职培训简单易行、成本较低。但在职培训易造成工作场所的混乱，可能在工作中出现失误，耽误生产。而且，比较复杂的技能培训在工作现场无法进行，必须在现场之外进行。

1. 在职培训

较为常用的在职培训方法有工作轮换和学徒两种方法。工作轮换是持续进行工作岗位调换，以使员工胜任多种不同类型的工作。这样，员工能掌握多种工作技能，并更深地理解各种工作之间的相互依赖关系，对组织的活动也有更全面的认识。有些饭店对新进员工实行学徒制，老员工带新员工，使新员工逐渐掌握各种技能。

2. 脱产培训

脱产培训的方法有很多，较为常用的有派出学习、讲座、录像、模拟练习等。讲座，较适合于传递某种特定的信息，适用于学习技术性技能和问题解决技能。录像，可用来清晰地演示技术性技巧，这是其他方法难以做到的，如服务基本技能培训。人际技能与问题解决技能最好是通过模拟练习来学习，如案例分析、实验室练习、角色扮演、小组交互作用等。

员工们都有归属感，他们都愿意融入工作团队之中，而且员工的工作能力也会受到归属感的影响，如果工作熟练，他们会很快被团队认同。因此，加强对员工的培训，增加他们的劳动熟练程度可以提高员工的工作效率,增强员工的归属感。

### 三、绩效考评

员工的满意度和忠诚度对饭店的经营结果有很大影响。要保证员工对饭店的忠诚,就要对员工进行必要的激励。因此,饭店有必要建立起一套员工绩效考评系统,对员工的绩效进行公平的考核,以便对每个员工进行不同程度的激励,同时考评也是对培训结果的检验。

#### (一)考评的方法

1. 等级评估法

将考评标准分为几个等级,如优、良、合格、不合格等,考评人根据被考评人的实际工作表现和被考评者工作完成情况进行评估。

2. 目标考评法

考评之前,考评人和被考评人根据需要设置一定目标作为考评任务。考评结束后,根据被考评人是否完成目标决定考评结果。目标考评法适合于企业中实行目标管理的项目。

3. 序列考评法

根据相同职务员工的工作状况进行排序,工作较好排名在前,工作较差排名在后。

4. 评语法

由考评人撰写一段评语对被考评人进行评价。评语的内容包括工作业绩、工作表现、优缺点和需努力的方向等。评语法在我国应用非常广泛,但由于该方法主观性强,最好不要单独使用。

绩效考评的方法还有许多种,如重要事件法、情景模拟法、强制比例法等,但由于篇幅所限,在此不一一赘述。但需要注意的是,实际工作中,各种考评方法在企业中并不是单独使用的,把各种考评方法结合起来使用往往更能达到考评的目的。

## （二）绩效考评应注意的问题

1. 考评间隔期

考评间隔期的长短由经理决定，但一般情况下，第一次考评应当在员工受雇后3—6个月，以后则是每年一次。频繁的考核可能会激化矛盾。

2. 考评的连续性

对员工进行考评最重要的一点就是要坚持下去。如果饭店建立起一套员工考评制度就应该确保其实施并坚持不懈地运行下去。在考评时还有一些应注意的事项，例如，考评前要事先做准备，事先通知员工，使员工有充裕的时间来准备。另外，考评要在独立空间中进行，尽量让员工放松。

3. 根据考评结果调整薪酬

考评结束后，对表现优秀的员工要给予表扬，激励员工做得更好，同时也应根据考评的结果调整薪酬。因为当考评结果与加薪并无直接联系时，整个考评对员工来说没有实际意义，这样达不到激励员工的目的。

## 四、激励

从广义上讲，激励分为物质激励和精神激励两种。物质激励是指饭店给予员工的物质报酬，如工资、奖金、福利等；精神激励是指饭店员工获得的成就感、满足感和良好的工作氛围等。

### （一）物质激励

1. 工资

餐饮业员工多采用计时工资，即根据员工的劳动时间来计量工资的数额。计时工资主要分为小时工资制、日工资制、周工资制和月工资制四种。餐饮业中的钟点工、临时工多采用小时工资制和日工资制，而正式工则多采用月工资制。

餐饮企业制定工资制度应注意以下原则：

（1）注意工资外部均衡，即餐厅员工工资水平应与同地域同行业的工资水平保持一致，或略高于平均水平。这样才能稳定员工，降低员工流动率。

（2）保持工资内部均衡，即餐饮企业内部员工之间的工资水平应与他们的工作绩效成正比，满足工资的公平性。

为此，餐饮企业应事先对本地区同行业企业进行调查，并在工资制度执行过程中保证绩效评估的客观性和公正性。

2. 奖金

奖金是指为员工超额完成任务或取得优秀工作业绩而支付的额外报酬，其目的在于对员工进行激励，促使其保持良好的工作势头。奖金比其他报酬形式具有更强的灵活性和针对性。

奖金可采取不同的形式，但是大多数的奖金都与销售额和利润有关，如：

（1）基于销售额的一定增长幅度而发的奖金。

（2）基于成本与费用的一定下降幅度而发的奖金。

（3）税后净利润的一定比例。

此外，现在的一些企业还采取发放内部员工股的形式，作为对饭店员工的一种奖励。这种形式既为企业增加了一种融资渠道，又可奖励优秀员工企业红利，一般大型企业可采用这种方法。然而，采用这种形式需要慎重，必要的话还应听取一些咨询公司的意见。在发放内部员工股时还应保持客观性和公平性。

3. 福利

根据我国《劳动法》的规定，所有从业人员都应享受用人单位的"五险一金"。"五险"是指养老保险、医疗保险、失业保险、工伤保险、生育保险，"一金"是指住房公积金。"五险一金"具有一定的强制性，目的是为了保障员工的合法权益。

此外，用人单位为了吸引人才或稳定员工，也会提供一些福利措施。餐饮企业可提供的集体福利主要包括工作餐、工作制服、节日礼物、健康体检、带薪年假等。

餐饮企业在提供员工福利时应注意的有：

(1）社会保险是降低员工流动率的有效措施之一；

(2）在提供员工集体福利项目时要考虑企业的投入产出问题。

### （二）精神激励

**1. 表扬**

表扬是主要的精神激励方法。通过表扬或给予荣誉的办法，使受奖者得到社会的承认和人们的尊重。对员工的表扬应注意以下几点：

(1）奖赏的标准要公开，不要暗箱操作。

(2）奖赏的实施要经过集体评议。

(3）表扬要及时。

**2. 情感激励**

情感激励是指加强与组织成员的感情沟通，尊重成员，使其始终保持良好的情绪以激发出工作热情。

**3. 创造良好的工作环境**

在心境良好的状态下，工作思路开阔、思维敏捷、解决问题迅速。

(1）创造一个文明、健康、整洁的工作环境。

(2）创造一个良好的社会工作环境，要减少官僚作风和玩弄权术的现象。

## 五、保持良好的上下级关系

根据赫斯克特（Heskett）的服务利润链理论，内部质量驱动员工满意，员工满意度驱动员工忠诚及高生产率，员工忠诚和高生产率驱动服务价值，服务价值驱动顾客满意，顾客满意驱动顾客忠诚，顾客忠诚驱动获利性与成长。所以，保持良好的上下级关系、提供高质量的内部服务是企业获得利润的重要因素。许多餐饮经理认识不到员工对于一个饭店成功经营的重要性。因此，经理与员工之间很少交流。然而，如果饭店的员工对经理没有信任和好感，员工就不能信任企业的管理政策，在工作中也会缺少积极性，饭店的利润势必会受到影响。现代人力资源管理更加强调员工的沟通和自主，所以经理自身也应体现这样的特点。下面是经理对待员工的四个基本常识：

1. 有效地与员工交流

有效地与员工交流是保持良好的上下级关系中最重要的一步。没有与员工的交流，就不知道员工的需求，也就无从谈起对员工的内部服务质量。因此，经理应采取一些方法尽量了解员工，如：

（1）定期召开例会，了解员工需求；

（2）走路面带微笑，给人以亲和力；

（3）对待员工礼貌、直率等。

2. 尊重员工

如果员工不能在饭店受到尊重，就谈不上员工能够尊重饭店的管理理念和文化。尊重员工首先要尊重员工的言行，让员工能够在经理面前自由地表达意见与看法。另外，还要尊重员工的价值观，这样才能让员工融入饭店的管理理念和文化中。

3. 不要随意评价员工

经理对员工的评价必须公正，并且是有意义的。有些无意识的评价因缺乏严密的调查和思考会失真，如果被当事人了解到会产生抱怨心理，并对饭店及经理产生不信任。

4. 以期望员工对待你的方式对待员工

人是一面镜子，你用什么态度对待他，他就会用什么态度对待你。经理与员工相处时也是如此，管理者对待员工的态度也就是员工对待管理者的态度。权力和地位并不能获得完全的尊重。虽然员工不会对经理当面评价，但私下里员工对每位管理者都会有自己的评价，而这种评价取决于经理对待员工的态度和经理的工作能力。

**复习思考题**

1. 设计餐饮组织结构应遵循哪些原则？
2. 酒店餐饮部是如何与其他部门进行工作衔接的？

3．工作任务与工作细则有哪些区别？

4．影响餐厅员工配备的因素有哪些？

5．假设你要开一家营业面积为200平方米的中餐厅，你应如何设计组织结构和进行人员定编？

6．如何为组织选择优秀的员工？

7．餐厅员工的培训通常采用什么方法？

8．员工激励有哪些形式？

9．如何创造满意的员工？

10．如何降低饭店员工的流动率？

# 案例分析

### 麦当劳的激励机制

麦当劳公司认为，勤奋的员工是公司最宝贵的财富。确实，麦当劳的员工表现出来的主动性和积极性是令人惊讶的。他们当中的大多数人总想在麦当劳多学点东西。许多服务员往往会提前上班，推后下班，连节假日也要特地到餐厅去走一走。而按照公司的规定，除非是加班工作，这种活动都是不付给工薪的。

那么，是什么原因让新服务员自觉地多做这些工作的呢？答案很简单。在麦当劳里，人们有一个普遍的信念：只要付出了努力，就可以获得相应的地位和报酬。麦当劳的用人方法就是让打工者也相信他们能够得到相应的地位和报酬。

1．公开化的职位与酬劳

一走进麦当劳餐厅后面的办公室，首先映入眼帘的是一张宽1米、高0.70米的大布告板。布告板上方写着"新观念"三个大字。这个布告板经常成为计时工作人员的话题。布告板的左侧是"职位和工资"，写着餐厅所有的工作人员的姓名和职位。职位分为A级组长（ASW）、组长（SW）、接待员（STAR）、见习员（TN）等，还用英文字母的 A、B、C 代表计时工作人员的等级。

在工资栏上，通常用的记载方法是以 C 级为基准。组长的工资是 C 级的 1.25 倍，A 级组长是 C 级的 1.5 倍，而且一年可以分得两次红利。这种把地位和工资公开化和透明化的做法能够让每个计时工作人员逐步体会到，上级和他们的同伴之间不可能有私下交易。只要努力工作，必然可以获得相应的地位和报酬。

2. 不受限制的晋升

麦当劳的环境能够让每个服务员始终牢记公司理念。服务员一走进休息室，首先映入眼帘的是一块"观念交流园地"公告栏，上面记载着餐厅内所有工作人员的姓名、职级。在"训练进度表"上还记有每个服务员的进店日期以及他们学习的教材和进度。此外，服务员的帽子颜色、制服形式、名牌的用途和形状、参加会议的名单、营业时分配的位置、安排工作时间的长短、计时卡摆放的位置等，都代表着服务员在餐厅中的身份和地位，让服务员时刻记住，在麦当劳这个世界里，只要你努力向上，在技术和服务能力上取得了进步，必定能够获得相当的满足和成就感。

更为重要的是，在麦当劳工作的计时员工也有可能当上经理。一般企业虽然也用职位提升的方法来刺激计时工作人员的积极性，但到了某个职位便"到此为止"了。但是，麦当劳餐厅没有这个限制。麦当劳规定计时工作人员"凡有 3 个月以上工作经验者皆可为经理级的组长，不受年龄和性别的限制"。

公司的简报上也有同样的说法："麦当劳公司机会之多，绝不亚于其他任何企业。"麦当劳公司也提供了培养这个机会的园地。使用你的自主性，发挥你的实力吧！这些话既适用于正式职工，也适用于计时工作人员，使他们的能力能够最大限度地发挥出来。

有了这种信念以后，这些新服务员才会认识到，在取得相应的地位和报酬之前，最重要的事情是善于有计划地学习，提高服务和工作的技术水平。

3. 激励方式

在对员工的激励方面，麦当劳通过春游、职业发展、抽奖、聚会、带薪休假（兼职员工每年工作超过1440小时会获得一周）、竞赛、轮换等方式对员工进行激励。因此，即使在很严格的工作标准下，员工依然充满活力。

（1）积分奖励

麦当劳的激励机制运用得很充分，每天，麦当劳都会按照具体情况为每个不同岗位的人制定目标，一旦达到目标，就可以得到公司内部的积分奖励。举例来说，每一段时间麦当劳都会推出新活动以利于促销。麦当劳规定促销出新产品，前台服务员下班以后就可以按照管理组制定的目标拿到相应的奖券。假如一共卖了25套促销的套餐，就可以得到5元奖券，35套可以得到10元，依此递增，全部积攒下来到月底或年底兑换相应价钱的奖品。员工内部的奖品有手表、雨伞、手电、腰包等，这就需要每天都尽力做到最好，得到尽量多的奖券。这种积分奖励方法，在麦当劳内部营造了比较好、比较持久的竞争气氛。

（2）最佳员工评选

细心的顾客进入麦当劳餐厅，会发现在墙壁上有一个专栏，上面写着"当月最佳员工"，还有照片和名字。这是麦当劳对优秀员工的一种奖励方式，鼓励大家向优秀者学习。麦当劳的最佳员工评选标准包括四个方面：100%顾客满意度、良好的工作适应性、极高的工作标准、良好的团队合作精神。依照这些标准，麦当劳每个月都评选出自己的"最佳员工"，并将照片和"标准"贴在一起。这不但鼓励了优秀者再接再厉，也激励着其他员工的工作积极性。

**案例思考题**

1．你认为员工工资及奖金是公开好还是保密好？
2．麦当劳的激励机制可否应用于其他中小型餐厅？

# 第三章 餐饮经营理念

**学习目的**

- 了解餐饮经营的任务
- 建立正确的经营理念
- 掌握餐饮经营组合的构成要素
- 熟悉餐饮经营的创新方式
- 掌握餐饮品牌的建立

**基本内容**

餐饮经营的理念
- 餐饮经营的任务
- 继承传统与革新创造
- 倡导科学健康的饮食观念
- 绿色餐饮
- 做好内部营销

经营组合
- 环境因素
- 服务因素
- 饮膳的比较因素
- 广告宣传与公共关系因素
- 评价的反馈因素

餐饮经营方式的更新
- 餐饮集团化经营
- 超市餐饮
- 电脑点菜、电视点炒形式
- 娱乐与餐饮经营的相结

餐厅命名与餐饮品牌
- 餐饮品牌的特征
- 菜名的艺术
- 宴会菜品的命名
- 餐厅菜品命名存在的问题
- 餐厅店号命名
- 标识

## 第一节 餐饮经营的理念

### 一、餐饮经营的任务

经营是指筹划企业的营销活动以达到预期目标的总称。餐饮经营的实质是吸引顾客,最大限度地满足顾客的需求,扩大产品销售,实现盈利目的。因此,餐饮经营的任务主要从以下七个方面展开讨论。

**(一)为顾客提供相适应的餐饮产品**

餐饮经营最基本也是最重要的任务之一便是为顾客提供相适应的餐饮产品。为了保证给顾客提供各类满意的餐饮产品,餐饮经营必须做到以下两点:

1. 及时掌握各种不同客人的餐饮需求,有针对性地推出他们所期望获得的餐饮产品,这是获得顾客满意的前提。一般来说,不同国家和地区的人、不同年龄的人、不同身份的人、不同收入水平的人、不同宗教信仰的人都有自己独特的饮食需求。作为餐厅的管理者，必须在日常的经营管理中，进行仔细的观察、分析，逐步积累经验。同时，要建立科学的客史档案制度，准确地记录各类顾客的特殊需要。只有这样，才能真正地把握本饭店目标市场上顾客的饮食要求，饭店或餐厅所提供的餐饮产品才能符合客人的需要。

2. 正确把握优质餐饮产品的含义，精心策划餐饮产品的各种组合。餐饮产品的优质首先是产品本身的质量，最终会体现在顾客对菜品的评价上：口味是否符合自己的饮食习惯；装盘是否美观诱人；价格是否与其价值相符；食品卫生是否能给人以安全感。另外，菜肴的新鲜程度、是否是时令菜、知名度等，都会影响优质的概念。

（二）为顾客提供优质的服务

服务是餐饮业所提供的无形产品。在用餐过程中，顾客更多地注意的是烹饪技艺、服务态度、服务速度、服务技巧以及用餐的环境和气氛等。也就是说，顾客在购买餐饮产品的同时，更希望得到与菜肴同时销售的服务，并期望获得方便、周到、舒适、友好、愉快等方面的精神享受。餐厅经理要正确认识客人的这一心理需求，设计并保证实施有效的服务程序，提倡并培养全体员工为顾客提供亲切的服务。

（三）为完成本企业、本部门的合法利润而扩大营销

在市场经济条件下，任何餐饮投资的直接目的都是为了扩大营业收入，提高利润水平。所以，获取利润是餐饮经营的重要任务。无论是独立餐厅，还是酒店的餐饮部门，营业收入都是一个重要的经营目标。要达到和超额完成营业收入计划与目标利润，餐饮部门的经理要在以下两个方面做出努力：

1. 根据市场需求扩大经营范围和服务项目以及产品品种。餐厅经理要有敏锐的洞察力和经营意识，及时把握市场动态，充分利用各种食品节、新颖的餐食和用餐方式等加强食品饮料的销售。也可以扩大用餐场所，增加餐饮接待能力，用提供外卖、上门服务等方

法扩大餐饮服务的外延，提高餐饮销售量，以达到和超额完成本部门的营业指标。

2. 加强餐饮成本控制，减少利润流失。餐饮部门从采购、验收到库存、生产和销售环节，成本控制的难度较大，造成的浪费和损失机会也较多。为了提高餐饮部门的创利能力，减少浪费，避免利润流失，餐饮部门的经理要制定完整的餐饮成本控制措施，并监督员工执行，挖掘内部潜力，提高利润率，完成本部门的创利指标。

**（四）树立良好的企业形象**

高品质形象的树立一定程度上依赖于餐饮部门为顾客提供的各项服务的质量。对于饭店来说，餐饮部门与客人的接触面广、量大，面对面服务时间长，对客人的心理因素影响较大，其效果直接会反映到客人对饭店的评价。要树立饭店的高品质形象，首先必须加强餐饮部门自身的高品质形象建设，提高企业知名度和美誉度。

**（五）弘扬中华民族的饮食文化**

中华民族五千年的文明史，造就了举世公认的中华美食。今天，中餐已经走向世界，成为世界饮食大家庭中的一名重要成员，越来越多的外国客人热衷于吃中餐。中餐已成为我国的一项重要旅游资源，吸引着世界各地的旅游者。无论是独立餐厅，还是酒店的餐厅部门，向客人宣传中餐、弘扬中餐的文化艺术，是一项义不容辞的任务。在此过程中，还应注意以下两点：

1. 弘扬中国的饮食文化要善于挖掘我国的传统饮食之精华。从历代宫廷菜、官府菜和民间菜谱中吸取"营养"，甚至从各种文学名著、历史传说、历史事件中得到启发，加以开发，如满汉全席、红楼宴、仿膳、乾隆皇帝下江南筵席等，都是通过挖掘整理而成为脍炙人口的名宴的。

2. 挖掘传统名菜还要与现代人们的饮食要求结合起来。随着社会的发展，人们的饮食要求、口味特点和用餐方式都在变化，在开发传统名菜的过程中，要善于古为今用，取其精华，不能一味拘泥仿古，食古不化；同时，还应该注意食品的营养与卫生状况。

### （六）餐饮经营应为本社区做出贡献

餐饮企业所处的社区是外部环境构成中重要的要素，也是企业利益相关者中举足轻重的一方，企业与社区相互依赖，相互影响。因此，企业应为本社区做出自己的贡献。

1. 餐饮不仅是旅游得以进行的手段，而且是旅游的目的之一，它具有既属于旅游设施类，又属于旅游资源类的双重性质。有的游客旅游目的就是为了品尝某些具有风味特色的食品。

2. 有名的餐厅不仅为本社区增加知名度，而且还能为本社区在推广膳食制作上做出贡献。一些知名度较高的餐饮企业，更应该注意维护自己的声誉，保证菜品质量上乘，价格公道，让顾客的体验与期望相匹配，使之成为一个城市吸引游客的亮点。

### （七）为国家创造一定的税收

餐饮业利用其本身的设备与技术，通过食品原料加工与生产制作，不仅可为企业本身增加收入，还会以税金形式为国家创造大量的财富，进而对国民经济的发展起到积极的推动作用。

## 二、继承传统与革新创造

孙中山先生曾经说过："我中国近代文明进化，事事皆落人之后，惟饮食一道之进步，至今尚为文明各国所不及。"他又说："单就饮食一道论之，中国之习尚当超乎各国之上。此人生最重之事，而中国人已无待利诱势迫，而能习之成自然，实为一大幸事。吾人当保守之而勿失，以为世界人类之师导可也。"由此可以看出中国烹饪在中华文明发展史上所占的重要位置。中餐烹调，源远流长，中国烹饪已经走向世界舞台，在海外的中餐馆已上万家，遍布世界各地。英国有四千多家中餐馆；号称西餐鼻祖的法国，中餐馆也有两千多家；在美国，即使只有五六千人的小镇，你也会找到一家中餐馆。

外国人不仅到中餐馆吃中国菜，而且有的家庭已在厨房里做中国菜。意大利面条（Spegetti）风行世界，但"祖籍"在中国，是由马可·波罗在公元13世纪传入西方的。

对于祖国传统的文化遗产应当继承,但在继承的基础上还要发展、革新与创造。如果只有继承而没有革新与创造,就不会有今天繁荣的中国烹饪文化。

### 三、倡导科学、健康的饮食观念

2003年"非典"虽然给我们造成了巨大的损失,但也为国民的饮食习惯和餐厅的经营理念敲响了警钟。研究人员从果子狸体内发现SARS病毒后,一些地方政府相继出台了有关禁止经营和食用野生动物的法规。这些措施不仅强化了人们对野生动物的保护意识,而且对文明饮食起了重要的推动作用。许多人认为野生动物"稀有""难得",再加上好奇心,争先食之,其实,稀有的未必味美,营养价值也未必高。餐厅不应一味地迎合顾客的特殊需要,而应积极倡导科学、合理的饮食。

另一服务理念就是倡导"分餐制"。针对"非典"问题,中国饭店协会和中国烹饪协会出台了《餐饮业分餐制设施条件与服务规范》,要求营业面积超过300平方米的餐厅实行分餐制,餐饮服务人员要进行分餐制培训,接待高档宴会时,应更多地实行服务员分餐制;一般筵席(包括婚宴、旅游团餐、零点等),实行一菜一公筷公勺和一人一骨盘的用餐方式;会议餐,更多实行自助餐和公筷公勺用餐方式。快餐和送餐实行一人一份用餐方式。

### 四、绿色餐饮

企业的社会责任不仅仅是创造利润,还包括保护和促进社会福利。现代餐厅经营不仅要重视顾客的需要,也要重视社会大众的一些共同需要或利益,如生态环境和社会环境的保护等,这就是所谓"社会营销"。现在,有的餐饮企业为赚钱不惜宰杀野生动物,还有的餐饮企业搞内容不健康的各种"包房"。这些破坏生态环境和社会环境的行为,是违背社会营销观念的,也是违反法律的。社会营销中保护生态环境的营销是所谓"绿色营销"。在国外,人们的环保意识日益增强,回归自然的理念越来越强烈,为了适应这种需要,各种"绿色"营销正在兴起,如"绿色"饭店、"绿色"餐厅等。在欧洲的一些国家里出现了许多向顾客提供"健康自然美食"的"绿色"餐厅。这种餐厅所选用的蔬菜瓜果,均是自然生长的植物,烹调用油是橄榄油和玉米油,餐厅所提供的食物均不含味精等任何添加物,且不经过特殊加工处理。

随着社会经济的发展,人类对自身生存环境给予了越来越多的关注,环保热潮如一股洪流席卷全球,人类随之进入绿色时代。人们逐渐意识到:人类并非自然中心与主宰,人类文明的发展不能以牺牲人与自然的和谐为代价,企业行为将越来越多地受到来自环境责任的约束。这对饭店而言,是一次挑战,也是一次机遇,它给饭店带来改善环境的压力,同时,也提供了获得新的竞争优势的机会。绿色,将成为众多饭店追求的形象。

**(一)绿色餐厅的界定**

绿色餐厅是在绿色消费的驱动下产生的。绿色消费是指消费者意识到环境恶化已经影响到其生活质量和生活方式,要求企业生产、销售对环境负面影响最小的绿色产品,以减少危害环境的消费。这里的"绿色"是"无污染、无公害、环境保护"的代名词,是生命、健康、活力的象征,中心意思就是保护地球生态环境,促进人与自然、社会经济与生态环境的和谐关系,确保人类社会经济的可持续发展。

**(二)绿色餐厅的发展现状**

为适应环境保护和回归自然的消费热潮,国外许多饭店和餐厅重视树立环保形象,对饭店和餐饮产品进行"绿色"定位:

1. 实施垃圾回收。

2. 开发绿色无公害食品,如新加坡、瑞典、泰国一些饭店开发无农药、无污染、无虫害的绿色食品,包括一些野菜系列。

3. 节约能源和资源,如加拿大蒙特利尔洲际饭店利用废料获取余热。

从 20 世纪 90 年代开始，国际饭店协会每年在全世界范围内评选年度"绿色饭店"。国内饭店已认识到"绿色产品"是当今消费市场的"宠儿"，纷纷规划自己的"绿色行为"，竞相开发自己的绿色饭店产品，创立自身绿色饭店形象。

"绿色"形象给饭店带来了经济效益和社会效益。如有资料表明，绿色食品的售价比同类非绿色食品高 30%—100%。而据一项调查，北京有 72%、上海有 84%、广州有 90%以上的消费者对绿色食品感兴趣并愿出高于普通食品的价格购买。绿色饭店能正确处理好消费者需要、饭店利润和环境保护之间的矛盾，实现消费者利益、饭店利益、社会环境利益的统一和协调发展，21 世纪将是绿色消费的世纪。据联合国经合组织统计，目前世界每年绿色消费额至少在 2000 亿美元以上。毋庸置疑，这将为饭店带来许多机会与利益。为此，饭店要关注环境，保护生态，满足消费者不断增长的需要，创建绿色饭店。

**（三）发展绿色饭店的对策**

1. 培育绿色饭店文化，树立绿色观念。绿色饭店文化的核心是强调对社会和环境的责任，实现人与自然、人与人以及人的身心和谐。将环保目标与饭店经营管理目标融为一体，激励员工节约资源，保护环境，树立饭店绿色形象。制定饭店道德规范，使员工受社会公认的规范制约，强化全体员工的绿色意识和行为。

2. 创建绿色餐厅，使用绿色食品，即无污染、安全、优质、天然营养的食品，最大限度地限制化学合成物；食品开发不得破坏生态环境，如菜肴中不得涉及珍惜野生动植物；食品分量适度，避免浪费；控制和处理污水、废油和废气的排放；控制和处理泔水。

3. 采用先进的节约设备，安装节能装置、节水设备、能源控制设施，如节能灯、感应水阀、限能系统等。

4. 增加饭店装修和物品的"绿色含量"，如使用"绿色"餐具。

5. 开展绿色营销，如强化与绿色价格、绿色渠道、绿色促销的配合，吸引消费者，增加产品的市场覆盖率。实行绿色价格，树立消费者和饭店的"环境有偿使用"新观念，把饭店保护生态环境的费用计入成本。

### 五、做好内部营销

新的营销观念要求企业不仅要满足顾客的需要，也要满足自己员工的需要，这就是所谓"内部营销"的观念。内部营销，是指服务企业对内部员工的营销，就是向内部人员提供良好的服务、满足内部人员的需要和改善与内部人员的关系，以便更好地开展外部服务营销。企业的员工是内部顾客，当他们在内部受到最好服务和向外部提供最好服务时，企业的运行可以达到最优，员工、顾客和企业都达到满意，如图 3-1 所示。

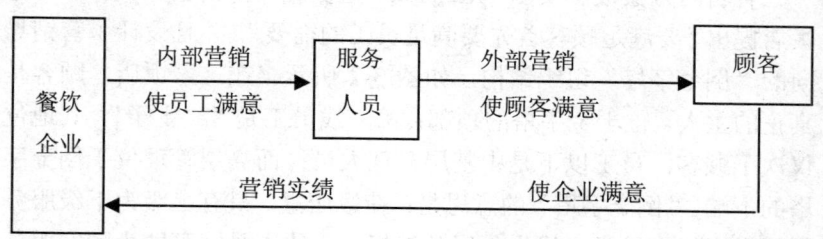

图 3-1　内部营销与外部营销

树立内部营销观念是餐饮企业获得满意顾客和利润增长的前提条件。从不同的角度看，内部营销具有不同的要求或目标。

1. 就管理而言，内部营销要求企业首先获得具备主动服务意识、热爱餐饮工作、具有营销意识的员工。

2. 从策略层面上看，饭店内部营销的目标是创造一种内部环境，促使所有员工关心餐厅的营销状况，形成全员营销的氛围。

3. 从战术层面上看，内部营销的目标是强调员工的兼职营销人员的角色和作用，使员工能以自己的服务工作支持饭店的整体服务战略并激励营销工作。

饭店只有将内部营销作为整体营销的重要组成部分，才能为饭店优质服务的提供奠定坚实的基础，为饭店赢得更多的顾客。如有些饭店向顾客推出"温馨""个性化"或是体现地方特色的服务。如果员工对此缺乏理解，不能提供相应的服务，那么这种竞争手段就达不到预期的效果，甚至产生负面效果。

饭店内部营销主要可以通过实施以下几方面的活动来达到目标：
1. 饭店的各个岗位聘用合适的人选；
2. 对员工进行持续有效的培训；
3. 强调集体精神；
4. 加强饭店内部信息交流；
5. 为员工参与饭店的服务、营销决策创造条件；
6. 对员工的工作进行绩效评比和有效奖励。

著名的万豪饭店集团（Marriott）是实施内部营销的典范。万豪饭店提出"要满足顾客首先要满足员工的需要"，并且设计了营销导向的"倒金字塔"组织结构，如图 3-2 所示。在这家饭店，顾客是真正的主人，位于金字塔的顶部；第一线员工是"二主子"，其地位仅次于顾客；员工以下是中基层管理人员；而高层管理位于倒金字塔的下端。"倒金字塔"的意思是：在饭店里，只有上级为下级服务得好和二线人员为一线人员服务得好，一线人员才可能为顾客服务得好。实行内部营销的企业是真正营销导向的企业。

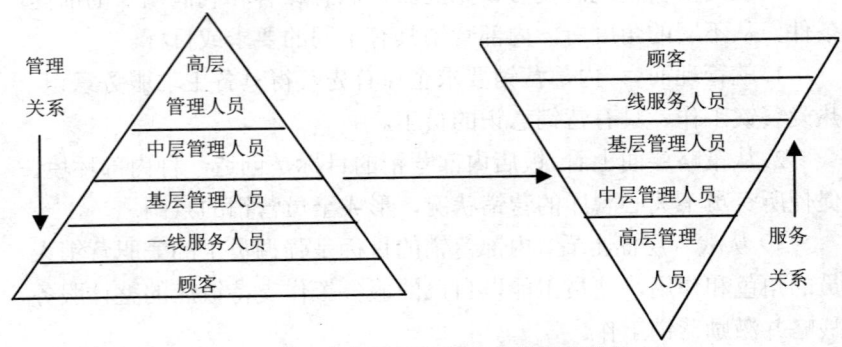

图 3-2　内部营销与倒金字塔组织结构

从图 3-2 可以看出，传统的组织结构图反映的是一种管理关系，而"倒金字塔"组织结构所强调的是一种服务关系，它体现了现代服务企业的新型服务理念。

## 第二节　经营组合

经营组合是餐厅经营中必不可少的诸要素的组合，包括环境因素、服务因素、饮膳的比较因素、广告宣传和公共关系因素以及评价的反馈等因素。

### 一、环境因素

环境因素是餐饮业经营成功的要素之一，它不仅包括位置、周围等外部环境，也包括装修、布置等内部环境。

#### （一）位置

美国饭店管理专家卡伦博士有句名言："一座饭店经营管理好坏的因素，第一是选址，第二是选址，第三还是选址。"位置的选择对于保证餐厅的客源起着至关重要的作用，有人说，合理的位置是成功的一半。

1. 餐厅选址的考虑因素

影响餐厅选址的因素很多，其中地理因素、经济因素和市场因素是主要考虑因素。

（1）区域规划

区域规划往往会涉及建筑的拆迁和重建。如果未分析，餐厅就盲目上马，在成本收回之前就遇到了拆迁，这家餐厅无疑会蒙受损失，或者失去了原有的地理优势。因此在确定餐厅位置之前，一定要向有关部门进行咨询。

（2）地区经济

注意收集和评估周围地区商业增长的数据，分析这些地区有无商业发展潜力,掌握不同类型的商业发展方向。

(3) 竞争

对于竞争的评估可以分成两部分来考虑。一是提供同种类型的食品服务的餐厅可能会导致直接的竞争,这会被认为是消极的因素。二是间接的竞争,包括提供不同菜品和不同服务的餐厅。在所选地点,缺少任何一种形式的竞争都是值得考虑的,这可能意味着一个潜在的绝好的地点,也许这会是一个很糟糕的地点。直接竞争未必会导致两败俱伤,相反还可能促进双双繁荣。

(4) 规模和外观

餐厅的潜在容量大到可有足够的空间给建筑物、停车场和其他的必要设施。餐厅位置的地面形状以长方形、正方形为好。对于三角形或多边形的场地,虽然从美学角度看会营造个性化的外表,但除非它非常大,否则是不可取的,因为长方形和正方形的土地利用率高。在对地点的规模和外观进行评估时也要考虑到未来消费的可能。

(5) 地价

拥有许多令人满意的特征的地理位置可能会因为过多的费用而从议题中被删除。通常位置越佳,地价也越高,这是一对永远无法解决的矛盾。在进行选址决策时,决策者必须对未来的销售(利润与成本)进行科学的预测。

(6) 能源供应

能源主要是指水、电、天然气等经营必须具备的基本条件。如果这一最基本的条件尚未达到,那么,这一位置是不能选的。在这些因素中,水的质量尤为重要,因为水质的好坏直接关系到烹调的效果。

(7) 旅游资源

这一因素主要影响着过往行人的多少、游客的种类等。因此对旅游资源一定要仔细分析,综合其特点,选择适当的位置和餐厅的种类。

（8）交通状况

关于目标地点的街道交通状况信息可以从公路系统和当地政府机关获得。如果交通数据最近还没有被统计出来，那么可以选取一天中有意义的样本数据作为参考。交通状况的计算往往在中午、周末的晚上和星期天。交通状况是指车辆的通行状况和行人的多少，而交通状况往往意味着客源，当然客源绝不等同于交通的频繁程度，因为有的地区尽管交通繁忙，但是游客都没有购买的机会或欲望。在选择餐厅位置时，通常要获得本地区车辆流动的数据以及行人的分析资料，以保证餐厅建成后，有充足的客源。

（9）餐厅的可见度

餐厅可见度是指餐厅位置的明显程度。也就是说，无论顾客从哪个角度看，都可以获得对餐厅的感知。餐厅可见度是由从各地驾车或徒步旅行来进行评估。餐厅的可见度往往会影响到餐厅的吸引力。

（10）市政服务

保安、防火、垃圾废物处理和其他所需的服务都包括在市政服务中。目标地点所需服务的设施、费用和质量都是应该被评估的因素，这些信息可从当地政府中获得。

2．餐厅选址的原则

餐厅选址的原则要从下述几点进行考虑：

（1）尽量避免直接竞争。餐厅不应设在餐厅成群的地方，更不要门对门地经营，这对营业收入必然会造成影响。但这一原则并非绝对。如果一个地方以餐厅众多而出名，它会吸引很多的顾客，顾客不在这一餐厅用餐，就会在另一个餐厅用餐，这样，总会有顾客去进餐的。新建的大型购物中心（Shopping Mall）、美食街等汇集了不同风味的几十家餐厅，由于档次、规模大都属中、低档，且菜品价廉、实惠，也能吸引大批顾客。

（2）专门经营午餐的餐厅应该尽可能地方便顾客。一般的午餐餐厅应设在顾客走几分钟路或开几分钟车便可达到的地方。在美国，大多数在外面吃午饭的人都只有半小时到一小时的午餐时间。商务午餐的时间一般要宽裕得多，除用餐外还饮酒。快速午餐供应点必须临近顾客的工作地点，最好在同一幢大楼里。

（3）主干公路旁的餐厅是为方便旅行者而开设的，因此必须设在离旅行者很容易达到的地方，否则，即使餐厅离公路不很远，顾客难以到达或者到达成本高，对该餐厅来说，也是不利的。

（4）快餐厅最理想的选址是紧靠某条主要街道，繁华的商业区或某个公寓区。

（5）对于那些以独特的气氛、特色或特殊环境见长的餐厅来说，位置稍偏僻问题不大，因为顾客总会找到它们的。"酒香不怕巷子深"在这种情况下还是有一定道理的。

（6）位于饮食娱乐区的餐厅总是能吸引大批顾客。

（7）选址时还要注意交通的状况。餐厅面临交通繁华区，不仅可以增加销售量，也容易让顾客知晓。此外，还要注意餐厅附近是否有停车场。

（8）高档餐厅的位置选择非常挑剔，通常只适宜开设在商业中心位置或办公大厦里。一个新的趋势是，不少高档餐厅开在城郊接合部，主要是因为交通顺畅，停车方便。

**（二）环境的完美性**

现代餐厅不仅是满足就餐者生理上的需求，也要满足精神上的需求，也就是说，餐厅应具有享乐性的特点。这就要求餐厅做到：

1. 餐厅营业现场的装潢设计具有舒适性。营业现场的装潢设计包括地面的材料与颜色、墙壁的材料与颜色、吊灯及天花板的设计、门窗及窗帘设计、室内装饰物和店面绿化等许多方面。总之，营业现场要给人以大方、舒适的感觉。

2. 菜单的内容与菜单的材料及封面设计具有诱导性。菜单的封面首先要体现餐厅的风格与特点，尽量不要使用从商店买来的大众菜单；菜单的制作材料会影响顾客的手感，最好用铜版纸；菜单的内容包括菜品的类别、排列方式和风味特色。菜单是构成餐厅内部环境的组成要素之一。

3. 服务人员的制服具有标志性和影响性。服务人员的制服要与餐厅的风格保持一致，特色鲜明的制服可以烘托气氛，也可以起到推销作用。

4. 餐具要讲艺术性。讲究餐具器皿是中餐烹饪的特点之一，设计考究的餐具会增添进餐的情趣和艺术美感，要在品种、质地花纹上做到美观、舒适、统一、协调。

5. 桌布、餐巾、帷幔应有协调性，桌布、餐巾要每次翻台必换，保持清洁。

6. 环境的整洁性。整洁包含两个方面的含义，一是整齐，二是洁净。这就要求餐厅桌椅要摆放整齐，做到桌腿一条线，台布都到膝盖长，餐桌、椅腿及摆台的盘子横看成行，竖看成列。餐厅的墙壁、饰物、地面、桌面要干净无尘。

7. 高级宴会餐厅对服务员的要求较高。中国的餐厅服务员多在25岁以下，并且都是帅哥靓妹。而在西方国家，这一要求似乎不明显，这是由于法律规定不允许有性别、年龄、种族、胖瘦、高矮等方面的歧视。笔者在加拿大旅游期间，曾下榻多伦多市喜来登中心大酒店，在午宴上，进行俄式服务的服务员都是看似五六十岁的人，他们准确的分餐、优雅的斟酒动作、利落的撤台、大方的微笑和职业的语言令人叫绝，终生难忘。

二、服务因素

服务因素是指对客人的招待、服务方面的因素。它涉及以下几个方面的内容。

（一）**用餐的捷时问题**

用餐的捷时问题所研究的是如何快速、有效地向顾客提供服务。餐厅作业分析就是围绕捷时进行的。例如，在餐厅建筑设计上，许多餐厅的前厅与厨房（或配餐间）都是由至少两条通道相连接的。正像交通规则一样，服务员从餐厅进入厨房走右门，从厨房进入餐厅走左门。这样，既可避免服务员因匆忙而产生的碰撞，又可以提高服务速度。在菜单的设计中，菜品大类的排列程式也隐含有用餐的捷时问题。

### （二）采用不同档次的服务方式

餐厅在开业前必须要考虑服务的档次问题。一般来说，服务档次的高低与菜单设计有密切的关系。提供精美食品和饮料的高档餐厅必须要提供周到、细致的服务，而中低档餐厅在服务的项目和程度上都是有限的。

### （三）服务的次序问题

服务的次序指的是菜品服务的先后顺序，也就是先上什么，后上什么。受过餐饮服务培训的服务员都知道服务的次序，尽管仍有不少餐厅的服务员忽略了这一点，但是，我们为什么按照这样的次序服务？难道仅仅是考虑到顾客的饮食习惯吗？这里也包含了一个时间运筹问题，即如何缩短顾客等待时间，同时还要考虑到顾客心理平衡的问题。

### （四）服务的秩序

服务的秩序指的是服务如何完成的问题。例如，宴会如何组织，台面如何布局，有哪些仪式和特殊要求等，这些都是服务的秩序所应包含的内容。

### （五）营业时间的服务

餐厅营业时间长短的决策看似比较简单，但要认真地对待，还需要进行科学的分析。对于只提供午餐和晚餐的餐桌服务式餐厅来说，通常只在午餐和晚餐两个时间段营业。而对于快餐店或位于商业中心的餐厅来说，应该对每一个时间段的客流量进行统计分析，用该时间段的边际收益与同一时间的成本投入进行比较，若边际收益大于成本投入，则应开门营业。有的餐厅为了满足部分夜生活顾客或上下夜班的人的需要，甚至全天营业。

### （六）服务应从经理开始做起

很多餐厅经理认为服务规范和礼仪只是对服务员的要求，这是一个错误的观念。只有优秀的管理者，才有训练有素的员工。服务中对员工的要求同样适用于管理人员，甚至老板。

### 三、饮膳的比较因素

#### （一）质量的比较

质量的比较就是对餐饮产品的色、香、味、形、营养等进行的比较。

1. 色

色是指食物的颜色，以绿、黄、白居多。西方人对黑色不太感兴趣，中餐中有许多黑色，如海带、发菜、海参、皮蛋、木耳、香菇、鳝鱼、枣泥、豆沙等。菜品的颜色不宜过分多样化，一般认为只要有两三种对比颜色就可以了。

2. 香

香是菜品作用于人的嗅觉器官所产生的感觉。香包括来自调料的香和菜品主料本身的香。有的菜需要通过调料来增加香味，如海参，它本身没有任何味道，完全靠调料或辅料增加香味。而对于许多菜品来说，香来自主要原料本身，如干贝，香味浓郁，做什锦火锅加上些干贝，味道极美。值得注意的是，"臭"也属于香的范畴，有些食品的"臭"同样可以刺激食欲，如乳类、臭豆腐、西餐中用的奶酪等。

3. 味

味是指菜肴作用于口舌味蕾而产生的感觉。通常人们用酸、甜、苦、辣、咸来表示"五味"。但实际上，辣不算味。食物的辣与食物的冷热一样，是由于人体头部的第五神经即三叉神经的神经纤维受到刺激所产生的感觉。辣，其实是一种痛的感觉，只是这种轻度的痛使人感到愉快，而当辣得过分，就成了明显的痛觉，所以有"辣不入味"之说。

4. 形

形是菜品作用于视觉的反映。对于菜品的造型，国内有关业内人士与学者有两种不同的看法。一种是重视菜肴的造型，甚至在厨师等级评定中也要有造型拼盘。他们认为，中餐烹饪是艺术，而造型拼盘是中餐烹调艺术的最佳表现形式。另一种观点是主张造型上的"适可而止"，菜品不宜过分装饰或过分讲究，点到为止。因为食物主要是吃的，而不是看的，因此在色、香、味、形中，香和味是比较重要的，过分讲究，还会浪费时间，减少出菜率，增加成本。

5．营养

营养是最近几年才引起餐饮业经营者关注的。以前人们关心的是是否"吃得饱"的问题，只担心营养不良，认为吃得越多越好。如今，随着人们生活水平的提高和审美意识的增强，顾客关心的是是否"吃得好"的问题。所谓"吃得好"就是指既要从膳食中获得足够的营养，又要防止因营养摄取过多而影响健康或引起疾病。这样，餐厅经营者不得不对菜品的营养价值进行分析。现在有不少餐厅在其菜单上标出了每一道菜的营养成分，这是一个可喜的进步。

（二）数量的比较

数量的比较主要是指对菜肴分量的比较。分量是指每一份菜肴的大小或多少，它既可用重量来表示，也可用容量来表示。例如，麦当劳汉堡肉饼的标准分量为 4 盎司（约 113.40 克），酒吧销售的苏格兰威士忌或科涅克白兰地的净饮分量通常为 1 个盎司（约 28.35 毫升）。中餐菜品虽然没有明确的分量，但也大都以"七寸盘"或"八寸盘"来表示，只不过其标准比较模糊而已。

西餐菜品由于是单独上给每一位顾客的，因而其数量的多少直接决定着顾客能否吃饱。在宴会菜单设计中，针对不同的顾客群体进行分量设计是一项重要内容。在中餐中，由于顾客对菜品的多样化要求逐渐增加，因而，分量有减少的趋势。

餐饮经营者应经常到同类型的其他餐厅去进行比较，或者以顾客身份去亲身体验，听取顾客对菜品分量的评价。

## （三）价值的比较

价值是指菜品价格与数量的关系。餐厅菜品应做到物有所值。餐厅提供的食品和服务要值得顾客付那么多的钱，生意经上有句话，"三分毛利吃饱饭，七分毛利饿死人"，也就是物有所值。通过对价值的比较，餐饮经营者会发现自己的定价在同类餐厅中处于什么水平，以便选择正确的价格策略。

值得说明的是，质量、数量和价值的比较并不是孤立进行的。只有三个方面的综合比较才有意义。有的餐厅虽然菜品价格低，但分量也小；有的餐厅虽然价格高一些，但分量比竞争对手大，质量也高。

## 四、广告宣传和公共关系因素

广告宣传与公共关系是餐饮促销的重要手段，越来越多的餐饮企业开始意识到其重要性。对于快餐连锁集团来说，广告宣传是比较容易的，费用可以均摊。但对于独立餐厅来说，广告费用则相对较高。我们常在地方性报纸上看到餐厅的广告，而很少看到电视上的餐饮广告。美国的餐厅也是如此，电视广告太昂贵，只能在地方或社区小报上登广告，或印发菜单，散发到学校宿舍内。美国的一些快餐店，如百胜（Pizza Hut）、拉拜拉（La Bela）经常将菜单或优惠券送到大学生宿舍内，即使麦当劳也利用全国或州大学生篮球联赛的机会进行广告促销。

公共关系与广告不同，它是利用媒体所进行的无偿的宣传，其宣传效果比广告还有效。关于广告与公共关系的促销，我们在后面有专门论述。

做好公共关系工作的主要目的是树立企业在公众中的形象。所以餐厅要做好以下几方面的工作：

（1）良好的信誉源于产品质量，这是第一位的原则。

（2）要与社区建立融洽的关系，充分利用一切传播媒介，如一些赞助、会议等。

（3）要有店徽、店旗，门面装潢要体现餐厅特点。

### 五、评价的反馈因素

餐厅在经营过程中,应注意收集反馈的信息,及时了解市场对本企业的评价。就如同人们照镜子一样,只有看到镜子中的我,才知道如何装扮,如何修饰,经营也是如此。评价的反馈因素包括以下几方面:

1. 直接交谈

餐饮部经理、餐厅经理、领班或服务员都可以在顾客就餐后或间歇期间主动征求意见,了解顾客对餐厅服务的评价。

2. 同行业之间评价的反馈

可以通过行业协会,组织同行管理人员相互观摩,相互学习。通过同行业之间的评价,发现自己的不足。

3. 综合评价

综合评价方式较多,包括:

(1) 对环境、人员、餐具的满意程度。

(2) 对产品质量欢迎的程度。

(3) 对服务的满意程度。

(4) 对价格的认同程度。

最常见的方法是通过问卷来进行综合评价。表 3-1 是典型的餐厅征求顾客意见的评价表。

4. 重返率

在一定时期内再次或多次光顾同一餐厅的顾客人次与同期该餐厅接待顾客总人次的比率叫重返率或回头客率。一个餐厅的回头客多,重返率就高,也说明经营得好;若重返率低,则说明经营失败。这是一般的道理,但有时也不尽如此。例如小城镇的酒吧和餐厅,主要依赖于回头客,而人口稠密的商业餐厅则依赖于过客而不是常客;对于喜好追求新鲜感的顾客来说,高满意度也不一定意味着高的重返率,但企业会赢得这类顾客的口碑宣传。

表 3-1　顾客意见调查表

你是否喜欢本餐厅

我们在不断提高菜品质量，改进服务水平，您可以帮助我们实现这一目标，您只需根据您在本餐厅的进餐经历和感受，如实填写以下内容，我们将不胜感激。

1. 菜品质量：□色香味形俱全　　□一般　　□较差
2. 菜单设计：□诱人　□程式模式　□没有说明，不知特点　□菜名稀奇，不知所云
3. 菜品分量：□过大　　　□适中　　　□较少
4. 饮料质量：□较好　　　□一般　　　□较差
5. 饮料分量：□过大　　　□适中
6. 服 务 员：□礼貌　　　□迅速　　　□为顾客着想　□不主动　　□举止不雅　□服务呆板
7. 餐厅温度：□较热　　　□适中　　　□较凉
8. 灯　　光：□太明亮　　□适中　　　□较暗
9. 餐　　桌：□洁净　　　□有油污　　□有水
10. 座　　椅：□舒适　　　□不舒适
11. 客房送餐服务：□迅速　　□太慢　　　□热菜变凉
12. 迎宾员：　□主动热情　□能叫出你的名字　□服务呆板
13. 卫生间：　□整洁　　　□设施不全　　□亟须改进

14. 你对餐厅的整体印象：□非常好　□较好　□一般　□较差

谢谢您的合作！

×××餐厅（饭店）

## 第三节 餐饮经营方式的更新

俗话说"民以食为天",过去人们去餐厅用餐只是为了解决生理上的需求。但是随着经济的发展,"吃"不再仅是为了解决生理上的需求,而且还要满足心理、审美观念方面的需要。在当今开放的年代,人们的消费观念也在不断更新,对餐饮消费的需求,已不再满足传统的单一的就餐方式,总是在追求不断变化的消费形式。由于餐饮市场竞争越来越激烈,所以餐饮经营者为了满足人们的这种消费需求及竞争的需要,就要不断地推出各种经营方式,以适应市场变化发展的趋势。

### 一、餐饮集团化经营

餐饮集团化经营也称为连锁经营,是指在本国或世界各地直接或间接地控制或拥有两家以上的餐厅,以相同的店名、店标,统一的经营程序和管理水平,统一的操作程序和服务标准进行联合的经济实体。组建连锁餐饮店的核心是统一经营,统一管理。

**(一)集团化经营方式对餐饮经营者的好处**

1. 可以争取主动,选择物美价廉、恪守信用、保证及时供给(尤其是鲜活产品)、送货上门的供应商。因为进货批量大,可以降低价格,减少原材料的采购成本,实现规模经济。

2. 连锁餐饮集团具有较为先进的管理系统,能为各个成员餐厅统一经营管理方法和程序,还可以根据竞争环境及市场需求的变化修改各种标准及程序。大的连锁餐厅甚至有自己的培训基地,如麦当劳拥有一所汉堡包大学,培训专业的人才,把现代科学技术用于改善人们的生活。

3. 连锁餐饮集团可以为成员餐厅提供技术上的服务和帮助。例如，连锁餐饮总部有统一的配送中心和加工基地，可以统一采购配送所需的物品，统一配送物品是连锁经营的规范化要求。像麦当劳、肯德基、必胜客等西式快餐的成功就是借助了技术上的优势。

4. 连锁餐饮集团一般规模较大，经营较为成功，在公众中有较为广泛的影响，统一的店标、店名对广告宣传极为有利。

### （二）集团化经营对顾客的好处

每一个餐饮连锁集团都有其经营理念或经营宗旨。以麦当劳为例，其经营理念是"QSCV"，意为品质高（Quality）、服务好（Service）、卫生清洁（Cleanliness）、物有所值（Value）。麦当劳将其理念贯彻到每一个分店，顾客无论走到哪里，只要一看到那个黄色的字母M，就知道里面提供什么食品和服务，价格是多少。

## 二、超市餐饮

超市餐饮是一种颇受大众消费者欢迎的餐饮经营方式。它借鉴了零售业中超市的布局原理，即开架陈列、自我服务的方式，结束了封闭式的餐饮操作和就餐方式。超市餐饮是以"餐饮商品"为经营内容的超级市场。其基本特征是：批量生产，千品汇一，超市自选，廉价销售，连锁经营。消费者既可以自选熟食，也可选半成品及鲜活食品，厨房挂牌现场操作，顾客还可以自选厨师或自己参与烹调。选食区有上千个品种，琳琅满目，各种海鲜、肉禽、蔬菜、饮品、调料、水果，一应俱全，选料本身就是一种逛超市的乐趣。操作区是透明式的厨房，消费者可以观看厨师操作，也可以亲自动手烹制。食街区是现代化的大排档，现烹现吃，整个过程明朗化，渲染气氛，增加情趣。就餐区布局整齐有序、干净，音乐舒缓，服务人员彬彬有礼，环境温馨幽雅。

## 三、电脑点菜、电视点炒形式

运用现代化的手段进行点菜与炒菜，可以满足人们的时间要求及心理上的要求。现在的餐厅为了在竞争中取胜，采用各种各样的经营方法。电脑点菜、电视点炒是运用先进的技术，餐厅服务员手持微型电脑记录客人点菜，然后通过按键用红外线将点的菜名发射给红外线接收器，同时厨房和收银台立即收到点的菜品、酒水数量、台号等信息，并通过打印机打印出来，这样既提高了上菜的速度，又缩短了客人等待的时间。电视点炒则是客人点菜后，其中的一道或几道菜的烹制过程通过电视转播到餐厅，让客人看到厨师是怎样为自己烹制菜肴的。这样做，会使客人兴趣高涨，食欲大开，产生冲动性消费。

餐厅还可以实行点厨法，让客人根据自己的兴趣点某一位厨师来为自己烹制菜肴，当客人看到自己点的厨师在为自己烹制时，心理上会得到一种气派的满足感。顾客中如有从事厨师职业的或对烹调比较感兴趣的人都可以上灶一显身手，通过电视转播到餐厅，客人们尤其是自己的亲朋好友看了会增强餐饮情趣，活跃气氛。例如，天津集贤大酒店就推出了"厨房实况监视"，让顾客在餐厅通过电视看到厨房的每一道菜选料、配菜、加工的过程，顾客满意，回头客自然就多了。

### 四、娱乐与餐饮经营的结合

娱乐与餐饮经营相结合的方法较多，如卡拉 OK 餐厅、舞厅、酒吧等。不同的娱乐形式与餐饮经营相结合，给顾客的感受、起到的效果和作用是不同的，不同的娱乐形式对餐厅的要求也不同，如：

1. 西方音乐引入餐饮经营；
2. 民族音乐引入餐饮经营；
3. 歌舞表演引入餐饮经营；
4. 民族戏曲表演引入餐饮经营；
5. 时装表演与餐饮经营相结合；
6. 卡拉 OK、迪斯科（DISCO）餐厅等自娱性娱乐形式与餐饮经营相结合。

# 第四节 餐厅命名与餐饮品牌

### 一、餐饮品牌的特征

品牌是指用来识别卖主产品的某一名词、符号、文字、数字、标记及其组合。其基本功能是将不同企业生产的产品区别开,使竞争者之间的产品不发生混淆。

应该注意的是,品牌与商标并非相同概念,商标是经注册的品牌,享有专用权,并受到法律保护,其他企业不得冒充和伪造,没有注册的品牌不是商标,不受法律保护。所有的商标都是品牌,反过来不一定成立。

大多数的餐饮产品不可能有自己的商标。只有那些名气大、历史久、确属某一餐厅独创或独有的餐饮产品方可进行商标注册。

笔者认为,餐饮品牌意识是餐饮经营者所必备的。餐饮品牌并不是说要给每一菜品和饮料冠以相应的品牌名称,而是要在消费者中树立一种形象,一种无形的感受。因此餐饮品牌最大的特性就是无形性。

例如,这一地区内有A、B、C、D四家经营川菜的餐厅,每一餐厅都提供"鱼香肉丝"这道菜,这四家餐厅没有必要为自己的"鱼香肉丝"起名为"A牌鱼香肉丝"或"B牌鱼香肉丝",只要A餐厅做的鱼香肉丝正宗,且深受消费者的欢迎和认可,那么,我们就可以说A餐厅已经树立起其餐饮品牌了,人们再想吃鱼香肉丝,就会马上想到A餐厅。这就是普通商品品牌与餐饮产品品牌的区别。

### 二、菜名的艺术

菜名,就如同人名、公司的名称一样,具有很强的推销功能。

"可口可乐"就是一个成功的典范。据说当时美国的国饮Coca-Cola为起到"可口可乐"这一中文名称花费了30万美金,不知此事是否属实,但"可口可乐"这一名称的确家喻户晓,老少皆知,且名如其意,喝起来"即可口又可乐"。

厨师或宴会设计者在为菜品命名时,要起出一个既能反映菜品特点,又能具有某种意义的菜名,不是件简单的事情。

菜名的名称,不外乎以下几种情况。

### (一) 如实反映菜品特点的命名

烹调方法、原料构成、色彩搭配、味道等都是菜品命名的构成要素。菜名直接反映菜品的特点,有助于顾客对菜品的了解,不会产生误解,便于推销。具体来说,还可以分为以下几种命名方法。

1. 以烹调方法命名

以烹调方法命名的目的是使顾客了解该菜品的制作方法,如油爆鲜贝、锅塌里脊、爆炒鱿鱼卷、水煮牛肉、清蒸鲩鱼、软炸虾仁、烤乳猪、东来顺涮羊肉、油酱毛蟹、清炒鳝糊等。

2. 以主要原料命名

以主要原料命名即突出制作该菜品的主要原料,如辣子鸡丁、番茄虾仁、桂花鱼翅、黑椒牛肉、蟹黄白菜、竹笋鳝糊、鸡茸金丝笋、蚝油牛柳、虾子大乌参、虾仁锅巴、红子鸡、白斩鸡、烤乳猪、豉汁盘龙鳝、茉莉鱿鱼卷等。

3. 突出色彩的命名

以菜品的颜色特点命名,可以激起人们的食欲,如五彩鸡片、三色蒸水蛋、翡翠虾球等。

4. 突出菜品味道的命名

这种命名方法突出了菜品的味道,使顾客一目了然,这对于那些对菜品味道很关心的顾客来说,意义重大,如麻辣鸡丝、糖醋排骨、酸辣汤、海味什菜煲、豉椒凤爪、酸汤鱼、怪味鸡、弹性豆花鱼、爽口牛肉丸、脆皮粉蒸肉等。

### （二）以地名来命名

这种菜名，通常以发源地或成名地来命名，突出其地域色彩，如道口烧鸡、德州扒鸡、北京烤鸭、无锡排骨、镜泊鲤鱼丝、扬州煮干丝、西湖醋鱼、湖州羔羊肉、东江酿豆腐、大理砂锅鱼、镇江肴肉等。

### （三）以人名或官名来命名

如麻婆豆腐、宫保鸡丁、东坡肘子、东坡肉、宋嫂鱼羹、贵妃鸡翅、文思豆腐、大千鱼、太白豆腐等。另外，不妨用店主、厨师等普通人命名，更显亲切，更显风味独到，如王麻子锅贴、李连贵大饼、王胖鸭等。

### （四）以历史或文化典故命名

这种菜名，从字面上看不出是什么菜品，也不知其风味特点和原料构成，但具有历史和文化典故，如佛跳墙、叫花鸡、护国菜、过桥米线、半月沉江等。

### （五）以反映菜品特点的形象命名

以这种方式命名的菜品很多，有些是地方名菜，更多的是一些餐厅自己命名的，虽然形象，但有时使顾客有失望的感觉。成名菜有：炸佛手卷、醋溜三白、三不沾、三美豆腐、八仙过海、八宝鸭、八珍豆腐、烧四宝、三套鸭、霸王别姬、干炸响铃、东壁龙珠、龙虎斗、满坛香、鹅菜四绝、八宝鱼、氽双脆等。

## 三、宴会菜品的命名

很多餐厅在进行宴会菜单设计时，为了突出宴会主题，往往会给一些现有的菜品另起一套名称。当然，这些名称应和菜品的特点有联系，而非任意起名。

如某餐厅推出的"二人世界——情人套餐"别有一番情趣，如表 3-2 所示。

表3-2 "二人世界——情人套餐"

| |
|---|
| 甜甜蜜蜜——银耳果羹 |
| 清新世界——凤尾芦笋 |
| 柔情似水——八宝海参 |
| 爱人心——奶油菜心 |
| 情无价——金钱鸡 |
| 千丝万缕——拔丝苹果 |
| 天长地久——银丝面 |
| 比翼齐飞——鸳鸯炖盒 |
| 爱情曲——红葡萄酒 |
| 纯情曲——杏仁露 |

如果您正在热恋之中，和心爱的人去餐厅享受一次这款二人套餐，且不说菜品质量和价格，单是这些罗曼蒂克的名称也会让您陶醉的。

某餐厅承办政府"迎七一，庆回归"主题宴会。为突出"普天同庆，香港回归"主题，表达人民迎接香港回归的喜悦心情，设计如下菜单：

1. 看盘：紫荆花开（由白萝卜、红萝卜、青菜制作）。
2. 凉菜：

（1）普天同庆（由白炖鸡、五香肘肉、酱牛肉、熟猪肚、松花蛋、咸鸡蛋拼成）。

（2）和平发展（由烤猪肚、盐水鸡脯、广式香肠、鱼糕、蛋黄糕、胡萝卜、炝黄瓜拼成和平鸽，象征中国与世界和平发展）。

（3）风光无限（由猴头菇、黄白蛋糕、松花蛋、黄瓜、青椒、海蜇、鸡蛋制作，色彩鲜明，意为祖国山河无限美好）。

（4）根（山药、白糖、排成"根"字形状，意为华夏儿女同根相连）。

3. 热菜：

（1）唇齿相依（鱼唇、鱼翅汁、冬菇、菜花、豌豆苗、奶汁配炖后，汤汁乳白、香鲜醇厚，鱼唇荤润软滑，鱼翅滑软，意为内地、香港唇齿相依）。

（2）血脉相连（山药、京糕、蜜饯青梅，红白绿三色相间，脉络清晰，故取名为血脉相连）。

（3）明珠托翠（鸭掌、对虾肉、鸡茸、鸽蛋、油菜，用鸭掌贴以鸽蛋，取油菜叶包鸡茸成"翠珠"，意为香港为中国的东方之珠）。

（4）水乳交融（银鱼、牛奶、菱角粉，晶莹透亮、白如美玉，意为内地与香港人民水乳交融）。

（5）香江水长（豌豆、白菜、银耳、清汁薄蒙其上，晶莹滑润，线条流畅，酷似流水，故取名"香江水长"）。

（6）东方之珠（猪肚、臀尖肉、红樱桃，樱桃晶莹剔透，意指香港）。

（7）百年沧桑（鱼翅、白人参、鸡胸肉、肘子、火腿，此菜为药膳，有安神定魄之功，增补血气，意指香港回归的历史）。

（8）九龙腾飞（龙虾九只、鲤鱼、冬菇、火腿、黄瓜、粉丝，造型生动，九只龙虾象征着香港九龙，借喻回归后的香港更加繁荣昌盛）。

4. 面点：一国两制（银耳杏仁和龙须面）。

5. 庆回归：西瓜雕为龙舟状，汤盛其中，扬帆驶向祖国怀抱。

### 四、餐厅菜品命名存在的问题

#### （一）故弄玄虚，哗众取宠

很多餐厅为吸引顾客的注意，在菜品命名上挖空心思，故弄玄虚，哗众取宠。比如有一道叫"粉碎四人帮"的菜，内容是什么呢？是油酥花生仁、桃仁、核桃仁、瓜子仁，如此"四仁"而已。把海带、粉条、肉片、洋芋等五种东西一锅煮，便冠之为"五湖四海"，等等。

粤北有一家餐厅,菜单上醒目地列着一道菜,叫"乱棍打死猪八戒",顾客颇感好奇,点上一看,原来是豆角炒猪头肉。类似的菜品命名还有很多,被顾客称为"宰客经典菜",例如:

青龙过海:大葱漂浮在汤汁上;

走在乡间的小路上:红烧猪蹄,下垫几片生菜叶;

母子相会:黄豆炒豆芽;

穿过你黑发的我的手:海带丝炖猪蹄;

火辣辣的吻:辣椒炒猪嘴。

上述"怪招",套句时髦的话叫菜品命名创意,但由于缺乏文化底蕴,给人感觉就是哗众取宠、牵强附会。要想创立餐饮品牌,靠所谓的标新立异之类的"怪招"是难以取胜的,只会成为人们茶余饭后的笑料。

### (二)形象名称太多,难以预料

很多餐厅,菜名起得很"怪异",例如你去一家高档粤菜餐厅,你会被那些动听的菜名所吸引,可又似懂非懂,不像川菜那样直接明了,"银菜炒三丝",我们且不管三丝是哪三丝,银菜是什么?进货验收日报表上无此蔬菜,有时问服务员也不清楚,等菜上桌后才知道,银菜就是绿豆芽。"百花酿带子"中的百花是什么?鸡蛋。

有一道菜叫"梅花白玉",读起来像首诗,听起来像曲美妙的音乐,吃起来一看,才知道是青红辣椒加豆腐。

菜名起得漂亮、好听没有错,关键是要让顾客能看懂。如果在菜品下加上一行小字进行说明、注解,这一问题就迎刃而解了。

### (三)原料名称不统一,菜名令顾客感到生僻

由于我国地域广大,很多食品原料的名称具有很强的地域性,广东人一看便知的菜名在北方就令人费解,如"北菇扒时蔬"中的北菇,就是我们常吃的香菇,"南乳炸脆鸡"中的南乳,就是腐乳;"清蒸鲩鱼"中的鲩鱼是什么高档鱼种?北方人都没听过,鲩鱼其实就是草鱼,中国四大淡水鱼之一。不过这里有一个心理促销的问题,

很多顾客不知何为鲩鱼，为什么不点一条品尝一下呢？如果顾客在这么高级的餐厅里看到"清蒸草鱼"，谁还会点呢！

### 五、餐厅店号命名

中国人自古就习惯于命相，纵然在文明洗礼下，取店名时仍然会合八字、算笔画，找个大吉大利的店号，因此一般都忽略了重要的一点——顾客的反应，即店号是否能达到宣传效果。

据命名专家的看法，一个好的店名，应该做到"五易"，即易看、易听、易念、易写、易记。

1. 易看的店名

店号的选择，首先要考虑的条件是使人易看易懂。所谓"易看"，与下列四点有关：

（1）笔画

在我国，店名以中文为主。由于中文笔画不似英文那么简易，若店外的招牌挂着笔画太多的店名，从远处很难分辨，容易产生不方便。所以，尽量选择笔画简单清晰的字。

（2）字数

据统计，店名字数大多都是二到五个字，一般人对"易看"的看法是：字数以五个字为限。在一项实验中，以千分之一或千分之二秒的时间，让被测试者观看广告，测试其看到什么以及看懂什么。实验结果显示，一般人的记忆以五个字为限。

（3）文字排列

避免文字排列时会造成的误读。例如："一"与"十"两个字直排时，容易误认为："千"或"干"字。另外，中文字横排时，由左向右或由右向左，至今仍然未统一，所以应当避免采用让人分不清是由右向左或由左向右念起的店名。

（4）字体

字体的问题最容易被忽略。现在是一个讲究设计的时代，不妨精心设计一种美观且适合店中特色的字体，借此加强顾客的印象，这也是促销的诀窍之一。不过，设计时仍要注意必须让客人容易分辨，否则效果就大打折扣了。

2. 易听

人们常常利用餐厅作为聚会场所，而"电话联系"方式是普遍而又方便的方法，因此，一个"易呼"的店名，也是相当重要的。有谐音、可联想其他字、容易造成混淆的店名，都不是理想的店名。

前些年，天津市滨海新区靠近天津港口的地方有一餐厅，名为"塔码地"，据说起名者的初衷是反映港口特点，塔代表灯塔，码代表码头，地代表锚地，颇有象征意义，而且很快在天津市区又开设另一家"塔码地"。但是，有些幽默的顾客却不这样理解。有人问：咱们去哪个餐厅吃饭？回答说：去"塔码地"，你听，像不像骂街。后来，天津市政府有关部门鉴于其名不雅，责令餐厅改名。餐厅马上照办，将"塔码地"改为"地码塔"。要知道，我国很多店堂牌匾都是倒着念，即从右向左读，所以顾客还是读为"塔码地"。由于其店名庸俗、低级，顾客对餐厅的经营者和服务者也不会有好印象，餐厅很快结束了其"寿命周期"。

3. 易念

其实一个易听的店名，换个说法，不外乎要易念。其构成的因素是：

（1）发音容易；

（2）短词；

（3）不是难词。

汉字的范畴相当广，尽量不要用难懂的字，以免使顾客感到困惑。要知道，顾客可能会因为念不出店名而敬而远之。

笔者曾在北京、天津、河北、河南等地见过不少家名为"金鑫""犇羴鱻"的餐厅。前者笔画多，但也确有意义，"鑫"字象征着财富兴盛，能给餐厅带来好运。而后者"犇羴鱻"并非"牛、羊、鱼"，"犇"字是"奔"字的异体字；"羴"字是"膻"的异体字，指羊臊气;"犇"字是"鲜"的异体字。这三个字读音应为 ben shan xian,而大家都读成"牛羊鱼"。这也难怪,"犇"字可在汉语词典中查出,而"羴""鱻"则毫无踪影,不知起这样的店名是何用意,何必都让顾客读错呢。

4．易写

易写的条件与易读差不多,尽量要达到:

（1）笔画少;

（2）字数少;

（3）排除难词。

5．易记

店名若具有联想性,可以帮助记忆。比如,"摩卡"一看便知道是个咖啡店了。另外,取个有特色的店名,会使得客人难以忘怀,比如"旧情绵绵"店中的怀古独特风味与店名一样,令人难忘。

6．运用幽默要适当

20世纪80年代一位中国留学生在参观美国白宫时,需经过安全检查,保安人员问中国留学生包里装的是什么,回答说:"是炸弹。"其实是几听饮料。保安人员笑道:"是中国制造的吗？""不,是美国制造。"这位中国留学生懂得美国人的幽默顺利通过检查,参观了白宫。自"9·11"事件之后,若再开这样的玩笑就会送你去监狱了。

笔者几年前年前去白洋淀附近的白沟镇游玩,发现一家餐厅名叫"上一当",显然,命名者是想幽默的,但餐厅里顾客寥寥无几。笔者问同行的几个人何不进去吃一顿？他们都说:"打住吧,真上一当怎么办？"看来,这种幽默是没有市场的。因此,餐厅在命名时运用幽默一定要适当。

7．店名要使用标准汉字

国家文字工作委员会已明确,店名招牌要使用标准汉字,不能使用繁体字,也不能使用简化字。然而,很多餐厅还是我行我素,不予理睬。现在连外国人都在学习使用标准汉字,为什么我们自己还在"留恋"过去?

除了以上七个要素外,餐厅命名尚须注意以下几点:
(1)是否适合顾客阶层?
(2)是否适合该店的情调风味?
(3)是否适合该店的名称?
(4)含义是否很清楚?
(5)是否能显示出独特性?

如今,互联网上有好多给餐厅命名的网站。企业可以参考这些网站,借助网络资源为自己的餐厅命名,但由于各个网站良莠不齐,企业要把握以上原则,符合实际情况。

### 六、标识

标识是一个企业或组织有别于其他企业或组织的符号、文字、图案或其组合,是企业识别系统(Corporate Identity System,CIS)的重要组成部分。

随着企业识别系统在饭店业的导入,越来越多的饭店、餐厅意识到企业形象的重要性。除了进行广告宣传与公共关系外,标识也是树立餐饮企业形象的主要工具。它不需餐饮企业花很多钱,也非常容易做到。但是很多餐饮企业经常忽视它。

**(一)标识可以出现在餐厅招牌上**

餐厅招牌不应仅仅是餐厅的名称,而是名称与标识的统一。

**(二)标识可以出现在菜单封面上**

许多餐厅使用从商店购买的菜单簿,然后自己再把菜单页插进去。这样做对餐厅来说虽然省事,但丝毫反映不出餐厅的特色。不妨自己设计菜单,将标识印在醒目的位置,加深顾客对餐厅形象的认识。

**(三)标识可以出现在员工制服上**

在制服的胸部印上或缝上餐厅的标识会给顾客留下更深的印象。许多高档餐厅的菜品和服务都非常出色,为什么不让这种优质的象征出现在制服上呢？

**（四）标识可以出现在餐具上**

餐厅的盘、碟、碗筷、杯、口布都可以打上餐厅的标识，这样要比在上面打出餐厅的名称更有效。

由于标识也是餐饮促销的一部分，我们在后面的餐饮内部促销和餐饮外部促销中将有详细的论述。

**本章小结**

理念是经营的指导思想。本章共分为四节，第一节讨论了餐饮经营的任务、继承传统与革新创造的辩证关系和大生产经营观念的建立，倡导科学健康的饮食观念。第二节提出了经营组合的概念，成功的经营取决于环境、服务、饮膳比较、广告与公共关系和评价的反馈因素。第三节介绍了几种最新的餐饮经营方式。第四节讨论了餐饮品牌的特征、菜品命名与餐厅命名的艺术以及存在的问题，最后强调了标识的重要性。

**复习思考题**

1．在餐饮经营中如何理解继承传统与革新创造？
2．餐饮经营组合包括哪些因素？各有何要求？
3．集团经营的形式和优缺点是什么？
4．饭店或餐厅应如何树立餐饮品牌？
5．你认为什么是科学、健康的饮食观念？
6．关于许多中餐厅向顾客提供野生动物问题，请辩论：

正方：因为许多顾客喜欢吃野生动物，所以餐厅才迎合顾客的需要。

反方：顾客是看到菜单上提供野生动物或在服务员的鼓励下才点食野生动物的。

# 案例分析

## 麦当劳的 QSCV 经营理念

顾客走进任何地方、任何一家麦当劳餐厅都会发现,这里的建筑外观、内部陈设、食品规格和服务员的言谈举止、衣着服饰等诸多方面都惊人地相似,都能给顾客以同样标准的享受。雷·克罗克在创业初期,就为自己设立了快餐店的三个经营信念,后来又加上"V"信条,构成麦当劳快餐店完整的 Q、S、C、V 经营理念。

Q(Quality)——是指质量、品质。

麦当劳对食品原料的标准要求极高,面包不圆和切口不平都不用,奶浆接货温度要在 4 摄氏度以下,高一度就退货,一片小小的生肉饼要经过 40 多项质量控制检查。任何原料都有保存期,生菜从冷藏库拿到配料台上只有 2 个小时的保鲜期,过时就扔。生产过程采用电脑控制标准操作。制作好的成品和时间牌一起放到成品保温槽中,炸薯条超过 7 分钟,汉堡包超过 10 分钟就要扔掉。另外,麦当劳的标准化经营也是质量的重要保证。例如,汉堡包中的牛肉饼每个重 1.6 盎司(约 45.36 克),直径 3.875 英寸(约 9.84 厘米),1 磅(约 453.59 克)牛肉做 10 个汉堡包肉饼,其中肥肉不能超过 19%;小圆面包的直径为 3.5 英寸(约 8.89 厘米),洋葱重 1/4(约 7.09 克)盎司。每种烹调食品都有标准时间,其他各种供应设备、圆面包、牛奶、饮料、一次性餐具清洁剂等,所有材料、食品一定要完全合乎规格。

S(Service)——是指服务。

服务包括店铺建筑的舒适感、营业时间的方便性、销售人员的服务态度等。微笑是麦当劳的特色,所有的店员都面露微笑,活泼开朗地和顾客交谈、做事,让顾客感觉满意。员工一进入麦当劳,就要接受系统训练。全体员工进行快捷、准确、友善的服务,排队不超过2分钟，在顾客点完所要食品后，服务员要在1分钟内将食品送到顾客手中。餐厅还提供多种服务，如为小朋友过欢乐生日会，为团体提供订餐和免费送餐服务等。

C（Cleanliness）——是卫生、清洁。

在麦当劳员工规范中，有一项条文是"与其靠着墙休息，不如起身打扫"。员工上岗操作前需严格用杀菌洗手液消毒，规定两手揉搓至少20秒钟再冲洗，再用烘干机将手烘干。如果接触了头发、衣服等东西就重新洗手消毒。所有餐盘、机器都在打烊后彻底清洗、消毒，地板要刷干净，餐厅门前也保持清洁。

V（value）——是指价值。

价值意为"提供原有价值的高品质物品给顾客"。麦当劳的食品经过科学配比、营养丰富、价格合理。让顾客在清洁的环境中享受快捷的营养美食，这些因素合起来，就叫"物有所值"。麦当劳强调"V"，意即要创造附加新的价值，麦当劳用这条准则来保证员工行为规范。

**案例思考题**

1. 为什么麦当劳的经营理念会成为餐饮业的经典案例？
2. 为什么大多数餐厅开业不到两年就关门停业？

# 第四章　菜单计划

**学习目的**

- 了解菜单的重要性
- 掌握菜单的分类方法
- 掌握各种菜单的概念
- 掌握菜单设计的依据
- 懂得 ME 分析法的运用
- 掌握各种菜单的制作

**基本内容**

菜单的重要性
- 菜单与菜谱的区别
- 菜单与顾客的关系
- 菜单与餐厅的关系

菜单的历史和种类
- 根据餐饮形式与内容分类
- 根据市场特点（周期性）分类
- 根据菜单价格形式分类

菜单设计的依据
- 市场需求
- 菜系和风味的独特性

- 食品原料的供应情况
- 食品原料品种的平衡和多样化
- 餐厅的设备条件和烹饪技术水平
- 食品原料成本及菜式的盈利能力
- 食物的营养成分
- 符合国家的环保要求和有关动植物保护法规

菜单工程分析法及成本/边际分析
- 菜单工程分析法
- 成本/边际分析

菜单的设计与制作
- 常见菜单存在的问题
- 菜单的内容
- 菜单的制作材料与大小
- 菜单的装帧与布局

## 第一节 菜单的重要性

### 一、菜单与菜谱的区别

菜单与菜谱是两个截然不同的概念。然而很多人将二者混为一谈，甚至还包括一些饭店经营者。因此有必要对这两个概念加以区别。

**（一）菜单**

菜单有两种含义。第一种是指餐厅中使用的可供顾客选择的所有菜目的一览表，即菜单是餐厅提供商品的目录。餐厅将自己提供的具有各种不同口味的食品、饮料按一定的程式组合排列于专门的纸上，供顾客从中进行选择。其内容主要包括食品饮料的品种和价格。

菜单的第二种含义就是指餐厅的菜品。例如,宴会菜单的设计,并不是如何设计印刷精美的菜品一览表,而是指该宴会应为顾客准备哪些菜品或饮品。因此,在不同的情况下应正确理解菜单的不同含义。

**(二) 菜谱**

很多餐厅都把菜单和菜谱混为一谈,其实二者有着明显的区别。菜谱是指描述某一菜品制作方法及过程的集合。很明显,当您走进餐厅,服务员所呈递给您的是菜单,而不是菜谱。

**二、菜单与顾客的关系**

**(一) 菜单是连接顾客与餐厅的桥梁,起媒介作用**

餐饮企业通过菜单向顾客介绍餐厅的产品,推销餐饮服务,顾客通过菜单来选择自己所喜欢的菜品和饮料。因此,菜单要迎合特定目标市场的需求。

**(二) 菜单设计的好坏直接反映了餐厅的档次和经营水平**

通过浏览菜单上菜品的种类、价格,以及菜单的封面设计、装帧布局,顾客很容易判断出餐厅的风味特色以及档次的高低。近年来,有的菜单上还详细地列出了菜肴的原材料、烹饪方法和服务方式,以此来体现餐厅的经营特点,给人留下了良好和深刻的印象。

**三、菜单与餐厅的关系**

**(一) 菜单反映了餐厅的经营方针**

一份合适的菜单,是菜单制作人根据餐厅的经营方针,经过认真分析客源和市场需求,精心制定出来的。餐饮工作包括原料的采购、菜品的烹调制作以及餐厅服务,这些都必须以菜单为依据。

**(二) 菜单影响餐厅设备与用具的采购**

任何一家餐厅设备与用具的采购都不是盲目进行的,必须考虑餐厅经营什么样的菜品，使用什么样的设备和用具能够制作这些菜品。因为菜单的菜式品种、水平和特色决定了餐厅所要购置的设备用具的种类、规格和数量。例如，制作烤鸡需要烤箱，制作烤鸭需要挂炉，制作鱼香肉丝则需要中式炒勺，吃中餐需要筷子，喝鸡尾酒则需鸡尾酒杯等，都体现了菜单对餐厅设备与用具采购的影响。

（三）菜单影响餐厅人员的配备与选择，决定了对服务的要求

不同的菜单对餐饮服务的规格水平和风味特色有不同的要求，而要达到这些规格水平和风味特色，就必须配备相应的厨师和服务人员。因此餐厅在配备厨房和餐厅员工时，应按菜单的要求，招聘具有相应水平和能力的人员，或通过培训使员工达到技术水平的要求。此外，不同的菜单对员工的工种和数量也有不同的要求。有的菜单菜式较复杂，对员工数量要求较多，设置的工种也多。

（四）菜单影响食品原料的采购与储藏

使用固定菜单的餐厅，由于菜式品种在一定时期内是固定不变的，对所需食品原料的品种、规格等也相对不变，采购与储藏则较为简便。如果餐厅使用循环菜单，原料的采购和储藏则变得比较麻烦。

（五）菜单影响餐饮成本及利润

用料珍稀、价格昂贵的菜品必然导致菜品原料成本的上升，而制作讲究的菜品太多，必然导致劳动力成本的上升。另外，针对不同档次的餐厅，政府对餐饮产品的销售价格和毛利率也有不同的要求。

（六）菜单影响厨房布局与餐厅装饰

厨房布局是指厨房内各个业务操作中心的位置以及各种设备的摆放模式。合理的布局应该是便于食品的加工与制作，同时也能减少冲突和干扰。由于不同的菜单对设备的要求不同，因此厨房布局必须考虑菜单的要求，对各种设备进行合理的布局。餐厅

的装饰应体现餐厅经营的特色,如果经营西餐的餐厅内雕梁画栋,墙上再挂幅《韩熙载夜宴图》,就显得不伦不类;同样,如果经营传统中餐的餐厅内挂上一幅达·芬奇的名画《蒙娜丽莎》,也会不伦不类。

**(七)菜单既是艺术品又是宣传品**

菜单不仅可以帮助客人选餐点菜,同样也是餐厅的主要广告宣传品。一份设计精美的菜单可以提高用餐气氛,能够反映餐厅的格调,可以使顾客对所列的美味佳肴留下深刻印象,还可作为一种艺术欣赏品,给客人美好的印象。

## 第二节 菜单的种类

### 一、根据餐饮形式与内容分类

**(一)早餐菜单**

我国北方的早餐比较简单,人们大都在家里进餐,即使到外面吃早点,也大多在一些早点部或街头摊点。因此,许多餐厅仅提供午餐和晚餐,而不经营早餐。南方人对早点似乎比北方人重视,不仅有专门经营早餐的餐厅,而且菜品种类也较多,广东的早茶是一个典型例子。早餐菜单一般较简单,分量也不大。西餐中的早餐菜单主要包括煎饼、土司、香肠、培根、鸡蛋、牛奶、咖啡、果汁等。

**(二)午餐菜单**

在美国,早餐菜单、午餐菜单和晚餐菜单都是单独设计的。在中国,绝大多数是餐厅没有专门的午餐菜单,它们只使用一张午餐和晚餐共用的菜单,午餐菜品与晚餐菜品完全相同。而在西餐中,午餐菜单较为简单,通常是由三明治、汉堡包、热狗、熟制色拉以及一些饮料组成。

### （三）晚餐菜单

晚餐菜单是西式菜单中最丰盛的菜单，菜品齐全，当然价格也略高出午餐菜品。由于一天的工作已经结束，所以顾客有较充裕的时间享受美食，放松身心。菜单项目包括开胃品、汤、沙拉、主菜、甜食以及饮料。

### （四）宴会菜单

宴会菜单是专门为宴会设计的菜单，包括商务宴请、喜寿宴会、庆功宴会、朋友聚餐等，是根据客人预订标准和宴会档次设计制作的。宴会菜单不一定都要设计成书面菜单。但如果餐厅将宴会菜单打印出来，或将菜品名称写在宣纸上，呈递给就餐顾客，肯定会起到良好的宣传效果。

### （五）自助餐菜单

自助餐是近年流行起来的餐饮形式。一般来说，自助餐菜单以凉菜为主，但也有不少餐厅的自助餐种类较多，冷热齐全，顾客可以从中任意选择。

### （六）客房送餐菜单

客房送餐菜单显然是为住店旅客提供的客房菜单。这种菜单是放在饭店的客房内部，一般要求放在写字台上。这种菜单相对于该饭店餐厅的菜单来说要较为简单，上面列出供餐时间和订餐电话，顾客不用出房间，就可享受到由送餐员送来的菜品和饮料。

## 二、根据市场特点（周期性）分类

### （一）固定菜单

固定菜单是指每天都提供相同菜目的菜单。该类菜单适用于就餐顾客较多，且流动量大的商业型餐厅。旅游饭店、社会餐厅大多采用固定菜单，而机关、学校等企事业单位餐厅则不适宜使用固定菜单。在商业型餐厅或旅游饭店，由于它们的顾客几乎每天都在变化，餐厅不会因每天提供相同的菜单而使顾客感到单调。相反，由于机关、学校食堂等面对的是固定就餐群体,因此不适用该菜单。固定菜单的设计、计划和装帧需要特别仔细和审慎的准备工作,因为这种菜单相对稳定,餐厅的固定菜单可以使用一个季度、半年甚至一年。

与其他形式的菜单相比,使用固定菜单有以下优势:

1. 固定菜单有利于食品成本控制

由于餐厅每天使用相同的菜单,供应相同的菜品,这样,如果当天已经准备好而又未销售出去的菜品原料在第二天还可以继续使用,浪费程度小。而在使用循环菜单的餐厅里,当天的剩余原料可能要等到下一个周期才能使用,这就造成原料的浪费。对西餐厅来说,尤为如此,因为西餐的原料用途比较单一,不像中餐原料,一条里脊肉可以用来制作几十种甚至上百种不同的菜品。

2. 固定菜单有利于控制原料采购与储存

由于餐厅供应的菜品每天都相同,这样,餐厅所需的食品原料的种类也是固定不变的,而且采购数量也相对稳定。如果餐厅使用循环菜单,今天的剩余原料需要储存到下一个周期,这样会给餐厅的采购与储存带来诸多不便。

3. 有利于餐厅设备的选购与使用

由于菜单固定不变,有利于餐饮企业正确地选择、确定所需的设备用具,而且能使设备用具的种类和数量降至最低程度,防止因盲目购置设备和设备闲置所造成的浪费。

4. 有利于劳动力的安排和设备的充分利用

由于每天供应的菜品相同,劳动力和设备的合理调配与核算控制相应地变得容易,从而使饭店能更合理、更有效地使用人力和物力。

固定菜单有其优势,但相对于下面要讲的循环菜单,也有其不足之处:

1. 经营上缺乏灵活性

正因为菜式固定不变,饭店必须无条件地制作菜单上的菜品,即使食品原料价格上涨,餐厅也不得不继续采购,并以相同的菜单价格销售。这样,餐厅的盈利能力就会受到影响。同样,由于菜单固定不变,餐厅不能因为临时得到物美价廉的原料而随意更换菜单。

2. 缺乏创新,易使人产生厌倦

固定菜单不仅不够灵活,难以提供多种风格的餐饮服务,而且容易使服务员和厨师的工作变得单调,工作中缺乏创新和挑战,容易使他们产生厌倦感,从而降低了劳动生产率。同样,经常光顾餐厅的顾客也会对相同的菜品感到厌倦。

### (二)循环菜单

循环菜单是指按一定天数的周期循环使用的菜单。这种菜单适用于企事业单位餐厅、长住型饭店的餐厅。因为在这些地方,就餐顾客基本上是不变的,尤其是学校、工厂、医院的餐厅,它们每天所面对的都是同一批顾客,因而需使用循环菜单。

使用循环菜单,饭店必须按照预定的周期天数制订一整套菜单,每天使用其中的一套。从目前的餐饮实践看,许多企事业单位的餐厅大都以一个星期为周期。这样就需设计七套菜单,从星期一到星期日每天使用一套,各不相同,第二个星期又重新循环。

与固定菜单相比,循环菜单也有其优势与劣势,具体特征如下:

1. 菜品每日翻新,丰富多彩,顾客不会感到单调。
2. 每天的变化也会给员工带来新鲜感,避免厌烦。
3. 剩余食物不便利用(尤指西餐)。
4. 采购麻烦,库存品种增加。
5. 使用设备多,但使用率低(尤指西餐)。

### (三)固定与循环相结合的菜单

为了发挥固定菜单与循环菜单的优势,避免它们的劣势,一些餐厅开始尝试一种新的菜单，即固定与循环相结合的菜单。在这种菜单里，部分菜品保持固定不变，部分菜品每日更新，或称之为当日菜单。当日菜单可以根据以下几种情况制订：

1．利用餐厅未销售完的食品原料。
2．利用时令原料或鲜活食品。
3．厨师的特色菜。

### 三、根据菜单价格形式分类

**（一）零点菜单**

所谓零点菜单，是指每道菜都单独标价的菜单。这是餐厅中使用最广泛的一种菜单形式。由于菜单上每一道菜都有各自的价格，顾客喜欢什么，就点什么，吃几个菜，付几个菜的钱。这种菜单满足了顾客的差异化需求，不仅在中餐中使用，而且在西餐中也广泛使用。零点菜单可以是早餐菜单，可以是午餐菜单或晚餐菜单，也可以是客房服务菜单。总之，无论是什么类型的菜单，也无论其档次或价格的高低，只要是每一道菜品或饮料单独标价，那么这种菜单就属于零点菜单。

**（二）套餐菜单**

所谓套餐菜单，是指在一个价格下所包括的是整套餐饮。套餐菜单可以是为团体顾客所提供的餐饮，也可以是为单独的顾客所提供的一整套食品。中餐的套餐菜单多适用于团体餐和宴会，快餐店也提供套餐。套餐菜单有以下不同形式：

1．为团体顾客所安排的在某一个价格下的宴会。
2．为方便顾客点菜，餐厅在一个价格下提供的一整套餐饮，如"二人世界烧烤套餐"。
3．一些餐厅推出的"每人50元，大虾随便吃，扎啤任意喝"属于套餐菜单。

值得说明的是，西餐中的套餐菜单与中国的套餐菜单有些区别。西餐套餐菜单的价格是标在主菜后面的。顾客进入餐厅后，首先要判断菜单是零点菜单,还是套餐菜单。有些餐厅的菜单上明确标出该菜单为套餐菜单,有些虽未标明,但可以从内容上加以辨认。如果价格只列在主菜后面,在主菜名称的下面还有可供顾客任意选择的色拉、汤、面包等,很明显,这是一份套餐菜单。

(三)混合式菜单

混合式菜单综合了零点菜单与套餐菜单的优势,是二者的有机结合。菜单中既有零点部分,又有固定套餐部分。

1. 混合式书面菜单

在餐厅呈递给顾客的书面菜单中,有一部分菜品是单独标价的,即每一道菜品或酒水都有各自的价格。菜单中还有一部分是以套餐形式出现的,即在一个价格下列有一整套菜品。

2. 混合式宴会菜单

现实中的宴会菜单大都采用混合式,也就是说,在一个确定的价格下,餐厅所提供的只是菜品,没有包括酒水部分。因而,一个完整的宴会除了套餐菜单的菜品部分外,还要自己零点酒水。之所以这样,是考虑到酒水品种繁多,顾客喜好不同,零点可以满足每一个顾客的特殊需要。另一个考虑是,不同的酒水在价格上差异很大,餐厅既提供3元一瓶的矿泉水,也可能提供几千元甚至上万元一瓶的法国干邑白兰地。宴会预订中常说的"一千元标准,酒水除外",就属于混合式宴会菜单。

## 第三节 菜单设计的依据

一、市场需求

市场营销观念和社会营销观念已经成为现代餐饮经营的指导思想。要使餐厅的菜单具有吸引力,就必须进行市场调研,确定目标市场,根据顾客的需求来设计菜单。因此,首先应考虑以下问题。

## (一) 目标市场

任何一个餐厅在开业前都必须首先回答两个问题,一是餐厅要吸引什么样的顾客?二是谁是本餐厅的顾客?饭店或餐厅必须选择一群或数群具有相似消费特点的顾客作为目标市场,以便更好、更有效地满足这些特定顾客群的需求,同时也能有效控制成本。只有在及时、详细地调查了解和深入分析目标市场的各种特点和需求的基础上,餐饮企业才能有目的的在菜式品种、规格水平、餐饮价格、营养成分、烹调方法等方面进行计划和调整,从而设计出使顾客满意的菜单。

不同的餐厅吸引的目标顾客是不同的。例如:
1. 高档旅游饭店的餐厅通常是吸引住店顾客;
2. 设在大厦、写字楼的餐厅通常以商务顾客为目标市场;
3. 食品街、美食城的餐厅经常吸引喜寿宴会、聚会、游客;
4. 麦当劳、肯德基以儿童、家庭和游客为吸引对象。

## (二) 收入情况或可任意支配收入情况如何

收入与可任意支配收入是两个不同的概念。可任意支配收入是指个人或者家庭收入中扣除应纳所得税、社会保障性开支(如应由个人负担的养老金、失业保险、健康保险、住房公积金等)以及日常生活必须消费的部分(如衣、食、住、行、老人赡养费、子女抚养费等)所剩余的部分。如果一个人的月收入只有3000元,他还要支付房租、水电煤气费、孝敬老人、养育子女,很明显他不会剩下多少可任意支配的收入,当然,他也不大可能经常去餐厅消费。通常情况下,收入越高,可任意支配收入也越高。如果餐厅的目标市场是商务顾客或是高收入阶层,其菜单应以高档菜品为主;如果餐厅坐落在居民区,面向普通的工薪阶层,其菜单项目应以大众菜品为主。

### （三）宗教背景

近些年的餐饮实践表明，饭店的顾客来自世界各地，有些顾客的饮食习惯或与宗教背景有关。餐饮服务既要满足他们品尝中国名菜美点和各地风味的需求，又要尊重他们的地方风俗和饮食禁忌。因此在菜单设计中，餐厅管理者或菜单设计者必须尊重顾客的宗教信仰，充分考虑到不同宗教顾客对饮食的需求。

### （四）饮食习俗

不同的民族、不同的地区、不同的个体在饮食习俗上都有很大的差异。例如，西方客人不喜欢海参、鱿鱼、动物的内脏（心、肝、肺、肾、肚、大肠）、鸡爪、猪蹄、蛇等，而中国人则正好相反，这些都是美味佳肴。中国人有"海参、鱿鱼千万盘，不如蛇餐一口鲜"之说，足以说明这些菜品并非普通菜品。

即使同一个民族，同一种文化背景，由于地域的不同也会造成饮食习俗上的差异。例如，中国的南方人和北方人在饮食的口味、原料选择、烹调方法上有很大的区别。因此，菜单设计者在进行菜单设计时，一定要了解顾客的饮食习俗，征求顾客对菜品偏好的意见，实现顾客的最大满意度。

### （五）性别比例

无论是餐厅的书面菜单，还是宴会菜单，在设计分量和菜品组成时，一定要考虑到顾客的性别。因为不同性别的顾客在对热量和原料品种选择上有很大的差异。例如，成年男性日需热量为2400—3000大卡，而成年女性日需热量1800—2100大卡。这种对热量需求的不同可以通过分量控制来实现。另外，女性较之男性，更加关心身材与体重，所以在选择食品时，更加偏向于蔬菜以及清淡爽口的食品，而许多男性则很少考虑这些。

### （六）竞争对手

餐厅在进行菜单设计时还应考虑竞争对手的经营内容和服务项目，这对于即将开业的餐厅至关重要。竞争不外乎两种情况，一是直接竞争，二是间接竞争。如果两个餐厅坐落在同一个地点，都经营炸鸡快餐,很明显,这种竞争属于直接竞争。若两个餐厅虽然坐落在同一地区,但由于经营内容不同,一家经营炸鸡快餐,另一家经营川菜,那么,这种竞争就属于间接竞争。尽管有时直接竞争也可以双赢,但最好是采用差别化产品策略,形成自己的特色,避免正面的直接竞争。

## 二、菜系和风味的独特性

### (一)保持风味餐厅的新颖性

我国几千年饮食文化的发展形成了众多的具有地方风味特色的菜系。餐厅在菜系选择上,可以采取两种策略。一种策略是单纯经营某一种风味的菜品,例如,所有菜单项目都是地道的川菜,这样,只要顾客想吃川菜,马上会想起这家餐厅。另一种策略是以某一种菜系风味为主,兼营其他菜系的菜品,这样,餐厅既可保持经营特色,又可为顾客提供较大的选择余地。菜单设计者可以根据本地区的具体情况和经营者的理念来决定自己的菜单项目。

### (二)突出地方名菜的特点

在目前公认的中餐八大菜系中,每一个菜系都有其代表菜(可详见本书第一章第二节),如果餐厅选定某一地方菜系,就必须突出这一菜系名菜的特点。从另一个角度看,餐厅在制定菜单时可以考虑本地的特色菜品,因为顾客大多数都是本地区的居民,最符合客人口味的还是本地区的菜品。

### (三)继承、发扬与创新

菜品创新是历史发展的必然,没有菜品的创新,就没有饮食文化的发展。任何一个餐厅在菜单设计时除了保持风味特色和传统特色外,还要不断开发新品种,创本店名菜,树立本店的形象。有不少餐厅将其创新菜品冠以本店的名称,这是一个值得借鉴的做法。

### （四）融合中西

中西餐菜品的融合也是菜单设计的考虑因素。餐厅可以西菜中做，也可以中菜西吃。最终目的是满足顾客的多品位需求，为餐厅创造更多的营业收入和利润。过分强调正宗菜品和正宗风味不一定都能起到理想的效果。

## 三、食品原料的供应情况

### （一）凡是列入菜单的菜品，厨房必须无条件保证供应

这是一条非常重要但又极易被忽视的餐饮管理原则，许多餐厅都没有坚持好这一要求。有些餐厅为了吸引各种顾客，显示其品种丰富多彩，在菜单上罗列了上百种甚至几百种不同的菜品，可当顾客点完某些菜品后，得到的回答却是："对不起，今天这道菜刚售完，您能不能点些别的菜品？"如果这种"对不起"使用太多，则说明餐厅的管理水平很差，"对不起"三个字在这里已不再是礼貌用语，而是使顾客厌烦的字眼。

由此可见，在设计菜单时必须要考虑食品原料的供应情况，如果某些原料因市场供求关系、采购和运输条件、季节、餐厅的地理位置等客观条件而不能保证供应的话，餐厅最好不要把需要这些原料制作的菜品放到固定的印刷菜单上。比较可行的办法是在菜单中留出一定的空间，将这些菜品名称打印在小卡片上，附在菜单里。

### （二）根据时令节气，及时调整菜单，增加时令菜品

餐厅的菜单并不是固定不变的，而应根据季节的变化，及时调整菜单，增加时令菜品，这也是出自对食品原料供应情况的考虑。由于餐饮原料大都是农畜产品，有较强的季节性，旺季来临时，进货价格较低；而在冬季，许多食品原料进价上涨，进货成本增加，这样如果菜单不进行调整，肯定会造成利润的减少，这是从餐厅角度看的。即使从顾客的角度看，及时提供时令菜品，也会满足顾客的需要。因此根据不同的时令节气调整菜单，既能够降低餐厅的进货成本，又可以使顾客满意，这一举措是非常有必要的。

### 四、食品原料品种的平衡和多样化

#### （一）不应重复味道相同或相近的食品

在设计菜单时，尤其是在设计宴会菜单时，一定要注意不要重复味道相同或相近的菜品。一般情况下，顾客的口味需求是多样化的，即使顾客喜欢吃酸辣的菜品，如果菜单项目都是这样的菜品的话，顾客也会感到不适应。对于餐厅菜单来说，顾客可以从中任意选择，但是，如果该餐厅是度假型饭店的餐厅，或长住型饭店的餐厅，或是企事业单位餐厅，过多的味道重复会使顾客感到厌烦的。

#### （二）原料品种应多样化

有些风味餐厅为体现其经营特色，只经营某一大类的菜品。如海鲜餐厅，通常经营各种不同的海鲜产品。而对于一般的餐厅来说，菜单项目应尽量满足顾客对各种原料菜品的需求。从性质上讲，食品原料可以分为以下八大类：

1. 肉类：包括猪肉、牛肉、羊肉，西餐中将牛仔肉（Veal）也算一类。
2. 鱼类：包括各种淡水鱼、海鲜。
3. 禽类：包括鸡、鸭、鹅、飞禽等。
4. 蛋类：主要指鸡蛋，也包括鸭蛋等。
5. 蔬菜类：各种蔬菜，也包括近年来流行的野菜。
6. 豆制品类：包括豆腐、豆皮、腐竹等。
7. 奶制品类：包括鲜奶、黄油、乳酪等。
8. 谷物类：包括米饭、面条以及其他面制品等。

菜单设计者应尽可能使菜单品种多样化，不要仅局限于某一种或某几种原料。

#### （三）形状、色彩、质地也应多样化

1. 形状多样化。食物的形状与外观对吸引就餐者和刺激食欲有很大的作用。形状涉及两个方面，一是菜品的形状，即装盘后成品菜

肴的形状，第二是菜品主要原料的形状。中餐菜品比较讲究菜品的造型，在厨师考级中也有拼盘造型菜。但从近年人们的消费观念上看，造型在总体评价中的权重已有所下降。造型的原则应为简单、快捷，讲究形状会提高菜品的档次，但菜品的功能是供人食用的，过分讲究造型不仅会造成更多的细菌生长机会，也会因耗时而增加人工成本。

2. 色彩多样化。色彩与食物的造型一样，都可以给人视觉上的美感享受。菜单设计者的任务，是要使顾客一读菜单，脑海里就浮现出色泽娇艳，外形美观，香味四溢的各种菜式，使其食欲大振。如果菜单上只是清炒、清蒸、清炖、白灼、白切的顺色菜，而食物的本色也都十分素淡，那么顾客只能得到一个"白"的印象。同样，如果菜单上列有过多的红烧、红焖、糖醋、炸熘的菜品，顾客只能得到一个"红"的印象。因此在设计菜单时，一定要注意食物色彩的搭配，方能使顾客胃口大开。菜品的色彩除了食品原料本身及调料的颜色以外，还必须通过装饰点缀来完成。不过，同造型原则一样，菜品的色彩也不宜过分强调五彩缤纷，只要能起到色彩对比和衬托就可以了。

3. 质地多样化。质地是指菜品的软、硬、韧、脆等特征。宴会菜品组合和个人套餐组合应充分考虑菜品的质地。以西餐为例，如果开胃品是果酱，汤是菜泥汤，沙拉是土豆沙拉，主菜为烤肉配土豆泥，甜食是冰淇淋，这样，就犯了重复质地相同菜品的错误。

## 五、本餐厅设备条件和烹饪技术水平

厨房设备条件和厨师的烹饪技术水平在很大程度上影响和限制菜单菜式的种类和规格。不考虑这些因素而盲目设计的菜单，即使再好也无异于空中楼阁。

### （一）根据厨房内设备制定相应菜单

我们在本章第一节菜单的重要性中曾描述过菜单影响餐厅设备的选择和购置，但这一论点与现在所讲的根据厨房设备设计菜单并不矛盾。前者所考虑的是在餐厅开业准备期间菜单对于设备选择购置有指导意义；而后者所考虑的是在餐厅营业期间所进行的菜单设计，因为餐厅不可能为了某一个宴会而购置大型设备。因此，菜单只能根据现有的生产设备和条件来进行设计。如果厨房中仅有中餐炉灶，就不可能将烤瓤馅猪排列在菜单上。

### （二）厨师技术水平

中餐对厨师的技术水平要求非常高，由于中国菜系众多，厨师也大都是擅长某一菜系菜品的制作，而非全才。另外，消费者对菜系与厨师籍贯的一致性看得很重。如果在北京开设一家经营粤菜的高级餐厅，那么厨师也应从广东或香港聘请。这并不是说只有广东人或香港人才会做粤菜，北方厨师也完全可以学会制作地道的粤菜，但我们的消费者可能对当地的厨师更青睐。这样，厨师的技术水平就成为菜单设计不得不考虑的问题。如果现有的厨师只能制作川菜，那么菜单上就不能增设其他菜系的菜品。

### （三）操作速度

操作速度并不是指厨师的技术熟练程度，而是指厨房的生产能力。一个大型宴会要求众多的菜品同时上齐，或在最短的时间内上齐，这对于厨房的生产能力和操作速度是一个考验。因此在设计这种菜单时，一定要考虑这些菜品能不能做到同时服务。

### （四）菜单上各类菜式之间的比例要合理

菜单上各类菜式之间的比例要合理，以免造成厨房中某些设备使用过度，而某些设备又得不到充分利用。这种情况在西餐中较易出现，因为西餐设备功能相对单一。烤箱只能用于烤制食品，而不像中餐的炒勺那样功能多，无论是煎、炒、烹、炸，还是煮、煨、焖、炖，都可以用炒勺完成。除了考虑设备的利用情况外，合理的菜式比例应能避免造成某些厨师负担过重，而另一些厨师则闲着无事的情况。

## 六、食品原料成本及菜式的盈利能力

菜单设计是饭店餐饮部门为获取利润所必须进行的第一步工

作。菜单计划人员必须自始至终明确饭店餐饮部的成本，即目标成本或目标成本率，这在食品原料进货价格经常上涨的情况下尤为重要。如果选择的菜品中高成本菜式较多，该饭店即使有完善的食品控制措施，也难以获得预期的利润。菜单的设计者在决定某一菜品是否应列入菜单时，应综合考虑以下三点：

1. 该菜品的原料成本、售价和毛利；
2. 该菜品的畅销程度；
3. 该菜品的销售对其他菜品销售所产生的影响。

## 七、食物的营养成分

随着人们生活水平的提高，人们对食物营养也有了不同的看法。过去，人们关心的是能否得到足够的营养。而现在，人们考虑更多的是如何防止摄取过多的营养，以保持合适的体重、健美的身材和良好的健康状况。餐厅在设计菜单时应适应这一新的要求，考虑人体营养需求这一因素。

对于使用零点菜单的商业型餐厅来说，顾客可以任意选择菜单上的菜品，因而餐厅没有必要考虑每一道菜的合理营养搭配。相比之下，厂矿、医院、学校、幼儿园、监狱、军营等企事业单位餐厅，以及使用套餐菜单的商业型餐厅，则必须考虑菜品的营养价值与搭配组合。营养不足、营养过剩、营养搭配不合理都属于营养不良。

## 八、符合国家的环保要求和有关动植物保护法规

环境保护与可持续发展是当今社会的重要议题。菜品制作应符合国家有关环境保护的法律法规。值得说明的是，由于顾客求新、求异的消费需求，餐厅也极力推出一些奇特菜品，以迎合这些顾客的消费需求。但一些餐厅为获取暴利，迎合某些顾客的病态饮食需求，将受国家保护的一、二类野生动物也搬上了餐桌，这就违反了国家野生动物保护法。

# 第四节 菜单分析方法

常用的菜单分析方法有两种,一种是成本/边际分析,另一种是菜单工程。这两种分析方法的基础都与菜品的成本、边际贡献、成本率以及畅销程度有关,只不过各有侧重而已。

## 一、菜单工程分析法

### (一)菜单工程分析法的基本内容

菜单工程分析法也称为 ME 分析法,是英文 Menu Engineering 的缩写。它是指通过对餐厅菜品的畅销程度和边际贡献高低的分析,确定出哪些菜品既畅销,毛利又高;哪些菜品不畅销,毛利又低;哪些菜品虽然畅销,但毛利很低;而哪些菜品虽不畅销,但毛利较高。这种分析方法称为菜单工程,或 ME 分析法。

为做好 ME 分析,我们首先应了解菜品的构成。任何一家餐厅的餐饮产品,不外乎以下四种情况:

1. 畅销,毛利较高;
2. 畅销,毛利较低;
3. 不畅销,毛利较高;
4. 不畅销,毛利较低。

为便于观察,我们用图 4-1 来表示。

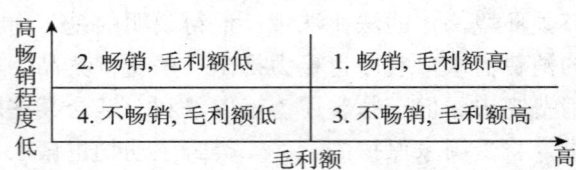

图 4-1　ME 分析中菜品的分类

很明显，第一类菜品是餐厅最希望出售的，因为这类菜既受顾客欢迎，又能给餐厅带来较高的利润。所以，在设计新菜单时，这类菜品应绝对保留。

第四类菜品既不畅销，又不能带来较高的利润，在新菜单中，应去掉这些菜品。

值得说明的是，在进行 ME 分析时，不应将餐厅提供的所有菜品、饮料放在一起进行分析、比较，而是按类或按菜单程式分别进行。中餐的 ME 分析可分为四类：

1．冷盘；
2．热菜；
3．汤类；
4．面点。

西餐的 ME 分析可分为六类：

1．开胃品；
2．汤类；
3．色拉；
4．主菜；
5．甜食；
6．饮料。

只有在同一类中进行比较分析，才能看出上下高低，分析才有意义。

**（二）ME 分析过程**

我们以某餐厅的 13 个菜品为例，进行 ME 分析。该餐厅菜品的销售份数、成本、价格、边际贡献（毛利）等数据如表 4-1 所示。

表 4-1 菜单工程与成本边际分析表

| 菜单菜品 | 销售数量(份) | 销售价格(元/份) | 食品成本(元) | 食品成本率(%) | 加权食品成本 | 单个菜品边际贡献(元/份) | 加权边际贡献(元) | 加权销售总额(元) | 菜单工程 | 成本边际 |
|---|---|---|---|---|---|---|---|---|---|---|
| 中间值 | 80.77 | 29.67 | 13.07 | 44.04 |  | 16.61 | 1 916 |  |  |  |
| 夫妻肺片 | 210 | 21 | 7.2 | 36 | 1 512 | 13.8 | 2 898 | 4 410 | 低利润,畅销 | 高边际贡献,低成本率 |
| 东江盐焗鸡 | 60 | 40 | 16.3 | 40.75 | 978 | 23.7 | 1 422 | 2 400 | 高利润,不畅销 | 低边际贡献,低成本率 |
| 毛氏回锅肉 | 150 | 22 | 8.2 | 37.27 | 1 230 | 13.8 | 2 070 | 3 300 | 低利润,畅销 | 高边际贡献,低成本率 |
| 盐水鸭肫 | 80 | 28 | 12 | 42.85 | 960 | 16 | 1 280 | 2 240 | 低利润,不畅销 | 低边际贡献,低成本率 |
| 蟹黄鱼肚 | 30 | 48 | 20 | 41.67 | 600 | 28 | 840 | 1 440 | 高利润,不畅销 | 低边际贡献,低成本率 |
| 石耳炖鸡 | 30 | 50 | 18.3 | 36.6 | 549 | 31.7 | 951 | 1 500 | 高利润,不畅销 | 低边际贡献,高成本率 |
| 沙茶牛肉 | 120 | 34 | 16.2 | 47.6 | 1 944 | 17.8 | 2 136 | 4 080 | 高利润,畅销 | 高边际贡献,高成本率 |
| 竹笋烧牛腩 | 170 | 30 | 15.8 | 52.67 | 2 686 | 14.2 | 2 414 | 5 100 | 低利润,畅销 | 高边际贡献,高成本率 |
| 壳爆里脊 | 160 | 27 | 14.1 | 52.22 | 2 256 | 12.9 | 2 064 | 4 320 | 低利润,畅销 | 低边际贡献,高成本率 |
| 西湖醋鱼 | 130 | 30 | 11 | 36.67 | 1 430 | 19 | 2 470 | 3 900 | 高利润,畅销 | 高边际贡献,低成本率 |
| 酱烧猪蹄 | 120 | 35 | 19.2 | 54.86 | 2 304 | 15.8 | 1 896 | 4 200 | 高利润,畅销 | 低边际贡献,高成本率 |
| 蒜蓉蒸扇贝 | 90 | 38 | 18.7 | 49.21 | 1 683 | 19.3 | 1 737 | 3 420 | 高利润,畅销 | 低边际贡献,高成本率 |
| 黑胡椒牛柳 | 150 | 28 | 9.8 | 35 | 1 470 | 18.2 | 2 730 | 4 200 | 高利润,畅销 | 高边际贡献,低成本率 |
| 合计 | 1 500 |  |  |  | 19 602 |  | 24 908 | 44 510 |  |  |

注意，在判断某一菜品的畅销程度时，不是以我们通常理解的平均每个菜品的销售份数为分界点，而是以平均每个菜品的销售份数的 70%为分界点。这种划分方法是由美国餐饮管理专家卡萨瓦纳（Kasavana）首先提出并倡导使用的，目前已得到国际餐饮界人士的普遍认可和接受。这样，表 4-1 中菜品销售份数的中间值就是：

$$\frac{1500}{13} \times 0.7 = 80.77$$

也就是说，当某一菜品销售份数高于此值时，就属于畅销菜品，低于此值就属于不畅销菜品。例如，夫妻肺片的销售量是 210 份，明显高于中间值 80.77，因此属畅销菜品。

注意表中几个数值的关系。每个菜品的销售价格扣除其食品成本就是边际贡献。在计算平均成本、平均成本率和平均边际贡献时，不可用简单算术平均法，因为每个菜品的销量不一样，要用加权平均法。

$$平均成本 = \frac{\sum 每菜销售份数 \times 每菜标准成本}{\sum 菜品销售份数}$$

$$平均边际贡献 = \frac{\sum 每菜销售份数 \times 每菜边际贡献}{\sum 菜品销售份数}$$

$$平均价格 = \frac{\sum 每菜销售份数 \times 每菜价格}{\sum 菜品销售份数}$$

上例中：

$$平均成本 = \frac{19602}{1500} = 13.07$$

$$平均边际贡献 = \frac{24908}{1500} = 16.61$$

$$平均成本 = \frac{44510}{1500} = 29.67$$

（注：以上公式见本书第三版133页）

显然当该菜品的边际贡献超过 16.61 元时为高利润，低于 16.61 元时为低利润；该菜品的销售份数超过 80.77 时为畅销，低于 80.77 时为不畅销。这样我们可以把菜品分为四类，并对各类菜品分别制定不同的产品策略。如表 4-2 所示。

表 4-2　菜单工程分析结果

| 销售特点 | 产品名称 | 产品对策 |
| --- | --- | --- |
| 高利润，畅销 | 沙茶牛肉<br>西湖醋鱼<br>酱烧猪蹄<br>蒜蓉蒸扇贝<br>黑胡椒牛柳 | 保留 |
| 高利润，不畅销 | 东江盐焗鸡<br>蟹黄鱼肚<br>石耳炖鸡 | 保留或者取消<br>加大促销力度<br>吸引高档客人 |
| 低利润，畅销 | 夫妻肺片<br>毛氏回锅肉<br>竹笋烧牛腩<br>芫爆里脊 | 适当提高价格<br>作为诱饵<br>或者取消 |
| 低利润，不畅销 | 盐水鸭胗 | 取消 |

**（三）对菜单工程结果的对策说明**

1. 高利润，畅销菜品

这类菜品既受顾客欢迎又有盈利，是餐厅的盈利项目，在设计新菜单时应该保留。

2. 低利润，畅销菜品

这类菜品一般可用于薄利多销的低档餐厅，如果价格不是太低而又受顾客欢迎，可以保留，使之起到吸收顾客到餐厅来就餐的诱饵作用。顾客进了餐厅还会点别的菜，所以这样的畅销菜有时甚至赔一点也值得。但有时盈利很低而又十分畅销的菜，也可能转移顾客的注意力，挤掉那些盈利大的菜品的生意。如果这些菜明显地影响盈利高的菜品的销售，可以适当提高价格或者取消这些菜品。在提高价格时，一定要考虑其价格弹性，如果价格弹性很大，提价反而会影响销量。

3. 高利润，不畅销菜品

高利润、不畅销菜可用来迎合一些愿意支付高价的客人。高价菜毛利润大，如果不是太不畅销的话可以保留。但是如果销售量太小，会使菜单失去吸收力，连续在较长时间内销售量一直很小的菜应该取消。当然，如果滞销的原因是价格太高，也可以适当降低售价。

4. 低利润，不畅销菜品

这类菜品既不畅销，也没什么利润，原则上应取消。但有的菜品如果在这两个方面都接近中间值，又可起到营养平衡、原料平衡和价格平衡的作用，也可保留。

## 二、成本／边际分析

### （一）成本／边际分析与菜单工程分析的区别

菜单工程分析法强调的是畅销程度和单个菜品的边际贡献或毛利高低，而没有考虑菜品的成本率。这不能不说是这种分析方法的一个缺憾。因为许多餐厅在进行考核时，成本率是一个重要指标。一般情况下，边际贡献高的产品，食物成本也很高，比如基围虾、大闸蟹等，而这些菜品一般也都属于高档菜品。除非是高级的俱乐部或者是缺乏竞争对手的餐厅，否则，购买此类的菜品的顾客也不会很多。

成本／边际分析法弥补了菜单工程分析法的不足。它是以菜品的成本率和加权边际贡献这两个维度进行分析，将所有菜品分成四大类，如图 4-2 所示。

| | 加权边际贡献 低 | 加权边际贡献 高 |
|---|---|---|
| 食品成本率 高 | 问题菜品<br>低边际贡献<br>高食品成本率 | 标准菜品<br>高边际贡献<br>高食品成本率 |
| 食品成本率 低 | 沉睡菜品<br>低边际贡献<br>低食品成本率 | 明星菜品<br>高边际贡献<br>低食品成本率 |

表 4-2　成本/边际分析法中菜品的分类

虽然这种方法只考虑了菜品的成本率和加权边际贡献这两个维度，但加权边际贡献维度隐含了菜品的畅销程度。因为边际贡献不高但是销量大的菜品比边际贡献高但是不受欢迎的菜品所能带来的利润要多，这就是为什么加权边际贡献是一个非常重要的分析指标，它对评价菜单的销售组合和菜品的促销起主要作用。

在表 4-2 中我们可以看到，如果仅从单个菜品的边际贡献来看，石耳炖鸡的边际贡献是最高的，排在第一位，这道菜应该是大力促销，应该放在菜单的显著位置。因为它价格比较昂贵，所以吸引的客人数量显然比较少，在受欢迎程度上（即销量）却是最后一名。尽管它的边际贡献有 31.7 元之多，但是其销量仅有 30 份，在加权边际贡献上才 951 元。而在单个菜品中贡献最低的夫妻肺片（13.8 元），是最受欢迎的，销量达到了 210 份，它带来的加权边际贡献为 2898 元，是所有菜品中最多的。

（二）成本/边际分析过程

在进行成本/边际分析时，需要计算出两个重要数据，一是平均成本率，二是平均边际贡献。平均边际贡献的计算已经在本节菜单工程中说明，而平均成本率的计算公式如下：

$$平均成本率 = \frac{加权食品成本}{加权销售总额} \times 100\%$$

在表 4-1 中：

$$平均成本率 = \frac{19602}{44510} \times 100\% = 44.04\%$$

将表 4-1 中每一个菜品的成本率和加权边际贡献与平均成本率和平均加权边际贡献进行对比，就可以得到表 4-3 所显示的结果。

表 4-3 成本／边际分析结果

| 类别 | 销售特点 | 产品名称 | 产品对策 |
|---|---|---|---|
| 明星菜品 | 高边际贡献<br>低食品成本率 | 夫妻肺片<br>毛氏回锅肉<br>西湖醋鱼<br>黑胡椒牛柳 | 保留 |
| 标准菜品 | 高边际贡献<br>高食品成本率 | 沙茶牛肉<br>竹笋烧牛腩<br>芫爆里脊 | 吸引高档客人 |
| 问题菜品 | 低边际贡献<br>高食品成本率 | 酱烧猪蹄<br>蒜蓉蒸扇贝 | 促销<br>作为诱饵<br>或者取消 |
| 沉睡菜品 | 低边际贡献<br>低食品成本率 | 东江盐焗鸡<br>盐水鸭肫<br>蟹黄鱼肚<br>石耳炖鸡 | 促销 |

**（三）对成本/边际分析结果的说明**

1. 明星菜品

明星菜品是指那些食物成本率低，加权边际贡献高而且受欢迎的菜品，因为它在成本和边际贡献方面都是最佳的，对于这类产品我们需要做的就是不做任何改变，而且要想方设法把其他的产品变成此类产品，这类产品在销售组合里所占的比率越大，利润也就越高。

2. 标准菜品

标准菜品是指那些食物成本率高、加权边际贡献也高的菜品,这类产品一般是价格很高的菜品,所有的菜单都需要这类产品以提高平均收入。

3. 问题菜品

问题菜品是指成本率高、加权边际贡献低的产品,在对这类产品进行保留或者删除决策时要谨慎考虑,很多因素如餐厅策略、顾客偏好、竞争对手情况、营销政策等都有非常重要的影响。例如,很多酒吧都有一种饮料叫皇家咖啡,制作很麻烦,成本也高,顾客基本上也不点,但酒吧还都保留这一饮品,因为它是体现酒吧档次的招牌。

4. 沉睡菜品

这类菜品食品成本率低,加权边际贡献也低,因为这些菜品不太畅销。通常这些菜是新增加的,还处在试销阶段,没有创造足够的需求。

## 第五节 菜单的设计与制作

**一、常见菜单存在的问题**

目前,我国不少独资饭店和中外合资、合作饭店的菜单堪与国际水平的菜单媲美,与此同时,也有不少饭店的菜单不尽人意,存在很多问题,亟待改进。现将国内餐饮企业在菜单设计制作及使用中的常见问题总结如下,以引起业内人士的重视。

**(一)制作材料选择不当**

许多菜单采用各色簿册制品,其中有文件夹、讲义夹,也有集邮册和影集本,而非专门设计的菜单。这类菜单不但不能起到点缀餐厅环境、烘托气氛的效果，反而与餐厅的风格格格不入，显得不伦不类。同时由于选材不当，也有可能加大餐厅成本。

### （二）菜单小，装帧过于简陋

许多菜单内芯以 16 开普通纸张制作，这个尺寸无疑过小，造成菜单上菜肴名称等内容排列过于紧密，主次难分，有的菜单甚至只有练习本大小，但页数竟有十多张，无异于一本小杂志。绝大部分菜单纸张单薄，印刷质量差，无插图，无色彩，加上保管使用不善，显得简陋，毫无吸引人之处。

### （三）字形小，字体单调

有些餐厅菜单为打字油印本，即使铅印本，也大都使用 4 号字。大多数菜单字体单一，忽视使用不同大小、不同字体等变化的手法来突出、宣传重要菜肴。

### （四）涂改菜单价格

随意涂改菜单已成为国内餐饮企业的通病，上至五星级的豪华饭店，下到大众化的普通餐厅，比比皆是。涂改的方法主要有：用钢笔、圆珠笔直接涂改菜名、价格及其他信息；用电脑打印纸、胶布遮住，等等。菜单被涂改最多的部分是价格。所有这些，使菜单显得极不严肃，很不雅观，引起就餐客人的极大反感。

### （五）不标出价格

有些菜单，居然未列价格，读来就像一本汉英对照的菜肴名称集。有的菜单未把应列的菜肴印上，而代之以"请询问餐厅服务员"。

### （六）菜单上有名，厨房里无菜

凡列入菜单的菜肴品种，厨房必须保证供应，这是一条相当重要但易被忽视的餐饮管理规则。不少菜单表面看来可谓名菜荟萃，应有尽有，但实际上往往缺东少西的。这毫无疑问会影响餐厅的声誉，对于餐厅这类靠口碑经营的餐饮企业，应绝对杜绝这类现象。

### （七）菜品缺少描述性说明

每一位厨师或餐饮经理都能把菜单菜肴的配料、烹调方法、风味特点、有关菜肴的掌故和传说讲得头头是道，然而一旦用菜单形式介绍时就大为逊色。尤其是中餐的那些传统经典菜和创新菜，不少菜名虽然雅致，但绝大多数就餐者未解其意，更不用说来自异国他乡的旅游者。即使许多菜单附有英译菜名，但由于缺少描述性说明，外国游客在点菜时仍觉不便。因此添加一些必要的描述性说明，不仅可以帮助顾客了解菜品，同时也有助于他们了解我国的饮食文化。

### （八）缺少促销信息

许多菜单上没有注明饭店地址、电话号码、餐厅营业时间、餐厅经营特色、服务内容、预定方法等内容，如果客人对该餐厅印象深刻想要记下联系方法以便下次再来的话，缺少这些信息是非常不方便的。显而易见，为使菜单更好地发挥广告宣传作用和媒介作用，许多重要信息不能省略。

## 二、菜单的内容

在人们的印象中，菜单的内容只有两项，一是菜品名称，二是菜品价格。成功经营的餐厅菜单除了这两项内容外，还应该包括菜品的描述性说明、促销信息以及机构性信息。

### （一）菜品的名称与价格

在本书第三章，我们对菜品的命名进行了专门论述。在这里，我们只对菜单上菜品的名称与价格提出以下几个要求：

1. 菜肴名称应真实可信

菜品名称应该好听，但更应真实，不应太离奇。避免出现本书第三章所列出的故弄玄虚、哗众取宠的菜品名称。这些菜名不仅不能吸引顾客，相反还会使顾客感到反感，不易被顾客所接受。向大众开放的餐厅，应该采用顾客所熟悉的菜名。当然，有些餐厅使用独特的菜名也有成功的，但是餐厅在向市场推出这些菜品时，一般都配有一些辅助性说明，以便顾客了解菜品的真材实料。

2. 外文名称应准确无误

许多餐厅为了吸引国外旅游者或为了展示其服务档次，菜单上每一个菜品都配有相应的英文名称。这本来是一种与国际接轨的良好表现，但如果外文名称译错或印刷时校对不仔细，出现拼写错误，会使外国客人感到茫然不知所措。笔者曾在一家高档餐厅见过因英文译名错误而引起的笑话。该餐厅有一菜品，名为"红烧大鲍翅"，鲍翅就是上好的鲨鱼翅，英文译名应为 Shark's Fin，但餐厅将鲍翅翻译成 Abalone's Wings。很明显，他将鲍翅理解为鲍鱼的翅膀，鲍鱼哪来的翅膀呢？又如，某餐厅提供"雷司令"白葡萄酒，但英文翻译为 Commander Lei，岂不知"雷司令"本身就是从英文 Riesling 音译过来的，是葡萄的一个品种。

3. 菜品的质量要真实可靠

如菜肴名称是糖醋里脊肉，餐厅就不应用猪腿肉作为菜的原料；原料的产品也应该真实，菜单上说是进口牛肉，就不应该用国产的替代；如果声称蔬菜是有机蔬菜，就不能用其他蔬菜代替。菜肴的份额同样应该真实，菜单上注明的分量为多少，就不能缺斤少两；菜单图片是大盘，端上来的不能是小碟；中餐例盘的份额必须保证在通常情况下，够三四个人食用。原料的新鲜程度也应保证真实，如菜单上注明的是新鲜蔬菜，就不应该使用罐头或速冻的替代。

4. 菜品的价格应明确无误

菜肴的收费应与实际供应的相符。有些餐饮机构加收服务费、特种行业经营管理费、包间费、一次性餐具费等，这些费用必须在菜单上加以注明，若有价格变动要立即做出相应的处理，让顾客提前了解，以免引起不必要的纠纷。旅游景区的餐饮宰客现象时有发生，一个主要的原因就是菜单上价码不清。即使是时令性较强的海鲜等，也不要只标出"时价"二字，应该在菜单中插入活页纸，标出当天的价格。这样会有效降低顾客的投诉。

（二）描述性说明

描述性说明就是以简捷的文字描述出该菜品的主要原料、制作方法和风味特色。有些菜名或源于典故，或追求悦耳，顾客不易理解，更应清楚描述，如佛跳墙、叫花童鸡、如意炸响铃、麒麟一品鲍鱼、潮州火筒炖大鲍翅、狗不理包子等。西餐有 Shrimp Cocktail、Sunny-Side-Up Eggs、Surprise Tomato 等，这些菜名让人费解。因此，这类菜品都需要附注描述性说明，以便顾客了解及点餐。

许多餐厅菜单缺乏描述性说明，若某个菜品再有一个稀奇古怪的名称，顾客要么向服务员询问，要么干脆不点它。设计合理的菜单应能对菜单项目进行描述说明或简单介绍。这些介绍可以代替服务员向顾客介绍，可以帮助顾客下决心挑选这些菜品，并能减少顾客的选菜时间。菜单的描述性说明应包括：

1．主要原料、配料以及一些独特的浇汁和调料；
2．菜品的烹调与服务方法；
3．菜品的分量大小；
4．菜品的烹调准备时间。

显然，对菜单上的菜品进行这样的描述性说明有助于菜品的推销。但应该注意的是，描述性说明必须恰如其分，实事求是，而绝对不能夸大甚至含有欺骗性内容，因为描述性说明文字关系到菜品的真实性问题。如果顾客被菜单上的描述性说明文字所吸引而点了某菜，但该菜名不副实，并没有文字描述的那么好，顾客肯定会大失所望。

## （三）促销信息

除菜肴名称、价格等这些菜单必不可少的核心内容之外，菜单还应提供一些告示性信息。告示性信息必须十分简洁明了，一般包括以下一些内容：

1．餐厅的名字。通常列在菜单封面。
2．餐厅的特色风味。如果餐厅具有某些特色风味而餐厅名字本身又反映不出来的，最好在菜单封面、餐厅的全名下列出其风味。例如，海佳餐厅（闽菜风味）。
3．餐厅的地址、电话和商标记号。一般列在菜单的封底下方，有的菜单还列出餐厅所在城市中的地理位置。
4．餐厅的营业时间。在菜单的封面或封底。
5．餐厅加收的费用。如果餐厅加收服务费，通常在菜单每一张内页的底部标明。例如，所有价目均加收15%的服务费。

**（四）饭店或餐厅的背景介绍**

有些菜单上还介绍餐厅的质量、历史背景和餐厅特点。许多餐厅需要推销自己的特色，而菜单是推销的最佳途径。例如，肯德基刚刚进入中国市场时，在其各分号的餐馆中利用菜单介绍了这个国际集团的规模、历史背景、企业的发展过程及这种炸鸡的烹调方法，让顾客更好地了解肯德基的发展及服务理念，其实这也是在向顾客推销自己。

**三、菜单的制作材料与大小**

**（一）菜单的制作材料**

菜单制作材料的选择主要取决于餐厅使用什么样的菜单。餐厅使用的菜单可以分为"一次性"菜单和"耐用性"菜单两种。

顾名思义，"一次性"菜单的使用寿命周期非常短，顾客就餐结束，"一次性"菜单的历史使命也就完成了。有许多快餐厅使用这种菜单，将它放在托盘上做餐垫纸使用。由于"一次性"菜单用后就丢弃，因而可以选择轻巧、便宜的纸张，不必考虑纸张的耐磨、耐污等性能。即使如此，"一次性"菜单并不意味着可以粗制滥造。事实上，轻巧、单薄的纸上仍然可以印出高质量的菜单。

提供餐桌服务的餐厅大都使用"耐用性"菜单，这种菜单使用时间较长，少则数月，多则一年甚至时间更长。在材料选择上，这种菜单要使用质地精良、厚实且不易折断的纸张，通常还要考虑纸张的防污、耐磨、手感好、美观高雅等要求。制作菜单最常用的纸张为布纹铜版纸，该纸张不反光，很有质感，同时也显得高档。许多中小型餐厅使用塑封菜单，即将纸张活页插在塑料里，这样的菜单总给人一种档次不高、廉价的印象，尤其当塑料磨损后，更给人感觉低档，建议经常更换。

**（二）菜单的大小**

菜单的样式和尺寸大小，应与餐厅规格和菜单样式相协调。常见菜单的大小如下：

　　　　　单页菜单　25×35（cm）
　　　　　对折菜单　20×35（cm）
　　　　　三折菜单　18×30（cm）

**（三）其他样式**

除了长方形的菜单外，一些特色餐厅或主题餐厅还使用心形、刀形、手风琴形、圆形的菜单以及立体菜单。例如，美国一些赌场餐厅甚至把菜单设计成轮盘赌的形状，当顾客不知点什么菜品时，干脆随手一转，停到哪就点哪个菜。

**四、菜单的装帧与布局**

**（一）插图与色彩的运用**

**1. 插图**

插图能对食品饮料起推销作用。彩色照片能直接展示餐厅所提供的菜肴和饮品。一张令人垂涎三尺的菜肴彩照胜于大段文字说明，它是真实菜肴的证据与缩影。许多菜肴、点心、饮品唯有用颜色和照片才能显示其质量，如描绘新鲜牛排、对虾的质量只有使用彩色照片。好的彩色照片能使顾客加快点菜速度，它是菜肴有效的推销工具。顾客见到菜肴诱人的照片，很快就能点好菜，这样还能加速餐座周转率，帮助餐厅增加利润。

印上彩色照片的菜肴应该是餐厅欲销售的、并希望顾客最能注意并决定购买的菜肴。餐厅常将高价菜、招牌菜和顾客最欢迎的菜做成彩照印在菜单上。另一类常有彩照的菜是形状美观、色彩丰富的菜。

彩色照片的印制要注意质量。如果印刷质量差，反使顾客倒胃口，如果一块牛排被印成绿色，苹果馅饼被印成灰色，那还不如不要彩色照片，起到相反的效果，后果更难以补救。彩色照片边上要印上菜名，注明配料和价格，便于顾客点菜。

2. 色彩

菜单的颜色能起到推销菜肴的作用。菜单颜色具有装饰作用，使菜单更具吸引力，通过色彩的组合，能更好地介绍重点菜肴。颜色能显示餐厅的风格和气氛，因此菜单的颜色要与餐厅的环境、餐桌、口布和餐具的颜色相协调。一般说来，鲜艳的大色块、五彩标题、五彩插图比较适合于快餐厅之类菜单；而以淡雅优美的色彩如浅褐、米黄、淡灰、天蓝等为基调设计的菜单；点缀性地运用色彩，会使人觉得这是一家有档次的餐厅。

（二）**菜单程式**

菜单程式是指菜单上各类菜式的排列次序。一顿餐饮如同一首乐曲，有前奏，有高潮，也有尾声，乐曲的各个组成部分不可逆，进餐次序也同样不能颠倒。因此，不论何种菜单，其程式必须根据进餐程序进行安排。中餐一般程式：冷菜—热菜（分类排列）—汤羹—面点—饮料。因此，设计中餐菜单的程式必须根据这一次序将各类菜式按原料分类进行排列，比如冷菜类、鸡鸭类、猪肉类、牛肉类、海鲜类、鱼虾类、汤类、面点类。西餐一般程式：开胃品—汤—色拉—主菜—甜食—饮料，因此，西餐午餐菜单通常是开胃菜类、汤类、主菜类（海鲜、鱼虾、肉、禽）、蔬菜类、甜点、餐后饮料，依次排列。

重要的是在安排菜单程式时次序不可错乱，同时要设法把主要菜式安排在菜单最显眼的地方。

（三）**突出主要菜式**

心理学家研究表明，单页菜单的中央部位、对折菜单的右页上中部以及三折菜单的中心部位，一般最受宾客的注意（参见图4-3），他们的目光首先并经常会停留在这些地方，然后才会转移到别的地方。因此，在设计菜单时，应设法把那些高利润的菜式或重点推销的菜式安排在这些最显眼的地方。如果由于菜单程式的限制而不能做到的话，则应将这些重要菜式用框边、饰纹或以不同的字体印刷，不动声色地突出强调，以引起宾客的注意。

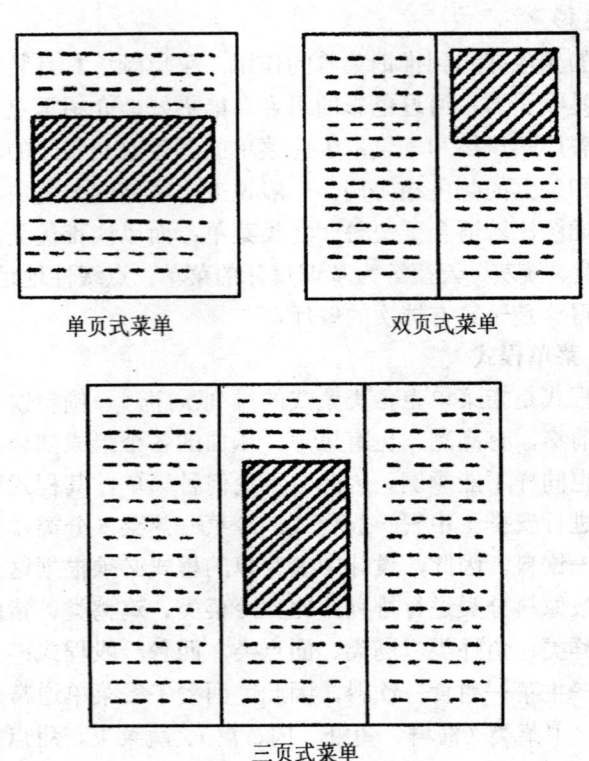

图 4-3 重点菜品的位置

## （四）临时菜品推销

由于时节的变换以及创新方面的因素，饭店经常会有一些临时菜肴，或特别菜式需要推销。对于这些菜式，可以采用小卡片的形式附在菜单上。由于这种形式非常醒目，同时菜品也属于新增，也能引起宾客兴趣，附小卡片所用的小夹子须在制作菜单时就设计妥当，菜单上也应留有一定的空白，以免小卡片遮盖一部分菜单内容。

**（五）清晰可读，避免涂改（注意字体字号，英文不可都用大写，不得随意涂改价格）**

菜单的字体要为餐厅营造气氛，反应餐厅的环境。它与餐厅的标记一样，是餐厅形象的重要组成部分，适合的字体可以帮助餐厅提升档次，而不适宜的字体只会破坏觉得餐厅的整体形象。菜单的字体同餐厅所用的标记、颜色一样，是鉴别餐厅的重要特征。菜单上的字体一经确定，就和餐厅标记、颜色一起用在菜单上，同时还用于火柴盒、餐巾纸、餐垫、餐桌广告牌及其他推销品，使顾客一看到这些标志就会联想到该餐厅。使用令人容易辨认的字体等，能使顾客感到餐厅的餐饮产品和服务质量具有一定的标准而留下深刻的印象。菜单的正文较多地使用仿宋体、黑体等作为菜单的正文，而隶书则常用作菜肴类别的题头说明。在引用外文时，应尽量避免使用圆体等字母，宜用一般常见的罗马体。

印刷菜单时所用的字号，根据调查情况统计，最易就餐者阅读的字号是 2 号和 3 号，其中以 3 号字最为理想，字体以宋体、仿宋体、楷体效果为好。当然中餐宴会菜单等也可手写，而且手写往往更能创造宴会气氛，但字迹必须娟秀、清楚。书法必须以宾客认得清楚为准，否则就会失去本来的意义，菜单内容和价格，应避免涂改。

**本章小结**

本章在第一节首先明确了菜单与菜谱这两个概念的区别，然后分别从菜单与顾客的关系以及菜单与餐厅的关系这两个角度论述了菜单在餐厅经营中的重要性。第二节介绍了不同类型的菜单，分别从餐饮形式与内容、周期性和价格形式等方面对菜单进行了分类。在第三节，论述了菜单设计的依据，设计一个良好的菜单需要考虑市场需求、菜系风味、原料供应、品种的平衡与多样化、餐厅设备条件和烹饪技术水平、原料成本和菜式的盈利能力、食物营养以及国家有关环境保护的法律规定。第四节介绍了成本/边际分析和菜单工程分析的目的、方法和过程。最后一节对菜单的设计与制作提出了建议。

**复习思考题**

1. 为什么说菜单在餐饮经营与管理中起着重要的作用？
2. 什么是固定菜单与循环菜单？各适用于什么样的餐厅？为什么？
3. 既然循环菜单适用于企事业单位以及学校的餐厅，可为什么像有的大学的学生餐厅每天都提供相同的菜品呢？
4. 零点菜单与套餐菜单各有什么特点？
5. 论述菜单设计的依据。
6. 如何进行成本／边际分析？
7. ME 分析法的核心内容是什么？如何进行菜品的 ME 分析？
8. 结合所学菜单设计知识，对照一份你所熟悉的餐厅的菜单，说明它有哪些缺陷？
9. 菜单的装帧与布局应注意哪些方面的要求？

# 案例分析

### "丝绸之路"主题宴会的启示

一位美国老先生来到长城饭店宴会销售部，自称他是来自美国的学者，在中国西部游历了数月，回国前想在该店宴请在京的 160 多位同行业人士及重要贵宾。老先生愿意支付很高的餐费，但非常希望饭店将宴会装饰出中国西部风情，因为他很喜欢新疆的天山和草原的驼铃。老先生还说："我个人不能提出具体的宴会方案，因为我不是饭店的专家，但我知道贵店在京城餐饮业一向享有盛誉，我相信你们一定能令我满意。"

客人走后，与客人直接洽谈的金小姐及宴会部的其他同事们开始了认真地策划。经过对几个方案的比较优选，最后终于为客人举办了以"丝绸之路"为主题的晚宴。

老先生及其数位随行人员在宴会前一个小时出现在宴会厅时，他们的惊喜无法用言语表达。展现在他们面前的宴会厅宛如一幅中国西部优美的风景画。从宴会厅的3个入口处至宴会的3个主桌，服务员用黄色丝绸装饰成蜿蜒的丝绸之路；宽大的宴会厅背板上，蓝天下一望无际的草原点缀着可爱的羊群；背板前高大的骆驼昂首迎候着来宾，其形象逼真使人难以相信这仅仅是饭店美工人员在两天内制作出来的。宴会厅的东侧，古老的长城烽火台象征着中国五千年的文化，西侧有一幅天山图的背板，宽大的舞台上，一对新疆舞蹈演员载歌载舞。16张宴会餐台错落有致地摆放于3条丝绸之路两侧，金黄色的座椅与丝绸的颜色一致，高脚水晶杯和银制餐具整齐地摆放在白色的台布上，每个餐台上的艺术型插花又令人感到了整个宴会设计的高雅。面对文化氛围强烈的宴会厅，老先生激动地说："你们做的一切大大超出了我的期望，你们是最出色的，真令我永生难忘。"宴会的成功不言而喻。

几天以后，总经理收到了来自美国的老先生热情洋溢的表扬信。他在信中说，回国以后他已经向许多朋友谈起了这个宴会，并高度称赞了长城饭店宴会部的员工。他认为这些员工是全世界最优秀的，因为这些员工能够理解顾客的期望，并大大超出了顾客的期望。

现在，"丝绸之路"已成为北京长城饭店一个非常有特色的主题宴会，多次服务于来自世界各地的顾客。每一次，顾客们都反应强烈，非常满意。

**案例思考题**

1．"丝绸之路"宴会成功的根本原因是什么？

2．"丝绸之路"宴会的成功证明了餐饮经营者必须建立什么新观念？

3．通过哪些有效的培训才能使员工具备新观念？

# 第五章 食品原料的采购、验收与储存管理

**学习目的**

- 了解采购工作对餐饮成本控制的重要意义
- 掌握采购数量的确定方法
- 了解采购程序
- 掌握验收操作规程
- 了解储藏室的设计要求
- 掌握各种食品原料在储存环境下的基本要求
- 掌握食品原料的发放控制方法
- 掌握存货记录方法的运用

**基本内容**

食品原料的采购管理
- 供货单位的选择
- 制定严密的采购制度
- 采购人员的选择
- 采购数量的确定

- 采购程序
- 集中采购

食品原料的验收管理
- 验收体系
- 验收操作规程
- 肉类标签
- 验收工作所涉及的几类表格
- 验收控制

食品原料的储存管理
- 食品原料储藏的目的
- 储藏室的设计要求
- 干货储存
- 食品原料的冷藏管理
- 食品原料的冷冻储藏

食品原料的发放与存货控制
- 食品原料的发放管理
- 食品饮料的内部调拨
- 存货记录
- ABC 分类法
- 库存原料的计价方法
- 库存周转率

## 第一节 食品原料的采购管理

　　餐饮企业的经营有三大环节。第一是进存环节，第二是生产环节，第三是销售与服务环节。食品原料的采购是所有这些环节的起始点，也是餐饮成本控制的首要环节。采购原料的质量直接影响菜品的质量，采购价格的高低也直接影响餐饮成本的高低。正因为如此，许多餐厅经营者都将采购工作交给自己最信赖的人去做。

## 一、供货单位的选择

市场经济的发展已经使我国餐饮企业的采购活动从卖方市场转到买方市场。企业在采购时有较大的选择余地。那么，餐饮企业应如何选择供货单位呢？下面是企业应考虑的几个因素：

### （一）供货单位的管理水平和设施情况

餐饮企业应了解供货单位设施是否健全，加工过程是否严格按规章制度和卫生标准执行，对于处理订货单和存货数量与质量的控制是否有严格的程序和科学的方法。

### （二）供货单位的地理位置

如果供货单位离餐厅较近，可以节省采购时间和采购费用。偶然发生的事件与送货延迟的可能性也会减少。

### （三）财务的稳定性

餐饮企业应对未来的供货单位的财务可靠程度进行调查，目的是使供应不受影响。

### （四）供货单位职工的技能

优秀的职工或推销员不仅仅是只接受订货单，他们应熟悉自己产品的质量，能帮助餐厅解决有关产品的问题。

### （五）合理的价格

合理的价格意味着价格与质量的统一。在保证食品原料质量的基础上，尽可能选择价格较低的供货单位。

### （六）供货单位的姿态

供货单位的姿态即供货单位是否与企业建立良好的工作关系。双方应互相信任，遵守职业道德，公平交易，遇到困难应千方百计予以解决。

以上问题一旦了解清楚，便可与供货单位签订合同，建立采购供应关系。餐饮企业希望从供货单位得到质量合适、价格合理的产品，及时供货。

## 二、制定严密的采购制度

严密的采购制度是对采购活动进行有效控制的根本保障。没有完善的采购制度，容易导致采购部门与厨房之间的矛盾，也容易出现舞弊现象，造成成本的上升。

### （一）明确岗位职责

由于不同的企业在规模、经营方式、经营特色上各不相同，其组织结构和管理方法也不一样。大饭店有专门的采购部，负责饭店所有用品与原料的采购，有的饭店则是在餐饮部下设采购部，只负责餐厅用品与原材料的采购。而在很多中小型的餐厅里，这一工作是由厨师或经理直接安排的。因此，在不同企业，负责采购工作的人员的岗位职责不完全一样，但有一点要求相同，即岗位明确，职责清楚，使采购人员知道做什么，不做什么，如何做，有哪些责任。采购人员在上岗前，人事部门应发给其岗位职责书，以规定其工作。

### （二）采购权限

采购权限就是采购人员进行工作时所享有的权力范围。这个权限应根据企业的特点及原料市场的特点而不同。

正常情况下，采购人员是根据用料部门的"申请购物单"而填"订货单"进行订购或亲自外出采购。但有些情况下，市场上的原料供应未必与购物单上所列的数量、质量甚至价格相符。如果采购人员被严格要求按上述内容去采购，那么，他很可能空手而归。因此，经理必须授予采购人员一定的权限，尤其是对于外地采购。例如，采购员可以有上、下 10% 的幅度，可以是价格上的，也可以是数量上的，不用请示就可以自己做决策。这样就能使采购人员灵活掌握，不致因请示上级而耽误时间，失去机会。

### （三）制定食品原料的质量标准

要保证饭店提供的餐饮产品在质量上始终如一，就必须对餐饮产品进行质量控制，关键是采购时的控制，即要求原材料的质量始终如一。制定采购食品原料的质量标准，是保证成品质量的前提条件。

1. 质量标准

所谓采购食品原料的质量标准，或称规格标准，是指根据餐厅的特殊需要，对所要采购的各种原料做出的详细而具体的规定，如原料产地、等级、性能、大小、个数、色泽、包装要求、肥瘦比例、切割情况、冷冻状况等。

当然，并不是所有的原料都要有这样一个质量标准，但对于那些成本较高的各种肉类、禽类、鱼类以及高档的燕窝、鱼翅等原料，餐厅应制定质量标准，以指导采购，减少浪费。

2. 质量标准的形式与内容

质量标准可以像菜谱一样，以卡片形式出现。在这张卡片上，应反映以下内容：

（1）食品原料的名称。

（2）食品原料的用途。

（3）有关食品原料质量或性质的说明，应做到明确、简练，不要使用"一般""较好""少许"等容易引起人们误解的模棱两可的词。

（4）食品原料的检验程序。

（5）食品原料的特殊指示和要求。

例如，以制作"酿馅猪排"一菜的猪排为例来说明质量标准的形式与内容：

名称：猪排

用途：制作烤酿馅猪排

说明：带骨切块

里脊完整无缺

里脊外应有脂肪层

　　　　猪排厚度为 2 厘米

　　　　每块重量为 150—200 克

　　　　冷冻状态交货

　　　　无不良气味，无解冻、变质迹象

　　　　订购后三日内交货

　　检验程序：开箱后每层任取一块，看有无不符上述说明的现象；检验数量是否与包装说明一致（通过计数或称重）。

　　特殊要求：每块猪排应用塑料袋包装。

　　3. 编写质量标准要考虑的因素

　　（1）企业的类型

　　不同类型的餐饮企业对原材料质量标准的要求不一样。如在经营快餐的餐厅里，对原材料的使用比较单一，也就是说，某种原材料是专门供制作某一特定食品用的，这就要求有完整的质量标准。而在一家普通的中餐馆里，一种原料可供制作很多种不同的菜品，所以其质量标准的重要性就不如前者。

　　（2）设备情况

　　如果餐厅没有足够的食品准备设备，那么就需要采购较多的经过加工后的食品原料，如前面所提到的猪排。如果有切割设备，厨房自己就可以加工，根据不同的需要切割成不同的块，这样就没有必要在说明上写那么多的要求。

　　（3）市场情况

　　从市场上可采购到哪些食品原料及企业需求与市场供应之间存在的差距是制定质量标准应考虑的重要因素。在市场经济较发达的国家，市场上出售的原材料种类繁多，应有尽有，而且在全国范围内标准统一，这样就有利于质量标准的编写，而在不少发展中国家或地区，市场还未完全按照需求提供商品，很多原材料不得不经过自己加工才能使用，这样，编写质量标准就比较困难。随着我国对外开放与经济的迅速发展，市场上提供的标准化原料和半成品逐渐增多，对每一家餐饮企业来说，质量标准的编写势在必行。

（4）菜单

由于餐厅的经营是以菜单为中心的，采购的任何一种原材料都必须是菜单中所需要的。在制定质量标准时，要考虑到该原料是以何种形式，以及如何在每一个菜中使用的。

4．采用采购食品原料质量标准的作用

（1）采用质量标准，可以把好采购关，防止采购人员盲目或不恰当地采购，以便于产品质量的控制。

（2）把采购质量标准分发给有关货源单位，能使供货单位掌握饭店的质量要求，避免可能产生的误解和不必要的损失。

（3）便于采购的顺利进行。订货时没有必要向供货单位重复解释原料的质量要求。

（4）如果将某种原料的质量标准分发给几个供货单位，有利于供货单位之间展开竞争，使饭店有机会选择最优价格。

（5）有利于原料的验收。

（6）可以防止采购部门与原料使用部门之间可能产生的矛盾。

（7）有助于搞好领料工作。

（8）可以提高厨师工作效率，减少浪费。

### 三、采购人员的选择

采购人员的选择对于餐厅成本控制来说是非常重要的。有的餐厅有良好的设备，一流的服务人员和手艺精湛的厨师，但其经济效益并不理想，其原因就是采购人员素质差，采购进来的原材料浪费大，质次价高，甚至收取回扣，这样导致了食品成本的上升。所以很多餐厅都将诚实、精明、懂得厨房操作业务的人做采购工作是不无道理的。采购人员不仅应具备一定的业务素质，而且还要具备一定的道德素质。

**（一）采购人员应具备的业务素质**

1．熟悉食品制作的要领和厨房业务

采购人员虽然不必都是厨师，但至少应懂得每一种原料的用途以及质量标准要求。尤其是在饭店还没有制定采购食品原料质量标准时，更应具备这一素质，以确保能够采购到合适的食品原料。

2．熟悉食品原料的采购渠道

所谓渠道，是指特定的交易关系线，通常指两个企业之间固定的交易关系。采购人员应该知道什么原料在什么地方可以采购到，哪家的货质量好，哪家的货价格便宜，任何企业都有几条采购渠道，这样才能保证供应。采购渠道的保持，是建立在互相信任、互相帮助的基础之上的，也涉及人与人之间的关系。

3．对采购市场和餐饮市场有较多的经验

对于任何一个人来说，经验都是通过实践从无到有，从少到多的。作为采购人员，应了解原料市场的供应情况以及顾客对食品的偏爱和选择。

4．了解进价与销价的核算关系

采购人员应了解菜单上每一菜品的名称、售价和分量，知道餐厅近期的毛利率和理想的毛利率。这样，在采购时就能知道某种食品原料在价格上是否可以接受，或是否可以选择代用品。

5．要经过市场采购技术的训练

在采购时，使用复杂的质检设备是不现实的，采购员的经验至关重要。过去商业部门从事粮食收购的采购员抓一把米，通过"一摸二看三尝"就知道百分之几潮，百分之几杂；茶叶采购员呷一口茶就知道是什么茶，产地是哪儿。由于餐厅所采购的大多是农副产品，不像工业品那样有定量的标准，因此采购人员必须经过采购技术训练。

6．熟悉食品原料的规格和质量

采购人员应对市场上的各种食品原料的规格和质量有一定的了解，有鉴别好坏的能力。

（二）采购人员的职业道德

采购人员业务素质再高，如果不具备职业道德素质，也不能成为合格的采购员。他必须具有良好的思想品德。具体讲有以下几方面：

1. 一切以国家利益和集体利益为重,不得损公肥私。
2. 每花一元钱都应设法获取最大的价值,不得任意挥霍。
3. 努力提高业务素质,提高工作水平。
4. 善于听取同事、上级领导和供货单位业务员的意见,不唯我独尊。
5. 恪尽职守,加强同供货单位之间的关系。
6. 在与管理人员、一般职工及供货单位业务员的交往中,做到公正、诚实。
7. 不允许接受礼物,更不允许高价采购,收取回扣。

因此,一个餐厅经营是否成功,一看厨师水平,二看采购员,许多餐厅经营失败是由于采购成本过高导致的。所以,不少餐厅的采购员或采购部主管都是老板或由信得过的人担任,道理就在于此。

### 四、采购数量的确定

食品原料采购数量的多少直接影响餐厅的供应情况和成本费用的高低。采购数量过多,会占用过多的资金,影响资金的周转。由于食品原料的保质期较短,如果储存时间较长,也引起质量的下降,增加储备成本,同时也会增加被偷盗的机会。但是,如果采购数量太少,也容易导致库存中断,无法保证向顾客提供菜单中所有的食品。

**(一)影响采购数量的因素**

为了避免出现上述采购数量过多或过少引起的问题,有必要确定一个适中的采购数量。餐厅的经营者必须了解有哪些因素影响采购数量的多少。

1. 菜品的销售数量

当销售的菜肴数量增加时,如在旺季,需要较多的原料,可增大采购批量;而在菜肴销售数量减少,或经营不景气时,可压缩采购数量。在不同的季节,顾客对某一菜品的需求不同。例如,火锅菜品的原料消耗速度就有较大差异。饭店在原料采购时，不仅要考虑整体的变化，也要考虑结构的变化。

2．仓储设施的储藏能力

现有仓储设施的储藏能力，限制了采购的数量。冷冻、冷藏空间过小，就不能采购过多的易腐败变质的肉、鱼、禽、蛋类原料，尤其是在夏季。同样，除湿问题不解决，也不能采购过多的干货。

3．饭店财务状况

饭店财务状况的好坏也影响采购数量。经营状况较好且资金充裕时，企业可以适当增加采购数量，而资金紧缺时，企业则应精打细算，适当减少采购数量，加速周转。

4．采购地点

采购地点的远近对采购数量也有影响。如果采购地点较远，可以增加批量，减少批次，这样可以节省采购费用，防止意外的原料断档，如果采购地点较近，采购方便，则可以减少批量。

5．食品原料的内在特点

食品原料的内在特点，决定了采购数量的多少。不易保藏的食品原料应少批量，勤进货，否则容易导致变质浪费。干货相对而言不易变质，保存期较长，在采购批量上可适当增加。

6．食品原料消耗的稳定性

有些食品原料并不是按稳定的速度消耗的。昨天销售多的菜品，今天可能一份也卖不出去。对于这种消耗速度不稳定的食品原料，应保持较多的存货，以防断档。

7．市场供求关系

市场供求状况的稳定程度是采购人员经常担心的问题。在原料市场供应比较稳定的地区，企业在决定采购数量时，完全可以按照其消耗速度和供货天数来计算；而在市场供应不稳定的地区，有些原材料忽多忽少，甚至几天买不到货，在这种情况下，可以加大进货批量，防止用完时采购不到。

## （二）鲜货类食品原料采购数量的确定

鲜货类食品原料一般容易变质，不可永存，购入后只能在较短的时间内使用，每次采购的数量可以根据下面公式确定：

应采购数量＝需使用数量－现有数量

需使用数量是指在进货间隔期内对某种原料的需要量。如果每三天进货一次，那么厨师长或由厨师长委派负责填"购物申请单"的厨师根据自己的经验预测在三天内能使用多少这种原料。

现有数量是指某种原料的库存数量，包括已经发往厨房而未被使用的原料数量。这个数量可以通过实地盘存加以确定。

需使用数量与现有数量之差即为采购量。这个数量还要根据特殊宴会、节日或其他特殊情况加以适当调整。这个数字虽然是估计或预测的，不完全精确，但这无关紧要，因为鲜活类食品原料采购周期较短，送货也较方便，如果这一次采购数量多，那么下一次采购数量就可以少一些。

## （三）干货类食品原料采购数量的确定

干货类食品原料不像鲜货类食品原料那样容易腐败变质，但这也并不意味着可以大批量的采购，我们通常使用"定期订货法"和"永续盘存法"对这类食品原料的采购数量进行控制。

### 1. 定期订货法

使存货保持在一个适当水平的最普通的方法就是定期订货法。与鲜货食品原料的订货相比，定期订货周期较长，不那么频繁，这是由于干货类食品原料相对储藏期较长，仓库管理员可以将更多的时间用于鲜货类食品原料的采购上。

正如名称所指，定期订货法是指订货周期固定不变，如每周一次或每两周一次，甚至每月一次，但订货数量可以根据库存和需要改变的一种订货方法，以确保下一期对原料的供应。每到订货日期，仓库管理员对库房进行盘点，然后决定订货数量。公式如下：

下期需用量－现有数量＋期末需存量＝订货数量

现有数量通过盘点很容易得出。下期需用量可以根据以往记录或预测提出。期末需存量是指从发出订单到货物到达验收这一段时间（订购期）能够保证生产需要的数量。因此，确定期末需存量，应考虑该种原料的日平均消耗速度和订购期天数。

例如，某餐厅每月订购罐装菠萝一次，消耗量平均每天10罐，订购期4天，即送货日在订货日后第4天。仓库管理员通过盘点，发现库存菠萝还有50罐。

由以上信息，可以决定采购数量：

订货数量＝下期需用量（30×10）－现有数量（50）＋期末需存量（4×10）＝300－50＋40＝290（罐）

实际上对期末需存量的确定并不是理想的4×10，考虑到因交通运输、天气或供应情况等方面的意外原因，很多餐厅都在期末需存量中加上一个保险储备量，以防不测。这个保险储备量一般为理论期末需存量的50%，这样期末需存量实际上成为：

期末需存量＝（日平均消耗量×订购期天数）×150%

如果仍以上例计算，订货数量则为：

订货数量＝（30×10）－50＋（10×4）×150%＝310（罐）

如果订货是以箱为单位，每箱一打，那么，订单上的订货数量应为26箱，而不是310罐。这样，订货数量虽然看起来多一些，但本期少量超额进货可以从下期订货量中扣除，何况现在的超额进货也很有可能在下期用完。

2．永续盘存法

永续盘存法，从控制角度看，比定期订货法优越。它是对所有的入库及发料保持连续记录的一种存货控制方法，通过永续盘存表来指导采购。这种方法需要由专业人员来记录相当精确的数字，所以，采用永续盘存法的企业并不多，只有大的餐饮企业，尤其是那些集团经营的大饭店才会使用这种方法。

永续盘存法的主要目的是保证采购的数量满足预期的需要而又不致进货过多。采购是根据永续盘存表的记录进行的。大饭店对主要干货原料都建立永续盘存表，一旦结余数量降至再订购点，则可打订单进行采购。所以它既是一种存货控制方法,也是一种采购方法。

例如,某餐厅罐装菠萝每半月订货一次,日平均消耗为10罐,订购期为4天,最高储备量为150罐,再订购点为60罐。12月1日当仓库保管员发现发出10罐后,还剩60罐,已达到再订购点。于是发出订货通知单,订单号码为#637-43。订购数量仍按前面所讲公式计算。最高储备量即下期需用量,再订购点数量实际上已经考虑了保险因素,所以订购数量应为:

$$150-60+10\times 4=130(罐)$$

考虑到以箱为采购单位,故应实际订货11箱,即132罐,这样4天之后,货物到达,库存量又增至151罐,如表5-1所示。

表5-1 永续盘存表

| 永续盘存表 | | | 编号1234 |
|---|---|---|---|
| 品名 菠萝片 | | 最高储备量:150罐 | |
| 规格 #21/2 罐 | | 再订购点:60罐 | |
| 单价 36元/箱(12罐) | | | |
| 日期 | 订单号码 | 收入 | 发出 | 结余 |
| 日期 | | | | (承前) |
| 1/12 | #637-43 | | 10 | 60 |
| 2/12 | | | 8 | 52 |
| 3/12 | | | 11 | 41 |
| 4/12 | | | 12 | 29 |
| 5/12 | | 132 | 10 | 151 |
| 6/12 | | | | |

## 五、集中采购

由于集团经营的发展和出于规模经济的考虑,餐饮业中出现了集团采购或合作采购的趋势。目前的餐饮连锁集团普遍采用集中采购制度。有时若干个有类似需要的独立企业合作，也采用这种做法。使用集中采购的各个企业将采购要求送到采购中心，由采购中心根据各个企业的请购数量集中采购，要求供货单位将原料货物直接送到各个企业，或集中交货。如果采用集中交货制，集中采购体系应有完整的分发体系。

**（一）集中采购的优点**

1. 由于采购批量加大，可以较低的价格购买食品原料和其他物料。

2. 买方有较多选择供货单位的机会，因此更能采购到符合质量要求的原料。

3. 可根据请购单位的具体规格要求购买商品。

4. 可保持较多存货，更能保证对各个企业的经常供应。

5. 可以加强对各个企业采购人员的控制。

**（二）集中采购的缺陷**

1. 各个企业必须接受现有的标准商品，而无法根据本企业的特殊需要自由采购。

2. 各个企业无法在当地供货单位降价时利用特殊采购机会。

3. 通常各个企业必须编制比较标准化的菜单。因此，经营人员在改变菜单方面的自由受到了限制。

### 六、采购程序

采购程序因饭店的规模、组织机构设计的不同而不同，小的夫妻饭馆需要什么就买什么，不用填任何申请购物单，也没有必要互相监督。而大的餐厅则有专门的采购部和专职采购人员，高级宾馆为此还专门成立验收部，以确保质量和采购原料的完全控制。图5-1反映了大型餐饮企业的采购活动，中小型餐饮企业虽然没这么复杂，但实际上也具备这些环节和功能，只不过有些工作是由一个人完成的，而不是由一个部门或几个部门完成的。

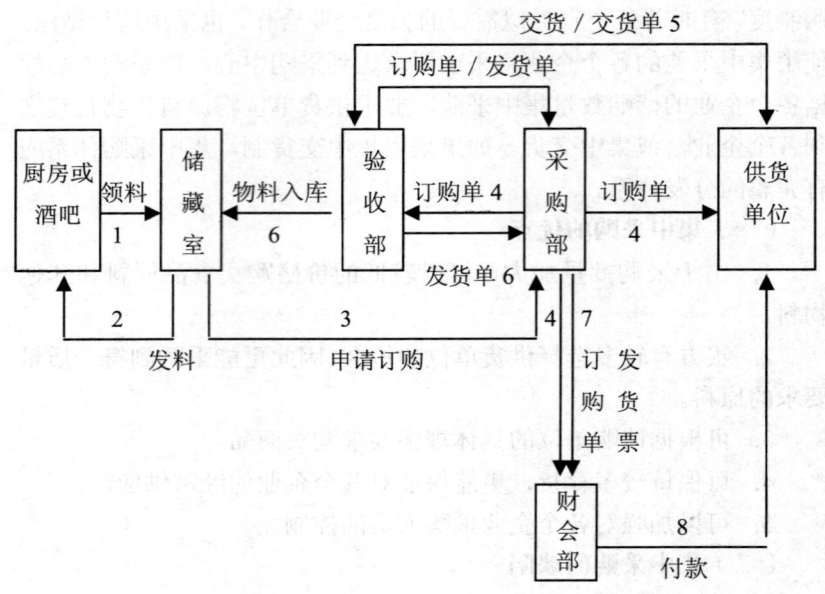

图 5-1 大型饭店采购活动示意图

通过图 5-1 可以看出采购程序如下：

1. 厨房或酒吧确定需要什么原料后填写领料单。
2. 储藏室根据领料单将食品原料发放给使用部门。
3. 当存货降至再订购点时，储藏室向采购部送"请购单"，申请订购。"请购单"必须说明要采购的品名、规格、数量及建议供货单位。
4. 采购部使用订购单向供货单位订购所需原料，然后给验收部和财会部各送一份订购单副本。所以订购单应一式三联，给验收部的目的是按单验收，给财会部的目的是准备付款。
5. 供货单位收到订购单后发货，连同交货单、发货单、发货票送至验收部。
6. 验收部根据订购单验收后入库，并将发货票和其他凭证签字盖章后送到采购部。

7. 采购部对发货票认同后，送至财会部，采购部的任务已经完成。

8. 财会部审核后，向供应单位付款。

至此，整个采购活动结束。

## 第二节 食品原料的验收管理

对购进的所有原料进行验收是保证食品质量、控制食品成本的关键。无论有多么好的质量标准，多么完整的采购规程，如果做不好验收管理，那么所有的采购控制都前功尽弃。由于采购的数量、质量和价格未必与订购单一致，有时送货量多于订购量，有时价格会高于市场报价，有时原料等级或高或低，所有这些情况都决定着验收工作的必要性。验收就是要核实质量标准是否与订购单一致，送货量和价格是否与发货单一致。因此，验收工作不仅需要完善的验收体系，也需要严格的验收程序和验收方法。

### 一、验收体系

#### （一）验收部门

验收部门的设立以及验收部门与其他部门之间的关系因饭店规模大小而异。大型的饭店有专门的验收部，而中型的饭店或独立经营的餐厅则不必设验收部，只设一个验收员就可以了。小型的餐厅没有专职的验收员，验收工作由厨师或经理亲自担任。无论如何，企业应根据自身的特点，设计和建立自己的验收体系，只要能发挥验收的作用，控制好成本和原料质量，减少作弊行为，就不失为一种较好的验收体系。

从验收工作岗位的隶属关系来看，每个餐厅都不一样。严格来说，收货验收工作应由总会计师指导，独立于餐饮部门以外，验收员应该是财会部门的正式职工,在验收时,仓储部经理应给予必要的协助。有很多餐厅的验收工作是由仓储部负责的,验收员隶属于仓储部经理指导,有些餐厅,包括规模较大的独立餐厅,甚至不设专职验收员,验收工作是由仓储部经理和库管员来兼职的。验收员绝不应该设在采购部。

餐饮企业的总经理应给予验收部或验收员一定的自主权,在企业组织结构图或岗位职责中应明确规定验收员与采购员、厨师以及对外交往中所享有的特权,使之处于相对独立的位置,这样才能排除干扰,严格按规定检查。

(二)**验收员**

验收员的选择不可忽视,作为一名合格的验收员,应具备以下素质:

1. 验收员必须有很强的责任心,对验收工作感兴趣。
2. 验收员必须诚实可靠,热爱集体。
3. 验收员应具备较丰富的食品原料知识,最好从储藏室职工、餐饮成本控制人员或厨房工作人员中选择。

企业应制订培训计划,对所有的验收人员进行培训,以提高他们的业务素质和品德修养。同时,也应使验收员懂得,未经上级主管同意,任何人都无权改变采购规格,遇有特殊情况应及时向上级主管汇报请示,不得擅自行事。

验收员应经常和厨师、仓储人员、餐厅经理及采购人员接触,虚心学习,以丰富自己的知识和经验。

另外,验收员在工作时不应受厨师长和采购人员的干扰,验收员的相对独立可以对整个采购进行有效的监督和控制。

## 二、验收操作规程

尽管不同的餐饮企业在对进货验收的具体程序和方法上不太相同,但对收货控制的程序有三点是相同的,即盘点数量、检查质量、核实价格。

具体讲，进货验收规程如下：

1. 凡是以重量计量的食品原料，一定要逐件过秤，记录正确的重量。

2. 凡以件数或个数计量的食品原料逐一清点，并正确记录个数或箱数。

3. 对照随货交送的发票和发货单，检查原料数量是否与实际数量一致，检查发货单上原料的数量是否与发出的订货单上原料的数量一致。

4. 根据采购食品原料的质量标准，检查进货质量是否符合质量标准要求。

5. 抽样检查箱装、盒装或袋装原料，检查原料是否足量或符合质量要求。

6. 根据订购单或供应单位报价单核对发票上的价格，看是否一致。

7. 填写进货验收单，正确记录供货单位名称、收货日期以及各种原料的重量、数量、单位和金额。

8. 所有发票或发货单必须加盖收货章，验收员在规定的地方签字。如果有些货物，尤指蔬菜类，没有发货票，验收后，应填写无购货发票收货单，以便于财务入账。

9. 如果分量不足，质量不符合订货标准，或价格提高而又没有通报给采购部，那么验收员有权拒绝收货。在退回食品原料时，填写原料退回通知单，并取得送货人签字，将通知单连同发货单副本退回供货单位。

10. 在货物包装上应注明发货票上的信息。标明收货日期，有助于先进先出（FIFO）原则的贯彻；标明购价，在存货计价时就不必再查看验收日报表或发票。

11. 对于肉、鱼、禽等成本较高的原料，应使用肉类标签，便于发货时统计成本。

12. 所有食品原料一经验收，应立即送到各自的储藏室或使用部门，以免引起质量下降或损失。

13．填写验收日报表或其他报表。

14．将所有发货单、发票或有关单据及进货日报表及时送交财务部门，由财会人员核对和记录发货票金额，并与供货单位结算。

### 三、肉类标签

我们在验收操作规程中提到了肉类标签，它只用于肉类、鱼类、禽类等食品原料。因为这些食品原料在采购总成本中占很大的比重，对这些原料成本进行严格控制十分重要。

验收后的食品原料在入库前，由验收员给每一个包装挂贴肉类标签，这只是对那些要入库的原料而言的，如果验收后直接发往厨房则没有必要使用此标签。

肉类标签一般由较硬、较厚的纸或薄纸板做成，以免磨损或折叠。标签分左右两部分，以打孔线分开。标签的形式与内容如表5-2所示。

表 5-2　肉类标签

| 标签编号＿＿＿＿ | 标签编号＿＿＿＿ |
|---|---|
| 验收日期＿＿＿＿ | 验收日期＿＿＿＿ |
| 重量＿＿＿＿单位＿＿＿＿ | 重量＿＿＿＿单位＿＿＿＿ |
| 金额＿＿＿＿ | 金额＿＿＿＿ |
| 供应单位＿＿＿＿ | 供应单位＿＿＿＿ |
| 发料日期＿＿＿＿ | 发料日期＿＿＿＿ |

#### （一）使用肉类标签的程序

1．验收员应为每一个包装的肉、鱼、禽填写标签，但发料日期一栏不填。

2．将标签的左半联系在或贴在食品原料包装上。

3．标签的右半联部分撕下，送食品成本控制员保管。

4．储藏室发货时，取下标签（左联），填写发料日期，再交给成本控制员，以记录当天的生产成本。

5．成本控制员将刚收到标签左联与原有的标签右联核对，差额应为存货，这也是盘点的依据。如果存货短缺，应分析是否有偷窃问题，或是记错了金额。

（二）使用肉类标签的好处

使用肉类标签有以下的好处：

1．要填写肉类标签，验收员就必须对肉、鱼、禽等原料称重，把好验收关。

2．发料时，可将标签上的数额直接填到领料单上，而没有必要再称，既节省发料时间，又便于计算成本。

3．标签编号是按顺序排列的，这样有助于了解储存情况，防止偷窃现象的发生。

4．有利于迅速清点库存，只要将库存原料标签上的重量、价格等转抄到盘点清单上就可以了。

5．标签的日期表明哪些原料是先进的，哪些是后进的，便于做好先进先出（FIFO）。

6．两联核对，便于发现问题。

**四、验收工作所涉及的几类表格**

小型餐厅几乎没有验收表格，只要有张发货票就行，有些个体餐厅甚至连发货票也可以不要。但大中型餐厅若要做好验收工作，必须有相应的一套表格，以反映收发情况和成本变化。不同单位在表格的设计上不完全一样，下面介绍的几种表格可供使用单位或有关人员参考。

（一）验收日报表

填写验收日报表的目的并不在于记录所有验收物品的名称、单位、数量和价格,而在于区分当天验收的所有食品原料有哪些是直接发入厨房,哪些进入仓库,哪些是食品原料以外的其他物品。直接发料一栏的合计就是当天直接发入厨房食品成本,是当天食品成本的一部分。成本控制员将每天从仓库发料的食品成本与当日直接发料成本合计,便为当日生产成本。所以,验收日报表的主要目的是成本控制。验收日报表如表 5-3 所示。

表 5-3 验收日报表

花园餐厅验收日报表　　　　　　　　　　年　月　日　编号:

| 原料名称 | 单位 | 数量 | 单价 | 金额 | 直接发料 | 入库 | 其他 |
| --- | --- | --- | --- | --- | --- | --- | --- |
|  |  |  |  |  |  |  |  |
|  |  |  |  |  |  |  |  |
|  |  |  |  |  |  |  |  |
|  |  |  |  |  |  |  |  |
|  |  |  |  |  |  |  |  |
|  |  |  |  |  |  |  |  |
|  |  |  |  |  |  |  |  |
| 合计 |  |  |  |  |  |  |  |

**(二)发货票**

　　所有送货都应有发货票,随货到达的发货票应一式两联,送货人将发货票交验收员,验收后盖章签名,第一联由验收员留下交财务部门,第二联由送货人带回供货单位,证明货物已被订货单位验收,其形式如表 5-4 所示。

表 5-4　发货票

| 津海饭店用品供应公司 | | | | |
|---|---|---|---|---|
| 发　　票 | | | | |
| 户名_____　____年___月___日 | | | | |
| 品名 | 单位 | 数量 | 单价 | 合计 |
|  |  |  |  |  |
|  |  |  |  |  |
|  |  |  |  |  |
|  |  |  |  |  |
|  |  |  |  |  |
|  |  |  |  |  |
|  |  |  |  |  |

## （三）验收章

前面提到发货票一式两联随货到达验收部门，第二联由验收员签字后交送货人带回，而第一联应盖验收章，国内通常使用的验收章只有"收讫"两字，但国外很多餐饮企业验收时加盖的验收章不仅能反映出货物已经验收，而且还包括其他的内容。验收章形式如表 5-5 所示。

表 5-5　验收章

| 验收章　　　　　　日期_____ |
|---|
| 验收员_____ |
| 管理员_____ |
| 单价及小计审核_____ |
| 同意付款_____ |

这枚验收章看起来似乎大些，但有其用意：
1．日期栏有助于日后检查该项原料是何时验收的。
2．验收员签字表明是谁负责验收的，而且也表明他对原料数量、质量和价格的认同。

3．管理员签字表明他已知道收到订购的食品原料。

4．单价及小计核审人员已经认可应付款项的正确性。

5．同意付款栏由总经理或总经理指定的负责人填写，表明他已同意付款，采购过程正式结束。

**五、验收控制**

验收工作虽然是由验收员来完成的，但作为饭店或餐厅的总经理、厨师长或仓储部主管等也应抽出时间到验收处走一走，一方面表示他们对验收工作的重视，另一方面也使验收员知道他自己的工作随时都会受到有关人员的检查。为防止验收工作出现问题，饭店应做到：

1．指定专人负责验收工作，不能谁有空，谁负责。

2．验收工作和采购工作必须分开，由不同的人担任。

3．对于兼做其他工作的验收员，验收时间应与其他工作时间分开。

4．验收要在指定的验收场所进行。

5．货物一经验收，应立即入库，不可在验收处停留太久，防止丢失。

6．尽量减少验收处进出人员，以保证验收工作的顺利进行。

## 第三节　食品原料的储存管理

食品原料一经验收，必须进行有效的保管，以防止腐败变质和其他可能发生的浪费现象。在小型的餐饮企业，采购、储存一般是由一个部门负责的，而在大、中型的餐饮企业，食品原料的储存和发放是由一个专门的部门——仓储部来负责的。

食品原料是整个餐厅服务的物质基础。原料的储藏与控制对餐厅产品的质量和成本，有着举足轻重的影响，因此，做好食品的储藏与控制，不仅可以为餐厅节约流动资金，降低成本，还能节省时间。时至今日，不少餐饮企业，包括一些大型的非集团经营的独立餐厅，往往把经营的重点放在餐厅服务和菜品的质量上，这一点固然重要，但决不能因此而忽视食品原料的储藏管理。很多餐厅的仓库在设计上不合理，食品原料没有分类摆放，冷库温度过高等问题，而这些问题又直接影响餐厅的成本，乃至消费者的食品安全。

## 一、食品原料储藏的目的

### （一）保证供应，为卖而存

任何餐厅要保证菜单上提供的所有菜品的正常供应，就必须有一定的存货，菜单上有的菜品和酒水，餐厅必须无条件地保证供应。所以，在真正豪华的餐厅或者经营管理完善的餐厅里，宾客是听不到"对不起，先生（小姐），这个菜已经卖完了"。

存货的多少取决于这种原材料的消费速度，而不仅是看数量和值的多少，在此基础上，加进一个"时间"因素。所以，数量、值和时间通常被称为管理"三项思维"。人们一般多注意"数量"和"值"，而忽视"时间"，孰不知时间本身就是金钱，时间就是效益。

### （二）弥补生产季节和淡季消费时间的时间差

餐饮企业所需的原材料与工业企业不一样。工业生产所需的原料大多是无生命的，而餐饮企业所需的原材料大多是有生命的农、林、牧、渔产品。这些产品有的可以常年供应，价格也没有太大的变化，而有的产品则存在生产季节，也就是说有淡、旺季之分。即使淡季能够采购到这种原料，其价格却比旺季昂贵许多。因此，餐饮企业为了降低成本，在保证其不会变质的前提下，在淡季来临前，多储存一些季节性的食品原料，以弥补生产季节和淡季消费时间的时间差。

### （三）弥补空间上的距离差

这一点实际上也体现在时间上。任何一家餐厅的采购都需要一定的时间，厨房或前厅填写"申请购物单"后，经主管或经理的批准，由采购部填写"购物单"交供货单位，供货单位再按"购物单"的要求送货。这一采购过程不是瞬间完成的，它需要一天或几天时间才能完成。因此，储存必须能保证在这几天中的原料供应，不能脱销、断档。

以上三点是从储藏与保证供应角度来论述储藏的目的的。从储藏与食品卫生的角度讲，储藏还有以下两个目的：

1. 防止细菌的传播，采用正确的储藏方法可以防止细菌从一种食品原料传播到另一种原料上去。

2. 防止食品内部细菌的繁殖生长，细菌的繁殖生长需要食物、水分、温暖的环境、适当的酸碱度、空气以及时间六个条件。仓库的温湿度控制和通风要求都是针对如何防止细菌的生长而进行的。

## 二、储藏室的设计要求

储藏室不仅包括干货储藏室，也包括用于存放易腐败变质食品原料的仓库。饭店或餐厅的设计者大都比较重视前厅、酒吧、厨房的设计，而往往忽略了储藏室的研究和设计。因此，有必要在此提供一些建议供管理者和饭店设计者参考。

### （一）库房面积或容积

无论何种类型的餐厅，库房面积或容积必须充裕。仓库的面积或容积的大小取决于餐厅的类型、营业量的大小、经营特色、采购的批量和次数等因素。如果在设计时已明确知道即将建成的餐厅类型及营业规模或者菜单品种，那么，仓库的面积或大小就比较容易确定了。但事实上，很多餐厅在设计时并非拘泥于某一种经营，而是考虑到了将来的发展和变化。如此看来，仓库面积大小的确定似乎无据可论。

尽管如此，设计专家们还是在对众多经营成功、库房面积合理的餐厅的对比与总结中发现了规律。库房面积的大小可以根据以下几个方法确定：

1. 仓库面积应根据饭店营业量的大小，即每天供应的餐数来确定，并认为每供应一餐约需要面积 0.1 平方米。如果餐厅中午可供 80 人就餐，晚上可供 150 人就餐，每天供餐数为 230（80+150），其中仓库面积则需：

$$0.1 \text{ 平方米} \times 230 = 23 \text{ 平方米}$$

2. 不考虑客流量，在设计上只考虑与前厅面积的比例。前厅与后堂的合理比例是：

$$\text{前厅：后堂} = 2:1$$

假设前厅面积为 200 平方米，后堂面积则为 100 平方米，具体分配如下：

| | |
|---|---|
| 冷库库房不少于 | 20 平方米 |
| 干货储藏室不少于 | 15 平方米 |
| 厨房（灶头间） | 25—30 平方米 |
| 拣洗间 | 15 平方米 |
| 更衣间 | 15 平方米 |
| 盥洗室（设淋浴室） | 10 平方米 |

在冷库中，又分为冷冻库和冷藏库。其中，冷藏库面积不少于 30%，另外，主厨办公室要临近厨房，而不应设在其他楼层。

3. 可以根据菜单及预测的菜品销量，推算出各种原材料在 10 天至 15 天的需求量，并以此为依据计算出所需空间或面积。

**（二）仓库的温湿度及通风、照明**

了解了温度、湿度、通风和照明与食品原料储存的关系，并在仓库设计中考虑进这些因素，是做好食品原料储存的前提条件。

1. 控制好温度是原料储存的关键，也是区别于干货储存和低温储存的标志之一。

2. 湿度过高会使食物发生霉变。温度和湿度直接影响食物的储藏期。

（1）良好的通风有利于保持适宜的温湿度，同时，也可将异味排出，将新鲜空气灌入。

（2）阳光直接照射食品会使食品原料质量下降，因为阳光的直接照射可以使食品表面温度上升，所以照明一般用灯而不用窗。即使有窗，也应用毛玻璃。

有关温湿度控制的具体内容，将在本章下几个问题中讨论。

### 三、干货储存

为便于对各种食品原料分类保管，我们必须首先明确干货原料的含义。所谓干货，从狭义上讲，是指那些不含水分或含水分很少的食品原料，如木耳、香菇、黄花菜、香料等。而广义上的干货，也就是我们储存管理所涉及的干货原料，泛指那些不易腐败变质，不需低温储藏的食品原料。这样，干货原料的含义不仅包括那些不含水分或水分很少的食品原料，还包括那些瓶装、罐装或以其他方式密封的食品原料。具体来说，干货原料有下列类型：

（1）饮料（包括听装饮料或罐装饮料糖浆）；

（2）糖果（包括蜜饯、果仁等）；

（3）面粉、谷物和豆类原料；

（4）谷物类成品（如饼干、糕点、面包）；

（5）各种香料和调味品；

（6）真菌类食品原料（如木耳、香菇等）；

（7）需要发制才使用的燕窝、鱼翅、海参等食品原料；

（8）罐装水果；

（9）罐装调料；

（10）罐装食品（肉、鱼、禽、酱菜等）；

（11）食用油料；

（12）菜类；

（13）巧克力或可可制品；

（14）土豆、洋葱。

做好干货原料的储存,良好的照明、通风和干燥、凉爽的储藏区域是必需的。储藏间应无昆虫,无鼠害,干净,整齐,管理得体,位置最好处于接近厨房和验收场所的地方,以便于货物的存放和管理。

干货储藏室的温度应控制在10℃至20℃之间,若能使室温保持在10℃,则更能保持食品质量。温度越高,保存期越短。研究结果表明,室温为22℃时,食品原料可保存的时间是38℃时的三倍,由此可见温度控制之重要。合适的温度可保持食品原料的自然味道和营养价值,并可减少浪费和食品原料的腐败变质。

像土豆、洋葱及一些水果等,需要良好的通风条件和略低的温度(4.5℃—13℃)。它们不应与地面接触,并要远离墙壁。在干货储藏室,货架是最主要的设施。货架的最低层应距地面10厘米的距离,这样可以使空气流通,并不至受地面潮气的影响,也便于清扫。所有货架应和墙壁保持至少5厘米的距离。

鼠害和虫害可以造成很大的损失。它们不仅偷食和咬嚼食品原料,更重要的是它们可以传播病菌病毒。如何有效地控制鼠害和虫害已成为干货原料储存管理必须考虑的因素之一。以老鼠为例,老鼠具有体型小、平衡能力强、繁殖快等特点,它们可以咬穿木材或其他材料而进入储藏室,它们不得不咬嚼食品或其他材料以磨掉它那以每年12.5厘米的速度生长的牙齿。现在已经发现,老鼠不仅可以咬穿水泥,而且也可咬穿铅管。它们非凡的平衡能力使之可以在电线、水管上爬行,即使从15米的高处掉下,也不至于摔伤。

若想防止鼠害,除入库原料仔细检查外,库内还应经常保持干净,箱装原料应摆放整齐,不给鼠类留有生存的空间、死角。储藏室或厨房里绝不可放置鼠药和杀虫剂,以避免造成食物中毒。这些药品应打好标签,放在卫生间里或专门的柜橱里。为了减少货物在储存期间的损失,干货储存应注意以下问题:

(1)货架在摆放时,货架与墙壁、货架与货架之间应保持一定的距离以便空气流通。

（2）入库的原料必须在包装上注明进货日期，以便于先进先出（FIFO）。

（3）保证储藏室的干净整齐。室内的桌子、货架、地面至少应每周彻底清洁一次，并定期消毒，预防和杜绝鼠害、虫害。

（4）对入库的原料应认真检查，已经变质的食品原料不得入库。

（5）食品原料一经验收，立即入库。

（6）合理分类，合理摆放，目的是便于发放和存货控制。将干货原料按属性分类，指定摆放地点，然后将属于同一类的各种食品原料按一定的规律（如拼音字母顺序）摆放在固定的位置，以便盘存。对于那些发货频率较高的食品原料，可放在门口附近或放在其他易于拿取的地方，而不太常用的原料可放在储藏室的深处，或货架的底层、顶层。

（7）经常进行盘点检查，既查数量，也查质量。发现有变质原料、破碎瓶罐或有滴漏的罐装食品原料应立即处理。

（8）尽量减少入库人员的数量，禁止在库内存放私人物品。

在许多餐厅，干货储藏室也用于存放非食品物料用品，如瓷器、银器、纸制品和一些布料用品，这些物料用品应与食品原料分开放置。

## 四、食品原料的冷藏管理

餐厅经营所需要的大部分原料都是易腐败变质的，因此餐厅应具有足够的空间对这些原料进行冷藏。易腐败变质的食品原料包括以下几种：

新鲜食品原料有：肉类、鱼类、家禽类、蔬菜、水果、鸡蛋、奶制品。

加工过的食品原料有：切配好的肉、鱼、禽类原料（由砧板岗完成），冷荤菜品，蔬菜与水果沙拉，各种易发酵的调味汁，剩余食品。

一般来说，大多数食品原料都在冷库内保管。有些食品，尤其是加工过的食品则存放在厨房内的冰箱里，以方便使用。食品原料的冷藏管理涉及以下五个方面的内容：卫生、空气循环、冷藏室的位置、温湿度控制与储藏期、食品冷藏的一般原则。

（一）卫生

如果不进行正确的冷藏，许多食品原料会很快腐败、变质或被交叉感染。干净的冷藏设施也有助于减少食物的损耗。良好的储存卫生习惯应包括：

1．污渍，尤其是肉、鱼、禽类食品原料滴落或溅出的污渍，应立即擦洗干净。

2．冷库内存放食物的货架、滴盘、肉钩以及其他容器应定期移出清洗，并消毒擦净。

3．保持冷藏区域内的卫生,并用温水和清洗剂对内壁进行清洁。

4．冰箱门上的橡胶垫片应经常用温水和清洗剂擦洗，以延长其使用寿命。

5．保持冰箱表面的卫生。

6．用温水和碱冲洗排水管。

7．定期对冰箱或冷库的机械性能进行检查。

（二）空气循环

只有使冷藏室内的冷空气循环，才能保证所有冷藏食品原料处在相同的低温状态。冰箱或冷库内的食品原料不应过分拥挤，每一个食品包装之间都应留有一定的空隙。在冷库中，食品原料不应紧靠墙壁或直接放在地面上。

（三）冷藏室的位置

冷藏室的位置十分重要。如果既接近交货验收场所，又接近食品准备间，则可以节省不少时间和劳动力，这是最佳的选择。但事实条件并不都是称心如意，有些餐厅的厨房和仓库均在一楼，比较方便。更多的大餐厅或大饭店则是厨房和冷藏室不在同一楼层。例如，天津国际大厦的食为天美食坊，其厨房、餐厅都在37层，而交货、验收场所和冷库都在26层,往厨房发货需要电梯运送。因此,这就需要在厨房多设几个大冰箱,以便对切配好的食品或剩余食品进行冷藏而没有必要再运到楼下。

装配制冷压缩机的机房应紧靠冷库,并具备良好的通风条件,对制冷压缩机表面的尘埃和棉绒应经常清理。排水管不应与下水道直接相连,以防止污水回流造成的严重污染。冰箱不要紧靠墙壁摆放,而应至少保持15厘米的距离,以使空气循环流动。冰箱也不应放在离热源较近的地方。

### (四)温湿度控制与储藏期

食物的冷藏温度区间通常认为是0—4°C,微生物在此温度区间生长非常缓慢,随着温度的上升,微生物也变得越来越活跃,在温度为7°C—60°C之间,细菌繁殖异常迅速,平均每15—20分钟繁殖一次,故此区间被称为"食物危险区",食品冷藏的目的就是使食品的温度降到"危险区"以下。

并不是所有的食品都适于冷藏区间的任何温度。不同的食品原料需要不同的冷藏温度。例如,新鲜肉类的冷藏温度应在0—2°C,水果与蔬菜的冷藏温度应保持在2°C—4°C之间,乳制品的冷藏温度以2°C为最佳,而鱼的冷藏温度在0°C左右。但是,任何一家餐厅又不可能为每一类食品单独存放,这么多类的食品放在一个冰箱或冷库里只得采取折衷方案,将温度保持在一个固定的温度区间内,这样做也能满足食品原料对冷藏温度的不同要求。因为在冷藏间内,不同的位置其温度也不一样,门口处的温度自然要高些,最容易腐败变质的食品应放在最冷的区域。温度计应悬挂在冷藏间中温度最高的地方,应每天定时检查温度,做好相应的记录。不必要的开门应尽量避免,以防温度上升和造成不必要的能源浪费。为此,很多餐厅甚至规定了开门的时间,入库和出库均在规定的时间内进行。

湿度也是冷藏中的一个重要考虑因素,它影响着食品储存的时间和质量。肉类、乳制品、禽类、鱼类的相对湿度应保持在76%—80%之间,水果和蔬菜应略高些,可以保持在85%—95%之间,以防止其水分过分挥发而干枯。表5-6列出的是各类食品原料的冷藏温度。

表5-6  各类食品原料的冷藏温度

| 原料类别 | 冷藏温度 |
| --- | --- |
| 肉类 | 0—2℃ |
| 鱼类 | 0—2℃ |
| 禽类 | 0—2℃ |
| 乳制品 | 0—2℃ |
| 鸡蛋 | 2℃ |
| 水果与蔬菜 | 2℃—4℃ |
| 熟食 | 2℃—4℃ |
| 饮料 | 3℃—5℃ |

在冷藏温度下，不同的食品原料冷藏期也不尽一样，所以在储存中，库管员或厨师应注意到这种区别。表5-7列出了不同食品的冷藏期。

表5-7  鲜货类食品原料的冷藏期

| 食品名称 | 冷藏期（天） |
| --- | --- |
| 肉类 | |
| 烤制用肉、排骨肉 | 3 |
| 肉馅 | 2 |
| 内脏 | 2 |
| 火腿 | 14 |
| 禽类 | |
| 鸡 | 2 |
| 火鸡 | 3 |
| 鱼类 | 2 |
| 鸡蛋 | 14 |
| 水果与蔬菜 | 5—7 |

## （五）食品冷藏的一般规则

为做好冷藏工作，确保食品的安全，应遵守以下原则：

1. 食品原料在入库前要进行仔细检查，避免将已经变质、变脏或被鼠害、虫害污染过的食品放入冷藏间。

2. 验收后应立即入库，不可在常温下停放过长的时间。

3. 冷藏间靠近制冷设备之处和货架底层是温度最低的地方，这些地方应用来存放奶制品、肉类、鱼类、禽类及加工过的熟食。

4. 冷藏间只用来存放易腐败变质的食品原料，有些原料如香蕉、菠萝、土豆、洋葱以及其他根茎类蔬菜则不必冷藏。

5. 冷藏时应去掉食品原料的外包装，因为它们携带脏物和致病的细菌。但是，像黄油、奶酪等应在容器内放好，以防发干和褪色。

6. 加工过的食品和剩余食品应盖好，以防发干和串味，同时也可防止因汁液滴落而造成的细菌污染。

7. 千万不要把热食放入冷藏间。热食会导致冷藏间的温度迅速上升，引起食物中细菌的生长，造成变质。所以，热食在放入冷藏间之前一定要迅速降温，最好的办法是将盛热食的容器盖好后放入冷水中，待温度下降后再进行冷藏。

8. 带有强烈气味的食品如鱼类、奶酪以及极易吸收外面味道的食品如黄油、牛奶等在冷藏时应密封好，防止食品串味。

**五、食品原料的冷冻储藏**

随着市场经济的发展，冷冻食品大量出现，餐厅也越来越多地使用冷冻的食品原料，如大量地采购各种冷冻肉类、禽类、水产品，以及已加工的成品或半成品食物，甚至有些蔬菜也是冷冻的。由于餐厅不可能很频繁地进行这种采购，每次采购必须保证一定时间的使用，如两周等。因此，冷冻储藏已成为餐饮经营中必不可少的一个环节和方法，而且也越来越显示出其重要性。

**（一）冷冻温度与储藏期**

1. 冷冻温度

区分易腐败变质食品原料的冷藏与冷冻的最根本的标志是温度控制。当食品低于 0℃ 时，从物理意义上来说已经属于冷冻状态了，但食物内部的化学变化及微生物的生长繁殖即使在-10℃的环境下还能继续发生。根据实验观察,冷库的温度每升高 4℃,冷冻食品的保存期会缩短一半。豌豆在零下 12℃状态下储存两个月就会发黄,并失去其香味。如果将其置于-18℃ 时,可储存一年,而且其色泽、香味完全如初。因此,食品原料的冷冻储藏应控制在-18℃ 或-18℃ 至-30℃ 之间。

2. 储藏期

任何食品原料都不可能无限期的储藏,即使细菌不繁殖,其营养成分、香味、色泽都将随着时间的推移而逐渐流失和降低。研究表明,如果猪肉在-18℃ 状态下储存半年的时间,其有效成分下降30%,所以即使冷冻设备完善,也不可过久地储存食品原料。表 5-8 所列出的是各种不同的食品原料的冷冻储藏期。

表 5-8 各种食品原料的冷冻储藏期

| 食品名称 | -18℃ 储藏期(月) |
|---|---|
| 肉类 | |
| 牛羊肉 | 9-12 |
| 猪肉 | 6 |
| 小牛肉 | 4-6 |
| 牛肝 | 3-4 |
| 猪肝 | 1-2 |
| 肉馅 | 3-6 |
| 火腿(非罐装) | 1-3 |
| 禽类 | |
| 鸡 | 6-8 |
| 火鸡 | 4-5 |
| 鸡杂 | 2-3 |
| 鱼类及其他水产品 | 3-6 |
| 鸡蛋(冷冻蛋) | 9 |
| 水果及蔬菜 | 10-12 |

(二)食品冷冻的一般原则

为保证冷冻食品原料的质量,尽量延长其储存期,食品在冷冻

储藏过程中,应注意以下几个方面的内容:

1. 冷冻食品在验收入库时必须处在冷冻状态,已经解冻或部分解冻的食品应立即用掉,不得重新冷冻。

2. 冷冻食品的温度应控制在-18℃或-18℃以下。冷冻室应悬挂温度计,工作人员每天都应查看。发现温度上升要及时汇报主管,并通报有关人员进行维修检查。

3. 冷冻食品,特别是肉类、鱼类、禽类,应用抗挥发材料(如塑料袋或塑料薄膜)进行包装,以防止干耗。

4. 所有食品原料必须注明入库日期及价格,贯彻先进先出的原则,防止某些食品储存过久,造成损失。

5. 使用正确的解冻方法,绝对不可在室温下解冻。常用的符合卫生要求的解冻方法有以下几种:

(1)冷藏解冻,将冷冻食品放在冰箱或冷库的冷藏室内,逐渐解冻。

(2)用冷水冲浸解冻,将冷冻的食品放在水槽内,将自来水打开冲浸。

(3)微波或红外线烤箱解冻,这种方法适用于体积较小且直接进行烹制加工的冷冻食品。

6. 西餐中常用到冷冻的蔬菜,如滚好面包屑的西葫芦块、薯条等,这些冷冻的蔬菜都是直接油炸,解冻反而使之变形。

## 第四节 食品原料的发放与存货控制

储藏室中存货占压着一定的资金,可以说是餐饮业中的一笔重大投资。储藏室的食品和其他供应用品的价值对于管理者来说是一清二楚的,但对一般职工来说,则往往忽略。一些不会从收银台偷钱的职工,也看不出从储藏室里拿点东西有什么过错。因为他们认为许多存货有自然的损耗,即使拿一些,也看不出来或问题不大。所以出入库房的人数应严格控制,整个库存控制系统还需保持精确的记录。

### 一、食品原料的发放管理

原料的发放工作不仅仅是把货从库中提出供生产使用,而且也是对发出用于生产的食品原料进行控制的过程。所以对食品原料的发放进行有效的控制和管理有三个目的:

(1) 保证厨房生产的供应。
(2) 控制厨房用料的数量。
(3) 正确记录厨房用料成本。

原材料的发放不外乎两种方式,一是直接发放,二是储藏室发放。

#### (一)直接发放

直接发放是指货物验收后直接进入厨房,而不经过储存这一环节。直接发放的原料大多是新鲜蔬菜、牛奶、面包等易变质的食品,而且在进货后的当天就基本上被消耗掉。这一部分原料的进货价格可计入当日食品成本。食品成本管理员在计算当日成本时,只需从验收报表中的直接发放栏目中抄录数据。

但这样记录并不精确,因为许多情况下,当日的直接进货不能完全消耗掉,第二天或第三天才能用完,但成本却计在第一天里,这样第一天的食品成本就不太真实。所以要核对第一天的食品成本,必须对当日直接发放、储藏室发放以及当日厨房剩余原料进行统计后才能反映真实情况。

#### (二)储藏室发放

储藏室发放是指食品原料验收入库后,再由储藏室发放到厨房。一般来说,进货验收后,当天不用的食品原料都应通过储藏室发放。

储藏室发放的控制有两个重要方面:

(1) 要有主管人的签字批准,否则货物不可出库。

（2）按照实际需要发货。

领料单是基于这两个方面设计的，其形式如表 5-9 所示，用料部门在领料时必须填领料单。

表 5-9　领料单

| 储藏　　　　领料部门　　　　　日期　　　　编号　　　　 | | | | | | |
|---|---|---|---|---|---|---|
| 品名 | 规格 | 单位 | 数量 | | 单价 | 小计 |
| | | | 申请数量 | 实发数量 | | |
| | | | | | | |
| | | | | | | |
| | | | | | | |
| 合计 | | | | | | |
| 审批（部门主管）： | | | | | | |
| 领料人： | | | | | | |
| 库管员： | | | | | | |

储藏室发货控制程序如下：

（1）砧板岗厨师或厨师长指定的领料人或其他部门的领料人根据需要填写领料单的"品名""规格""单位"及"申请数量"。领料数量一般按往日消耗量估计，并参考宴会预定单情况加以修改。

（2）领料人填完以上栏目后签上自己的姓名，持单由审批人员签字。审批者一般是厨师长、管理员或餐厅经理。没有审批者签名，任何食品原料都不可发出。审批人员应在领料单最后一项原料名称后面画条斜线，防止领料者在领导签字后再领取其他原料。

（3）仓库保管员看到领料单后，按单上的数量进行组配，由于包装等原因，实际数量和申请数量可能有差异，所以发货数量应填写在"实发数量"栏中，并填写"金额"栏。

（4）仓库保管员将所有货物准备好后，签上自己的姓名，证实领料单上的原料确已发出。

（5）领料单应一式三联，一联随原料交回领料部门，一联由仓储转交成本控制员，一联仓库留存作为盘存和进货的依据。

（6）仓库货物定时发放。仓库保管员每天的工作不仅是收发货物，而且还要盘点货物，整理仓库，为提高工作效率，饭店可规定一个领料时间，如上午 8:00—10:00，不能全天开放，否则原料发放将失去控制。最好的方法是由用领部门在前一天晚上填领料单，使保管员有充裕的时间准备原料，免出差错，尽量避免现填单现领货。

## 二、食品饮料的内部调拨

我们前面已讨论了原料的采购、验收、储存和发货。然而这一过程并未结束，事实上，企业在操作中还要复杂一些，最常见的情况就是食品饮料的内部调拨。大型饭店通常有多个厨房、餐厅、酒吧。厨房之间、酒吧和厨房之间会发生食品和饮料的相互调拨。

许多厨房需使用像葡萄酒、白兰地、啤酒等来制作各种食品或调料汁，如果厨房从库房所领的这些原料足够使用，当然不需调拨。而一旦厨房使用量大，所领的原料不够使用，而酒吧又有充分的存货可以支援时，就可以进行饮料的调拨。同样，酒吧也可从厨房调拨所需的食品原料，如橙、柠檬、奶油、鸡蛋等。由于饭店各部门大都独立核算其成本，以反映真实的经营情况，因此，对这些调拨应进行正确的记录。通常，饭店用"食品饮料调拨单"来记录往来调拨，填后交成本控制员，由他进行调整。

## 三、存货记录

存货控制不仅仅局限于用料部门领什么就提供什么，而且还应做到正确的书面记录，以便为管理者提供可靠的经营成本资料。一般来说，存货控制记录有以下四个目的：

（1）提供现有食品原料与供应食品的准确信息。
（2）帮助决定对所需原料用品的采购。
（3）提供食品成本控制依据。
（4）加强对货物的管理，防止偷窃与丢失。

常见的存货控制方法有永续盘存和实地盘存。永续盘存法我们在前一章采购部分已经谈到,它既能控制采购,又能控制盘存,而且每日的发出和入库情况都能从表面上清楚地反映出来,使用永续盘存法有下列好处:

(1) 可以防止进货过多或过少。

(2) 可以随时了解存货数额。

(3) 能表明应有多少存货,有助于发现应有数量与实际数量之间的差异。

在此重点介绍一下实地盘存。

实地盘存就是对所有储藏室现有货物进行定期清点的一种存货记录方法。正常情况下,每月应清点一次,通常在月末进行。对于较大的企业由于存货较多,不可能一次清点完毕,所以应该每周对每一个储藏室或某一部分原料用品分别清点,这样月末正好将所有存货清点一遍。实地盘存表如表 5-10 所示。

表 5-10 实地盘存表

| 类别___ | | 月份_____ | | | 月份_____ | | |
|---|---|---|---|---|---|---|---|
| 品名 | 单位 | 库存量 | 购价 | 小计 | 库存量 | 购价 | 小计 |
| 1 | 2 | 3 | 4 | 5 | 6 | 7 | 8 |
| | | | | | | | |
| | | | | | | | |
| | | | | | | | |
| | | | | | | | |
| | | | | | | | |
| | | | | | | | |
| | | | | | | | |
| | | | | | | | |
| | | | | | | | |
| 合计 | | | | | | | |

实地盘存过程至少需两人完成,一个人盘点货架上各种食品原料的数量,另一人核对永续盘存表或其他表格上所记录的期末剩余量,并负责记录工作,如果出现差异,分析是否属正常损耗,如果差异较大,则可能有其他问题,应引起注意。

值得注意的是,实地盘存不完全是清点数量,通过盘存,还要对食品原料进行系统的堆放,按性质或用途分类,并按使用的频率放在不同的地方。

物品种类是指按原料性质分类的名称,如肉类、鱼类、干货类等。

品名的排列顺序应与储藏室食品原料存储顺序或永续盘存表排列顺序一致,这样便于核对查找。

表 5-10 中,第三栏与第四栏的乘积即为第五栏。第六、七、八栏是在下一次对同类物品进行盘点时的记录。

通过实地盘存的方法,可以确定本月的食品成本。公式如下:

月初库存(上月末库存额)+ 本月进货额 − 月末库存额 = 本月食品成本

例如,某餐厅 10 月末盘点各种食品原料总计金额为 6 万元,11 月份累积进货额为 20 万元,经 11 月 30 日盘点,库存为 5 万元,那么,11 月的食品成本为:

$$6+20-5=21(万元)$$

另外,还有一种方法也可以反映每天及每月发生的食品成本,这就是使用"每日发货成本表",如表 5-11 所示。通过合计每天所发生的直接发货和储藏室发货,得出当日生产成本,累积到月底则是全月食品成本。

有些餐厅单列饮料类,如果是计算总的餐饮成本,或反映每日餐饮成本,则应在储藏室发货一栏下增加一个饮料栏,这样月底累计就是全月发生的总的餐饮成本。各企业可根据自己的情况来设计这一表格。

表 5-11　每日发货成本表

| 日期 1994.1 | 直接发放 | | | 储藏室发放 | | | 成本 | |
|---|---|---|---|---|---|---|---|---|
| | 蔬菜水果 | 鲜鱼类 | 其他 | 鲜货类 | 干货类 | 其他 | 当日成本 | 累计成本 |
| 1 | 100 | 200 | | 500 | 400 | | 1200 | 1200 |
| 2 | 80 | 150 | 50 | 600 | 700 | 90 | 1670 | 2870 |
| 3 | | | | | | | | |
| ⋮ | | | | | | | | |
| 28 | | | | | | | | |
| 29 | | | | | | | | |
| 30 | | | | | | | | |
| 31 | | | | | | | | |
| 合计 | | | | | | | | |

## 四、ABC 分类法

ABC 分类法的基本原理是按原材料的贵重程度或价格高低进行不同的控制和管理。

在餐饮企业的存货中，总有为数不多的食品原料占整个库存成本的很大比例,这类食品原料当然需要仔细保管、严格控制。我们把所有存货按其价值的贵重程度进行 ABC 分类,并进行相应的控制称为 ABC 分类法。

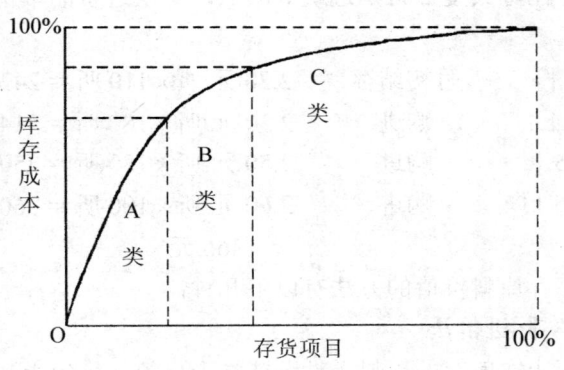

图 5-2 ABC 存货分类法

如图 5-2 所示,A 类存货占整个存货的 15%—20%,但其成本却占整个库存成本的 75%—80%,对这类项目控制得好坏,直接影响着总成本的高低。所以企业属于 A 类的食品原料应经常查点,预测需求,并决定好定货点。

B 类存货包括那些成本价格略低的食品原料。这类存货占所有存货的 20%—25%,成本占总存货成本的 15%—20%。

C 类存货是指那些占存货项目的 60%—65%,而成本只占 5%—10%食品原料。对于这些食品原料,由于种类多,价格低,企业没有必要在这上面花费过多的精力和时间。

像酒类、高级中餐原料如燕窝、鱼翅、参类等,都应视为 A 类存货;而像面粉、蔬菜、调料等则可视为 C 类存货。

### 五、库存原料的计价方法

要计算库存原料的价值,必须确定库存原料的计价方法。在实际清点各种原料后,与各种原料的单价相乘便可得到原料的价值,各种原料价值相加便得到原料的库存额。

然而，有时同种原料在不同时间的进货价格是不同的。在计算库存额时，有必要先确定库存原料的单价。

例如，国际大厦2月购进豌豆罐头，每次进货的单价、数量和价值如下：

2月1日　　月初结存　　2.20元/听×110听＝242元
2月8日　　购进　　　　2.30元/听×180听＝414元
2月15日　 购进　　　　2.50元/听×180听＝450元
2月25日　 购进　　　　2.60元/听×100听＝260元
合计　　　　　　　　　　1366元

计算库存原料价值的方法有以下几种。

### （一）实际进价法

如果饭店在库存的原料上粘贴或挂上标签，标签上注明进货日期及单价，那么采用实际进价法就比较简单，也最合理。

例如，国际大厦2月底结存豌豆罐头120听，根据标签，它们的进价分别是：

　　2.30元×20听＝46.00元
　　2.50元×30听＝75.00元
　　2.60元×70听＝182.00元
　　合计　　　303.00元

### （二）先进先出法

如果不采用原料标签注明价值，可按照库存卡上进货日期的先后，采用先进先出计价法。先购进的价格，在发料时先计价发出，而月末库存则以最近价计价。在上例中，若以先进先出法计价，豌豆罐头的月末库存额为：

　　2.60元×100听＝260元
　　2.50元×20听＝50元
　　合计　　　310元

### （三）后进先出法

由于市场价格呈上涨趋势，采用后进先出法可使计入餐饮成本的原料价值较高而计入库存存货的价值较低。这样出现在经营情况表上的经营利润会偏低，可以少交所得税。按照这种方法，月末豌豆罐头的库存额为：

2.20 元 × 110 听 = 242 元
2.30 元 × 10 听 = 23 元
合计　　　265 元

当然，在实际发料时，还是坚持将先进的原料先发出，只是价值的计算采用后进先出法。

### （四）平均价格法

如果饭店采购的原料市场价格波动较大，采用以上方法计算太复杂时，也可采用平均价格法。平均价格是将全月可动用原料的总价值除以总数量而得到的单价，用此价格再乘以月末库存数量就可得到月末库存额。上例中的豌豆罐头的平均价格为：

1366 元 ÷ 570 听 = 2.40 元/听

月末库存为：

2.40 元 × 120 听 = 288 元

### （五）最后进价法

如果饭店不采用原料标签，也无库存卡显示每次进货价格，可采用最后进价法。最后进价法是一律以最后一次的进货价格来计算期末库存的价值。这种方法最简单，当然库存额也不太精确。上例若以最后进价法计算，月末库存额为：

2.60 元 × 120 听 = 312 元

不难看出，用以上五种方法计算，月末库存额都不一样。企业要根据财务制度和库存管理制度确定一种计价方法，并统一按该方法计算，不能任意变动。

### 六、库存周转率

餐厅经营需要有足够的库存来保证供应。但过多的库存会导致以下问题:

1. 食品容易变质。
2. 库存占压资金增加。
3. 由于存货增加而引起的劳动力成本上升。
4. 占用过多的库存空间。
5. 食品丢失机会增加。

由于饭店餐饮产品的销售存在周期性,食品原料的供应存在季节性,原料市场又存在不确定性,因此,要为饭店确定一个固定不变的存货数量是不可能的。餐饮管理人员应根据本企业的具体情况,确定适当的原料存货水平。

在确定原料存货水平时,经常使用的一种方法就是计算库存周转率,衡量食品原料在一定的时期内订购和使用了几次。库存周转率也是衡量企业管理效率的一个重要指标。

库存周转率的计算,可用下列公式:

$$库存周转率 = \frac{原料成本}{平均库存}$$

原料成本 = 月初库存 + 本月进货 − 月末库存

平均库存 = (月初库存 + 月末库存) ÷ 2

例如,某餐厅月初库存为 26000 元,本月进货 62000 元,月末库存 24000 元,则库存周转率为:

$$\frac{26000 + 62000 - 24000}{(26000 + 24000) \div 2} = \frac{64000}{25000} = 2.56(次)$$

库存周转率大,说明每月库存周转次数快。一般来说,食品原料的库存周转率为每月 2—4 次,但并不是所有原料都以同样速度周转,许多鲜货原料每天周转一次,而有些干货原料数周甚至数月周转一次。

周转率过快，虽能有效利用资金，但容易造成原料供不应求；而周转率太低，又会积压资金，造成浪费。因此，企业管理人员应经常分析库存周转率，以保持适度库存。

**思考题**

1. 使用采购食品原料质量标准的好处有哪些？
2. 饭店采购人员应具备什么样的素质？
3. 不同类型的食品原料的采购数量是如何确定的？
4. 为什么在使用现代管理方法的大型饭店里，其采购程序还不如小型饭店的简单？
5. 集中采购有哪些优缺点？
6. 验收对于食品成本控制有什么重要意义？
7. 如何做好验收工作？
8. 保证库存食品原料质量的关键途径是什么？
9. 储藏室的设计有哪些基本要求？
10. 干货储存应注意哪些问题？
11. 食品原料的冷藏与冷冻有哪些规则或要求？
12. 如何做好储藏室货物的安全控制？
13. 对食品原料的发放应如何控制？
14. 为什么要进行食品饮料的内部调拨？
15. 实地盘存应如何进行？
16. ABC 分类存货控制法有何现实意义？
17. 为什么对库存原料要使用不同的计价方法？
18. 目前许多供货商都允许饭店延期付款，那么，对食品原料的库存周转率进行控制还有何意义？

# 案例分析

## 世界领先的食品储运分发公司

物流是现在最热门的一个词儿,物流业也是时下最流行的一个行业。殊不知,早在1992年,许多人还根本不了解物流这个词的真正含义,甚至还没听到过物流这个词的时候,麦当劳就已将世界先进的物流模式带进了中国。

在麦当劳餐厅门口,你会常常看到停下一辆白色的巨大的冷藏车或者冷冻车,卸下货物后很快离开,这是专门为各个麦当劳餐厅配送货物的麦当劳物流中心的专业运输车。

麦当劳在全球120多个国家有2.9万多家餐厅,在中国也超过450家,目前还在迅速扩展。同时麦当劳餐厅每天所需大量的半成品由供应商提供,而这些产品又必须保持新鲜、保持温度、保持有效期,如此繁多的工作,是怎样在麦当劳系统中运作的呢?

这便需要物流中心发挥其特有的作用了。麦当劳的物流中心为麦当劳的各个餐厅完成订货、储存、运输及分发等一系列工作,它恰似一个具有造血功能的心脏,每时每刻不断向周边的分布于大江南北的各家麦当劳餐厅输送着新鲜血液,使得整个麦当劳系统得以正常运作,通过它的协调与连接,使每一个供应商与每一家餐厅达到了畅通与和谐,为麦当劳餐厅的食品供应提供最佳的保证。

在麦当劳开始进入中国后,自1974年就已开始与麦当劳合作的物流公司的供应商也随之来到中国,并在中国建立了麦当劳专有的物流中心。目前,该物流中心在北京、上海、广州设立了食品分发中心,同时在沈阳、武汉、成都、厦门建立了卫星分发中心和配送站,与设在香港特别行政区和中国台湾地区的分发中心一起,建立起全国性的服务网络,其高质量的技术及管理和新的分发信息管理系统,为中国麦当劳的发展提供强有力的后备支援。

以北京地区的物流中心为例，其投资额已超过 5500 万元，占地面积达 12000 平方米，拥有世界领先的多温度食品分发技术。其中，干库容量为 2000 吨，冷冻库容量为 1100 吨，设定温度为-18 度，冷藏库容量超过 300 吨，设定温度为 1—4 度。目前已向麦当劳餐厅运送货物超过 800 万箱。该物流中心配有先进的装卸、储存设备及冷藏设施，5—20 吨多种温度控制运输车 40 余辆，中心还配有电脑调控设施用以控制所规定的温度，并用其检查每一批进货的温度。

在麦当劳的物流配送中心，我们看到，这里有常温的干库，里面存放着麦当劳餐厅用的各种纸杯、包装盒和包装袋等不必冷藏冷冻的货物；冷藏库房里有生菜、鸡蛋等需要冷藏的食品；冷冻库里则存储着派、薯条、肉饼等冷冻食品。这些产品在运输中也同样用不同功能的冷藏或冷冻车，以保持食品的新鲜度。北京分发中心的冷冻、冷藏和常温仓库设备都是从美国进口的一流设备，设计细致而精心，目的是为了最大限度地保鲜。例如，在干库和冷藏库、冷藏库和冷冻库之间，均有一个隔离带，用自动门控制，以防止干库的热气和冷库的冷气互相干扰。干库中还设计了专用卸货平台，使运输车在装卸货物时能恰好封住对外开放的门，防止外面的灰尘进入库房。

麦当劳来到中国，带来的不仅是新的餐饮文化，还有其他许多先进技术和经营管理理念，不仅促进了中国饮食业的发展，也带动了许多相关行业的兴起，物流就是一个典型的例子。

**案例思考题**

1. 食品原料的冷藏、冷冻及干库储藏有什么区别？
2. 结合麦当劳的原料配送，说明供货商与餐厅的关系。
3. 为什么麦当劳能够严格遵守原料储藏与解冻的温度与时间，而许多中餐厅却做不到？

# 第六章 餐饮销售管理

**学习目的**

- 了解餐饮产品价格的构成
- 了解餐饮定价目标及相应的定价策略
- 掌握顾客就餐心理和服务期望
- 掌握餐饮销售控制的内容与途径
- 掌握盈亏平衡分析方法

**基本内容**

餐饮产品销售价格
- 合理价格的重要性
- 价格的构成
- 餐饮定价目标
- 餐饮定价策略
- 价格折扣与优惠政策
- 提价与降价的时机

餐厅顾客需求分析
- 顾客对餐饮的基本需求
- 顾客就餐动机的相关研究
- 顾客对餐饮服务的期望

餐饮销售控制
- 餐饮销售控制的意义
- 出菜检查控制
- 销售中的舞弊行为及防范

电脑点菜系统与餐饮销售控制
- POS 点菜系统
- POS 餐饮管理系统的具体应用

盈亏分界点的确定
- 盈亏分界点
- 用图像法确定盈亏分界点
- 用公式计算盈亏分界点

餐饮产品销售是整个餐厅经营过程的最后一道程序，是实现餐厅经营利润的直接形式。销售工作的难易，取决于市场状态和人们购买力的大小。买方市场的到来，给销售工作带来了一定的难度，这也对企业提出了新的要求，市场营销学也应运而生。本章只针对餐饮企业的特点论述一下餐厅的销售问题。

# 第一节 餐饮产品销售价格

## 一、合理价格的重要性

餐饮吸引顾客的方式很多，但是合理的价格最能吸引顾客。根据相关机构（BMRB/Mintel 1986 年）所进行的一次研究表明，人们对价格的关注远远高于其他因素。表 6-1 反映的是影响人们选择餐厅的因素。

从表 6-1 可以看出，有 56% 的顾客在选择餐厅就餐时将合理的价格作为首要考虑因素。这就要求餐厅经营者在制定价格时一定要遵循科学的规律，切莫盲目定价。

表6-1　影响顾客第一次选择餐厅的因素

| 影响因素 | 百分比（%） |
| --- | --- |
| 合理的价格 | 56 |
| 推荐（朋友或导游） | 35 |
| 宽敞和愉快的布局 | 30 |
| 有吸引力或者冒险的菜单 | 24 |
| 容易到达 | 23 |
| 从窗户看出良好的气氛 | 23 |
| 停车设施 | 19 |
| 儿童设施 | 16 |
| 菜品和风味的独特性 | 14 |
| 从属于知名连锁集团知道提供什么 | 10 |
| 从道路看得出的印象 | 8 |
| 看广告 | 5 |
| 有趣的餐厅名称 | 2 |

注：该结果源于1399位成年人的问卷，受访人可同时选择多项。

## 二、价格的构成

价格是市场营销组合的4"P"之一，价格决策也是餐饮企业经营决策的重要内容。价格的高低影响产品的吸引力，也影响产品的销售。对于任何一种餐饮产品，其销售价格应能弥补其食品或饮料的成本和费用开支及税金支出，并获取一定的利润。所以，其价格构成有以下四部分：

### （一）食品或饮料成本

制作一份烤牛排需要净料牛排150克，牛肉的进货价格是每千克15元，这是不是意味着其食品成本是2.25元呢（15/1000×150=2.25）？回答当然是否定的。因为每千克15元购进的牛肉是毛料，而要制作牛排，需要将牛排的边角下料去除，并切割成形。这里涉及一个问题就是净料率。净料率可以理解为毛料经加工可得净料的百分比。以上例来说明，如果净料率是 80%，那么一份烤牛排的食品成本不是 2.25 元，而是 2.81 元（2.25÷80%=2.81）。

同样，饮料也涉及滴漏损耗问题。在计算一杯净饮或鸡尾酒的成本时，应把滴漏、溢出的损耗考虑在内。

### （二）费用

餐饮经营的各项费用开支应分摊到每一个菜品或每一杯饮料上。这些分摊费用主要是人工费，其次还包括租金、折旧费、水费、电费、煤气费、行政管理费以及需要向当地政府缴纳的城建及教育附加费、卫生费等。

### （三）税金

任何经营企业都需向当地政府交纳税金，如营业税、城建税、印花税、土地使用税、车船使用税、代扣代缴个人所得税、企业所得税等。餐饮企业应把所有这些税费分摊到每一菜品或饮料上。

### （四）利润

利润是任何资本经营所追求的目标。餐饮企业经营的主要任务就是获取利润。餐饮产品的销售应能弥补原料成本开支、费用开支、税金支出，同时应略有盈余，这就是利润。销售价格扣除原料成本所剩下的称为毛利。

餐饮产品的价格构成可用图 6-1 来表示。

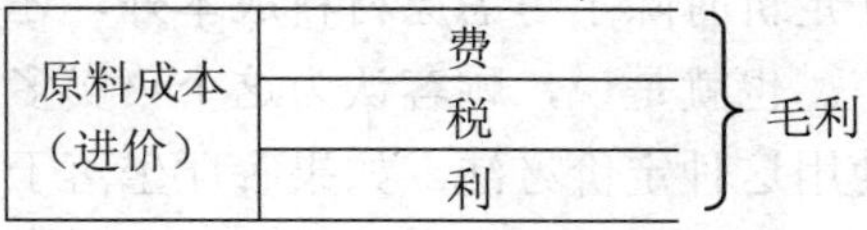

图 6-1 餐饮成本构成

餐饮产品的销售价格与餐饮成本和毛利有以下关系：

销售价格 = 原料成本 ÷（1 − 毛利率）

销售价格 = 原料成本 ÷ 成本率

毛 利 率＝毛利÷销售价格

### 三、餐饮定价的一般方法

#### （一）基于成本的定价方法

这是餐饮企业最常用的定价方法。一道菜或一瓶酒的销售价格取决于其进货成本的高低。很多餐饮部经理在定价时往往使用成本加成定价法，也就是在成本的基础上加上一个合理的毛利，通常以成本的倍数来表示。例如，一瓶葡萄酒的进货成本是 40 元，售价可以定到 120 元，或三倍于进货成本价格，毛利是进货成本的两倍。

另一种基于成本的定价法是根据期望的成本率定价。餐厅的菜品成本率往往取决于餐厅的档次。高档餐厅的菜品成本率较低，面向大众的餐厅的菜品成本率较高。一般来说，餐饮业的平均成本率在 30% 左右，如今，由于租金和劳动力成本的上升，行业的菜品成本率有所下降。例如，某菜品的原料成本是 7.6 元，如果餐厅期望的成本率是 20%，则售价是 38 元（7.6÷20%＝38）。任何一个餐厅经理都必须记住下面两个公式：

成本÷售价＝成本率

售价＝成本÷成本率

无论采取什么定价方法，成本永远是首先考虑的要素。餐厅经理或厨师长必须要知道每一个菜的成本。

#### （二）基于价值的定价方法

很多餐厅在定价时除了考虑原材料成本外，还要了解顾客对该菜品的感知价值。也就是说，顾客认为这个菜卖多少钱能够接受。高档餐厅经常使用这种定价方法。如果餐厅坐落于市中心的高档写字楼内，菜品制作精美独特，环境优雅，服务周到，顾客对菜品售价的心理预期就比较高。在这种情况下，菜品定价就可以高些，即使其毛利率很高，顾客也能接受。这就是为什么一盘简单的醋溜土豆丝在马路边小餐馆只卖 8 元，而在高档餐厅可以标价 48 元。其原料成本是相同的。

采用这种定价方法的前提是，你必须了解顾客的感知价值。一般来说，服务员或餐厅经理在日常经营中可以通过与顾客的交谈获知其感知价值，也可以通过专门的咨询公司利用调查问卷获知。

**（三）基于竞争的定价方法**

餐厅在给菜品定价时主要参考其他竞争对手的菜品价格，对于相同的菜品采用略高于、略低于或与对手相同的价格，这种定价方法比较省事，不必过多考虑原料成本或顾客需求。

事实上，绝大多数餐厅采用基于竞争的定价方法。在同一地区，档次相同的餐厅定价基本相同。如果价格过高，顾客马上就能觉察到价格上的差异，从而不再光顾。

**（四）以刺激其他消费为导向的定价目标**

有些餐厅为实现企业的总体经营目标，例如以增加客房或其他部门的客源作为餐饮定价的目标，可能会以较低的餐饮价格吸引会议、旅游团体以及公务客人，以此提高客房出租率，使企业的整体利润提高。

在餐厅中，菜单上的有些菜品是无利甚至亏损的。但前提条件是这些菜品的销售必须能够刺激其他菜品的销售。如有的餐厅提供日式火锅，餐厅以象征性的低价提供开胃头菜，如野山椒、泡菜、黄瓜条等，甚至免费，因为其成本很低，几样菜加起来不过一两元的成本，顾客却非常喜欢。餐厅的经营者意识到，如果顾客多点一碟野山椒，他很可能就会再多点一份鱿鱼或肥牛，其毛利远远超过那些头菜的成本。

**四、餐饮定价策略**

在定价完成后，产品的售价称为标价或基本定价。然而，在实际销售产品时，只是以定价为基准，卖给客人时不一定是用定价交易。标价与实际售价的调整与管理，则是运用价格策略。

**（一）新开业餐厅的价格策略**

对新开张的餐厅或新开发的菜系、菜品，往往要决定是采取市场高价策略、市场渗透价格还是短期优惠价格。

1. 市场撇脂价格策略

当餐厅开发新产品时,将价格定得高高的,以牟取暴利。当别的餐厅也推出同样产品而顾客开始拒绝高价时再降价。市场高价策略往往在经历一段时间后要逐步降价。这项策略适合用于企业开发新产品需要的投资量大、产品独特性高、竞争者难以模仿、产品的目标顾客对价格敏感度小的市场。采取这种策略能在短期内获取尽可能大的利润,尽快回收投资成本。但是,由于这种价格策略能使企业获取高额利润,会很快吸引竞争者,产生激烈竞争,进而导致价格下降。另外,在采取这种高价策略时,一定要考虑到政府对价格的监督。

2. 市场渗透价格策略

新产品一经开发上市就将产品价格定得比较低,目的是为了使新产品迅速地被消费者接受,企业能快速打开和扩大市场,尽早在市场上取得领先地位。企业由于获利低而能有效地防止竞争者挤入市场,使自己长期占领市场。市场渗透政策用于产品竞争性大且容易被模仿、目标顾客需求的价格弹性大的新产品。

3. 短期优惠价格政策

许多餐厅在新开张或开发新产品时,暂时降低价格使餐厅或新产品迅速投入市场,为顾客所了解。短期优惠价格与市场渗透价格政策不同,该政策是在产品的引进阶段完成后就提高价格。

(二) 心理定价策略

心理定价策略有两种,一是零头标价,二是心理高价。

1. 零头标价

零头标价使消费者产生一种商品价格低于实际价格的感觉。如:

金牌肥牛　　38元
澳洲西冷　　29元
澳洲带子　　98元

合时菜蔬　　　9元

在一些中低档餐厅，我们也常看到：

蚝油牛柳　　　9.9元

小葱拌豆腐　　3.8元

铁板海鲜　　　19.8元

像上面提到的澳洲带子，每斤98元，如果再增加三元，就变成一百多元一斤了，而98元对顾客来说就是几十元一斤，几十元一斤和一百多元一斤相差多少呢？蚝油牛柳一菜标价9.9元，但看起来只有几元钱而已，若再加两角，就变成十多元了，与几元钱相比，是两个不同的概念。

2．心理高价

有很多顾客都坚持这么一种看法，"便宜没好货""价格高，说明档次高"。我们经常看到有些卖服装的，标价98元卖不动，而当在98元前面再加上一个3，变成398元时，却被一抢而空。有人在美国卖从中国带去的真丝围巾，5美元一条没人买，认为是假货，而当价格提到100美元一条时却争相购买。餐厅或酒吧可以进行市场分析，如果确信顾客具备这种心理时，可以尝试此种策略，但不要违背国家反暴利经营规定。

（三）顾客定价策略

目前法国出现了一种顾客按质定价的餐厅。餐厅只标明菜点的成本价，顾客结账时，根据自己食用的多少，对质量、服务的感觉定价付钱，可多给或少给，甚至不给钱。结果大多数顾客付的钱都超过了食品的价值，使餐厅效益大增。几年前我国南方某三星级酒店"自助村"开门迎客，也效仿上述自由付账法，结果开张仅四天，"君子餐厅"就招架不住了，不得不宣布"免战"，重新调整经营思路。原因是"君子餐厅"里备有菜点40种左右，质量也好，开业四天食品成本投入2万元，却仅收回数百元，平均每人每餐付款不足2元。营业中还遇到许多无聊的闲话、耍赖和扯皮的现象，真是令业者心寒。

古人云"衣食足而知礼仪",物质文明是精神文明的基础。在中国人的生活水平尚未全面达到小康水准的情况下,对食品在价格上不能没有约束,不能盲目效仿发达国家。标价实际上是对饮食行为订出的一种两相情愿的价格条约。仅凭良好的愿望,不能改变现实状况。

### (四)价格歧视

企业针对产品不同的客户群制定不同的价格,使其销售额及利润最大,称为价格歧视或称差别取价。在餐饮企业中,运用价格歧视的做法相当普遍。相同的宴会成本,如果是为日本某商会提供服务,价格是每位238元;如果是为当地某社区组织提供服务,价格可能只有188元/位。之所以有歧视,是因为餐厅考虑了目标顾客的支付能力不同,同时,也是有意吸引当地顾客就餐。

## 五、价格折扣与优惠政策

许多企业运用价格的需求弹性理论,即通过降低价格提高销售量来制定促销策略,如价格折扣和优惠。餐饮企业以优惠的形式进行促销是一种常见的手段。有效地使用优惠这种促销的形式能带来立竿见影的效果,并在社会大众中产生一定的影响。

### (一)团体用餐优惠

为促进销售,餐饮企业常常对大批量就餐的客人实行价格折扣,比如会议就餐、旅游团队就餐等。会议和团队就餐通常以每人包价收费,在这个包价中提供各色菜肴。

### (二)累积数量折扣

有的饭店为鼓励常住户和顾客经常在店内就餐,以折扣价格鼓励客人在店内就餐。一般饭店中的常住户,在店内就餐的需求只是一种日常生理性需求,而不是享受性需求,因此他们不愿在餐厅中花费很多的钱和时间。饭店如能提供价格折扣,就能有效地吸引他们在店内就餐。南京一家饭店以每天15元的折扣包价向常住户提供做工简单、经济实惠的饭菜。一些餐厅为鼓励顾客常来餐厅举办宴会，对常客的宴会价格给予折扣，折扣率的大小通常取决于客户光顾餐厅的次数和消费的金额。

例如，有的餐厅发放银卡、金卡或白金卡，持有不同的优惠卡，可享受不同程度的折扣，如银卡九五折，金卡九折，白金卡八五折或八折。

### （三）清淡时段价格优惠

餐厅通常在人们习惯的就餐时间达到营业高峰。为鼓励清淡时段客人前来光顾，管理人员常在清淡时段给予价格优惠。这种推销手段特别对经营时间长的咖啡厅和快餐店十分有效。许多这样的餐厅在下午两点以后或晚上八点以后对就餐的客人给予价格折扣。例如，"金钱豹"自助餐厅的晚餐标准是 238 元／位，但是如果客人是晚八点后到餐厅就餐，价格是 198 元／位。

在制定价格折扣决策时，必须研究价格折扣对盈利的影响。比如某些咖啡厅推销鸡尾酒的时候采取"买一送一"的优惠政策，或者以发展就餐俱乐部的形式对会员采取"一份价格买两份"的政策。这种折扣的政策是否有效，必须对降价前后的毛利进行比较，通过比较可算出降价后的销售量达到折价前的多少倍，这项折扣决策才算合理。

$$折价后销售量需达到折价前的倍数 = \frac{折价前每份菜品（饮料）的毛利率}{折价后每份菜品（饮料）的毛利率}$$

例如，迈阿密的万豪机场酒店的酒吧在下午 2：00 到 5：00 对某些鸡尾酒的销售推出"买一送一"的优惠活动。以马丁尼为例，其成本为 1.50 美元，促销前售价为 7 美元，毛利额为 5.50 美元。"买一送一"活动后，每杯售价实际为 3.50 美元，毛利为 2 美元。这样，折价后销量至少要达到原来的 2.75 倍（5.5÷2 = 2.75）才有效。如果折价后马丁尼的销量没有明显的增长，即达不到 2.75 倍，则应停止这项促销活动。

### 六、提价与降价的时机

餐厅的菜单和酒吧的酒单不是一成不变的。随着季节的变化和经营的需要，餐饮企业总是在更换菜单和酒单，而每次更换，都涉及一个问题，这就是价格的调整。

影响餐饮产品价格上升或下降的因素是很多的，现仅分析一些主要因素，如图6-2所示。

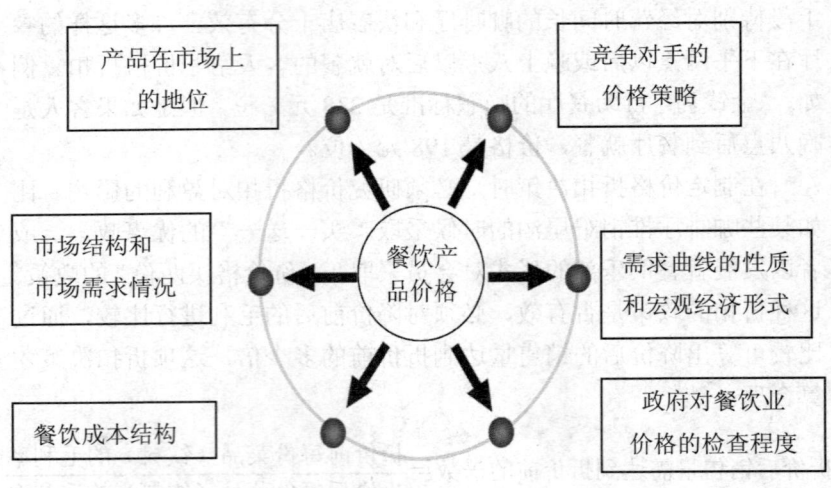

图6-2 影响餐饮产品价格的因素

### （一）产品在市场上的地位

如果餐厅的菜品在整个餐饮市场竞争中处于优势，餐厅可以考虑提高价格。这里所说的竞争优势包括菜品的质量、风味特色、店堂环境、服务员的服务水平等方面的优势。相反，如果上述各方面不如竞争对手，处于弱势的地位，餐厅要么降价，要么改进提高。

## （二）竞争对手的价格策略

餐饮经营要知己知彼，及时了解竞争对手的菜品和酒水的价格变动。如果竞争对手降价，餐厅也应降低价格，尤其是那些与竞争对手的餐饮产品区别不大的产品。如竞争对手采取提价策略，餐厅也可考虑提价，这样可以获得更高的利润。

## （三）需求曲线的性质

在确定价格升降以前，应先确定需求曲线的性质，所谓需求弹性大的产品是指那些销量变化受价格影响较大的产品，而需求弹性小的产品是指那些销量变化受价格变化影响较小的产品。餐饮产品可以说都有弹性，有的弹性大，有的弹性小，但不存在弹性为零的产品。比方说，潮州火筒炖大鲍翅、澳洲龙虾、一品鲍鱼、彩虾鸡尾酒、皇家咖啡的需求弹性就很大，由于其档次高，价格高时，消费者望而生畏，当价格低时，消费者就会"潇洒一把"。而像麻婆豆腐、鱼香肉丝、宫保鸡丁、燕京啤酒、白酒等，需求弹性就相对较小。价格的升降对这些菜品和酒水来说，销售量不会有太大变化，不大可能当顾客听说古井贡酒（55度）由68元降至48元时就多喝两瓶。

对于需求弹性较大的菜品和饮料，餐厅可以考虑降低价格，这样，由于销售量增加，能使因降价造成的损失得到弥补，并有盈余。对于需求弹性很小的菜品或饮料，提价增收，降价减收。

## （四）政府对餐饮企业价格的检查程度

曾经有一段时间，政府开放对餐饮企业价格的监管，结果导致不少餐厅暴利经营，"宰客"事件屡屡发生，尤其是在旅游景区，餐饮宰客现象屡禁不止，如"哈尔滨天价鱼""青岛大虾"等宰客事件。一方面侵害了消费者的利益，另一方面也助长了社会不良风气。原国家旅游局和地方政府先后出台了很多规范餐厅定价和反暴利经营的措施，宰客现象得到了有效控制。

由于每家餐厅的运营成本和原料进货价格不尽相同，菜品的价格肯定也有所差异。政府不可能对所有菜品进行价格监管。只要是明码标价，让顾客在点菜时知道价格，即使价格很高，也不大可能引起投诉。因此餐饮企业在制定价格时，不要违反国家的规定，在其允许的范围内上下调整。

### （五）市场结构

市场结构决定产品价格的升降。如果某类餐饮产品属于完全竞争型的（如餐饮夜市中的砂锅），对产品价格的升降，企业是无能为力的。有的餐厅或餐厅中有些类菜品在某一地区是处于垄断地位的，如果提价过多，也是不可能的，顾客会转向其他几家餐厅；如果降价过多，其他餐厅也不怕市场被你抢占。在独占市场的情况下，餐厅可以提高价格，但要受到政府相关部门的监管，同时，这种情况很快就会消失，因为其他餐厅会马上提供相同的产品。对于餐饮业来说，竞争是永恒的。

### （六）宏观经济形势

通货膨胀是餐饮企业提高价格的主要理由。因为在这样的经济形势下，企业的成本也随之增加，不提价就不能维持企业的正常利润。

### （七）餐饮成本结构

餐厅要结合成本结构考虑菜品价格的升降。如果成本的增加，是由于原材料的价格和人工费用的增加，为了保持边际利润，应采取提价措施；反之，如果成本下降，餐厅业应降低价格，以扩大销路，排除竞争者。

### （八）市场需求情况

如果餐饮产品的需求量增加，可以考虑适当提高菜品价格；如果需求量减少，则需降低价格。很多季节性旅游景区的餐厅会根据市场需求改变价格。在旅游旺季，使用高价菜单，而到了淡季，则使用日常低价菜单。

## 第二节 餐厅顾客需求分析

餐饮的营销观念在经历了生产观念、产品观念、推销观念等几个阶段后,随着市场的发展而不断深化、丰富。在过去计划经济年代里,许多餐饮企业遵循着一条原则:"我有什么,你吃什么。"而在市场经济条件下,这种经营原则就十分不可取了。要想赢得市场,就要把握消费需求,投其所好,始终将企业营销原则朝向"你要什么我有什么"。一些企业已经在这方面做出了改进,如"半份菜的销售",以满足人少而想多品尝的需求;对住店客人,推出客房免费送餐服务;在儿童市场方面,可以开发适应儿童的菜单、套餐、餐具等。

### 一、顾客对餐饮的基本需求

#### (一)营养

客人希望餐饮企业提供的菜食能够符合他们的营养要求,并要求标明餐食的营养成分及其含量。因此,餐饮企业经营者在配菜时必须考虑到菜肴中所含的营养成分的多少以及是否有利于人体的消化和吸收,应掌握各种原料的营养成分、性质和特点,从而使消费者得到必要的营养,达到健康饮食的目的。

餐饮经营者有责任使食品的营养成分合理搭配,并保证食品质量(包括丰富的营养成分)优良上乘。作为一名精明的餐饮经营者,应该从营养的角度表现出对用餐客人的关心。

#### (二)风味

风味是指客人用餐时对菜肴或其他食品产生的总的感觉与印象。它是刺激客人挑选食物的最重要的因素之一。风味取决于客人所品尝的味觉、嗅觉和质地等的综合感觉效应。

消费者对风味的期望和要求各不相同,有的喜爱清淡爽口,有的愿意色浓味重,有的倾向于原汁原味,等等。一般来说,来华的国际游客的消费层次比较高,对烹饪的质量和技艺也极敏感、挑剔。因此,餐饮企业应尽量针对他们的不同的需求,提供各种风味极佳的高档菜肴。风味需求涉及以下四个因素:

1. 味觉

味觉感受器是由舌面、软腭及咽部的味觉细胞和味蕾组成。人到中老年,味觉的灵敏度下降,喜欢食用香料多、口味重和糖分高的食物。一般认为,味觉有四种基本类型:酸、咸、苦、甜。因此,菜肴的品种应该多样化和经常变化。

2. 嗅觉

气味是由鼻子的上皮嗅觉神经末梢感觉到的。人类能感知的气味大约有1600万种。嗅觉要比味觉灵敏,但比较容易疲劳,对气味的变化感觉不明显。气味由四种基本类型构成:芳香味、酸味、烧焦味、辛酸味。

3. 触觉

触觉即口感。触觉能感觉食物的质地、涩味、稠度以及温辛感、辛痛感等。辛痛感是对神经纤维的一种刺激,刺激量适当时会产生让人愉快的感觉,如胡椒和辣椒的调味作用。

4. 温度

食物的温度大大影响我们辨别风味的能力。一般情况下,人的尝味功能在20℃—30℃之间最敏感。温度偏低时,食物的分子运动速度慢,感觉器官欠灵敏,其反应较弱。温度太高时很可能烫坏了味蕾,破坏味觉功能。例如,热的炸鱼味道鲜美,而温度低时则会产生鱼腥味;而品饮白葡萄酒前,需要事先冷却。可见,在不同的温度下味觉的反应,支配着人们热吃食物(如汤、炖肉、清蒸鱼、咖啡等)或冷吃食物(如冰淇淋、色拉、西瓜、汽水、酸辣菜和各种凉拌菜、冷盘等)。

### （三）卫生

客人非常注意食品、餐具及饮食环境的卫生。客人在进入餐厅后的第一件事就是判断卫生状况。一旦客人发现餐厅存在不清洁或者是污染的地方，即便不显眼，也会很反感。严重的食物中毒事件，给客人的健康和餐厅的声誉带来严重毁损。所以，卫生是客人的基本需求。餐厅要重视卫生，确保客人免受病害的威胁和感染。另外，餐厅的工作人员必须严格遵循各项卫生条例。在客人的心目中，服务人员的整洁卫生是餐厅卫生形象的一个重要标志。

### （四）安全

餐饮部门对客人的安全问题不容忽视。一般来说，客人在安全方面对餐厅是信任的，认为发生事故的可能性极小。然而，"安全"确实是顾客最基本的要求之一。在餐厅发生汤汁洒落在客人的衣物上，破损餐具划伤客人，路面打滑摔跤，甚至是用餐时吊灯脱落击伤客人等，造成的后果都是难以挽回的。所以，餐厅管理人员必须责成有关人员进行如下的安全检查：

（1）桌子装饰物与其他家具和设备，没有锋利或突出的棱角和钉刺。

（2）传菜服务员要有熟练的端盘技巧，汤汁不可溅出。

（3）餐桌之间要有足够宽距离的走道，以免发生服务员与客人的碰撞和拥挤的情况。

（4）装置在天花板和墙壁上的附属物的位置要适当，防止碰伤客人。

（5）家具完好无损，经常检查桌椅有无损坏，及时更换破损和不安全的桌椅与其他设备。

（6）挂衣架钉牢在墙上或其他支撑物上，要牢固，防止脱落。

（7）电灯、电扇等固定物，或者其他墙壁饰物，钉挂要牢靠。

（8）大块玻璃上要有安全图案，挂有布帘或其他标记，以免碰撞。

以上是餐饮客人的四种基本需求，即营养、风味、卫生及安全，其中以风味需求为主。

## 二、顾客就餐动机的相关研究

英国学者发现,外出就餐的频率与就餐的动机有一定的相关性。该研究将餐厅顾客分为三大类:第一类是经常性外出就餐的顾客,其频率为每两周至少一次;第二类是很少在外就餐的顾客,一般是每半年一次;第三类是介于二者之间的顾客群体。

英国学者在对868位在半年内至少外出就餐一次的就餐动机进行了研究,发现就餐的主要原因是庆祝某一特殊活动,其次是款待自己或配偶,如表6-2所示。

表6-2 半年内至少外出就餐一次的顾客的就餐动机

|    | 就餐动机 | 百分比(%) |
|----|---------|----------|
| 1  | 庆祝某一特殊活动 | 34 |
| 2  | 款待自己或配偶 | 28 |
| 3  | 朋友聚会 | 21 |
| 4  | 创造家外就餐的经历 | 21 |
| 5  | 避开自己下厨 | 11 |
| 6  | 款待朋友或亲属 | 11 |
| 7  | 换一种(与家庭就餐)不同的口味 | 10 |
| 8  | 他人请客 | 9 |
| 9  | 款待孩子 | 5 |
| 10 | 其他 | 4 |

对于经常外出就餐的顾客和不太经常外出就餐的顾客来说,就餐动机有明显的区别,如表6-3所示。

表 6-3  两周内至少外出一次的就餐者（A）
与不太频繁外出就餐者（B）的就餐动机

|   | 就餐动机 | （A）百分比（%） | （B）百分比（%） |
|---|---|---|---|
| 1 | 庆祝某一特殊活动 | 12 | 43 |
| 2 | 款待自己或配偶 | 21 | 30 |
| 3 | 朋友聚会 | 27 | 18 |
| 4 | 创造家外就餐的经历 | 27 | 18 |
| 5 | 避开自己下厨 | 19 | 7 |
| 6 | 款待朋友或亲属 | 10 | 11 |
| 7 | 换一种（与家庭就餐）不同的口味 | 15 | 8 |
| 8 | 他人请客 | 8 | 9 |
| 9 | 款待孩子 | 3 | 5 |
| 10 | 其他 | 7 | 2 |

## 三、顾客对餐饮服务的期望

由于顾客就餐动机不同，其个人经历和文化、家庭背景等也存在个体差异，因此顾客对餐饮服务的期望也不同。这就要求餐厅经营者在提供服务的时候，尽量使顾客感知或体验与顾客的期望一致。顾客感知与顾客期望有三种关系，不同的关系可能导致不同的顾客满意度。

```
顾客感知 = 顾客期望            满意
顾客感知 < 顾客期望            不满意（抱怨）
顾客感知 > 顾客期望            超值服务（忠诚）
```

因此，为了使顾客获得满意或超值服务，餐厅必须了解顾客在就餐过程中最看中什么，或者说，哪些服务因素对顾客来说最重要。

许多西方学者对此进行了大量的研究,如表 6-4 所示,研究发现,在影响就餐顾客满意度的十二个因素中,"干净与卫生"是最重要的,而菜品的味道质量列在第二,其影响程度远低于前者。这就是为什么西式餐厅非常重视干净与卫生的原因。麦当劳、肯德基等虽然销售的是快餐,不能算是高档餐厅,但是这些餐厅对卫生有严格的要求。相比之下,我们很多中餐厅,尽管标榜是高档次的,但卫生间令人望而生畏。这些餐厅的管理者错误地认为,只要菜品质量好,就能吸引顾客。由此可见管理上的差距。

表 6-4  顾客对餐厅服务因素的期望

| 服务因素 | 百分比（%） |
| --- | --- |
| 干净与卫生 | 70 |
| 优质美味的菜品 | 58 |
| 快速和愉快的服务 | 37 |
| 餐厅气氛 | 25 |
| 价格范围 | 24 |
| 菜品的类型 | 22 |
| 菜单价格清楚 | 13 |
| 禁烟与否 | 13 |
| 便利的地点 | 13 |
| 有儿童设施 | 9 |
| 有趣和愉悦的装修 | 4 |
| 都不是或不知道 | 4 |

## 第三节  餐饮销售控制

餐饮销售控制是从控制角度保证餐饮产品最终变成为餐饮商品的过程。这一过程的圆满实现,需要餐饮经营管理人员建立一个完整的餐饮销售控制体系,这个体系包括了对点菜单的控制、对出菜检查过程的控制、对收银员的控制、对酒吧销售的控制,以及相应的销售控制指标与销售报表的建立与考核。

### 一、餐饮销售控制的意义和作用

销售控制的目的是要保证餐厅向客人提供的菜品都能产生收入。成本控制固然重要,但销售的产品若不能达到预期的收入,则成本控制的效率就不能实现。假如餐厅售出金额为1000元的菜品,耗用原料的价值为350元,食品成本率为35%。如果餐厅销售控制不好,只得到900元的收入,则成本率会提高至38.9%,这样毛利额就减少100元,成本率则提高3.9%。

由此可见,对销售过程要严格控制。如果缺乏这个控制环节,就可能出现内外勾结、钻制度空子、使企业利润流失等问题。销售控制不利通常会出现以下现象:

1. 侵吞现款。对客人所点的食品和饮料,不记账单,将向客人收取的现金全部吞没。

2. 少计品种。对客人点的食品和饮料少计品种或数量,而向客人收取全部价款,二者的差额,装入自己的腰包。

3. 不收费或少收费。服务员对前来就餐的亲朋好友不计账也不收费,或者少计账少收费,使餐厅蒙受损失。

4. 偷窃现金。收银员(或服务员)将现金柜的现金拿走并抽走账单,使账、钱核对时查不出短缺。

5. 欺骗顾客。在酒吧中,将烈性酒冲淡或售给顾客的酒水分量不足,将每瓶酒超额量的收入私吞。

上述现象说明,如果餐厅对销售控制不严,会使餐厅蒙受损失。管理人员忽视销售控制这一环节会造成很大的漏洞。

### 二、出菜检查控制

大型饭店的餐厅一般都在厨房中设置一名出菜检查员,有的餐厅称此岗位"查头"。美国的大多数餐厅在厨房里都设置与"查头"类似的岗位,叫 Expeditor,任务是协调厨房岗位工作,保证出菜的正确和速度。出菜检查员的岗位设在厨房通向餐厅的出口处,他是食品生产和餐厅服务员之间的协调者,是厨房生产的控制员,因此他必须熟悉餐厅的菜品品种和价格,了解各种菜肴的质量标准。他的责任是:

(1)保证所有订单上的菜品都能及时得到生产,并保证服务员取菜和送菜正确。

(2)保证厨房只根据账单副联所列的菜品生产,每份送出的菜都应在副联上有所记载。这样可以防止服务员或厨师无订菜单私自生产并擅自免费把食品送给熟人、朋友。

(3)检查客人账单上的价格是否正确,防止服务员为了私利或者粗心将价格写错。

(4)检查每份生产好的菜肴的分量和质量是否符合标准。

(5)保管客人账单副联,防止丢失。

### 三、销售中的舞弊行为及防范

#### (一)餐厅服务员的舞弊行为及防范

1. 从厨房领取饭菜或从酒吧领取酒水后没有在客人订单上记录下来,而是把这些食品和饮料的收入私吞了。

防范措施:不准厨师或酒水员在没有见到订单前给服务员提供食品或饮料。

2. 结账时不给顾客呈递账单,如果顾客是以现金付款,则侵吞现款。

防范措施:结账时必须呈递账单,管理人员和服务人员对此进行监督。

3. 重新使用顾客已付了账的订单或用已给另一个客人看过的订单收取现款。

防范措施:发给餐饮服务员的订单用编号记录下来,并与副联核对。不准餐饮服务员在食品准备区领取食品时不给订单副联。

4. 收款后把客人订单毁掉。

防范措施：应采取像上面一样的措施。

5. 为亲友订单少算账或少算项目以获取较多的小费。

防范措施：对客人订单进行审核，核对正、副联账单。

6. 用私带的客人订单收取现金。

防范措施：使用你企业特有的客人订单。

7. 为亲友提供高价食品，在订单上以低价食品记录。

防范措施：使用双联订单并进行核对，使餐饮服务员在客房或酒吧领取的项目与订单上收款项目相符。

8. 从客人处收款后却说客人未付款就溜走了。

防范措施：密切监视全部餐饮区，尽可能地减少溜走事件；全体餐饮服务员必须记录溜走事件。餐厅管理人员应该重新训练并密切监督经常发生溜走事件的服务员。

9. 收了销售账，毁了订单，说是丢掉了，回来说找到了，但账款比原账少。

防范措施：依照企业各项规章制度，让服务员对丢失订单负责，记录丢失订单的情况，重新训练并密切监督经常丢失订单的服务员。此外，检查副联以核实丢失订单上的账目。

10. 按订单收了账，说是有几项食品退了，把订单上的项目划掉了，实际上把这些项目的钱装进了自己的口袋。

防范措施：要求服务员在出现退货、烧糊等这类问题要向经理人员汇报。

11. 给顾客提供了食品，收了账目，说是客人强说没有吃或没有喝而划去了某些项目，但事实上把钱装进了自己口袋。

防范措施：把客人账单正联和副联加以核对。

12. 服务员随意吃喝而不付钱。

防范措施：经常性地监督检查职工吃喝的规定。

## （二）餐厅收银员舞弊行为及防范

1. 按客人订单收了现款，而以无效登记。

防范措施：把客人订单与副联核对，并要求收银员把全部无效订单向经理人员汇报。

2. 按客人订单收了现款，但按未收账记录。

防范措施：要求收银员始终遵照有关信用卡使用的全部程序。

3. 收了账款，却按客人溜走未付登记。

防范措施：要求收银员把所有溜走事故记录下来，重新训练或重新安排经常发生客人溜走事故的职工的工作。

4. 把现款偷走，说是不明原因短缺。

防范措施：使用有效销售收入控制系统，标出应该有的销售收入额。把经常出现短缺现款的职工从收银员岗位调开。

5. 从收银台中取款私用并写了支付单。

防范措施：要求收银员从记录机中取款要预先得到经理人员允许，同时规定职工借贷要从小额现金中支付。

6. 在每班结束时少算现金账。

防范措施：只准经理人员进行现金账计算以确定总销售收入，安排另一些人进行审计。收齐客人订单后，把现金账总数与客人订单上的总数加以核对。

7. 退瓶等杂项收入没有入账。

防范措施：只准经理人员收取杂项收入费用。

8. 把自己的销售账目计入另一个出纳员的账上，致使其现金短缺，而把账目钱数放入自己钱袋。

防范措施：如有可能，给每一个出纳员配置一个记录机，至少各人配一个用各自钥匙开启的现金钱柜。

9. 从顾客处收了账款，却说顾客不满意，拒绝付账。

防范措施：不经经理人员许可不准出纳员提供免费饮食。

10. 收了现款，毁掉了订单，却说从未收到订单。

防范措施：下面这个措施是把食品或饮料服务员当成有过错一

方看待。如果订单短缺出乎异常，就要求服务员把各自的订单交给收银员，让他拿出用姓名开头字母标志出各自的客人订单记录说明已经送过订单。或许，你还可以考虑使用一个餐饮服务员银行系统，这样就不需要收银员了。

11. 篡改订单，把账目减少，差额放进腰包。

防范措施：要求收银员在收款时记录在记录机上，不准涂改订单。此外，还可核对正、副联订单。

12. 从现金柜私取现金，而用偷来的支票或假造欠账单替代。

防范措施：要求收银员遵守有关接收支票和信用卡的全部程序，同时密切监督收银员遵守程序情况。

**（三）酒吧服务员的舞弊行为及防范**

1. 不遵守收银机操作程序，如合并销售项目（把两项或多项销售项目合在一起，并以单项计之）、从小费柜中找零钱等。

防范措施：通过密切监视确保酒吧服务员始终如一地操作收银机。

2. 克扣酒水量，把扣下酒水销售所得放进私囊。如果酒吧服务员每次克扣一些，每卖几份酒水就可私吞一份酒钱，而并不影响已订的酒水成本百分比。

防范措施：要求酒水服务员准备全部酒水时用量杯，不要随意斟倒。按规定量杯倒酒可以确保销售收入控制程序的执行。

3. 携带私人酒瓶进店，把酒水出售给顾客。

防范措施：使用有标记的酒瓶，并采用相应的监督计划以防这类事情的发生。把酒瓶标识（如企业识别牌）妥善保管（如放在保险柜中），以防职工盗用。

4. 把零卖酒合在一起算成瓶卖酒（售价一般低于零售价），并把差额装进私囊。

防范措施：执行有效的收银机操作程序，密切监督职工并要求酒吧服务员在客人订单上记录全部酒水账。

5. 销售酒水得了现钱，却在记录上说是泼洒掉了，或免费赠送掉了。

防范措施：不准酒吧服务员把酒水免费赠人，不经经理人员同意不准把退回的酒水倒掉。你还必须重新训练并密切监督那些泼酒过多或其他倒酒过多的酒吧服务员和职工。

6. 稀释烈性酒并把额外所得私吞。

防范措施：使用雇用顾客来监视酒吧服务员，调查顾客对酒水质量经常性的投诉。你加水或加苏打水，杜松子酒和伏特加酒色泽可能变浑，而其他酒颜色可能变淡。

7. 顾客要高档白兰地酒，却供应低质白兰地，而把差额私吞。

防范措施：要求酒吧服务员和鸡尾酒服务员把所有顾客所要酒水登记在客人订单上，记录上记录的和顾客打印的账目应该与客人订单上的账目总计相等。

8. 用伪造酒瓶标识和其他企业的识别牌来装扮自带酒水售出。

防范措施：在企业中使用独特的难以复制的酒瓶标识，把识别物品妥善保管好。

9. 用自带量杯，在酒量上有舞弊行为。

防范措施：经常检查使用中的各种分量控制工具，酒吧服务员只准使用企业提供的计量工具。

10. 从现金柜中取走现金。

防范措施：在每班开始和结束时对现金柜中钱进行核对。

11. 用酒水慷慨招待朋友，以获得较多小费。

防范措施：不经经理人员允许不准酒吧服务员提供免费招待酒水，客人订单在任何时候都要放在客人面前。可以利用雇用顾客发现这类问题。

12. 与服务员勾结，对售出的酒水不入账，现金收入平分。

防范措施：经常检查服务程序，保证按单出酒。

**（四）顾客的舞弊行为及防范**

1. 明明看到了订单上对自己有利的错误而不说。

防范措施：要求服务人员认真工作，使用计算器或收银机计算客人订单上的款项。

2. 交纳空头支票，或使用无效信用卡。

防范措施：训练职工在任何时候都遵守有关接受支票和使用信用卡的规定程序。

3. 不付账就离开，或只付部分账目（溜走）。

防范措施：训练餐饮服务员、收银员和其他人员注意什么时候客人们准备离开，服务人员应该及时呈送账单。餐饮服务员必须始终关注全体客人。经理人员应把顾客溜走事件记录下来，以便确定是否由服务员或收银员对不寻常溜走事件负责。

4. 发现订单上漏记已供应的项目也不指出来。

防范措施：要求服务员在供应饭菜和饮料之前先把账目记在客人订单上。

5. 声称收银员或酒吧服务员在找钱时找错了。

防范措施：训练收银员把收到的钱放在收银机指定位置，等顾客确认对找回的钱后再放到里面。

6. 偷盗玻璃器皿、银制餐具、餐厅饰物和其他物品。

防范措施：训练餐饮服务人员尽快撤除全部用过的服务器皿。例如，客人要了第二份饮料，服务员应该在端上第二份饮料时把第一个杯子拿走。服务员还应该在顾客离桌时看看是否有餐具等物品不见了；如果他们在顾客离桌时发现失物问题，就告诉经理人员（而不要自己去指控顾客）。

7. 顾客离开饭店后声称由于在饭店用餐而生病，弄坏衣服或遭受人身伤害。

防范措施：厨房对菜品进行留样，以备卫生部门检查；对顾客的投诉，要与企业的保险公司和律师联系，征求处理意见。要训练服务员，在发生这类事件时立即告知经理人员，及时妥善处理此类事件。

## 第四节　电脑点菜系统与餐饮销售控制

### 一、POS 点菜系统介绍

POS（point of sale）是一种多功能销售终端，把它安装在信用卡的特约商户和受理网点中与计算机联成网络，就能实现电子资金自动转账，它具有支持消费、预授权、余额查询和转账等功能，使用起来安全、快捷、可靠。在近几年已经广泛应用于各酒店餐厅。

餐饮管理系统是 POS 销售终端应运而生的具体的操作管理系统，是根据餐饮服务行业的计算机管理的需要，基于 Windows 操作平台、Microsoft SQL server2000 开发的大型分布式数据库应用程序，使用 Delphi 语言开发客户机/服务器方式。餐饮管理系统在帮助企业正确决策、减少失误的同时，将"开源节流"贯穿经营始终，真正能为企业减少浪费，增加收入，提高企业的经济效益。

### 二、POS 餐饮管理系统的具体应用

POS 餐饮管理系统有不同的操作模式，一是无线点菜系统，二是触摸屏点菜系统，二者形式有别，但功能大同小异。

#### （一）无线点菜系统

无线点菜系统也称为 PDA，英文全称是 Personal Digital Assistant，即个人数码助理，一般是指掌上电脑的应用，这种系统直接面客服务，是餐饮销售的重要工具。

无线点菜系统是专门针对现代餐饮行业的经营管理系统，采用目前最为先进的无线通信技术，使用无线手持设备点菜，快捷、美观，效率高。使用手持 PDA 点菜，前台收银电脑自动显示，后厨自动打印。

1. 无线点菜系统软件的优点

（1）图形化界面，操作简单，容易上手。

（2）功能完善，适用性强。

（3）方便灵活，多种付款方式可以选择，可设定最低消费、固定服务费或按消费金额比例收取服务费，消费品可以设固定价格，可分时段计价，也可按时长计价。

（4）点菜时既可使用数字编码也可用拼音编码，人性化设计，操作速度快。

（5）各种功能必须按权限操作，且留有操作痕迹，一旦有差错可迅速找到责任人；数据可自动备份，系统安全性强。

2. 餐厅使用无线点菜系统的好处

（1）点菜员无须复写的纸张耗材，纸张费用仅是传统手工方式的 1/2。

（2）客人点菜完毕，吧台和厨房单子全部自动传送打印，大大缩短了上菜时间，同时也提高了翻台率。

（3）服务员始终不离客人视线，服务更周到更及时。

（4）服务员不必往返传送单子，减少了服务员的工作量，降低服务员的劳动强度，相应地减少了服务员数量。

（5）避免因服务员来回跑动产生的忙乱现象，大大提升服务品质和服务形象，为营造高档就餐环境创造良好条件，吸引更多的顾客就餐。

（6）有效避免了跑单、漏单现象。

（7）出现点错菜等情况时容易查清责任。系统对所点菜品的菜品名称、数量、房台号、口味做法、点菜时间、点菜人都有详细记录，一旦点错菜，能迅速找到责任人；一旦发生退菜，系统对退菜经手人、退菜原因、退菜是否有损失等都有详细记录，也能马上确定责任人。

3. 无线点菜系统图例

（1）掌上电脑点菜器，如图 6-3 所示。

图 6-3 掌上点菜器

(2) 无线点菜示意图,如图 6-4 所示。

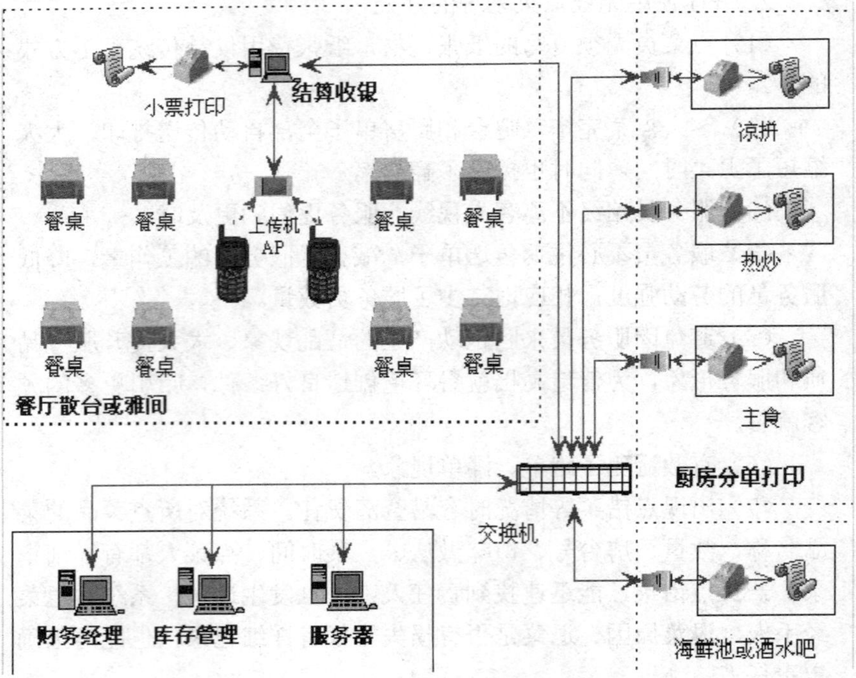

图 6-4 无线点菜示意图

## （二）触摸屏 POS 系统

触摸屏 POS 系统的功能与无线点菜系统类似，不同的是，无线点菜系统需要每个服务员一个"掌中宝"，而触摸屏 POS 系统是在餐厅里放置一个或几个显示器，几个服务员共用。服务员在点菜时仍需要用纸和笔记录客人要求，然后触摸显示屏，将点菜信息输入系统。目前这种 POS 系统在国外非常流行，在我国也得到了普遍应用。开机后，触摸屏的使用方法如下：

1. 登录
（1）输入员工工号和密码，按确认键进行登录。
（2）刷点菜卡。

2. 点单
（1）选择所点菜的台号。
（2）按开台加单键，输入顾客人数。
（3）观察所显示的台号是否正确。
（4）进行输单，将客人所点菜品输入，同时输入客人特别要求，如不放葱、微辣、急等内容。
（5）核对无误后进行确认发送。

3. 结账
（1）刷新顾客所点所有菜品，自动打印顾客消费总额账单。
（2）将账单呈递给顾客，如果顾客是以现金结账，就按账单上显示金额付款；如果是信用卡结账，则需顾客写明小费金额，并持卡到触摸屏刷卡确认，然后关闭账户；如果就餐客人是住店的顾客，选择房费结账，则应请客人写明房间号和小费金额，服务员确认无误后再关闭该账户。

使用这种 POS 系统不仅可以完成点菜功能，更重要的是它有许多统计分析功能。如销售总额、每位服务员的销售额、每位服务员当天服务的客人数、顾客以现金结账的金额、以信用卡结账的金额、房费结账的金额、甚至菜单工程分析等功能。

## 第五节 盈亏分界点的确定

### 一、盈亏分界点

盈亏分界点是指企业的销售收入刚好弥补成本开支的销售点，即达到收入总额与成本总额相等时所需的销售量或销售额。低于此销售点，企业呈亏损状态，超过此销售点，企业开始盈利。因此，盈亏分界点也称为保本点。

**（一）相关概念**

1．总销售额（TR）

总销售额是指企业在一定时期内，如一周、一个月或一年内，销售产品和服务所获得的总收入。

2．各类产品和服务的总销售额

食品总销售额和饮料总销售额分别指所有食品和饮料产品的总销售额。烧烤总销售额或火锅总销售额则分别指销售烧烤类菜品或火锅类菜品所获得的总收入。

3．销售价格

销售价格是指单位产品的售价。销售单位可以是一道菜肴，也可以是一客饭。在某一时期销售的产品的售价之和是该时期总销售额。

4．每客平均销售额

每客平均销售额是用总销售额除以顾客总数求出的。例如，某餐厅在某一天的总销售额为 20000 元，这一天的顾客总数为 400 人次，那么，每客平均销售额为：

$$20000 \div 400 = 50（元）$$

每客平均销售额也称为平均售价、客账单平均数额或每名顾客平均消费额。经营管理人员可通过比较各期的每客平均销售额，了解销售趋势，判断各种菜单和各种菜品的畅销程度和营业推广效率。

5．固定成本（FC）

固定成本是指不随业务量的变动而变动的那些成本。保险费、不动产税、设备折旧费等都是固定成本。如果员工工资是固定不变的，也可视为固定成本。

某些固定成本的数额会随着时间的推移而增加或减少。换句话说，固定成本并不是绝对不变的。但是，固定成本的变化与业务量的变化无关。

6．变动成本（VC）

变动成本随业务量的变动而成正比例的变动。业务量的增减会引起成本的相应增减。食品和饮料成本是变动成本。

7．总成本（TC）

总成本是指变动成本和固定成本的总和。

8．边际贡献（MR）

边际贡献是指营业收入扣除变动成本之后的剩余部分，这个部分是对弥补固定成本和盈利所做出的贡献。

（二）盈亏分界点的假设

在进行盈亏分界点分析时，管理人员需做出如下的假设：

1．企业的各种成本能相当精确地划分为变动成本和固定成本两大类。

2．在相关区域内，变动成本随销售量的变化而成正比例的变化，而固定成本总额却保持不变。成本和营业收入的习性都呈现直线形态。

3．在计划期内，售价保持不变。

4．销售构成在计划期内保持相对稳定。

## 二、用图像法确定盈亏分界点

用图像法确定盈亏分界点需要以下信息：

1. 固定成本（FC）。
2. 变动成本（VC）。
3. 总成本（TC）。
4. 总销售额（TR）。
5. 边际贡献（MR）。

例如，花园餐厅 2018 年 1 月经营数据如表 6-5 所示。

表 6-5　花园餐厅经营数据表

| 指标 | 数据 |
| --- | --- |
| 营业收入（TR） | 100000 元 |
| 变动成本（VC） | 60000 元 |
| 边际贡献（MR） | 40000 元 |
| 固定成本（FC） | 30000 元 |
| 利润 | 10000 元 |
| 接待顾客人数 | 4000 人次 |

根据表 6-5 所提供的数据，可以绘制出盈亏分界点示意图，如见图 6-5 所示。

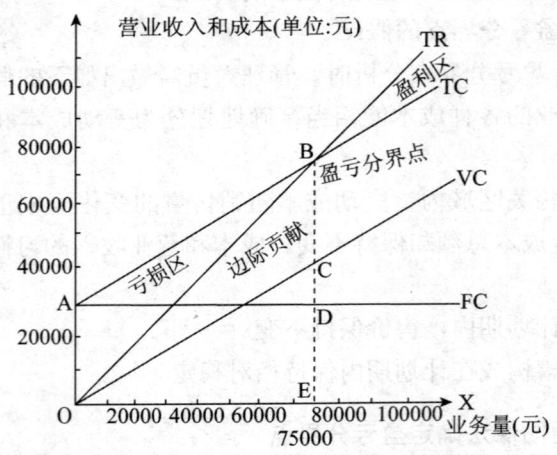

6-5　花园餐厅盈亏分界点示意图

由于固定成本不随业务量的变化而变化,因此,固定成本线是一条与横轴(业务量)平行的直线,经过纵轴的 30000 点,即点(0, 30000),可由直线 y=30000 来表示。

变动成本,随业务量的变化而变化。当业务量为零时,变动成本为零。当业务量为 100000 元时,变动成本为 60000 元,因而变动成本是一条经过点(0,0)和点(100000,60000)的直线,可用 y=0.6x 表示。

总成本是由固定成本与可变成本构成。从花园餐厅经营数据可知,总成本线经过(0,30000)和(100000,90000)两点。用直线 y=0.6x+30000 来表示。

营业收入都是变动营业收入。营业收入直线经过点(0,0)和点(100000,100000)可用直线 y=x 表示。

在图 6-6 中,TR 线与 TC 线相交的点 B 为盈亏分界点,即达到营业收入总额与成本总额相等的销售量,或达到边际贡献总额与固定成本总额相等的销售量。在此例中,当花园餐厅的营业收入达到 75000 元时,可达到保本点。

在某一销售量时,预期的利润与亏损数字可用图 6-6 中的 TR 线与 TC 线之间的纵轴距离表示。销售量高于保本点时,花园餐厅能够盈利,销售量低于保本点时,就会发生亏损。

从图 6-6 中可以看出,三角形 ABO 所形成的区域为亏损区,而 TRBTC 所形成的区域为盈利区。TR 与 VC 之间的垂直距离表示边际贡献。例如,在盈亏分界点 B,BC 为边际贡献,此时,边际贡献应与固定成本相等,即 BC=DE。

### 三、用公式计算盈亏分界点

**(一)相关概念**

1. 变动成本率(VC%)

变动成本率,指变动成本在营业收入中所占的百分比。根据表 6-5 所提供信息,花园餐厅的变动成本率为:

$$\frac{变动成本}{营业收入} = \frac{VC}{TR} \times 100\% = \frac{60000}{100000} = \times 100\% = 60\%$$

也就是说，花园餐厅60%的营业收入用于弥补变动成本。

2．单位边际贡献（UMR）

单位边际贡献是每客平均销售额（即每位顾客平均每次消费额）与每客平均变动成本之差。花园餐厅共接待顾客4000人次。这样每客平均销售额和每客平均变动成本分别为：

$$每客平均销售额 = \frac{营业收入}{顾客总人数} = \frac{100000}{4000} = 25$$

$$每客平均变动成本 = \frac{变动成本}{顾客总人数} = \frac{60000}{4000} = 15$$

这样，花园餐厅的单位边际贡献是：

UMR=每客平均销售额－每客平均变动成本
　　=25－15
　　=10（元）

3．边际贡献率（MR%）

边际贡献率是指边际贡献在营业收入中所占百分比。花园餐厅的边际贡献率为：

$$\frac{边际贡献}{营业收入} = \times 100\% = \frac{40000}{100000} \times 100\% = 40\%$$

也就是说，花园餐厅每一元的营业收入有0.4元可用于弥补固定成本和盈利。

我们也可以用下列方法求出边际贡献率：

边际贡献率=1－变动成本率
　　　　　=1－60%
　　　　　=40%

$$\text{边际贡献率} = \frac{\text{单位边际贡献}}{\text{每客平均销售额}} = \times 100\%$$

$$= \frac{10}{25} \times 100\%$$

$$= 40\%$$

## （二）公式计算

任何企业的损益表都反映以下公式：

$$\text{营业收入总额} = \text{变动成本} + \text{固定资本} + \text{利润} \quad (1)$$

这个等式通常被他称为量、本、利关系式。由于企业达到保本点时利润为 0，因此在营业收入总额等于变动成本和固定成本之和时，即可求出该企业的保本点。无论已知条件是每客平均销售额、变动成本率、边际贡献，还是单位边际贡献或单位边际贡献率，我们都可遵循下面关系式求出保本点的销售收入或保本点销售量。

$$\text{营业收入} = \text{变动成本} + \text{固定成本} \quad (2)$$

若对关系式（2）的变动成本进行移项，可以得到一个新的关系式：

$$\text{边际贡献} = \text{固定成本} \quad (3)$$

下面是针对不同的已知条件所进行的保本点计算：

1. 花园餐厅的固定成本为 30000 元，每客平均销售额为 25 元，平均每客变动成本即单位变动成本为 15 元，求保本点的销售量和销售额。

设：保本点的销售量为 x，则关系式为：

$25x = 15x + 30000$

$x = 3000$（客）

保本点的销售额为 $25 \times 3000 = 75000$（元）。

2. 花园餐厅的固定成本为 30000 元，变动成本率为 60%，求保本点的销售额。

设：保本点的销售额为 x，则关系式为：

$$x = 0.6x + 30000$$
$$x = 75000 \text{（元）}$$

即保本点销售额为 75000 元。

3．花园餐厅固定成本为 30000 元，单位边际贡献为 10 元，求保本点的销售量。

设：保本点的销售量为 x，则关系式为：
$$10x = 30000$$
$$x = 3000 \text{（客）}$$

4．花园餐厅固定成本为 30000 元，边际贡献率为 40%，求保本点的销售额。

设：保本点的销售额为 x 元，则关系式为：
$$0.4x = 30000$$
$$x = 75000 \text{（元）}$$

以上是在不同已知条件下保本点的计算。若餐厅管理者想知道达到某一利润水平时的销售量或销售额，则可以根据（1）式进行计算。

例如，花园餐厅固定成本为 30000 元，每客平均销售额为 25 元，变动成本率为 60%，销售量或销售额为多少时才能使餐厅获利 5000 元？

设：应达到的销售量为 x

根据关系式（1）可列出以下方程：
$$25x = 25 \times 0.6x + 30000 + 5000$$
$$x = 3500 \text{（客）}$$

应达到销售额则为：
$$25 \times 3500 = 87500 \text{（元）}$$

不同的餐饮经营单位在成本性质的划分上也不尽一致。有些单位员工的工资是计件的，其成本应纳入到可变费用中；而在另一些单位，员工工资是固定的，则应纳入固定成本中。

无论如何，经营管理人员应掌握一条基本原则：边际贡献总额等于固定成本总额,企业才能达到保本点;边际贡献总额超过固定成本,企业才能盈利。

### 本章小结

本章第一节讨论的是餐饮产品的销售价格,首先论述了合理价格的重要性和餐饮产品价格的构成,然后分别介绍了以利润为导向的定价目标、以销售为导向的定价目标、以及以刺激其他消费为导向的定价目标。此外,还介绍了不同的定价策略、价格折扣与优惠政策、提价与降价的时机。第二节对餐厅顾客的需求进行了分析,分别介绍了顾客对餐饮服务的基本需求,并介绍了国外学者对就餐动机的最新研究。第三节是餐饮销售控制,介绍了出菜检查控制、对销售中舞弊行为的防范。第四节是本书第三版新增加的内容,介绍了餐饮销售过程中 POS 系统及其应用。第五节是盈亏分界点的确定,讨论了在不同条件下确定盈亏分界点的不同方法。

### 复习思考题

1. 餐饮产品的价格是由哪几个部分构成的?各组成部分之间存在什么关系?
2. 餐饮企业常用的定价策略有哪些?
3. 影响菜品价格变动的因素是什么?
4. 餐厅应如何满足顾客不同的消费心理?
5. 餐饮销售控制是如何进行的?
6. 客人账单有哪些内容?各项内容的作用是什么?
7. 如何做好出菜检查控制?
8. 销售中的舞弊行为有哪些?如何防范?
9. 盈亏分界点是如何确定的?
10. 某大学旅游管理系实习酒吧只经营各种饮料和佐酒小吃,饮料和小吃定价一般按成本率25%计算。由于该实习酒吧是学校无偿提供的场所,酒吧不用交纳房租,水电费也全免。该酒吧每天有

4名学生实习,每天补助10元,另有值班辅导老师一名,每天补助20元。请问该实习酒吧的保本点营业收入是多少?

## 案例分析

### 天津滨海假日酒店销售过程中的服务失误与补救

夏日中午,餐厅很忙,很多客人在巴西烧烤餐厅用午餐,餐厅提供给客人的食品是巴西烧烤国际自助餐。因为餐厅很忙,服务巴西烤肉的厨师不小心将烤肉上的汁水洒在客人的衬衣上,当时客人非常不高兴,我们的厨师在第一时间向客人道歉,请求客人原谅,但是客人的愤怒情绪仍无法平息。服务员看到此景,第一时间通知了餐厅经理,餐厅经理以最快的速度走到客人面前,对客人说:"对不起先生,这是我们工作的失误,还请您多原谅。"看到餐厅经理诚恳的致歉,客人态度有所缓和,但还是抱怨:"你们是怎么搞的,我的衣服都脏了,怎么出去呀!"餐厅经理一面安慰客人,表示感同身受,一面询问客人是住店客人还是散客,客人说是住在酒店908房间,经理询问客人"您看这样可不可以,我们跟您回房间,您换一件衣服,将这件脏的衣服我们以最快的时间送至洗衣房给您清洗"。客人同意后,餐厅经理与客人一道回房间,在客人更换衣服后,将客人衣服送至洗衣房并沟通该部门经理加急洗。回到餐厅后,再次向客人道歉,并赠送客人两杯果汁,客人很满意。用餐过后,经理将客人的衣服送至客人处,客人高兴地收下,并感谢说:"虽然碰到不愉快的事情,但快捷利落的解决措施,妥善的安排却令人愉快,你们的真情和诚意让人感到这的确是高档的酒店。"

**分析:**

当酒店服务出现失误而给客人带来不愉快时,酒店工作人员在向客人道歉的同时,更应采取有效的措施,使客人的利益得到补偿,各部门相互配合做好善后处理工作。处理得当，可以将事件的消极影响减少到最低限度，并有可能与客人建立良好的关系。但是作为酒店一方，应当在日常的运营工作中，加大员工的培训力度，避免一些不应该发生的事情在酒店发生。以下是滨海假日酒店巴西烧烤餐厅处理客人投诉的程序和殷勤好客的原则，希望对大家有所帮助。

1. 处理客人投诉程序的 LEARN 原则

L: Listen　　　聆听
E: Empathize　　体会客人的感受
A: Apologize　　道歉
R: React　　　对客人做出反应
N: Notify　　　通知客人

2. 巴西烧烤餐厅殷勤待客原则

BBQ restaurant principles of hospitality

● Smile and great every guest.
每见到客人都要微笑打招呼。

● Speak to guest in a warm, friendly, courteous manner.
对客人说话时要有礼貌，热诚及友善。

● Display genuine and enthusiastic Interest in the guest; pay complete attention.
对客人显示真诚和积极的关心及完全的投入。

● Anticipate guest needs and be flexible in responding to them.
超越客人的期望，多从客人角度考虑问题，想客人之所想，提升客人满意度。

● Be knowledgeable about your job.
要充分地了解专业知识并运用到实际工作中。

● LEARN to take ownership of guest Problem and resolve them.
当客人投诉时，熟练地掌握处理客人投诉的方式方法，每个员工都要有责任心，并主动负责。

**案例思考题**

1. 假如你不小心将葡萄酒洒在客人身上,作为服务员的你该如何处理?作为餐厅主管或经理的你又如何处理?

2. 案例中餐厅经理真诚地道歉,并及时采取补救措施,使这一问题得到妥善的解决,顾客也表现出对餐厅的感谢。但是如果遇到的是很挑剔和不可理喻的顾客,即使经理采取案例中的措施,顾客还是不依不饶,你作为餐厅经理又该如何处理?

# 第七章 餐饮服务

**学习目的**

- 了解餐饮服务的基本技能
- 了解不同的餐饮服务方式
- 掌握餐饮服务程序
- 掌握宴会的组织与管理
- 了解宴会业务
- 掌握宴会服务操作

**基本内容**

餐饮服务的基本技能
- 托盘
- 摆台
- 口布折花
- 斟酒
- 上菜与分菜
- 处理服务中的顾客投诉

餐饮服务方式
- 中餐服务
- 英式服务
- 美式服务

- 法式服务
- 俄式服务

餐饮服务程序
- 餐饮服务的基本要求
- 餐饮服务程序

宴会组织与管理
- 宴会的种类及特点
- 宴会管理
- 宴会前期准备
- 宴会服务运作
- 宴会推销
- 宴会客史档案

## 第一节 餐饮服务的基本技能

餐饮服务是一项技术性较强的工作,学习和掌握并巧妙运用这些基本技能,是做好餐饮服务的基础条件。随着饭店业前进步伐的加快,饭店的服务越来越向规范化、标准化和人情味靠近。而对于任务较重的餐饮服务来说更是如此,这就要求餐饮服务人员不仅要熟练掌握各种技能,熟悉各自服务程序,并且还要有许多应变技巧,树立强烈的服务意识,以高品质、规范化的服务来对待每一位顾客,使我们的"上帝"真正体会到家的温暖与惬意。

### 一、托盘

正确地使用托盘,是餐饮服务人员必须掌握的一门技术,它不仅能体现出餐厅服务的规范化,而且也展示出了服务人员的文明操作。为了提高服务质量和服务效率,无论摆、撤、换、运餐具和酒具,还是走菜、托酒水等服务活动都要使用托盘。在服务中,根据不同的物品及工作需要,使用不同规格的托盘装运、递送。托盘有大、中、小等多种规格,大、中方盘一般用于传递所点菜品、酒水和盘碟等较重的东西;小方盘和大、中圆盘一般用于上菜、派菜、递送饮料等,小圆盘主要用于递送账单、信件、钱款等。

托盘分为轻托和重托两种。轻托一般使用大、中、小圆盘和小方盘。轻托包括理盘、装盘、托盘三步,具体要求做到头正、肩平、托盘不贴腹,不搁肘,仪表大方,步履轻快,托盘随着步伐在胸前自然微微摆动,与障碍物让而不停,姿势自然,右手可背在身后。

重托使用质地坚固盘底平整的大、中方盘或圆盘。因托盘装载餐具较重,一般在5千克以上,因此可借助肩膀维持平衡。重托的托盘要领基本上与轻托相同。重托行走时,要求步履轻快,肩不倾斜,身不摇晃,动作表情要显得轻松自然。

## 二、摆台

摆台是根据用餐的需要将各种餐具按照一定要求摆在餐台上,它是餐厅备餐工作中的一项,也是餐厅服务中要求比较高的一项工作。摆台时,要求餐具图案对正、距离匀称、清洁卫生、整齐美观、便于使用。摆台分为中餐与西餐摆台两种。由于中餐和西餐的传统习俗不同,饮食要求不一,其餐桌、餐具、酒具等也各不相同,因此摆出来的台面各具特色。

### (一) 中餐摆台

中餐一般使用方桌与圆桌两种,中餐摆台要先定出主人、主宾位,并依据餐厅规格和就餐的需要选择相应的餐具来摆设。具体包括以下四步:

1. 铺台布

要求台布正面向上,中心线对准主人位置,十字中心点居于桌中,舒展平整,四边下垂部分均匀,台布四角对准桌边。

2. 摆餐具

要求餐具齐全，配套分明，间距相等、紧凑、整齐、美观。

3. 摆用具

除了摆餐具外，桌上还有一些公共用品，如调味品、烟灰缸、花瓶等。花瓶放在餐桌的正中，其他物品的摆设要求对称、整齐、协调和方便客人使用。

4. 复查台面

全部餐具摆好后，再次调整、检查台面，摆正椅子，以迎接客人的到来。

中餐摆台一般分为团体包餐摆台、零餐摆台和宴会摆台，如图7-1 所示。

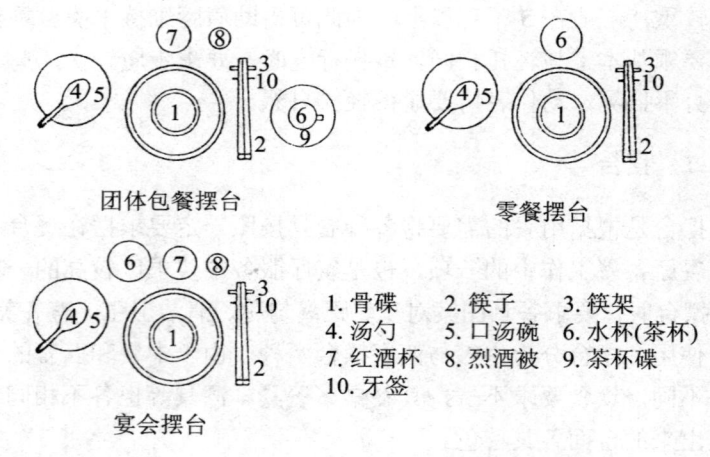

1. 骨碟　　2. 筷子　　3. 筷架
4. 汤勺　　5. 口汤碗　6. 水杯(茶杯)
7. 红酒杯　8. 烈酒杯　9. 茶杯碟
10. 牙签

图 7-1　中餐摆台

## （二）西餐摆台

西餐摆台常使用方桌、长方桌。具体摆台步骤包括：

1. 铺台布

要求台布正面一律向上，台布之间要求中心线对正，台布压贴方法与距离要一致，台布两侧下垂部分均匀。与中餐不同的是，西餐宴会铺台布后还要增设台裙,即在餐桌的边缘,用与餐厅环境协调、颜色明快、质地华丽的平绒布料把餐台围上,台裙布打成"褶",并用按钉或尼龙搭扣固定,以增加宴会高雅、豪华的气氛。

2. 摆餐台

西餐摆台有美式、法式等。美式与法式餐具的摆方略有不同,俄式与法式餐具的摆法是相同的。西餐摆台的基本要领是:餐盘正中,盘前横匙,叉左刀右,先外后里,刀口向内,饮具在右。要求台形端正,配套分明,整齐如一。图 7-2 是典型的美式西餐摆台。

图 7-2 美式服务的正餐餐具摆台

### 三、口布折花

口布，又称餐巾、席巾等，是就餐时专用的保洁方巾。现在，口布折成各种花形插在酒杯或骨碟中，已成为餐厅中餐桌上必不可少的摆式和用具。口布折花根据摆设工具的不同，可分为杯花和盘花两种，其中盘花由于造型快速便当、美观卫生而越来越为各高档餐厅所提倡。按口布的折花造型可分为植物、动物、实物造型三大类，使用于不同格调的餐厅和宴会。

### 四、斟酒

在餐厅里，无论便饭还是宴会，一般都由服务员斟酒。尤其是宴会使用酒品种较多，斟酒要求的技艺较高。作为一名管理者必须掌握斟酒的基本技能和相关的酒水知识以进行有效的管理。具体而言，斟酒的全过程包括以下三步：

#### （一）示瓶

示瓶是斟酒服务的第一道程序，标志着服务程序的开始。示瓶时，服务员站在客人的右侧，左手托瓶底，右手扶瓶颈，酒标朝向客人，让客人辨认。如发现客人有不同意的表示，应立即根据客人的意见及时调换。

#### （二）开瓶

要求服务人员正确使用开瓶器，开瓶时动作要轻，尽量减少瓶体的晃动，一般将瓶放在桌上开启，动作准确、敏捷、果断。特别是开香槟酒时，双手要在餐巾下操作。操作时，尽量避免瓶塞拔出时发出声音，尽量避免晃动，以防酒液溢出。开瓶后，要用干净的布巾擦拭瓶口，并检查瓶中酒是否有质量问题。

#### （三）斟酒

斟酒分为桌斟和捧斟两种。桌斟时，瓶口不可搭在酒杯口上，以相距两厘米为宜，斟酒以七到八分满为宜。斟酒完毕，应顺势转动酒瓶四分之一圈，以免酒瓶的酒滴在台布上。握瓶时要握住酒瓶中部、商标朝向宾客,以便客人看到酒水商标。捧斟多用于酒会和酒吧服务,斟酒动作应在台面以外的空间进行,斟满的酒杯放在宾客的右手外。捧斟适用于非冰镇处理的酒。捧斟时服务员要做到准确、优雅、大方。

### 五、上菜与分菜

上菜,就是由餐厅服务人员将厨房烹制好的菜肴点心送上桌。分菜,就是由服务人员将已上桌的菜肴点心分派给每个宾客。

#### (一)中餐的上菜、分菜

中餐上菜要选择"上菜口",通常以不妨碍客人就餐为主,在中餐宴会中,上菜在陪同人员或翻译之间进行,也可以在副主人的右边进行。上菜时要轻步向前,托盘平稳,报准菜名,动作轻快。中餐程序一般按照:先冷盘,后热菜,依次是汤、面点,最后是水果。上菜的时间和速度要根据客人进餐速度的快慢程度而适当掌握。新上的菜放在主宾面前,以示尊重。一般情况下,中餐都不习惯分餐,但在宴会中对名贵菜、特殊菜、整体菜、汤类等,服务员应进行分菜。分菜时,要注意手法、卫生,动作迅速,分量均匀,做到"一勺准",并且姿势动作优美、高雅。在操作时尽量不要发出声响。

#### (二)西餐的上菜、分菜

西餐的上菜和分菜服务方式有法式服务、英式服务、美式服务、俄式服务等,其分菜手法与中餐类同,而这些服务又因各国的习俗不同而略有变化,饭店为了协调其菜单等因素而把两种或两种以上的方式结合起来使用。在美式服务中,所有的菜品都是在厨房装盘,然后由服务员直接上给顾客,不存在服务中的分菜问题。而俄式服务是典型的分餐服务,每一道菜都是装在一个大银盘中,由服务员端至桌前,并由服务员为每一位顾客分菜。这种分菜方式需要很高的技巧,一是右手应熟练操作一叉一匙,二是分量不易掌握,银盘中的菜应均匀地分派到每一位顾客,而且不应过多剩余。

**六、处理服务中的顾客投诉**

顾客投诉是餐饮业中最常见的问题。如果在服务开始时餐厅就能提供可口的菜品和优质的服务,投诉是可以避免的。如果出现投诉,无论是服务人员还是管理人员,都应该重视并虚心接受顾客的投诉,妥善处理投诉。只要投诉处理得当,抱怨的顾客会成为满意的顾客,其忠诚度比一些第一次就满意的顾客还高。这一结论并不意味着餐厅可以故意造成顾客投诉,然后再满意地解决,因为投诉的处理是有成本的。处理投诉可导致一些直接的成本,如给予顾客的补偿或赔偿。处理投诉也存在一些隐含的成本,如顾客投诉可导致员工压力,解决投诉需要员工或经理付出更多的智力和时间等。因此,服务应该在第一次就做好,努力避免顾客的投诉。

一旦出现顾客投诉,服务人员应遵循以下程序进行处理:

1. 倾听

认真听取顾客对投诉问题的详细描述,对顾客的投诉表现出关心和真诚。一开始先向顾客道歉,然后迅速分析顾客投诉的动机和具体的需要,适当做笔记。

2. 重复

倾听完顾客的投诉后,将问题要点重复一遍,表示你已经了解了投诉问题。但是当顾客在说话时,不可打断。

3. 同意

对于顾客的投诉,千万不要给自己找借口,不能辩解,更不能争论反驳。把自己转换到顾客的角色中去理解问题,对顾客的问题予以理解和认可。

4. 行动

要马上采取行动,表示你对顾客投诉的关心和重视。如果顾客是对菜品太咸提出投诉,服务员应立即为顾客更换菜品,并为顾客提供一些免费的服务,如送上一束鲜花,或一杯免费饮料,然后再通知上级主管。注意观察顾客的表现，一定要确保顾客在离开餐厅时是满意的。

投诉处理完毕后，服务员和餐厅经理一定要对顾客的投诉进行分析，如果的确是餐厅存在的问题，应马上着手进行解决，避免类似的问题再次发生。如果顾客的投诉并不是由于餐厅的过错所造成的，餐厅应总结出一套可行的办法来处理类似的问题。

## 第二节　餐饮服务方式

在餐饮业中，给顾客提供的服务方式和技术多种多样，但比较有代表的是四种服务方式，即中餐服务、美式服务、法式服务和俄式服务。实际上，这几种服务都是指餐桌服务。

**一、中餐服务**

中餐服务方式是指中式餐厅中使用的招待客人的服务方式。中餐在其长期的发展过程中，兼收并蓄，逐步形成了自己的服务方式，这种服务方式是同中餐菜品的许多特点相适应的。常用的中餐服务方式有共餐式、转盘式和分餐式三种服务方式。

**（一）共餐式服务**

传统的共餐式服务，由就餐者用自己的筷子到菜盘中夹取菜肴，今天的共餐式服务以在此基础上做了较大改进，就餐时客人用附加的公筷、公匙盛取喜爱的菜肴。

共餐式服务比较适合用于2—6人的中餐零点服务。其服务程序和形式如下：

1. 摆台时，根据餐桌大小和用餐人数摆放一至两副公筷、公匙。
2. 上菜时服务员站在适当的位置，将托盘中的菜盘摆放到桌上。
3. 报出菜名，向客人介绍菜肴特色。

## （二）转盘式服务

转盘式用餐是在一个大的圆桌面上，安放一个直径约为 90 厘米的转盘，将菜肴等放置在转盘上面，供就餐者夹取的就餐形式。转盘服务在中餐服务中是一种普遍使用的餐桌服务方式，适合用于大圆台的多人就餐服务，既可用于旅游团队、会议等团体用餐，也适用于中餐的宴会服务。

## （三）分餐式服务

分餐式服务是吸收了西餐服务方式的优点并使之与中餐服务相结合的一种服务方式，人们又将这种服务方式称为"中餐西吃"，它比较适合于官方较正式的高档宴会服务。分餐式服务时应注意以下问题：

1. 掌握好分菜服务的时间、节奏，分派的整个过程应尽可能短，不致使后派到菜的客人等候过久。
2. 无论是桌边服务还是托盘派菜，要操作稳健，不出声响。
3. 注意分派的分量，分派需均匀。
4. 放回餐桌的多余菜肴，一定要整理好，不要给人以残羹剩菜的感觉。

## 二、英式服务

英式服务有时也被称为家庭式用餐服务，是一种非正式服务方式，主要适用于私人场合。按照传统的方式，由主人先取食，必要时对食品进行分割，然后把食品重新交换给服务员。

### （一）英式服务原则

1. 主人分菜，即由男主人亲自动手对食品进行分配，再由服务人员进行分菜。
2. 客人参与传递菜肴，并选择自己喜爱的食物及配菜。
3. 需要的服务人员较少，因此节省人力，但所需时间较长，进程缓慢。

### （二）英式服务程序

服务人员上菜时由右侧开始，收拾餐盘则由左侧开始。

1. 首先开始上热汤，将热汤摆放在男主人面前，由主人盛满包括客人的每一个汤盘后，再由服务人员传递给客人，第一碗先传递给女主人。

2. 再由男主人将餐桌上的大餐盘内的食物分到客人的参盘内，再交由服务人员递给女主人。

3. 服务人员将装满食物的餐盘递给每一位客人供其挑选，也可由客人自己传递挑选。

4. 甜点由女主人分好后，再由服务人员传给客人。

5. 饮料由男主人调制并服务。

（三）对英式服务的评价

1 英式服务的优点：

（1）由于主人进行分菜并且有客人参与，因此十分节省人力。

（2）不需要复杂的服务流程。

（3）满足客人的食量需求，不易浪费。

（4）气氛热烈。

2. 英式服务的缺点：

（1）用餐时，男女主人忙于分配餐物。

（2）由于宾主参与菜肴取食，容易产生失误。

（3 不适合一般用餐场合。

三、美式服务

美式服务，也称盘式服务，是美国餐厅中使用最普遍的一种餐桌服务方式。在美式服务中，通常厨师都是在厨房里（或在服务间）将菜品分别装盘，再由服务员负责把菜品端到餐桌，上给顾客。

（一）美式服务原则

1. 所有食品用左手从客人左侧上。

2. 所有饮料用右手从客人右侧上。

3. 在送下一道菜之前，必须先撤掉用过的餐具和杯子。用右手从客人的右侧收拾餐具及盘碟。

4．当客人坐在墙角处或小房间里时，上述原则可灵活变动。

## （二）美式服务程序

为客人要提供细心周到的服务。具体服务程序如下：

1．安置客人入席

（1）当客人进入餐厅时，领客人入席，并撤走多余餐具。

（2）给客人呈递菜单。

（3））用右手从客人的右侧倒满冰水。

（4）询问客人喜欢何种餐前饮料。

（5）在客人研究菜单并考虑点菜时，服务员到酒吧取饮料。

2．上菜顺序

（1）头菜，也称为头盘，一般是开胃品、汤或色拉。若是宴会，这三种可能都上。

（2）主菜，一般是肉、鱼、禽类，与蔬菜和淀粉类食物（如土豆、米饭等）搭配成盘。

（3）甜点，如派、蛋糕或冰淇淋。

## （三）对美式服务的评价

1．美式服务的优点

（1）菜品的质量和分量由厨师决定，不会出现分量不均的现象。

（2）服务快捷，容易操作，不像其他服务方式需要服务员有许多经验或技能。

（3）所需设备成本较低。因为美式服务不需要精致的服务盘、服务推车或其他昂贵的餐厅设备。

2．美式服务的弊端

（1）餐饮活动失去了其他服务方式展现的一些雅兴。

（2）分量统一，难以满足顾客的不同需要。

## 四、法式服务

一般而言，法式服务通常是高级饭店的法国餐厅或大型西餐厅才会采用的服务方式。法式服务所提供的餐点内容包括汤、前菜、主菜、甜点和饮料等，这五道餐的组合在法式服务中成为"一餐"。法式服务的最大的特色之一就是餐食的供应方式。餐食在厨房先由厨师做大致的烹调处理，以半成品的状态由服务人员端放在现场烹调餐车上。服务人员将餐车推到顾客的桌旁，在顾客面前完成最后的烹调加工，然后装盘给顾客享用。因此，法式服务又称为餐车服务。

### （一）法式服务分工

法式服务通常以一位首席服务员和一位助理服务员为一组，负责服务同一席位的顾客。食物是在厨房进行半加工之后送到餐厅，由首席服务员在客人面前完成最后的烹调和装盘，并由助理服务员给客人服务。两人虽各有分工，但要求互相协作。

1. 首席服务员的职责

假如没有领班时，应先安置客人入席。

请客人点菜并做记录。

为客人供应所需的酒水饮料。

在准备桌上完成菜肴及点心的最后烹饪工作。

给客人送账单及结账收款。

2. 助理服务员的职责

（1）把首席服务员所记录的点菜单送到厨房。

（2）在厨房按菜单要求准备好菜肴后，用托盘把菜肴端进餐厅，放在旁桌或手推车上。

（3）将首席服务员烹调好的菜肴端给客人。

（4）清理脏盘。

（5）在自己可能的范围内协助首席服务员。

### （二）对法式服务的评价

1. 法式服务的优点

（1）法式服务是所有服务方式中最豪华的，炫耀性强，让顾客感到备受尊重与照顾。

（2）由于是在顾客面前操作，顾客可以欣赏服务人员的厨艺。

（3）菜品质量非常好。

（4）法式餐厅服务人员的底薪通常较低，服务人员以顾客所给的小费为主要收入来源，因此可以减少餐厅对服务人员的薪资支出。

2．法式服务的缺点

（1）餐厅的消费水平高，消费市场较小。

（2）法式服务是所有餐厅服务中最烦琐，人工成本最高的一种服务。

（3）服务速度慢，座位周转率低。

（4）餐厅面积大，能摆放的座位数较少。

## 五、俄式服务

俄式服务在当今世界一些高级餐馆是比较流行的。顾名思义，俄式服务起源于俄国，这种服务是由厨师在厨房中将餐食烹调完成，装在大银盘中由服务人员端出，因此又被称为修正的法式服务。俄式服务的特色在于服务人员用大银盘端送食物的同时，会将符合顾客人数的空餐盘一并端到餐桌旁的服务桌上。

### （一）俄式服务

在俄式服务中，食物全部在厨房准备好，并整齐地将它们摆在大银盘里，然后由服务员把大银盘端进餐厅，从主人左边开始，逆时针方向为客人分餐服务。

分菜叉、匙的拿法是：一般是匙在下，叉在上。右手的中指、无名指和小指夹匙，拇指和食指控制叉，五指并拢，完美配合。这是俄式服务最基本的技巧。

### （二）俄式服务的基本原则

（1）摆空盘子时，服务员从客人右边按顺时针方向沿桌子进行；用银盘上菜时，要从左侧按逆时针方向进行。

（2）在食品送上之前，把餐盘呈现在用餐者之前，这是一个很有礼貌的服务。如果食物造型设计精心且色泽美观，则往往能刺激客人的食欲。

在分菜过程中，服务员对分给每一位顾客的食物的分量要掌握好,并留有一些余地。所有未从大餐盘中分出给客人的食品应直接送回厨房。

**(三)对俄式服务的评价**

1. 俄式服务的优点

(1)每个餐桌只需要一名服务员。

(2)服务迅速,而且价格不算昂贵。

(3)不必使用配有简易烹调设备的餐车。

(4)是一种优雅且档次较高的服务。

(5)浪费少,因为所有没分到客人餐盘里的食品都能送回厨房再用,而不是扔进垃圾箱。

2. 俄式服务的缺点

(1)一开始就要在餐具上有一次大的投资。

(2)用一个大银盘服务,在客人很多的情况下,最后服务的客人看到的只是盘子里余下的最后一份菜,而且菜也可能变凉。

(3)如果同一团体客人中点菜内容不同(点牛排和鱼),服务员就必须分别从厨房端出多个餐盘。

(4)厨房清洗人员必须不断地清洗餐盘。如果顾客较多时,可能会出现餐盘没有彻底洗净或是加热的情况。

## 第三节 餐饮服务程序

**一、餐饮服务的基本要求**

**(一)站立姿势**

服务员在餐厅服务时需要长时间的站立,一是能及时给顾客提供服务,二是一种礼节。正确的站立姿势一般要求两脚分开与肩齐,两腿伸直,两臂下垂,两手相交放在身前或身后,或者把服务巾叠好搭在左手臂上，右手自然下垂。站立时要精神饱满，表情自然亲切，且应站在不影响客人的地方。

### （二）服务中事故处理原则

即使是管理最好的餐厅有时也难免发生事故，这并非完全是服务员的过错，但服务员应知道怎样做以减少事故的发生。

客人由于缺乏经验往往会导致事故的发生。即使发生了事故，服务员也不应责备客人。弄脏客人衣服时，多数餐厅会做出一些补偿，但怎样去污以及解除客人的难堪是客人最关心的问题。为此，首先要表示歉意，消除客人的怒气，接着采取行动，最主要的是表示关切和提供帮助。

### （三）及时提供服务

服务员的眼睛应始终注意到餐厅里的每一位客人。为了不冷落客人，可以用点头或微笑来代替打招呼。

在进入厨房之前，要检查一下是否有客人需要帮助。服务员应当懂得顾客在需要帮助时表现出来的各种手势或表情。

### （四）账单的呈递

很多餐厅习惯于把账单正面朝下放在小托盘上，从左边递给客人。服务员一定要等顾客吃完甜点或客人要求结账时方可呈递账单，不可在客人进餐中把账单递给客人。

### （五）小费

付小费是西方一种社会习俗，并不是法定的。客人是按一定比例并根据服务的满意程度来支付小费，因此，有的客人不付或付很少的小费。若小费很少，服务员也应向客人表示感谢，即使没有小费也不可失礼。

### （六）信息反馈

服务员应记下客人对服务、菜肴、舒适感以及餐厅气氛的反映，这些信息都是很有价值的。服务员应把他们所听到的赞美与抱怨，一并记下送到厨房或通过领班交给经理。

## 二、餐饮服务程序

### （一）招呼客人

主动与顾客打招呼，用"您好""早上好""晚上好""欢迎光临"等礼貌语言迎接客人，并为顾客寻找合适的位置。

### （二）引客入座

有些餐厅为客人提供预订餐桌的服务，在这种情况下，服务员应了解客人是否有预订。如有预订，应查阅预订单或预定记录，将客人引到其所订的餐桌。如果客人没有预订，应根据客人人数的多少、喜好、年龄及身份等选择桌位。同时，还应考虑到餐厅的平衡，避免某些餐厅太繁忙。

在服务间隙，领班应仔细观察客人的用餐情况，以及客人是否需要服务。当服务员无法立刻应答客人找人的眼神时，领班应上前提供服务。经过客人座位时，发现客人有所表示应主动与客人打招呼。

### （三）呈递菜单

客人坐稳后，领班把菜单递给他们。在呈递菜单前可以根据客人的需要提供餐巾。一般情况下，菜单是从客人的左边递给客人的。对于夫妇，应先呈递给女士；如果是团体，先递给主人右手的第一位客人，然后沿着餐桌，逆时针方向依次递给客人。

### （四）解释菜单内容

服务员应对菜单上顾客有可能问及的问题有所准备，对每一道菜的特点要能够准确地进行解释和描述。例如，菜品的口味、特色、典故、原料构成、销售情况等。

### （五）点菜服务

在中餐厅，由于同一桌顾客所点的菜品都是共用的，主要把菜端上餐桌就行了，而在西餐厅，记录客人点菜就需要一些技巧，因为同一餐桌上每一客人所点的菜品都不一样，记录时稍有不慎就可能出现上错菜的情况。因此服务员在记录点菜时应做好标记，点完后重复一遍，确保无误后再下单或输机。另外，有些菜品的制作时间较长，为避免不必要的顾客投诉，服务员应告知顾客，耐心等待。

**（六）上菜服务**

有的餐厅上菜是由服务员来完成的，也有的餐厅是由传菜员来完成的。上菜时一定要注意以下问题：

1. 上菜的先后顺序不要错，中餐一般是先冷后热；西餐是先头盘，后主菜，最后上甜点。

2. 很多菜品对调料搭配有固定的要求，上菜时一定要搭配上齐。例如，上烤鸭时配面酱、葱丝、薄饼，京酱肉丝配豆腐皮。西餐讲究更多，如烤羊肉配薄荷酱，烤猪肉配苹果酱，吃薯条要配番茄酱，吃炸鸡翅要配辣酱油，汉堡类食品配马乃司等。

3. 注意菜品温度，热菜要热，凉菜要凉。例如，餐前的面包要热，汤要烫手，而派类甜品则必须是刚从冰箱或冷藏柜中取出的。

**（七）送客出门**

对即将离店的客人说一声"再见""希望您满意""欢迎再次光临"，即使顾客没有给小费或让你不愉快，也要礼貌地与客人道别。

## 第四节　宴会组织与管理

### 一、宴会的种类及特点

宴会是为某一特定人群而精心举办的正式的餐宴，是一种以酒席宴请为特征的聚餐形式。

**（一）宴会的种类**

根据不同的划分标准，宴会可以划分为多种类型。

1. 根据规格划分

按照规格宴会可以分为国宴、正式宴会、便宴、家宴等。国宴规格最高,通常由国家元首或政府首脑举行,招待应邀来访的国家元首或政府首脑。一般由其他领导人作陪,同时邀请驻外使团和相关人士参加。而家宴通常是为过年过节家庭聚会而办,气氛也更为随意。

2. 根据餐别划分

根据餐别的差异,宴会可以分为中餐宴会和西餐宴会,有时也有中西结合的宴会。

3. 根据时间划分

根据时间划分,宴会可分为早宴、午宴、晚宴。常见的是午宴和晚宴。

4. 根据礼仪划分

按照不同的礼仪要求,宴会可以分为欢迎宴、答谢宴、喜宴、寿宴等。

5. 根据宴会形式划分

根据不同的举办形式,宴会可以分为鸡尾酒会、冷餐会、招待会等。

(二)宴会的特点

1. 就餐人数较多,小型宴会一两桌,大型宴会可以上百桌。

2. 需要顾客与餐厅提前就宴会规格、场地布置、主题等进行计划安排。

3. 对服务的要求高。

4. 对于厨房来说易于准备,因此许多餐厅都努力吸引大型宴会,承办宴会是很多酒店餐饮收入的主要来源之一。宴会的规格和服务质量的高低,是衡量一个酒店管理水平的重要标志。

二、宴会管理

一般而言,在绝大部分酒店的餐饮部中,宴会是最赚钱的经营项目,一次高档宴会的人均消费水平往往比零点消费高出几倍。在正常情况下,宴会的毛利率在65%—70%以上,而高档宴会的毛利水平甚至可达到80%—90%。一些配备大型宴会设施的酒店通常可以通过其盈利来弥补其他餐饮经营项目的损失。成功的举办一次宴会，不仅能使客人得到优质的物质和精神享受并使其中部分客人成为下次宴会的预订者，而且还可以提高餐饮企业声誉，增强其竞争力。"宴会"可定义为在正常营业餐厅以外的一个独立空间或饭店餐厅里，向为数众多的客人提供的服务。宴会服务包括提供早、午、晚餐以及自助餐和特殊的餐饮活动，如招待会、婚宴以及只提供酒精饮料的酒会，提供咖啡、小吃或开胃菜的餐会等。所有这些服务都根据事先拟定的标准化菜单以每客固定价格的形式予以提供，但也有一些小型宴会是按个别预定要求提供服务的。

宴会服务和其他类似的饭店服务很容易被组合在一起，形成具有一定功能的独特的饭店产品。同时，由于宴会涉及餐饮企业的多个部门，面对众多与会者，社会影响大，所以要充分重视宴会的管理工作。基于其复杂的性质，管理人员须对宴会的运作过程予以特别关注并进行精心协调。

**（一）宴会部**

饭店的宴会管理人员分为两类。第一类管理者专门从事宴会和对外承办宴会的工作。这类管理人员一直从事这一领域的工作，却并未担当过宴会部经理一职。这部分专业人员有望成为饭店的"宴会部主管"。第二类是那些已经有几年宴会管理经验而后被调到餐饮部管理层的人。宴会部经理一般是从这类管理人员中提拔的。宴会经理的主要职能是销售和公关，他通常与销售部主管进行密切合作。在大的饭店里，宴会部经理与行政总厨及餐饮部经理助理的职位相当。

对于一家拥有500间客房、宴会厅可容纳1200人的饭店来说，宴会部组织结构如图7-3所示。这样大的饭店只设2名固定的宴会服务员，其他30名临时服务员都是根据宴会的预定而临时安排的。

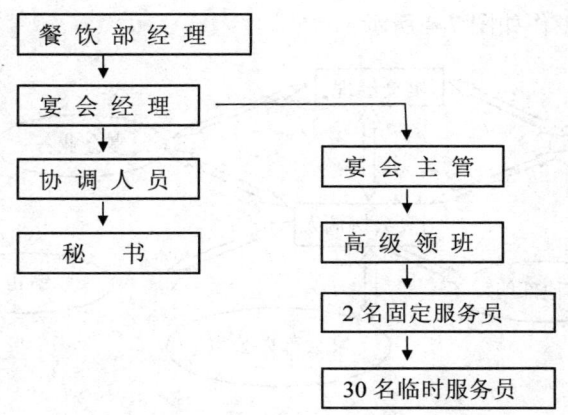

图 7-3 宴会部组织结构图

**（二）宴会经理**

宴会经理更多的时间用于市场营销和管理，宴会经理的主要职责包括：

1．接受宴会预定和电话问询，记录好宴会预定日志；
2．关注潜在宴会组织者，保持良好客户关系，定期对客户进行访问；
3．准备宴会预算与预测；
4．与竞争对手的服务表现进行对比；
5．检查并签署所有宴会定单，处理宴会信函；
6．参加每周的餐饮例会；
7．指导宴会与销售协调人员的工作，负责宴会定价；
8．负责整个宴会部的纪律和对所属人员的督导；
9．指导饭店所有的宴会活动；
10．出席每月信用会议，了解并协调应收款问题。

**（三）宴会协调人**

宴会协调人扮演着重要角色。由于一次宴会活动涉及若干部门和个人，宴会协调人负责这些提供支持服务的部门和个人的协调工作。其协调工作如图7-4所示。

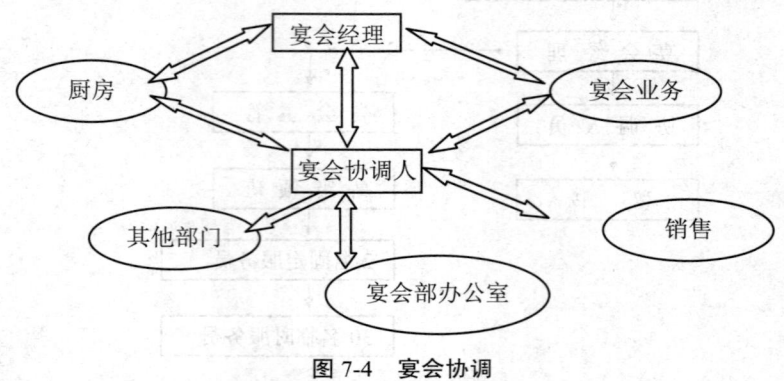

**图 7-4 宴会协调**

宴会协调人的主要职责包括：

1. 帮助宴会经理处理预定、电话问询、保持客户关系、记录预定日志和处理宴会信函；
2. 参加每日销售会议；
3. 协助宴会经理准备宴会定单；
4. 协调与其他部门的关系；
5. 在宴会经理指导下对客户进行定期访问；
6. 在宴会经理不在时，行使宴会经理的职责；
7. 在秘书不在时，负责秘书的日常工作，如打印、整理文档等。

### 三、宴会前期准备

宴会前期准备阶段对于成功举办一次宴会至关重要，其主要步骤包括：

1. 联系潜在顾客，了解这些顾客对宴会厅大小、接待量、宴会菜单、价格等方面的具体要求。
2. 提出满足潜在顾客需求的宴会计划，这一计划应尽量详细，以条款的形式列出，其中还需列出多套菜单以供客人选择。
3. 通过与顾客的交流，了解顾客对宴会计划的意见，包括增减菜单上的项目、改变餐台布置、调整价格折扣等。

4. 签订宴会合同，酒店应与顾客之间签订具有法律效力的宴会合同。合同的主要条款包括：

（1）菜单价格；

（2）取消预定的措施；

（3）宴会活动持续多长时间；

（4）押金；

（5）保险；

（6）场地使用；

（7）财产损失；

（8）停车设施；

（9）允许主办单位使用饭店的标识或做广告；

（10）免费客房和其他设施；

（11）宴会清单中提到的其他内容。

5. 制定宴会清单。宴会清单是用于记录宴会预定具体细节的单目。具体内容包括：

（1）举办日期；

（2）星期几；

（3）宴会类型；

（4）参加人数；

（5）宴会地点；

（6）开始时间；

（7）结束时间；

（8）宴会所需菜品；

（9）宴会所需饮料；

（10）组织者的姓名、地址、电话号码等；

（11）价格；

（12）特殊要求。

典型宴会清单的样式如表 7-1 所示。宴会清单一经制定即被复制并发放给相关部门（餐饮部、厨房、工程部、客房部、前台、总机、采购部、仓储部等）。

表 7-1　典型宴会清单

| 宴会类型_____ | 价格_____ | 日期_____ |
| --- | --- | --- |
| 地点_____开始时间_____ | 合计_____ | 星期_____ |
| 就坐时间_____结束时间_____ | | 预计人数_____ |
| | | 保证人数_____ |
| 组织者_____ ||| 
| 地址_____ |||
| 电话_____传真_____ |||
| 联系人_____电话_____ |||
| 饮料 || 食物 |
| 特殊需求 || 摆台方案 |
| 备注 |||

### 四、宴会服务运作

#### （一）宴会运作过程

如图 7-5 所示，整个宴会的运作分为十二个阶段。首先是与顾客或潜在顾客的初步接触，顾客对即将举办的宴会提出建议和要求，并与饭店宴会部进行讨论，做出一些必要的调整，双方谈妥后签订合同或协议。然后，宴会部准备宴会清单，并做初步准备。

宴会的运作并不仅仅是餐饮部或宴会部所能独立完成的，它涉及饭店的其他部门，如工程部、客房部等，这些部门都需要统一协调。

宴会结束后，一定要听取宴会举办单位和顾客的意见，对于存在的问题应及时进行沟通和改进，这样，在下一次举办宴会时，类似的问题可以避免。

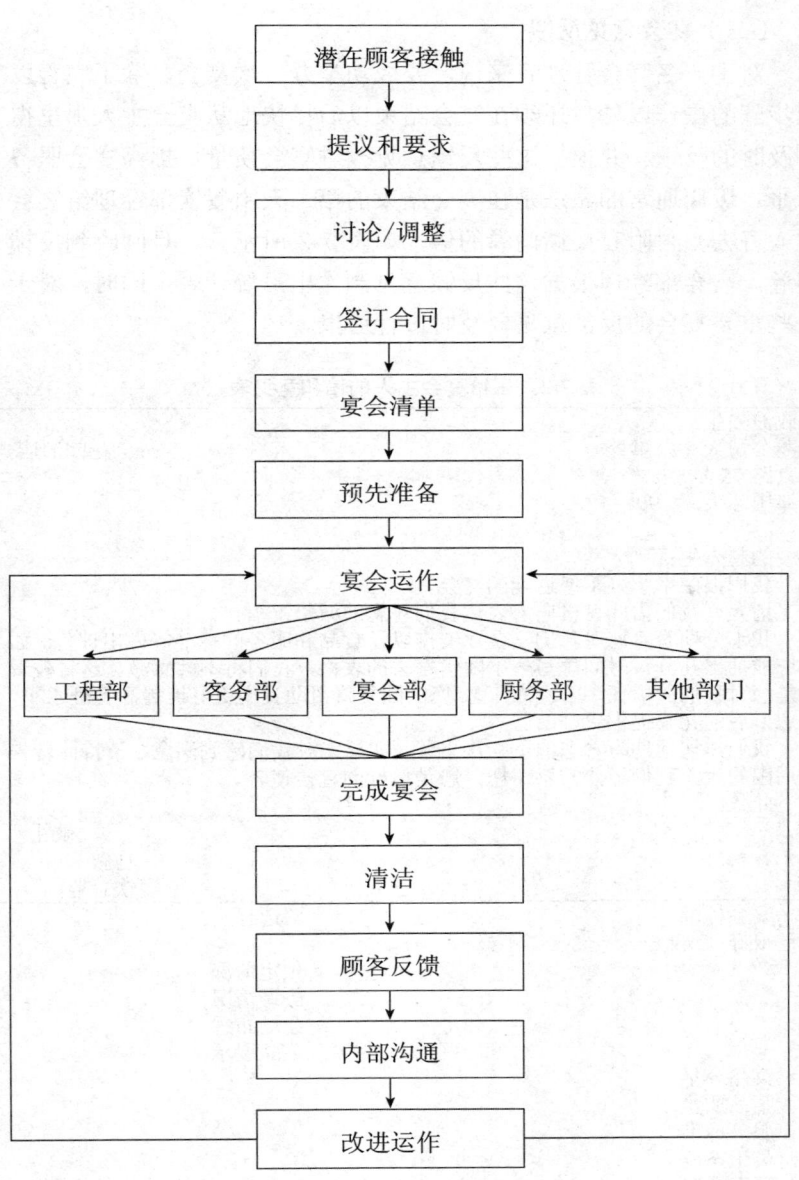

图 7-5　宴会运作过程

### （二）宴会意见反馈

对于一名宴会管理者来说，要成功举办一次宴会，除了完善以上步骤的操作以外，还须在宴会结束以后尽快地从宴会主人那里得到及时的反馈，并根据这些反馈意见改进宴会质量，提高宴会服务水平。饭店通常的做法是在宴会结束的第二天由餐饮部经理给宴会主人寄去一封附有反馈问卷的信，如表 7-2 所示。一旦回收到反馈问卷，宴会部经理根据这些反馈意见制作出月统计表，同时，对于一些重要宴会的反馈意见要及时进行通报。

表 7-2　寄给宴会主人的信和意见表

---

赵政波先生　　　　　　　　　　　　　　　　　　　　　　花园酒店
三菱公司天津办事处
南京路 75 号
天津国际大厦 1908

亲爱的赵先生：
　　我们很荣幸承办了您近期的宴会。
　　请允许我们借此良机向您表达我们对您的诚挚祝福。
　　我十分期盼着您对我们宴会厅安排以及食品和服务的标准等做出评价。如果您能抽出几分钟时间填写一下随信寄去的表格，我们将不胜感激。这将被看作是您对我们的信任，请尽快回复。您的回复将帮助我们更好地提高管理水平，为您以后的光临提供更好的服务。
　　我们热切地期盼着您的下一次惠顾。如果您对我们感到满意，请特此转告您周围的人，我们将非常感谢您，您是最好的宣传使者。
　　此致
　　　　　　　　　　　　　　　　　　　　　　　　　　　　　　敬礼
　　　　　　　　　　　　　　　　　　　　　　　　　　　　　　马叙
　　　　　　　　　　　　　　　　　　　　　　　　　　　　　餐饮总监

---

| 宴会标准 | 请选择 |
| --- | --- |
| 很好　较好　一般　不好 | 预定情况 |
| | 协调情况 |
| | 会场布置 |
| | 菜品展示 |
| 菜品分量 | |
| 菜品质量 | |
| 服务标准 | |
| 员工态度 | |
| 管理情况 | |
| 价　　格 | |

### 五、宴会推销

宴会推销要针对宴会客源，采用合适的宴会推销的广告传单或小册子，介绍功能厅和宴会厅的布局、接待能力和宴会的样品菜单，以吸引顾客来本餐厅举办宴会。

#### （一）宴会推销材料

1. 宴会广告宣传单或小册子

宴会广告宣传单或小册子，是销售人员进行销售访问、信函推销以及在报刊杂志上做广告的基本推销工具和内容。一般由公关部门设计或委托专业公司进行设计。销售人员向客户介绍宴会产品时，可将广告单或宣传小册子寄给潜在客户或刊登在报刊、杂志上。宴会广告宣传单或小册子的基本内容包括：宴会厅设施、宴会经营项目、宴会的菜品和特色、接待宴会的成功经验、厨师的烹调技术、预订电话和饭店地址等。

2. 功能厅和宴会厅的布局和平面图

客户在选择餐厅举行宴会时，要了解宴会厅和多功能厅有无足够的接待能力。为使客户信服本餐厅的设施能保证宴会成功，餐饮人员要列出各功能厅的布局和接待人数。

3. 样品菜单

为了更好地向客户和顾客介绍宴会所提供的菜品，管理人员还应该编制样品菜单。样品菜单是非正式菜单。饭店要准备几套不同档次的宴会菜单样本。宾客可以调换其中的一些菜，也可以自己选菜。这样推销更为灵活，也更受欢迎。

#### （二）宴会推销策略

在推销宴会时，首先要确定宴会的产品策略。餐饮管理人员要确定本饭店提供什么类型的宴会，计划各种宴会菜单。同时，为增加宴会产品的吸引力，可以结合进行一些特殊活动，如文艺演出、向客人赠送礼品、提供各种实惠等。

宴会的推销要对不同类型的顾客采取不同的推销手段。宴会主要有两大类型的顾客：一是本市各企事业单位和政府部门，二是本地市民。对于企事业单位和政府部门主要采取人员销售的推销手段，要分配销售人员对客户进行销售访问，或用信函和电话推销。

对于市民的推销，主要采取广告手段。宴会广告的最佳媒介是当地报纸。当地报纸一般在本地发行量最大，因而其广告在本地的普及面很广，而且信息及时。例如，为推销星期六的宴会在星期五和星期六的日报上登广告就很有效。电视广告虽然效果很好，但费用太大。

### 六、宴会客史档案

凡是在本酒店餐厅举办过宴会的顾客或组织，餐厅都应做好完善的记录。宴会客史档案是饭店的财富和资源。这些资料对饭店开展公关、宴会的组织管理有很大帮助。

餐饮部宴会客史档案因对象不同，宴会的规模差异，客史档案的内容也不尽相同，有的仅保存客户姓名、宴会日期、人（桌）数、费用、菜单等记录。承接贵宾（VIP）宴会的餐饮部，设专人负责餐饮档案资料，进行现代化管理，能为饭店餐饮经营提供国内外新资料。宴会客史档案包括以下内容：

1. 私人或企业团体的宴会预定表；
2. 客人预定宴会的电话记录稿、书信复印件、电传件；
3. 政府指令性预定宴会的文件、资料；
4. 贵宾（VIP）客人的有关资料；
5. 团体客（VIP的随行人员）每人的名单和简况；
6. 大型宴会或高级宴会的领导小组成员、会议简报；
7. 高级宴会的组织机构和岗位全员名单；
8. 饭店参与高级宴会活动的各部门所制定的活动计划；
9. 宴会厅的布置和需求的物资用品清单；
10. 整体的宴会菜单（包括宴会前会客、记者招待会、签字仪式、鸡尾酒会所需的茶水、饮料、小食品，还有随行、陪同、司机桌的菜单）；

11. 宴会现场偶发事件和应急处理的情况记录；
12. 参与高级宴会的饭店各部门所撰写的宴会活动总结；
13. 受表彰的宴会管理人员和服务人员名单以及先进事迹；
14. 宴会演奏的乐曲名称；
15. 宴会主桌上主人、主宾等宾客位置和名单；
16. 账单；
17. 客人对宴会赞誉题词和馈赠、感谢的资料；
18. 客人对宴会的投诉复印件；
19. 主、宾客对餐饮食品的反映；
20. 饭店接待贵宾（VIP）（各国元首、领导人、国际著名人士、国内重要客人及其主要亲属）宴会的档案资料；
21. 宴会活动拍摄的录像、照片资料；
22. 宴会前、宴会中配套活动（如文艺演出节目单、服装表演、国画、书法表演）主要的资料；
23. 宴会服务班组的工作汇报总结资料。

**本章小结**

本章在第一节介绍了餐厅服务的基本技能，包括托盘、摆台、口布折花、斟酒、上菜与分菜，以及如何处理服务中的顾客投诉。第二节介绍了目前流行的几种餐饮服务方式，如中式、英式、美式、法式和俄式。第三节是餐饮服务程序各步骤的基本要求，如招呼顾客、引客入座、呈递菜单、解释菜单、点取菜服务、送客出门，此外还介绍了计算机在点菜服务中的应用。第四节专门讨论了宴会活动，介绍了饭店各种各样的宴会活动及其管理，对宴会的前期准备、服务运作、宴会推销和宴会客史档案分别进行了阐述。

## 思考题

1. 餐饮服务的基本技能有哪些？
2. 餐饮服务的基本程序和要求有哪些？
3. 宴会的前期准备有哪些要求？
4. 宴会是如何运作的？
5. 如何进行宴会推销？

# 案例分析

### 百胜餐厅的服务常识

百胜餐饮集团拥有肯德基、必胜客、东方既白、小肥羊、塔可贝尔餐厅等世界著名餐饮品牌。至 2017 年底，百胜管理着旗下在中国开设的各个品牌共 7900 家餐厅。本例收集的只是百胜餐厅的一些服务常识。

冠军检测（CHAMPS）：

C：美观整洁的环境

H：真诚友善的接待

A：准确无误的供餐

M：优良维护的设施

P：高质稳定的产品

S：快速迅捷的服务

百胜餐厅的服务使命与目标：

● 中国百胜的使命宣言：我们的使命是要将中国百胜餐厅建成为全中国乃至全世界最成功的餐饮企业。

● 营运目标：要使华北市场百胜成为华北乃至全中国最成功的休闲餐厅。

● 服务目标：给每位顾客一个再次光临的理由。

● 团队目标：永远提供客人 101%的满意度，使百胜成为客人享用 PIZZA（比萨）时的第一选择。
- CARE 所代表的含义：C：礼貌 A：殷勤 R：尊重 E：热忱。
- 冠军计划：每位员工能够做到的最重要的事情就是以顾客为中心，它显示了我们要创立世界最受欢迎的餐厅品牌，在营运方面达到世界最佳标准的志向。我们将以最优惠的价格，提供顾客最佳的餐饮和最愉快的用餐经验。
- 二人团队解决抱怨：
1. 表示关心
2. 提出解决方式
3. 及时找到值班经理
4. 确定顾客满意程度
- LAST 原则：

L：专心倾听

A：表示关心

S：使顾客满意

T：感谢顾客

- 产品质量 + 用餐体验 + 产品价值 = 顾客再次光临的理由
  31%　　　　56%　　　　13%　　=　　100%

**百胜的服务要求：**

1. 微笑第一位，站立姿势端正，仪容仪表整洁，精神面貌好，衬衣整齐（如今天不合适在此岗位找经理申请）。

2. 迎接客人要求目光接触客人，拉门，身体向前倾斜 30°，并同时使用愉悦的声音说"您好，欢迎光临"。同时要向先生、小姐说"您几位"？

注意：必须在 15 秒内与客人打招呼，如果是熟客要招呼客人姓名（如：张先生或李小姐），如果有行动不便的老年人可搀扶。从带位到领位，取相应的桌号，以手势示意入座方向要同时说"您请这边走"。

3．带客原则：
（1）带客人入座的路中介绍色拉吧。
（2）带客人入座。
（3）在非就餐时间应以靠窗的"卡座"优先。
就餐期间前30分钟应分散布位，同时考虑服务人员的负担。
4．在带位的过程应与客人保持1米距离，随时注意客人是否跟上，在带位时一定在客人的前面走。
5．应拉开一张椅子，以长者、女士优先，如带小孩可提供儿童椅。客人入座后，打开菜单，上身倾15°，打开菜单的一页，双手将菜单放在桌子中央，同时告知顾客，"请您先看一下菜单，稍后会有服务员为您点餐，谢谢"。如两人坐在4人座上可撤掉多余的餐具。台纸不得折叠，折过的台纸不能再用。完毕后，把多余的菜单放回领位台，同时注意餐厅的分布图。

**案例思考题**

1．你认为百胜餐厅在强化服务意识方面有哪些可以借鉴的经验？
2．案例中有一个公式，即：
产品质量＋用餐体验＋产品价值＝顾客再次光临的理由
请就这一公式进行讨论。

# 第八章 餐饮成本核算与控制

## 学习目的

- 了解餐饮成本的构成
- 掌握各种成本的概念
- 掌握成本核算的方法
- 掌握餐饮成本控制的途径与方法

## 基本内容

餐饮产品成本构成和成本分类
- 餐饮产品成本构成
- 餐饮产品成本分类
- 餐饮产品成本结构的特点

餐饮成本核算的方法
- 月食品成本核算及食品成本月报表
- 日食品成本核算及食品成本日报表

食品成本控制的途径
- 菜单计划
- 采购
- 验收
- 储存
- 票据控制

- 准备与加工
- 服务
- 销售
- 其他

# 第一节 餐饮产品成本构成和成本分类

## 一、餐饮产品成本构成

餐饮成本是凝结在产品中的物化劳动价值和活劳动消耗的货币表现。从理论上讲，物化劳动价值包括食品原材料价值和生产过程中的厨房、餐厅设备、餐茶用品、水电燃料消耗等的价值。这些物化劳动的价值有的以直接消耗的形式加入成本，有的以分摊方式加入成本，成为餐饮产品成本的基本组成部分。活劳动消耗主要是劳动力成本，它是以员工工资和奖金福利的形式加入成本，成为餐饮产品成本的必要组成部分。

餐饮产品成本核算以食品原料成本为主。在餐饮产品生产过程中食品原材料有主料、配料和调料之分。主料是餐饮产品中的主要原材料，一般成本份额较大；配料是餐饮产品中的辅助材料，其成本份额相对较小。但在不同菜品中，配料种类各不相同，有的种类较少，有的种类可多达十种以上，使产品成本构成变得比较复杂。调料也是餐饮产品中的辅助材料，主要起色、香、味、型的调节作用。调料品种较多，但在产品中每种调料的用量则很少。食品原材料的主料、配料和调料价值共同构成菜肴成本。餐饮经营过程中，要同时销售各种酒水饮料，其中，鸡尾酒是饭店宾馆、涉外餐馆的重要产品。餐饮产品的成本构成可以分为狭义和广义两种，其成本构成如表8-1所示。

表 8-1　餐饮产品成本构成表

| 主料 | 配料 | 调料 | 酒水饮料 | 餐茶用品 | 服务用品 | 卫生用品 | 燃料消耗 | 水电消耗 | 人事费用 | 销售费用 | 管理费用 | 折旧费用 | 交际费用 | 其他费用 |
|---|---|---|---|---|---|---|---|---|---|---|---|---|---|---|
| 菜肴成本 ||||||||||||||||
| 餐饮产品成本（狭）||||||||||||||||
| 餐饮产品全部成本（广义）||||||||||||||||

## 二、餐饮产品成本分类

成本分类是为做好成本核算和成本管理服务的。成本核算和成本管理的方法和目的不同，成本分类也不一样，餐饮产品的成本，从不同角度可分成不同的种类。其基本分类方法主要有：

**（一）按成本与产品的形成关系划分**

按照成本与产品的形成关系，所有的成本可分为直接成本和间接成本两种。

1．直接成本

直接成本是指在产品生产中直接耗用的且不需分摊就可加入产品成本中去的那部分成本，如直接材料、直接人工、直接耗费等。

2．间接成本

间接成本是指需要通过分摊才能加入产品中去的各种耗费，如销售费用、维修费用、管理费用等。

直接成本和间接成本的划分为餐饮产品的成本核算提供了理论依据。成本核算可以直接成本为主，如主料、配料和调料成本等。间接成本因其不易直接分摊到各个产成品中去，可以流通费用为主。这就为餐饮产品的成本核算提供了方便条件，有利于提高成本核算的准确性。

**（二）按成本的可控程度划分**

按照成本的可控程度，所有成本可以分为可控成本和不可控成本。

1. 可控成本

可控成本是餐饮管理中，通过部门职工的主观努力可以控制的各种消耗。在餐饮管理中，有些成本，如食品原材料、水电燃料、餐茶用品等消耗，通过部门人为的努力是可以控制的。

2. 不可控成本

不可控成本是指通过部门职工的主观努力很难进行控制的成本开支。如还本付息分摊、折旧费用和劳动工资等，通过部门人为的努力，在一定经营时期是很难控制的。

可控成本和不可控成本的划分为餐饮管理中的成本控制提供了理论依据，它可以引导部门管理人员将成本控制的主要精力放在可控成本上，尽力降低成本消耗，提高经济效益，而对于那些不易控制的成本则相对减少控制精力，做好成本管理工作。

（三）按成本性质划分

按照成本的性质，所有成本可分为固定成本、变动成本和半变动成本。

1. 固定成本

固定成本是指在一定时期和一定经营条件下，不随餐饮产品生产和销售量的增减变化而相应变化的成本。也就是说，即使产量和销售量为零时也必须支出的费用。例如，餐厅的折旧费、大修费、管理费等。但固定成本也并不是绝对地不随产量的变化而变化，当产量增加到超出现有生产能力需要添置新设备时，某些固定成本就会增加。

正因为固定成本对销售量的变化保持相对不变，所以，当销售量增加时，单位产品所负担的固定成本会相对减少。

2. 变动成本

变动成本是指随着生产量或销售量的变化而按比例增减的成本。例如，餐饮原料、洗涤费用、餐巾纸费用等都属于变动成本。当销售量增加时，单位产品的变动成本保持不变。

3. 半变动成本

半变动成本是指随着生产量或销售量的增减变化而不按比例相应变化的成本。它与变动成本的共同点是都随产量或销量的变化而变化，但区别是不按比例相应变化。例如，餐具、灶具费用、水、电、煤气费用、人工费等。以人工费用为例，对于全部雇用领取固定工资的正式职工的餐饮企业来讲，人工费用则属于固定成本；当餐厅营业量较大而雇用临时工时，人工费用则不完全是固定成本，而是半变动成本。

在管理上，将成本分为固定成本与变动成本，对餐饮成本预算、盈亏分界点的确定、价格决策以及其他管理决策都是十分有用的。固定成本与变动成本的习性与特点如图8-1所示。

（四）其他有关成本概念

1. 标准成本

标准成本是指在正常和高效率经营的情况下，餐饮生产和服务应占用的成本指标。为了控制成本，餐饮企业通常要确定单位标准成本，例如每份菜的标准成本，分摊到每位客人的平均标准成本、标准成本率、标准成本总额等。

2. 实际成本

实际成本是指在餐饮经营过程中实际消耗的成本。在实际操作中，标准成本与实际成本往往存在一定的差额，这个差额叫成本差异。

3. 单位成本

单位成本是指每份菜肴、每杯饮料的平均成本。了解单位成本能更好地制定销售价格，判断单位产品的获利能力。

4. 总成本

总成本是指在一定时期内所有食品的成本之和。了解总成本能从总体上了解成本与销售额之间的关系，确定企业的总体获利能力。

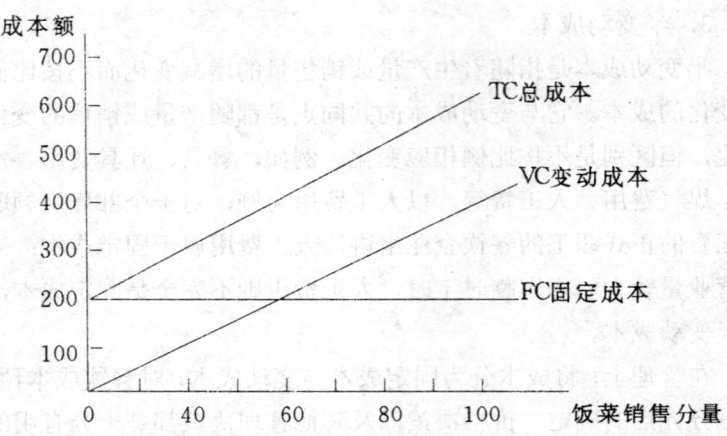

（a）固定成本总额随销售量的变化而保持不变，
变动成本总额随销售量的变化而成正比变化

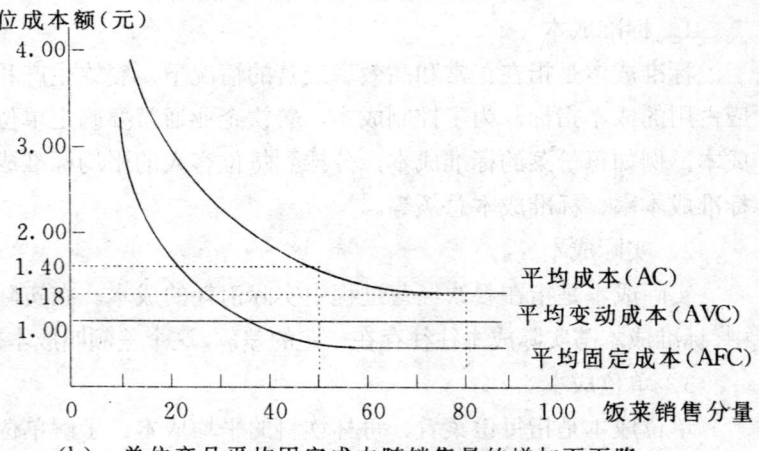

（b）单位产品平均固定成本随销售量的增加而下降，
单位产品平均变动成本随销售量的增加而保持不变

图 8-1　固定成本与变动成本的习性与特点

### 三、餐饮产品成本结构的特点

#### （一）变动成本比率大

餐饮部门的成本费用中，除食品饮料的成本外，在营业费用中还有物资消耗等一部分变动成本。这些成本和费用随着销售量的增加而成正比地增加。这个特点意味着餐饮价格折扣的幅度不可能像客房价格那么大。

#### （二）可控成本比例大

除营业费用中的折旧、大修、维修费等是餐饮管理人员不可控制的费用以外，其他大部分费用以及食品原料成本都是餐饮管理人员能控制的费用。这些成本和费用的多少直接与管理人员对成本控制的好坏相关，并且这些成本和费用占营业收入的很大比例。这个特点说明餐饮成本费用的控制十分重要。

#### （三）成本泄露点多

餐饮成本和费用的大小受经营管理的影响很大。餐饮经营流程的每一个环节出现失误或疏漏都会造成食品成本的上升。这些环节包括：

菜单计划→采购→验收→贮存→发放→加工切配和烹调→餐饮服务→餐饮推销→销售控制。

1．菜单计划

菜单计划和菜品的定价影响顾客对菜肴的选择，决定菜肴的成本率。

2．采购、验收

对采购、验收控制不严，或采购的价格过高、数量过多造成浪费，采购的原料不能如数入库，采购原料的质量不好都会引起成本提高。

3．贮存、发放

贮存和发放控制不佳或引起原料变质、被盗、丢失或私用都会导致成本的增加。

4．加工、烹调

对加工和烹调控制不严不仅会影响食品的质量，还会提高食品饮料的折损和流失量；对加工、烹调的数量计划不好也会造成浪费。

5．餐饮服务和推销

餐饮服务不仅影响顾客的满意程度，也会影响成本率。服务人员适时推荐毛利率的菜品或价格高的菜品，可以增加餐厅的毛利；另外，如果服务不好，点错菜或上错菜，必然会增加食品的成本。

6．销售控制

销售控制不严，售出的食品和饮料得不到应有的收益也会使成本增加。

总之，餐厅运行的每个环节都可能产生成本泄露。因此，管理者对每一个环节的运行情况都必须加强监控，千方百计堵塞成本泄露的漏洞，以降低成本的方式来提高餐厅服务质量，提高餐厅经济收益。

## 第二节 餐饮成本核算的方法

食品饮料的成本核算，能及时帮助管理人员掌握食品饮料的成本消耗额，核实仓库存货额，杜绝食品饮料成本的泄露点。现代的大型饭店，除了每月进行一次食品饮料成本核算外，还要每天进行一次成本核算，并制出月报、日报表。

### 一、月食品成本核算及食品成本月报表

**（一）月终食品成本核算**

只要饭店每天对营业收入和各种原料进货、发料备有记录，按时进行仓库原料盘存清点，就可计算每月月终食品成本。

例如，花园酒店餐饮部2018年3月有以下营业记录：

当月餐饮营业收入：82500元

原料期初（2月末）余额：12000元

本期内进货额：36000元

原料期末余额即账面库存额：16500 元

经盘点，实际库存额：16100 元

库外存货月初额：1570 元

月终额：1425 元

根据上述记录，花园酒店当月月终食品成本应做以下计算和调整：

1．计算领用原料成本

原料期初余额＋本期原料进货额（期内仓库进料、直接进料）＝本期原料总额

本期领用原料成本额＝本期内原料总额－原料期末余额（每月最后一天仓库存货额）

根据上述公式，该酒店当月从仓库领用的原料及直接进料的食品成本为：

食品成本＝12000 元＋36000 元－16500 元＝31500 元

2．物账差额月终调整

根据仓库盘存结果，花园酒店当月食品原料实际库存额小于账面库存额，差额 400 元，应加入食品成本；库外存货月终额小于月初额，差额 145 元（1570－1425＝145），同样应加入食品成本。经过二次调整，食品成本为：

食品成本＝31500 元＋400 元＋145 元＝32045 元。

3．专项调整

必须指出的是，经过物账差额月终调整所得的食品成本仍然是当月所有直接进料以及从冷库和干货储藏室领用的原料成本，而不一定都是当月营业所消耗的原料成本。其中可能包括已经转出给酒店非食品部门的原料成本，也可能未包括从酒店非食品部门转入的原料成本。为了能正确如实地反映食品经营结果，在一般情况下，应对上述食品成本进行专项调整，才能得出月终食品成本额。

（1）加入酒吧转入的作为厨房烹调用酒的成本。

（2）减去厨房为酒吧准备点心和食品所消耗原料的成本。

（3）酒店常有多余的下脚料、肉骨等可以出售，这些收入应从食品成本中减去。

（4）酒店常常允许职工从厨房购买一些原料，这些收入也必须从食品成本中减去。

（5）任何酒店免不了发生招待费用（酒店要经常宴请各方面人士），这些宴请增加了食品成本，但不直接增加营业收入。为了正确核算食品经营效果，必须把这些宴请的成本从食品成本中减去，另设账目（如公关费用或营销费用）。

考虑以上因素后进行调整得到的食品成本，一般可以看作已经消耗的原料的成本。但也必须看到，并不是所有消耗的原料都能增加收入，如职工餐的成本，就不该计入食品成本。

经过专项调整后所得的食品成本为当月的月终食品成本，例如：

| | |
|---|---|
| 食品成本 | 32045 元 |
| 转入烹调用酒 | +850 元 |
| 小计 | 32895 元 |
| | |
| 转出酒吧用原料 | 400 元 |
| 下脚料销售收入 | 125 元 |
| 为酒吧准备食品用料 | 540 元 |
| 职工购买原料收入 | 480 元 |
| 宴请餐用料 | 870 元 |
| 小计 | 2415 元 |

那么，花园酒店月终食品成本为：
月终食品成本 = 32895 元 − 2415 元 = 30480 元

$$食品成本率（公式）= \frac{成本}{销售额} \times 100\%$$

那么，花园酒店 2018 年 3 月的食品成本率为：

$$食品成本率 = \frac{30480}{82500} \times 100\% = 36.9\%$$

## （二）食品成本月报表

根据上述计算，就可编制食品成本月报表，提供给饭店管理者。为了使本期数据更具有指导意义，应该把它们与去年同期或与上期的数据进行比较，以便检查本期经营效果。

表 8-2　食品成本月报表
2018 年 3 月 31 日

| 时间 | 2018.3 | 2018.2 | 2017.3 |
|---|---|---|---|
| 营业收入 | 82500 元 | 99500 元 | 83450 元 |
| 食品成本 | 30480 元 | 32750 元 | 31290 元 |
| 食品成品率 | 36.9% | 32.9% | 37.5% |

在表 8-2 中，2018 年 3 月的销售额比 2 月有所下降，成本率比 2 月高出了 4 个百分点，这种差异是否正常？这就需要对数字进行分析。例如 2 月份正值春节期间，销售额高就不难理解了。而 3 月份成本率的上升是不是因为成本管理不善造成的呢？如果与去年同期相比，2017 年 3 月份的成本率为 37.5%，成本率还稍微有所下降，因此可以判断并不是成本管理不善造成的。本期的食品成本率 36.9%也应视作正常。这虽然是最简单的月结报告，但已可用来检查本期的经营效果。

酒店记录营业数据并时时将它们相互比较，就像船在航行中必须时时测取方位一样重要。任何一条远航的船，如果只有目的地，而不在途中经常测定船只方位，对照海图检查是否偏离了航线，计算偏离距离并及时校正航向，那它将不可能最终到达预定的目的地。这种测定、对照、检查和校正工作进行得越正常，船就越能按照航线前进。同样，酒店的经营要取得预期效果，在营业期间也必须经常进行这种测定、对照、检查和校正工作，而每月进行一次显然是不够的。在一个月内，酒店的经营很可能出现各种问题，月结报表虽然能告诉我们一个月的营业结果，以百分比的变化揭示出某些问题，但它不能为管理者提供问题的原因和根源。由于酒店业务千头万绪，变化无穷，除非每天都有详尽的营业记录，人们很难精确地回忆起半月、数周前发生影响营业的各种事情，而如果找不到问题的要害，纠正措施当然就无从谈起。况且，任何有效的纠正措施，对已经过去的营业期来说，都已为时太晚。

鉴于以上原因，许多酒店都建立了食品成本月报的财务制度，以便管理者及时发现问题，及时提出改进措施。

## 二、日食品成本核算及食品成本日报表

### （一）日食品成本核算

与月食品成本核算相比较，日食品成本核算就要容易多了。食品的日成本主要由直接进料和仓库发料的成本组成。直接进料的成本应计入当天的食品成本，其数据可从饭店每天的进料日报表上得到。仓库发料的成本应计入原料发料日的食品成本，其数据可从领料单上得到。除了这两种成本以外，还须考虑厨房与酒吧、厨房与其他非食品部门之间的转料及职工购买原料、余料出售、宴请餐和职工用餐等因素，并做出相应的调整。因此，饭店每天的食品成本及成本率应以下面公式算得：

直接进料成本
　　＋仓库发料成本
　　＋从酒吧转入原料成本
　　－转出由酒吧或其他部门消耗的原料成本
　　－为酒吧准备食物的成本
　　－职工购买原料收入
　　－余料出售收入
　　－宴请餐成本
　　－其他杂项扣除额

　　　当日食品成本

根据当日的营业收入，计算当日的食品成本率：

$$当日食品成本率=\frac{当日食品成本}{当日营业收入}\times100\%$$

　　需要说明的是，日食品成本的计算并不是十分精确的。因为饭店厨房的直接进货（直接发放）可能是每天进行，也可能是隔一天或两天进货一次，储藏室发出的原料也未必能在当日正好用完。这样就会造成计算的日成本额比真实的消耗额要高。同样，由于存在上一天的剩余原材料，今日的进货数量或领料数量就会少于实际所发生的成本额。

　　为了减少人为的原因使日成本额的计算出现高低波动的情况，有必要记录每天食品营业收入、食品成本以及食品成本率的累计数据，即从本月1日到当日的累计数据。这样，数日后的累计数据就较精确了。积累的天数越多，数据的精确度就越高。

　　管理人员能根据表8-3随时了解当日的经营状况，也可以了解自本月初至本月某一天的经营状况。到了月底，只要将食品累计成本进行物账差额月终调整，便可核算当月的食品成本和成本率。

表 8-3　日食品成本核算表

(单位:元)

| 日期 | 直接进料 | 仓库发料 | 内部转让 | | 职工购买 | 余料出售 | 宴请成本 | 食品成本 | | 营业收入 | | 食品成本率 | |
|---|---|---|---|---|---|---|---|---|---|---|---|---|---|
| | | | 转入 | 转出 | | | | 当日 | 累计 | 当日 | 累计 | 当日 | 累计 |
| 1 | 480.5 | 735.2 | 145— | (174) | (45) | | (250) | 891.7 | 891.7 | 3050.0 | 3050.0 | 29.2 | 29.2 |
| 2 | 574 | 814.5 | | (150) | | | | 1238.5 | 2130.2 | 3425.5 | 6475.5 | 36.2 | 32.9 |
| 3 | 535 | 749.4 | 80— | (125) | | (50) | | 1189.4 | 3319.6 | 3150.4 | 9625.9 | 37.8 | 34.5 |
| 4 | 675.4 | 945.0 | 40— | (143) | | | (180) | 1337.4 | 4657.0 | 3248.0 | 12873.9 | 41.2 | 36.2 |
| 5 | 580.3 | 718.5 | 75— | (135) | | | | 1238.8 | 5895.8 | 3478.4 | 16352.3 | 35.6 | 36.1 |
| 6 | 553.9 | 724.6 | | (118) | (53) | | (240) | 867.1 | 6762.9 | 3128.4 | 19480.7 | 27.7 | 34.7 |
| 7 | 588.2 | 738.5 | | (124) | | (35) | | 1167.7 | 7930.6 | 3548.8 | 23029.5 | 32.9 | 34.4 |
| 8 | | | | | | | | | | | | | |
| ... | | | | | | | | | | | | | |
| 30 | 674.5 | 789.5 | 56— | (135) | | | | 1385.0 | 32380.0 | 3756.5 | 94556.5 | 36.9 | 34.2 |
| 31 | 694.7 | 829.7 | | (128) | | | (250) | 1068.4 | 33448.4 | 2927.0 | 97483.5 | 36.5 | 34.3 |

仓库盘存物账调整:348.50(元)　月终食品成本:33448.4+348.5-476.8=33320.1(元)

库外货物账调整:476.8(元)　　$\dfrac{33320.1}{97483.5}=34.2\%$

## （二）食品成本日报表

根据上述食品成本核算，就可以填制适合管理要求的或简或详的食品成本日报表。最简单的食品成本日报表如表8-4所示。

表8-4　食品成本日报表（1）
2017年12月10日　周日　　　　　　　　　　（单位：元）

|  | 当日 | 累计 | |
| --- | --- | --- | --- |
|  |  | 本周 | 上周同期 |
| 营业收入 | 4 200.00 | 15 450.00 | 12 700.00 |
| 食品成本 | 1 690.00 | 6 335.00 | 5 345.00 |
| 食品成本率 | 40.2% | 41% | 42.1% |

表8-4列出了饭店当日的营业收入、食品成本和食品成本率，并将此三项的本周累计同上周同期进行比较。由于是近期比较，管理人员容易发现问题的所在及其原因，从而起到对日常工作进行调整和控制的作用。如果饭店发现当日或本周的食品成本过高，便可对近期的各种业务活动进行检查，如果检查表明成本率过高是直接进料过多所引起的，那么，就可指示有关部门在现有存货消耗完之前停止进料或减少进料，这样能使今后一两天的直接进料成本下降，并立即对累计成本率产生作用。倘若食品成本率过高是由储藏室进货过多所引起的，则应立即通知厨房有关人员必须先行消耗现有原料方可再行领料。

然而，在实际工作中，要找出某一问题的原因，往往不像以上举例那么容易。在很多情况下，引起问题的原因有好几个，而且很难靠分析如上表格中的简单数据就能得到启发。在大型饭店，管理人员不可能经常亲自到厨房、采购部门或其他有关部门调查、寻找原因，因此，为了减少寻找造成成本过高的原因所需要的时间和精力，有必要把成本日报表设计得复杂一些，以便为管理者提供更为详细的信息，如表8-5所示。

在表8-5中，不仅列出了营业收入、食品成本率的当日数和本周、上周同期的累计数,而且还列出了各类原料成本的本周数和上周同期累计数以及各自的成本率。管理人员若发现成本率过高,在寻找原因时,可以缩小范围,及时找出问题之所在。

表 8-5　食品成本日报表(2)

2017 年 12 月 10 日　周日　　　　　　　　　　(单位:元)

| | 当日 | 累计 | |
|---|---|---|---|
| | | 本周 | 上周同期 |
| 营业收入 | 4 200.00 | 15 450.00 | 12 700.00 |
| 食品成本 | 1 690.00 | 6 335.00 | 5 345.00 |
| 食品成本率 | 40.2% | 41% | 42.1% |

| | 1 蔬菜 | 2 水果 | 3 乳品 | 4 其他 | 直接进料小计 |
|---|---|---|---|---|---|
| 本周累计 | 655.00 | 580.00 | 435.00 | 300.00 | 1 970.00 |
| | 4.2% | 3.8% | 2.8% | 1.9% | 12.8% |
| 上周同期 | 585.00 | 475.00 | 385.00 | 205.00 | 1 650.00 |
| | 4.6% | 3.7% | 3% | 1.6% | 13.0% |

| | 6 牛肉 | 7 猪肉 | 8 禽类 | 9 水产 | 10 其他肉类 |
|---|---|---|---|---|---|
| 本周累计 | 1140.00 | 830.00 | 735.00 | 1015.00 | 335.00 |
| | 7.3% | 5.4% | 4.8% | 6.6% | 2.2% |
| 上周同期 | 1065.00 | 680.00 | 590.00 | 795.00 | 295.00 |
| | 8.4% | 5.4% | 4.6% | 6.3% | 2.3% |

| | 11 肉类小计 | 12 其他仓库发料 | 13 内部转让及专项调整 |
|---|---|---|---|
| 本周累计 | 4 055.00 | 725.00 | (415.00) |
| | 26.2% | 4.7% | (2.7%) |
| 上周同期 | 3 425.00 | 580.00 | (310.00) |
| | 27.0% | 4.6% | (2.4%) |

在正常情况下，各类原料成本与营业收入的比例应保持相对稳定，特别是对那些使用固定菜单的饭店来说更是如此。因为菜式固定不变意味着各类原料的消耗比例也相对固定。如表 8-5 所示，虽然本周累计营业收入与上周同期相比有较大的差异，但这两期的食品成本率之间的差异甚微。这表明，前后两期的原料成本管理效果基本相同，营业收入的增加（或减少）并非原料管理、成本控制或厨房操作有什么变化所致，而是由经营手段的变化或市场因素的影响所引起的。但如果其中一项或几项的成本率与前期相比有很大的变化，那么就有必要对有关原料的使用情况进行调查，以图改进。假如表中本周的食品成本率比上期有较大幅度的上升，同时肉类的成本率也大大增加，而其余各种类成本率保持不变或变化很小，那么，问题之所在便暴露无遗，管理人员不必在其他原料的管理上花时间和精力进行调查，而可以直接在肉类原料的管理和使用上寻找问题的根源。

当然，各种原料成本率的变化，在很多情况下也可能是由于宾客口味变化、菜式选择变化引起，或由原料价格引起。但在市场需求和价格相对稳定的情况下，某些原料成本的上升则往往是储藏室和厨房管理不善所造成的。

## 第三节　食品成本控制的途径

餐饮成本控制是餐饮经营管理的核心内容。事实上，本教材的也是按照成本控制的环节和顺序编写的。餐饮成本控制的途径涉及本教材的绝大部分内容，包括餐饮组织设计、菜单计划、采购与验收、储存与发放、加工与生产、销售与服务等。下面从九个方面分别列出造成食品成本上升的原因。

## 一、菜单计划

1. 经营量预测不准。
2. 菜单未迎合客人需求。
3. 菜单设计中缺乏成本控制观念。
4. 菜单菜品过多。
5. 单调的菜单种类。
6. 高成本和低成本的菜品不平衡。
7. 低成本菜品促销不得力。
8. 菜单菜品价格不合理。
9. 当成本增加时不调整价格。

## 二、采购

1. 易变质的原料采购过多。
2. 无竞争性的采购制度。
3. 无详细规格。
4. 与供应商关系不好。
5. 使用固定的而不是灵活的程序。
6. 没有监测市场上供应和价格的情况。
7. 买卖之间联系不密切。
8. 无规则和组织的账单程序。
9. 无正规账单记录。
10. 过量采购。
11. 同类原料采购过高。
12. 皮包公司支付发票。
13. 重复的发票。
14. 提前付款没有打折。

## 三、验收

1. 交付人偷窃。
2. 没有检查发票的价格、数量、质量是否正确。
3. 在采购原料时没有称重。
4. 没有保证合适的购买信用制度。
5. 没有遵守采购规范。
6. 没有检查支付人的发票就签字。
7. 先支付发票的采购没有后补记录。
8. 接受份额不足的运货,并填写"充分",而且没收到后补原料。

## 四、储存

1. 易腐败原料的储藏温度不合适。
2. 没有交替进货清单(FIFO)
3. 没有适当考虑供给。
4. 贮藏区的卫生状况不佳。
5. 没有变质原料或清单周转的定期报告。
6. 害虫侵害。
7. 没有对易坏食品进行日检。
8. 贮藏室没上锁。
9. 贮藏室没有条理。
10. 没有记录问题。
11. 没有处理变质原料。

## 五、票据控制

1. 没有系统编号的客人支票。
2. 没有审计登记的现金。
3. 没有控制白条。

4．没有核对厨房账单和客人账单。
5．没有核对发票。
6．没有浪费和损失记录。

## 六、准备与加工

1．加工肉和蔬菜时过多地切割。
2．切割不合理。
3．制作过量。
4．没有遵从标准化烹调技术。
5．没有小批量烹调。
6．加工设备和器皿不合适。
7．预先准备的食品过多。
8．没有检查配比标准。
9．过分依赖方便食品。
10．烹调过度导致产量偏低。
11．没有指导产量的记录。
12．配比过量。
13．使用过分相似的等级或品种的原料。
14．过多使用高成本方便食品。
15．剩余原料无法利用。

## 七、服务

1．在上菜时没有标准碗、杯等器具。
2．没有使用称量工具，例如勺。
3．从厨房传菜没有签单。
4．没有回收原料和浪费记录。
5．大意、虫害、浪费。
6．没有遵从配比标准。
7．标准配比太大。

8. 宴会中客人数量不足。

## 八、销售

1. 服务员偷窃。
2. 现金失窃。
3. 客人跑账。
4. 客人结账时不当的记录。
5. 客人结账时价格错误。
6. 客人结账时的错误。
7. 结账时有意或无意的遗失。
8. 菜单设计中,低成本高利润菜品少。
9. 缺乏服务员的内部促销。
10. 没有提供给服务员结账的计算机。
11. 没有用于经营预测的以往的销售记录。
12. 对招待餐和折扣没有严格的限制。
13. 没有监督白条现象。
14. 没有收取附加餐饮的费用,如咖啡、茶、奶酪等。
15. 坏账发生率高并且接受无效信用卡。
16. 遗失客人支票。
17. 没有协调客人支票与厨房票据。
18. 没有错误记录和回收账单。
19. 服务员从厨房走菜时没有做销售记录。
20. 重新设置现金登记。
21. 客人支票没有编号。
22. 服务员或收银员优亲厚友。

## 九、其他

1. 没有为员工餐提供补贴。
2. 没有控制员工餐。

3．没有遵守控制规则和制度。
4．在收款和采购之间发生混乱。
5．运输人偷窃。
6．应付会计账簿错误。
7．没有扣除转移到酒吧中的餐饮品。

**思考题**

1．对餐饮产品成本进行分类有什么意义？
2．餐饮成本核算与成本控制的联系与区别是什么？
3．如何进行餐饮成本核算？
4．餐饮成本控制应从哪些环节着手？

# 案例分析

### 中方厨师长的业绩

京城某五星级合资饭店历年来始终聘用外籍总厨师长，历任总厨师长也不负众望，既保证了食品质量，又能把食品成本率控制在28%—32%之间。两年前，饭店又聘请了德国总厨师长彼得，彼得干练而有效率，食品质量也能达到顾客的期望。但问题是，他接任数月后，成本率却居高不下，并且已经到了不能令董事会接受的程度。出于无奈，董事会决定提前终止彼得的合同。

在这种情况下，如果匆忙招聘并任用另一名外籍总厨师长，显然是不太可能，而且也不能保证用工的质量。因此，中方总经理当即决定由中方副主厨王先生来代理总厨师长工作，代理期定为3个月。面对这个可行的建议，外方总经理却无论如何也不能接受，理由是，毕业于国际有名望的饭店管理学院的外籍总厨师长都不能控制好成本，一名中方副主厨怎能完成如此重任呢？面对巨大的压力，王先生没有退却，而是主动与外方总经理签订了3个月的责任书，这实际是一纸军令状。

签订责任书的第二天,王先生和计财部黄女士制定了具体的成本控制方案,从采购、货物验收、仓库储存直至厨房每日填写各类食品明细等,都制定出了详细的标准,仅半个月,食品成本就比原来下降了 3%—4%。

与此同时,王先生在相关部门的帮助下,还做了详细的市场调查。当时汇率很高,人民币贬值,而饭店房间是按美元收费,餐费按人民币(外汇)计算。许多顾客都很清楚,饭店的宴会报价确实很低,已远远低于国际标准,但食品质量是上乘的。因此,将餐饮价格调整至合理的数额也是一件必须要做的事。王先生在黄女士的帮助下,重新核算了宴会菜单成本,依据饭店餐饮毛利率调整宴会价格。此项措施,又使成本率下降了两个百分点。

厨房部员工在饭店培训部的配合下,开展了"最大产出管理"的培训,引导和培训厨师们充分利用食品原材料,杜绝浪费。加工时,使用食品标准配比,既保证顾客所需的产品量,又不造成太多的浪费。强化厨师的节约意识,促使成本率趋向于正常。

3 个月后,王先生不仅如期完成了责任书上的各项职责,并大大超出了中外方总经理的期望。同时,增强了整个厨房部的凝聚力,厨师们也都更加强烈地意识到了自己的责任。

**案例思考题**

作为一名厨师长应该怎样有效地控制成本?

# 第九章　餐饮促销

**学习目的**

- 掌握服务员推销技巧
- 掌握餐饮促销活动的种类与方法
- 掌握美食节的计划与组织
- 了解餐饮广告的种类
- 了解各广告媒体对餐饮促销的效果
- 掌握DM广告的时机与设计
- 了解网络广告的作用和特点
- 掌握餐饮公共关系与宣传的方法
- 了解促销组合使用时考虑的因素

**基本内容**

服务员推销
- 员工形象推销
- 服务员推销技巧

餐饮推销活动
- 特殊活动推销
- 赠品推销
- 展示推销
- 针对儿童的推销活动

美食节的计划与组织
- 美食节的时机与命名
- 美食节促销的考虑因素
- 食品节促销的步骤

餐饮广告与公共关系
- 展示性广告
- 广播与电视广告
- 餐厅店堂招牌与橱窗设计
- POP广告与餐饮经营
- 直接邮寄餐饮广告
- 网络广告
- 公共关系与宣传

社交媒体营销与会员营销
- 社交媒体营销的概念
- 社交媒体营销的特点及方式
- 社交媒体营销的优点
- 社交媒体营销的缺点
- 会员营销

促销组合
- 促销组合的概念
- 企业运用促销组合时应考虑的因素

餐饮促销，是餐饮企业向顾客传递餐饮商品的信息的活动，帮助顾客认识可能获得的利益，从而达到引起顾客注意、唤起需求、引发消费行为的目的。促销的实质是信息沟通，是双向信息沟通。餐饮促销的方式多种多样，归纳起来有两大类，即人员推销和非人员推销，在非人员推销中又包括餐饮推销活动、美食节、餐饮广告和公共关系等。

## 第一节　服务员推销

### 一、员工形象推销

餐厅的每一个员工都是推销员，他们的外表、服务和工作态度都是对餐饮产品的无形推销。美国大饭店高级总裁、市场销售专家麦克·利文曾经说过："人员推销是最佳销售手段。因为它最可靠、最为有效。"

**（一）制服**

除了星级酒店、大型餐厅、连锁店之外，一般的餐厅中很少看到穿着像样的员工。可能是业者为了节省开支吧！有时，也可以看到穿着制服的服务员，但都邋邋遢遢地或留着与制服不相称的发型。还有的餐厅员工制服整齐，再仔细一看，原来是某家供货商的赠品，制服上写的不是餐厅的名字，而是供货公司的名称。

为了保持餐厅的气氛，如果只讲究装潢、勤于检查清洁，而服务人员的仪容却不端庄的话，一切努力都是枉费。

餐厅员工穿着制服，有以下优点：

1. 清洁感。工作场所身穿干净整齐的工作服，令人有清洁感。
2. 统一感。整齐的制服，提高员工的团队合作精神,同时顾客也容易分辨。
3. 话题性。制服起到了广告的作用，穿着特别设计又有创意的制服，可产生促销的效果。

不管穿什么样的服装，首要条件是一定要整洁、便于活动。现在，以年轻人为顾客对象的餐厅，流行上着T恤，下穿围裙，亦不失为一种青春活泼的打扮。此外，还可以利用简单服饰单口来代替制服，例如：

- 帽子——运动帽、空中小姐带的小帽等，都很适合室内佩带。
- 牛仔裤——后面口袋绣上店名，使之制服化。
- 坎肩——披穿方便，绣上店名一样有制服的功效。

有创意的制服具有多重功效，不失为吸引顾客的一种重要方法。

### （二）服务员个人卫生与外表

1. 身体清洁

（1）每天洗澡。

（2）有体臭的人要努力治疗、消除体臭。

（3）如果条件允许，夏天在上岗前洗澡，之后再进入服务场所。

2. 头发

（1）头发要经常清洗，使之没有头屑、不发痒、发臭。

（2）男性不留长发，要经常剪发，梳理发型。

（3）女性要留简朴的发型，长发要盘起来，不要超过制服的领子。

（4）头发不得蓬乱，不要使用有异味的发胶（乳）。

3. 脸部

（1）经常洗脸。出汗的季节，一定要在进入服务岗位前洗脸。

（2）对粉刺等要马上治疗。

（3）男性服务前要把胡子刮净。

4. 牙齿

（1）每次餐后必须刷牙。

（2）至少每半年去看一次牙科医生。

（3）在服务前必须检查牙上是否有残滞物。

5. 口臭

（1）尽量避免将有口臭的人放在一线岗位。

（2）吃葱、蒜、韭菜等要控制在不给客人带来不快的程度上。

（3）吸烟者在进行服务前一定漱口，以去除烟味。

6. 手和指甲

（1）手必须经常保持清洁、勤洗。

（2）指甲要剪短。

7．鞋

（1）鞋要常擦。

（2）鞋要合脚，不至于在走路时发出"咔咔"的声响。

8．袜子

（1）每天换干净袜子。

（2）袜子的颜色要求男性为深色，女性要穿与皮肤颜色相近的长筒袜。

9．制服

（1）衬衫要保持清洁。

（2）裤子要有裤线。

（3）制服要保持清洁，在没显脏迹之前要赶快换洗。

（4）掉了的扣子要马上缝上。

（5）在客人面前一定要穿制服。

10．化妆

（1）不要化浓妆，以免引起客人的不快。

（2）不要用眼影膏。

（3）不要用有刺激气味的香水。

**(三) 服务员的举止和言谈**

1．走姿

（1）挺胸、直腰、收腹，走一条直线。

（2）在服务区，任何情况下不要跑。

（3）在服务区碰到客人时要让开客人的行走路线，并向客人点头致意。

（4）在走廊、拐角和楼梯上要经常留意客人动线。

（5）不要使用客用电梯、扶梯及洗手间等。

2．站姿

（1）目光自然、平视、显出灵活。

（2）挺胸、昂首、采用正确的姿势。

(3)休息时,可把重心放在一只脚上,另一只脚稍稍前伸。
(4)不要倒背双手(有要求时例外)。
(5)不要靠在桌、椅、墙、柱子上。

3. 手势
(1)不要用食指或中指指示。
(2)介绍说明,指示方向时要用整只手,五指自然并拢。

4. 目光
(1)说话时要看着对方的眼睛,或眼与鼻之间的三角区。
(2)不要死盯着客人或用白眼看客人。
(3)不要东张西望。
(4)对客人的动作要留心。

5. 言谈
(1)用适度的音量、音质、缓慢而清楚地说话。
(2)不要大声说话。

6. 鞠躬
(1)有节度、正确、得体、大方。
(2)两手自然下垂,15度是最理想的鞠躬角度。

7. 微笑
(1)对顾客保持自然的微笑。
(2)不要对顾客大笑或窃语。
(3)服务员之间不要交头接耳,更不要指手画脚议论顾客。

(四)语言应用原则
1. 使用普通话。
2. 语言和蔼,发自内心。
3. 对客人用语要表现出一视同仁。
4. 使用贴近生活的易懂的语言。
5. 使用对方易懂的语言,尽可能熟练掌握外语,以保障准确地沟通。
6. 语言意思表达明确、有趣。

7．语言表达准确、清晰、感觉好。
8．善于倾听对方的讲话。
9．合适地附和与接话。
10．不要打断客人的谈话。
11．不能忽略敬语（尊敬对方的说话）。
12．不能太谦卑。
13．谈话不能触及客人的弱点与致命之处。
14．不要自夸。
15．不能发牢骚。
16．不能和客人争论。

## 二、服务员推销技巧

在服务的过程中，服务员不仅仅是一名接待者，同时也是一名兼职的推销员。推销要有建议性的推销，合理的推销和盲目的推销之间会有很大的差别，后者会使客人生厌，有被愚弄的感觉，或者认为是急于脱手某些不实际的或非名副其实的东西，盲目推销也会与顾客的"物有所值"的消费心理背道而驰。另外，服务人员与顾客凭借自己的喜好和偏见去影响客人的消费情绪，你不喜欢的或许正是客人所乐意接受的，不可对任何客人所点的食品、饮品表示不满。

### （一）顾客进店时

笔者认为，当客人远远地向餐厅走来或者路过餐厅时，迎宾员只宜微笑着轻轻点头和用应有的礼节表示欢迎，不宜用语言表示任何意见，当客人临近餐厅大门时，迎宾员应说："您好！"当客人继续朝餐厅里走时，应不失时机地点头说："欢迎光临！"如果客人主动向迎宾询问座位、食品或其他情况时，迎宾员才应热情地解答，并作好客人的向导，带领客人进入餐厅。

主动招呼对招徕顾客具有很大意义。比如有的顾客走进餐厅，环视一下餐厅四周就转身走了。这时，如果有服务员主动上前招呼"欢迎光临"，顾客即使对餐厅环境不十分满意也不会离开。

## （二）点菜时

有些服务员在顾客刚刚就座后就马上询问客人："先生（小姐）来点什么？"客人往往会感到很为难。不如先送上茶水，说一声："请用茶！"让客人定定神，再送上菜单轻声说："先生请点菜！"然后站立一旁等待客人反馈信息。如果客人在点菜时出现犹豫不决或者主动提问时，服务员即可推荐餐厅的招牌菜、风味菜，或者"今天特别推出的菜点"。

客人点完菜，服务人员习惯问客人："您还要点什么酒水吗？"从推销的角度看，客人只有两种选择，有50%的概率说"不要！"不如说："您是要啤酒，还是白酒？"因为这样的选择句，客人有很大可能跟着服务人员的思路去考虑，选择其中的一种，推销的成功率将会大得多。

## （三）顾客用餐过程中

客人在用餐的过程中或许会突然问道："小姐！有没有黑米粥？""有没有龙虾？给我们上一只。"一些服务人员常常会简单地说："没有！"这样会使客人非常扫兴。即使餐厅现在没有这些菜点，也应先答应一声："好的！"然后再说："对不起，先生，今天已经没有龙虾了，能换一个别的菜吗？今天的基围虾和姜葱肉蟹都很新鲜，您看行吗？"这样不但安抚了客人，而且把客人单一的需求转移到其他选择上去了。

用餐时，客人有时会批评餐厅的某些菜点质量不好，但又不一定完全准确。如果服务员马上指出顾客的错误并予以反驳，客人将会很不高兴，并挫伤他们再次光临的积极性。比如有客人在品味盐煎肉时，大声叫："小姐，你们这个回锅肉怎么不带皮？你知道吗？回锅肉不带皮吃起来没劲！"一位服务员走过去马上说："先生您搞错了，这哪是回锅肉，你吃的是盐煎肉！"客人下不来台，可能会说："这是你把菜记错了，还说我搞错了。"一定要服务员将菜换成回锅肉，弄得双方很不愉快。如果服务员这样说："先生一定对川菜有研究，一吃就感觉出来了。但是今天回锅肉买完了，盐煎肉与回锅肉味型一样，也很有风味，你试试看！"这样客人就不会不高兴了。

有时客人在餐厅等得不耐烦时，会大声催促，一些服务员总是说："请稍等，马上就来！"笔者认为这样说太简单。如在这句话前加上一句"好的！"效果将大不一样，它对于马上消怨息怒会有一定的作用。总之在每一个细微处，都要体现"顾客永远是对的"的经营理念。

如果菜品质量和服务质量真的出了问题，这时许多服务员总喜欢做一些解释，说一些客观原因。但这都是多余的，或者说是不必要的，正确的做法应该是说："先生实在对不起！马上给您换一杯（盘）。"并且迅速采取行动，安抚客人的情绪。

在服务过程中，有时会遇到一些影响食欲的、不太卫生的字眼，服务人员应尽量避开。比如，一位客人在酒后想呕吐，突然在桌上呼服务员："厕所在哪里？"这时如果服务员顺着客人说"厕所（卫生间）在右边角上"就十分不妥。这样会加深在座其他客人心理上的不快。因此，只能纠正客人不雅的问话，回答说："洗手间在右边角上。"

### （四）结账离店时

客人用餐完毕，一些餐厅便直接将账单送到餐桌上，简单地说道："550元。"这是不对的。一般应该让服务人员拿着账单侍立一侧稍候，等待客人说一声"买单！"才回答"好的"，把账单递过去，并说道："先生，这是您的账单，请您核对一下！"前面那种做法和说法似乎餐厅在要钱；后面的做法和说法，是顾客在给钱，细微的差别就在于此。

### （五）熟悉菜品是餐饮推销的前提

服务员要熟悉菜单上的每个菜品，包括菜品的味型、主辅料、营养价值，如果是特色菜还要说出他的典故或产地。因此，餐厅在对服务员进行培训时，可由厨师讲解菜品，并让服务员品尝。对菜品的介绍是为了能够调动顾客的购买动机。服务员在向客人介绍时，除了介绍菜品的配料外，要强调菜品的烹调特点，强调菜品由哪位名厨烹调，使客人产生品尝的欲望。如果菜品名称有典故和来历，服务员一定要结合菜品的典故，作有声有色地生动介绍，以引起顾客的兴趣。这样推销的效果比较好。

### （六）适时推荐高价菜品

有人说："做服务员有什么难的，顾客点什么就记什么，等做好后端上来不就行了吗！"

这里所说的"点什么就记什么"属于自动销售，在这种点菜方式中，顾客主动点菜，服务员被动地接受订菜，没有主动地通过介绍、推荐菜品来影响顾客的选择。这种销售当然最容易，服务员对推销所做的贡献最小。

如果看出顾客在点菜时犹豫不定，服务员可适时介绍、推荐高价菜品；如果客人主动让服务员推荐几个菜，那就更方便了。一般来说，高价菜品和饮料，其毛利额也高，同时这些菜品、饮料的确质量好，有特色。因此，服务员的推销技巧就在于宣传其质量和特色，使顾客购买高价菜品和饮料。

### （七）体谅顾客，关心顾客

前面虽然介绍了一些促销办法，但如果餐厅只以提高销售额、推荐高价菜品为营销目标，那就大错特错了。要记牢，营销的目标是向顾客提供满意的产品和服务，评价一项服务好坏的标准，不是看其是否遵循服务标准和规范，而是看顾客是否满意。所以，餐厅服务员要善解人意，体谅并关心顾客。

## 第二节　餐饮推销活动

### 一、特殊活动推销

"特殊活动"在餐饮营销上被称为 Event。餐厅出于销售的需要，根据目标顾客的特点和爱好，在不同的场合，举办多种类型的特殊推销活动，如文体活动、美食活动、康体活动、展示活动等。

## （一）特殊活动推销的时机

### 1. 节日特殊推销活动

节日是人们愿意庆祝和娱乐的时光，是餐饮工作人员举办特殊推销活动的大好时机。在节日搞餐饮推销，需要将餐厅装饰起来，烘托节日的气氛。餐饮管理人员要结合各地区民族风俗的节庆传统组织推销活动，使活动多姿多彩，使顾客感到新鲜。

在一年的各种节日里，如春节、圣诞节、国庆节、情人节、中秋节、复活节等都可以举办各种活动。例如，北京丽都假日酒店，在国庆节推出各国的风味餐和庆祝活动，将驻北京的各国外交人员和商务人员吸引到丽都来就餐。又如新加坡皇冠太子酒店，在圣诞节与元旦期间，各餐厅都组织丰富多彩的特殊推销活动，其龙江川菜馆会利用节日在推出特别节日套餐的同时，举办迪斯科舞会和赠送节日礼品；皇太子咖啡座推出自助餐并有圣诞老人光临助兴；酒廊中备有风味别致的"圣诞鸡尾酒"，请歌手演唱为客人助兴。

### 2. 清淡时段推销活动

餐厅为增加清淡时段的客源和提高座位周转率，可在这段时间举办各种推销活动。迈阿密万豪酒店的酒吧在下午 2：00 到 5：00 推出"快活时光（Happy Hour）"促销活动，在这段时间中对饮料进行"买一送一"的销售。也有的酒吧在这段时间中让客人以转盘抽取幸运吧座，坐在这个吧座上的客人可免费喝一杯饮料。

### 3. 季节性推销活动

餐厅可以在不同的季节中进行多种推销活动。这种推销可根据顾客在不同季节中的就餐习惯和在不同季节上市的新鲜原料来计划。最常见的季节性推销是时令菜的推销。同时，许多餐厅根据人们在不同季节的气候条件下产生的不同就餐偏好和习惯，在酷热的夏天推出清凉菜、清淡菜，在严寒的冬天推出砂锅系列菜、火锅系列菜以及味浓的辛辣菜等。

## （二）特殊推销活动的类别

特殊推销活动的类别要多样化、要吸引人。常见的有以下几种：

### 1. 演出型

为娱乐顾客，餐厅往往聘请专业文艺团体和艺员来演出。演出的内容有多种，如卡拉 OK、爵士乐、轻音乐、钢琴演奏、民族歌舞等。天津吉利大厦的食为天海鲜美食城在每晚七点至九点有音乐演出、歌舞表演、模特表演，顾客可一边享受美食，一边欣赏演出。昆明金龙饭店的团队餐厅原先营业很不理想，餐厅精心组织了一组以展示十四个少数民族绚丽多彩的民族服装为主线的歌舞节目，节目中穿插着让客人参与洒香水、送荷包、猜民族等活动，把就餐气氛推向高潮。这项活动使餐厅的营业额迅速上升，餐厅扭亏为盈。

### 2. 艺术型

餐厅中搞些书法表演，国画展览，古董陈列等也能吸引客人。例如天津邦尼炸鸡店高了儿童画画竞赛，以吸引家庭客人来店就餐。

### 3. 娱乐型

为活跃餐饮气氛吸引客人，餐厅常举办一些娱乐活动，例如猜谜、抽奖、游戏等，有的餐厅还配备一台游乐器械，如为孩子准备的滑梯、木马等。新加坡文华酒店配备多种有趣的游乐器械，举行魔术表演，放映卡通片等，吸引家庭客人光临自助午餐。

### 4. 实惠型

餐厅利用顾客追求实惠的心理进行折价推销、送免费礼品等活动。例如某餐厅在情人节的当周，对光临餐厅的情侣免费赠送巧克力。又如有一餐厅提出，凡在本餐厅订一份乳猪的客人，下次来就餐可免费赠送一份乳猪，使客人得到实惠的推销措施通常是很有吸引力的。

## （三）举办活动时应注意的问题

### 1. 目标

活动的创意能否具体实现？能否借此加强顾客对该店的深刻印象，甚至慕名而来。

2. 策划人

委托代理商或较内行的熟人策划时,能否做到意见统一,达到策划的目的?老板自己策划时是否能考虑周详。

3. 主办人

主办者最好的人选就是经营者,他必须对活动的内容及预算有整体的计划。

4. 内容

活动的主题必须具有独特性,例如"福乐"举办的"吃冰淇淋比赛"吸引了许多顾客参加,并且也制造出新闻,成为报纸、电视台报道的花边新闻。

5. 过程

例如,"吃冰淇淋比赛"的对象是谁?什么时候举行?由谁裁判?赠品是什么?赠品由谁经办?如何包装?这都是细节问题,必须安排妥当。

6. 场所

大部分的活动在店内或门前举行,有时也可考虑户外举办。

7. 时间

时间是指在一天的什么时段举办,或者每隔几个月举办几天等问题都要详细计划。

8. 对象

针对预定争取的顾客办活动,事先了解该层次顾客的兴趣及所关心的事物。

除非是连锁店或大型的餐厅,一般餐饮业者欲采取大众传播打广告的措施,并不是一件容易的事。但是,若举办活动得法,必能招徕许多顾客。

"坐在店内等顾客上门"的消极观念已经过时了,现代的餐饮业经营观念应该是出击街头,招徕顾客。因此,举办活动不外乎是为了迎合现代社会所采取的推销手段。

## 二、赠品推销

餐厅往往采用赠送礼品的方式来达到推销的目的,但赠送礼品的内容和赠送方式也有很多的讲究。

### (一)餐厅赠品的类别

1. 商业赠品

餐饮推销人员为鼓励大客户经常来光顾,赠送商业礼品给这些客人。

2. 个人礼品

为鼓励顾客光顾餐厅,在就餐时可免费向客人赠送礼品,在节日和生日之际向客人和老顾客赠送小礼品或纪念卡。

3. 广告性赠品

这种赠品主要起到宣传餐厅,使更多人了解餐厅、提高餐厅知名度的作用。管理人员要选择价格便宜,可大量分送的物品作这类赠品。礼品要印上餐厅的推销性介绍。比如给客人分发一次性使用的打火机、火柴、菜单、购物提包等。广告赠品对过路的行人和惠顾餐厅的顾客均可赠送。

4. 奖励性赠品

广告性赠品主要是为了让公众和潜在顾客进一步了解餐厅,而奖励性赠品的主要目的则是刺激顾客在餐厅中多购买菜品和再次光临。这种礼品是有选择的赠送。例如根据顾客光临餐厅的次数,顾客在餐厅中的消费金额分别赠礼品。有的根据抽奖结果给幸运者赠送礼品,管理人员要选价值较高的物品作为这种礼品。

### (二)赠品的要求

1. 要符合不同年龄接受者的心理要求

为使礼品达到最佳效果,有必要针对不同赠送对象选择不同的礼品和场合。

2. 礼品的质量要符合餐厅的形象

一家高级餐厅决不能送低档次的礼品,如果经费不足,宁可不送或只送一件高档次的小纪念品。与其送低价的礼品，不如用同等价钱买少量精致的礼品。例如赠送一打劣质汤匙不如送一个质量上乘的杯子。赠品是沟通餐厅与顾客关系的重要渠道，餐饮推销员要注意赠送符合餐厅形象的独特的礼品来招徕顾客。

3. 赠礼品要附上卡片

赠品上一定要附卡片，以表示对赠送对象的尊重。尽量不要使用印刷文字，最好附上经理亲笔写的致谢词。这样的卡片更能将餐厅赠送小礼品的诚意传递到顾客心里。

4. 包装要精致

包装漂亮能提高人们对商品价值的评价。包装起初是为防止商品污染起保护作用的。现代社会，人们常常利用包装来推销商品。赠品的包装一定要精致、漂亮、独特。

5. 赠品气氛要热烈

为达到最佳赠品效果，在赠品时要尽可能创造热烈的气氛。例如颁发抽奖奖品时与其在收银台上领取，不如在大众"恭喜中奖"的掌声、笑声中颁发。这样赠品能使顾客增加幸运感，并有感染其他顾客的作用。因而餐饮管理者要将赠品作为一项重要的推销活动做周密的计划。

**（三）餐厅常用促销赠品**

1. 定期活动节目单

餐厅将本周、本月的各项餐饮活动、文娱活动印刷后放在餐厅门口或电梯口、总台发送、传递信息。这种节目单要注意，一是印刷质量，要与餐厅的档次相一致，不能太差；二是一旦确定了的活动，不能更改和变动。在节目单上一定要写清时间、地点、餐厅的电话号码，印上餐厅的标识，以强化推销效果。

2. 火柴

餐厅每张桌上都可放上印有餐厅名称、地址、标记、电话等信息的火柴，送给客人带出去做宣传。火柴可定制成各种规格、形状、档次，以供不同餐厅使用。

## 3. 小礼品

餐厅常常在一些特别的节日和活动时间,甚至在日常经营中送一些小礼品给用餐的客人,这些小礼品要精心设计,根据不同的对象分别赠送,其效果会更理想。常见的小礼品有:生肖卡、特制口布、印有餐厅广告和菜单的折扇、小盒茶叶、卡通片、巧克力、鲜花、精制的筷子等。值得注意的是,小礼品要和餐厅的形象、档次相统一,要能起到、积极的宣传效果。

## 4. 菜单

赠品用菜单不同于餐厅中顾客使用的菜单。餐厅中使用的菜单其形状、尺寸、装饰与布局已在第四章论述;而赠品用菜单可以做得精致、小巧些。一些餐厅将菜单做成心形,有的对折在一起是餐厅的外观和名称,打开后是菜单,也有的餐厅将菜单做成折扇形。餐厅可以充分发挥其想象力和创造力。菜单并无固定模式,只要顾客认为新奇、有趣,能吸引其注意力、乐意收藏就是好的赠品菜单,如图9-1所示。

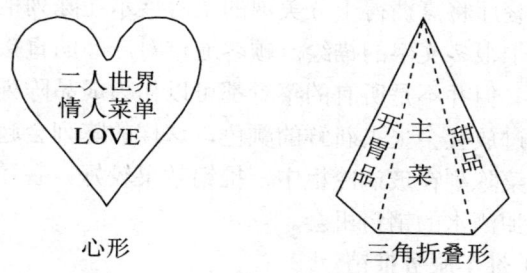

图9-1 心形和三角形折叠菜单

## 三、展示推销

食品的展示是一种有效的推销形式。这种方法是利用视觉效应,激起顾客的购买欲望,吸引客人进餐厅就餐,并且刺激客人追加点菜。

### (一)原料展示推销

原料的展示要强调"鲜""活",让顾客确信本餐厅使用的原料都是新鲜的。一些餐厅在门口用水缸养一些鲜鱼活虾，任凭顾客挑选，厨房按顾客的要求加工烹调。由于顾客目睹原料的鲜活，因此会提高对产品的满意度。新加坡有一家独特的海鲜馆，该餐馆不备菜单。他们将新鲜的水产品收拾干净，搭配好配料，装在一个个碟子里。顾客选择好后，由厨师直接烹调。这家餐馆虽位于远离市中心的地段，但由于其原料新鲜、推销方法独特，顾客纷纷慕名而来。我国近年来出现的海鲜"超市"餐厅就是强调这种展示，餐厅将各种海鲜及其他菜品展现在大堂，任由顾客挑选，服务员帮助记录与服务。

原料的展示还要注意视觉上的舒适性，否则会适得其反。如一家新开业的广东餐馆，其供应的菜品中有蛇肉一类，在餐馆门口养着两条大蛇，过路的人们见之远远就避开了。在有的餐厅里，水缸里的鱼身上伤痕累累，鱼鳍被咬一半，多处已露出红肉，给人产生一种既可怜、又恶心的感觉。可想而知，有谁还敢点这条鱼！

**（二）成品陈列推销**

一些餐厅将烹调得十分美观的菜肴展示在陈列柜里，实物的展示往往胜于很多文字的描绘。顾客通过对产品的直接观察，很快便点完了菜。但并不是所有的菜肴都可以作为成品陈列的。许多菜品烹调后经过放置会失去新鲜的颜色，这样的陈列会起到反作用。甜点、色拉菜陈列在玻璃冷柜中，推销效果较好。餐厅中陈列一些名酒也会增加酒水的销售机会。

**（三）推车服务推销**

许多餐厅让服务员带着菜肴、点心，推车巡回于座位之间向客人推销。推车里推销的菜品多半是价格不太贵且放置后质量不易下降的冷菜、小菜、点心、糕点。有时客人点的菜不够充足，但又怕再点菜等待时间过久，在这种情况下，推车服务既方便了客人，又增加了餐厅收入。有时客人虽已点够了菜，但看到车上诱人的菜品，会产生再来一盘的购买行为。车上的许多菜不一定是客人非买不可的菜品，它属于冲动性购买决策商品。客人若看不见这些菜品，不一定会有购买动机,但看见后便可能产生购买动机和行为,因而这种推销形式是增加餐厅额外销售的有效措施。粤菜的早茶都是采取这种形式进行推销和服务的。

### (四)现场烹调展示推销

在客人面前表演烹调,会使客人产生兴趣,引起客人想品尝的心理。现场烹调能减少食品烹调后的放置时间,使客人当场品尝,味道更加鲜美。现场烹调还能利用食品烹调过程中散发出的香味和声音刺激客人的食欲。一些餐厅还让客人选择配料,按客人的意愿进行现场烹调,这样能够满足客人不同口味的需要。上海扬子江大酒店的亚洲美食"梦择园"餐厅内的印度厨师设摊操作,让客人指明要什么配料,决定各调料的多少,厨师当场操作,吸引了很多客人。

进行现场烹调推销时,要注意选择食品原料外观新鲜漂亮的菜品,烹调时无难闻气味,烹调速度快而且简单的菜品,例如煮、烧烤类的菜品容易现场烹调。另外烹调的器具一定要清洁光亮。

### (五)盛装器皿和菜品摆布的推销

随着社交平台 Instagram(照片墙)和微信的流行,在朋友圈晒美食成为一种流行趋势。"拍菜"已成为 80 后、90 后和 00 后们在餐厅吃饭的一项必备项目。越来越多的餐厅更加注重菜品的盛装器皿和摆盘设计,要给食客以视觉、味蕾、心情等多方面的愉悦。

研究发现作为视觉动物,我们通过视觉获取信息占到了 70%以上,精美的摆盘和盘饰可以更大程度地勾起客人的食欲。某日与朋友餐厅相聚,点了只龙虾两吃,即刺身和椒盐。刺身就是将龙虾肉切片生吃,其他部分油炸后撒上椒盐吃。时间不长,只见服务员手托一个精致木船,船上放着龙虾,四周绿叶点缀。头、尾撤掉后,露出满满一碟龙虾肉,鲜嫩透亮,令人食欲大增。其实肉并没有那么多,肉下面是一盘冰块,这样的摆布既显量大,又能起到低温保鲜的作用。北京大董餐厅的"中国意境菜"一面世,即刻受到普遍的关注,并获得市场的认可。中国意境菜将中国水墨绘画、诗词歌舞的意境美感,以及陶瓷文化、盆景造型技法融入菜品的摆布与装饰,使菜肴色、香、味、形、意俱美，吸引了中外高端顾客。在 2014 年亚太经济合作组织 APEC 峰会期间，各国首脑纷纷莅临大董餐厅品尝菜品。

但应注意的是，漂亮的外表能够吸引消费者的目光，那是因为他们希望品尝到同样优秀的菜品，一旦客人发现菜品是个金玉其表的花瓶，自然会产生一种受到欺骗的抵触心理，更有甚者，若是餐厅的食品安全存在重大问题的话，菜品颜值再高也难以获得客人的青睐。

**四、针对儿童的推销活动**

在中国的很多城市，儿童已逐渐成为许多家庭外出就餐的决策者。儿童常去的餐厅是咖啡厅和快餐厅，针对他们的推销有以下几点：

1. 提供儿童菜单和儿童份额的餐饮品，多给儿童一些特别关照。
2. 提供为儿童服务的设施。例如儿童座椅、儿童餐具、围兜，一视同仁接待小客人。
3. 赠送儿童小礼物，尤其选送他们喜欢的与餐厅宣传密切联系的礼品。
4. 娱乐活动。儿童对新奇好玩的东西较感兴趣，餐厅常在一角设有儿童游乐场，放置一些木马、积木、跷跷板之类的玩具，还有的专门为儿童开设专场木偶、魔术和小丑的表演，或放映卡通片、讲故事等。尤其在周末、儿童节日，这是吸引全家用餐的好方法。
5. 儿童生日推销。餐厅可以设计专门针对儿童生日的菜单进行宣传，并给予一定的优惠。例如日本的麦当劳记载了约 60 万名小朋友的出生日期，在每个小朋友生日前几天，家长会收到麦当劳汉堡店寄来的电脑生日卡，到了生日那天，小朋友可以持卡到麦当劳。这时，店里的工作人员除了对小寿星说一声"生日快乐"以外，还鼓掌欢迎他们的光临。餐厅还推销生日宴、"宝宝满月""周岁宴会"等，从长远看，这些小朋友是餐厅的潜在顾客。

6. 抽奖与赠品。常见的方法是发给每位儿童一张动物画,让儿童用蜡笔涂上颜色,进行比赛,给获奖者颁发奖品,增加了儿童的就餐乐趣。

7. 赞助儿童事业,树立餐厅形象。餐厅可以给孤儿院等儿童慈善机构进行募捐,设立奖励学金,赞助儿童体育、绘画、音乐比赛等,可以吸引新闻焦点,树立企业在公众中的形象。

## 第三节 美食节的计划与组织

### 一、美食节的时机与命名

1. 以某种餐饮产品为由举办的食品节。例如,美国的"食品与葡萄酒节"每年 2 月都由佛罗里达国际大学在美丽的迈阿密海滩举办,世界各地的食品供应商、酒商以及知名酒店云集海滩,促销其产品。再如"俄罗斯土豆节",居住在伏尔加河流域的人们每年 7 月都要举办土豆节,在节上他们制作奶油炸土豆、土豆烧牛肉或草莓炒牛肉等多种食品。还有每年 11 月的"瑞士洋葱节",每年 12 月 5 日的"韩国酱菜节"等美食节。

2. 借助某一节日推出的食品节。如在圣诞节推出"欢乐圣诞食品节",举办大型自助餐、圣诞大餐、圣诞套餐等;"新春佳节美食周"则可推出迎新春年夜套餐、新年合家欢套餐、新春宵夜自助餐等。

3. 以某一地方或民族风味命名的食品节。如"广东菜美食节""四川菜美食节""维吾尔族菜肴食品节"等。

4. 以名人命名推出的食品节。如"东坡系列菜肴美食节""乾隆宴美食节"等,还有以名厨绝技绝活而命名的美食节,如"江苏十大名厨厨艺展"等。

5. 以某一时期的仿古菜命名的食品节。如南京的"随园菜肴食品节"，以清代袁枚《随园菜单》研制创作而成；"红楼菜食品节"，则以曹雪芹《红楼梦》中记叙的菜式为原本烹饪制作菜肴。

6. 以某种餐具器皿制作菜肴为主题命名的食品节。如"系列火锅食品节"，推出由顾客任意选择的自助火锅以及各种特色火锅系列，还有"系列铁板食品节""系列砂锅食品节"等。

7. 以某种烹饪技法和某一食品为主的食品节。如"系列烧烤食品节"，既可选择在某一餐厅，也可在露天花园、楼顶、阳台等较大的地方举办，还有"饺子宴美食节""系列包子美食节"等。

8. 以食品功能命名的美食节。如"药膳食品节""美容健身食品节""高考健脑食品节"等。

9. 以本店、本地的特色菜、创新菜命名的食品节。如"运河游菜点风味展"，以运河为主要线索，配置菜肴成系列组成展示活动，还有"太湖秋宴食品节""秦淮小吃美食节"等。

10. 某一宴席或几种宴席名称命名的食品节。如以乡土菜点组成的"乡土风味宴"，以中餐西吃菜点组成的"中西合璧宴"，以赏花灯、猜谜、娱乐为主的"花酒宴"，以团圆菜点组成的"合家欢宴"，以喜庆婚宴为主的"龙凤呈祥宴""永结同心宴""百年和好宴"食品节等。

11. 以外来菜命名的食品节。如"法国菜美食节""西班牙菜美食节""日本菜美食节""阿拉伯菜美食节"等，或请外国名厨料理，或请专家亲临指导。

12. 以其他缘由组织的美食节。如以季节特色命名的美食节——"今秋硕果美食节"，以某一类人群命名的食品节——"生日快乐美食园地"，以贴近普通百姓的菜肴命名的食品节——"家常风味食品节"等。

## 二、美食节促销的考虑因素

### （一）为饭店产生的效益

举办食品节的宗旨，首先是为饭店产生良好的效益。无论是围绕国内外传统节日举办的食品节，如儿童食品节、中秋赏月小吃食品节、圣诞牛扒节等，还是优选各种风味，组织以不同原料或风味为主的食品节，如新派粤菜食品节、药膳花馔食品节、鲍参翅肚食品节等，都以为饭店餐饮增加营业收入、扩大盈利为出发点。若不是主要为了盈利，而是以创造餐饮声誉、树立市场形象、丰富常客口味、扩大市场占有率为出发点，在创造社会效益的同时，同样应兼顾餐饮的经济效益。

## （二）为员工带来的培训效果

举办食品节的技术力量无外乎来自两个方面：一个方面是饭店厨房内部精通某类菜点制作的技术骨干，也可采取集体智慧，举办创新菜比赛，产生优秀菜点，并以此推出食品节，首先公布创新菜选拔比赛制度，再让厨师申报参赛品种，集中安排操作，通过考核打分，筛选若干品种，即可作为食品节的精选品种。举办食品节的另一种途径就是邀请、聘请来自其他饭店某类风味菜品的技术权威。总之，拥有特定的技术力量是成功举办食品节的重要前提，也是餐饮不可多得的宝贵财富。食品节是短期的，然而食品节之后能为饭店留下些什么，仅仅是昙花一现、过眼云烟，还是去粗取精、丰富充实本厨房菜品，这也应成为举办食品节不可忽视的因素。

为了成功举办食品节，对员工进行培训是必需的，若通过精选的食品节菜品能够成为本饭店长期供应的且受顾客欢迎的品种，那么这种培训将是经济的、双效的。

## （三）因美食节而增加的设备与原料方面的费用开支

为举办美食节，饭店增加一定的开支和投入是不可避免的。例如邀请外地、外单位的厨师来店培训、表演、操作的差旅费、劳务费、保险费等，以及为制作某类菜点所必需添置的设备和购买原料等方面的费用等。这些费用都应量力而行，从饭店餐饮的现有实际情况出发，既要创造条件，力促食品节顺利举办，又要做一定的投入产出分析，考虑投资的回收情况（参见表9-1）。

另外，若因举办食品节而专程邀请国外的烹饪大师，或到遥远的地方组织采购名贵稀有原料，其巨大的费用和繁琐的手续，也是一般中小型饭店所承受不起的。若有可能，选择合适的饭店，进行技术交流，互派人员到对方举办食品节不失经济而方便的做法。

表 9-1　食品节经营预算

| 项目名称 | 预计数 | 实际发生数 | 预计与实际差额 | 备注 |
|---|---|---|---|---|
| 一、营业 | | | | |
| 1. 食品收入 | | | | |
| 2. 酒水收入 | | | | |
| 3. 服务费收入 | | | | |
| 4. 其他收入 | | | | |
| 二、税金 | | | | |
| 三、成本 | | | | |
| 1. 食品原材料 | | | | |
| 2. 酒水 | | | | |
| 3. 其他 | | | | |
| 四、费用 | | | | |
| 1. 选聘技术人员 | | | | |
| 差旅费 | | | | |
| 食宿费 | | | | |
| 劳务费 | | | | |
| 组织考评费 | | | | |
| 其他 | | | | |
| 2. 培训费 | | | | |
| 派外学习 | | | | |
| 学费 | | | | |
| 差旅费 | | | | |
| 食宿费 | | | | |
| 店内培训 | | | | |
| 材料费 | | | | |
| 授课费 | | | | |
| 其他 | | | | |

续表

| 项目名称 | 预计数 | 实际发生数 | 预计与实际差额 | 备注 |
|---|---|---|---|---|
| 3．材料费 | | | | |
| 餐具、用具 | | | | |
| 装饰品 | | | | |
| 其他 | | | | |
| 4．宣传费 | | | | |
| 报刊电视广告 | | | | |
| 印刷品费用 | | | | |
| 纪念品费用 | | | | |
| 其他 | | | | |
| 5．公关费 | | | | |
| 同行 | | | | |
| 新闻界 | | | | |
| 其他 | | | | |
| 五、利润 | | | | |

## （四）活动所需要的场地、人力和时间

举办食品节，推销以某一类菜点为主的食品，不仅需要一整套的厨房加工、生产场地和人手，而且还应有相对独立的销售服务场所，以及了解和知晓这些食品的服务人员。虽然有些食品节可以与正常餐饮活动交叉进行，可大部分食品节对场地和人手的要求是相对独立的，尤其是餐厅，因为大多数食品节要对餐厅进行特别的布置和美化，创造特有的情调和气氛。

举办食品节的季节、时间是否合适，时间跨度多长为宜，同样是不可忽视的因素。冬季举办火锅节，夏季举办素食节，秋季滋补节，春季举办绿色食品节，都能给客人以清新、适时之感。食品节的时间跨度，则要根据食品节的品种内容、客源市场的消费能力和口味爱好等因素综合考虑。山林野味食品节，原料腥腻，加工复杂，虽能以其新奇吸引城市消费者，但重复品尝的客人很少，因此，在鲜活原料丰富的城市则不宜举办太长。相反，宫廷御膳食品节，由

于其原料丰富，口味别致，适应面广，能给不同消费者以多样的感受，在一些经济较发达的城市举办，其时间可相对长些。另外，如果饭店营销部已安排全年接待计划或有大型接待活动，在此期间举办食品节，则更要严格计划和把握时间，做到局部服从全局，保证整体效益的实现。

### 三、食品节促销的步骤

#### （一）确定活动主题，选定活动方式

食品节促销活动的主题，是确定和影响整个食品节一切工作的依据。活动的主题，必须具有独特性，既不能人云亦云、步人后尘，更不可哗众取宠、故弄玄虚。确定食品节的主题，必须兼顾时令性和技术力量的来源，以确保食品节能如期举办并取得较好效果。

在确定活动主题的同时，应选择好举办活动的方式。比如，饭店在公共场所举办开放式冰淇淋食品节，同时举办吃冰淇淋比赛，不仅能吸引众多客人参加，还可以增加其新闻价值，从而扩大对活动和对餐馆的宣传报道。无论哪种食品节促销方式，都应针对目标顾客，计划、选定活动举办的方式，如自助餐、套餐、宴会、零点、外卖或综合几种方式举办等。

#### （二）编排活动计划，指定促销菜单

编制全面详细的活动计划，可以避免食品节期间的差错，尤其是要请外地、外单位的人员来本饭店厨房主持的食品节，计划应包括活动起止日期、每天生产和营业时间、场地、用具、人员、原料的组织和人员费用等。对有外单位技术人员参加的食品节，还应将其抵达饭店工作的日期、人员要求及数量，以及在本饭店的接待安排情况全部计划在内。

提前制定一份富有新意和吸引力的食品节推销菜单（包括小吃、点心等）是十分重要的。菜单风味品种的选定要突出食品节的特点，充分考虑厨房的技术力量，结合整个活动计划，合理安排原料的筹措与菜品的制作。菜单不仅要突出食品节的主题，还要合理进行菜

点搭配组合，进而测算每份菜的成本、毛利和售价。为了保证菜单品种的如期推出和出品质量，至少应将所有推出菜点的主料、配料及配菜小料和盛器与装盘规格，列表做出明确规定。如果可能，及时给每一菜点制定标准化菜谱，这样不仅对生产操作极为有利，对厨房的成本控制也是十分有用的。

### （三）落实人员、场地，计划安排时间

如果食品节是依靠本饭店厨房内部的技术力量举办的，则要指定专人分别负责食品节期间的各类食品生产，同时协调安排好其他正常生产营业工作。如果遇到厨房人手紧张的时候，也应调剂、落实各岗位人员，以保证食品节的正常进行。根据食品节菜点生产制作和服务的需要，提供必要的场地。如有可能，尽量将食品生产与餐厅销售集中在同一楼层、同一区域。

一般食品节都选择在本饭店餐饮业务较淡的季节，尽管如此，也应安排好活动开展的起止及生产和营业时间，以便及时组织货源，保证原料新鲜、营养卫生和使用方便。如果既定的食品节万一碰到厨房生产比较繁忙的时候，更要做好详细的时间计划，力求使有限的场地、设备用具发挥更大的作用。

### （四）组织货源，调剂用具设备

食品节开始之前，菜单确定之后，一项很重要的工作就是筹措食品节所需各种原料，不仅要备齐食品节推出菜点的主料、配料，同时还要根据食品节用料清单，想方设法备全各种调味品、盛装器皿和装饰用品。例如，药膳食品节所需要的各种药材，冰淇淋节所需的各种杯边装饰品，宫廷菜食品节所需的各种金边餐具和餐厅服务人员的头饰与旗袍等。

大多数饭店都不愿为了某一食品节而专门添置大型的设备和用具。因此，在食品节举办之前应做好设备用具调剂使用的安排，如能错开生产时间当然最好，比如烧烤食品，温度对成品质量影响不十分明显的可提前生产；如果不能错开生产，则应考虑设备和人员是否可以兼用，比如通过培训可以使炉灶厨师既能烹制正常营业菜

肴，又能烹制食品节菜品；如果上述两点都做不到，则应合理分配现有设备用具的使用，使各项生产和出品能有序进行。

**（五）开展广告宣传，印刷有关材料**

食品节的影响大小和成功与否，很大程度上取决于广告的宣传作用。要在食品节举办之前，详细计划和分步实施广告宣传活动。要针对食品节的特点和主题，选择一定的广告宣传媒体，进行相应的广告宣传工作。若食品节的主题或菜式具有特别意义而又鲜为人知，则更应作详细宣传。食品节的印刷品除了广告宣传作用，还有菜单、酒单等。这些印刷品的设计和印刷质量，应与饭店餐饮规模、档次相适应，既要美观大方，又要突出食品节的主题，还要注意保持餐厅一贯的宣传风格和强化给客人的印象。

**（六）试制菜肴，培育生产和服务人员**

食品节前要对食品节上即将推出的菜品进行试制，无论是在店外邀请的技术力量，还是本饭店的厨师，都应进行试菜，并根据情况，请饭店主要管理人员及有关行家进行品尝鉴赏。试菜可以了解当地客源市场对菜品的认可和接受程度，如确有必要，对其用料和口味可稍作调整；还能通过试菜制定全面详细的标准食谱，有利于控制成本和培训、存档之用。借试菜的机会，对参与食品节食品生产和销售的厨师和服务人员进行现场培训，使其充分了解将要生产和推销菜点的用料、制作程序和成品特点，如有典故和相关趣闻，也应一并培训，以增加生产制作的精细程度和服务的情趣。

**（七）如期布置场地，推出各类食品**

食品节举办期间，先要设计布置出一定气氛、特定主题的餐厅。餐厅应有一个独特、鲜明的形象，如宫廷菜食品节雕龙画凤、江南水乡食品节莲茂谷香、川湘风味食品节茅舍檐前缀以串串红椒等，为光顾食品节的客人留下深刻的印象。餐厅的布置也非愈地道愈逼真愈好，有些宜神似，有某种氛围即可。如素食节布置一些绿色植被、陈列一些"三菇六耳"便能达到效果。

制作和如期推出各类食品是食品节组织控制的重点。食品节期间,不仅要保证菜单所列品种如数按时供应,还要注意其规格质量标准不能低于试菜效果。生产中出现的原料、场地、设备、人手等方面的问题,厨房管理者要随时协调,并做到善始善终,确保广告宣传词的落实和慕名品尝的客人如愿以偿。

**(八)总结评估,积累资料**

食品节结束,除了及时清理场地,收拾并妥善处理剩余原料、食品及装饰用品外,应对食品节全过程进行总结评估,以积累一定的组织筹划、原料采供、生产制作等方面的经验教训,并注意与外邀技术人员搞好关系,做好经济、交通等其他善后工作。无论此类食品节以后再举办与否,都要做好一定的文字资料积累,为菜肴的推陈出新和其他不时之需做好准备。

## 第四节 餐饮广告与公共关系

餐饮广告是餐饮企业以付费的方式,通过一定的媒体向顾客传播产品信息的一种促销手段。餐饮广告有很多种形式,包括店面广告、报纸广告、电视广告、广播广告、户外招牌广告、网络广告以及标语和传单等。餐饮广告的目的就是向公众或特定市场中的潜在顾客宣传其餐饮产品和服务,吸引顾客到餐厅用餐。不同的广告形式有着不同的功能和优缺点。当然,并不是每一种形式的广告对你的餐厅都适合。大型快餐连锁集团,如麦当劳、肯德基、汉堡王等,经常通过电视或大型国际文体活动进行广告宣传。这种形式的广告对一家独立的餐厅显然是不合适的。中、低档餐厅做电视和报纸的广告收效不会太大,而人员推销和散发印刷品可能更合适些。

### 一、展示性广告

展示性广告是指通过报纸、杂志、旅行手册、旅游出版物、电话号码簿等向目标顾客提供信息的广告方式。餐厅采用这些形式的广告，可以展示较多的信息，而且与电视广告相比，目标顾客可以用任意长的时间来阅读，而不受时间的限制。因此，展示性广告可以长期保留在顾客的心目中。此外，展示性广告还可附带奖券和回执，具有很大的灵活性。例如，餐饮广告既可以展示图片、复印菜单，又可列出优惠菜品和优惠价格。

展示性广告的制作是一门艺术，也是一项专门的工作。根据调查，90%的餐饮广告是通过广告代理商（广告策划公司、信息咨询公司等）来制作的。

**（一）餐饮展示广告的基本要求**

1. 引人注目

很多报纸或杂志都设有广告版或广告专栏。要使读者在众多的广告中识别出本餐厅的广告，并能仔细读一遍，不下一点工夫是不行的。常用的技巧是从展示上做文章，通过对色彩、边框、字形、字体的运用，来吸引读者的注意力。

2. 突出读者能得到的实惠

餐饮广告应明确告诉顾客餐厅的吸引人之处，进餐的顾客能得到什么优惠，与其他餐厅相比，你的优势在哪。

3. 不要搞虚假承诺，不要设圈套引诱顾客

广告所表达的内容和做出的承诺要不折不扣地履行，不能附加任何条件。例如，天津某一餐厅标榜自己的龙虾"每斤168元，全市最低价！"真不知这个"最低价"是估计的，还是经过对全行业认真统计和比较得出的。还有一家餐厅在《今晚报》连续进行广告宣传："龙虾每斤56元。"但下面还有一行小字："每斤加收加工费50元！"很多读者在看完这则广告后都认为，这家餐厅还不如直接写成"每斤龙虾106元，免收加工费！"用醒目的大字吸引顾客，另用小得多的字体来说明附加条件，的确是一种吸引人的艺术，但多数顾客会产生心理上的反感。也有的餐厅在广告上承诺"龙虾每斤168元"，但顾客吃完后却每斤加收50元的加工费，出乎顾客意料，令

人直呼上当。

4. 说服读者，并要求读者购买

广告应设法说服顾客，使之做出购买决策，而不能只是单纯地介绍餐饮产品和服务。

5. 提供反馈联络

广告应列出餐厅的订餐电话、地址或地图，甚至联系人姓名。

（二）展示性广告的类型

1. 报纸广告

在报纸上做餐饮广告目前已很普遍。报纸广告有以下优点：

（1）报纸具有资料性，便于保存、剪贴和编辑；

（2）报纸适于浏览，不必占用专门时间阅读；

（3）报纸广告时效性强。

（4）对餐饮产品和服务的描述细致，可以给读者留下较深刻的印象；

（5）成本相对较低。

但报纸广告也有其不足之处：

（1）广告展示质量差，尤其是采用图片时；

（2）报纸篇幅大，而较小的餐饮广告不易被发现；

（3）传播速度慢于电视和广播；

（4）受读者文化程度限制。

用报纸广告推销餐饮与饭店其他服务设施等，在报纸的选择上有很大区别。一般来说，餐饮广告在本地报纸上做，而推销客房就不能在当地报纸做。餐饮广告一般选择具有大众读者的本地报纸为媒体。报纸广告适合于做食品节、美食廊、特别活动、小包价等餐饮广告，也适合于登载优惠券，让客人剪下凭票给予优惠。要注意登载的频率、版面、广告词、大小和色彩等。

还有一些餐厅的报纸广告不是介绍其菜品和服务，只是用显眼的字体登出餐厅的名字和订餐电话。这样的广告适用于那些已经被人们了解的餐厅，没有必要再解释菜品，只需要加深人们的印象而已。

一些餐厅别出心裁,在报上举行"读者点评"或"有奖征文"活动,由餐厅协办,这样餐厅的名字也会和每一篇点评、征文一起,出现在读者面前。

2. 杂志广告

杂志广告近年来很流行,尤其是行业性杂志更为突出,甚至连一些有名的学术刊物也刊登大量的广告。杂志广告的优点是:

(1) 针对性强,专业性强,范围相对固定,即不同的人阅读不同的杂志,这便于决策者根据就餐者的职业、阶层,选择其常读的杂志做广告;

(2) 杂志资料性强,便于检索和储存,信息量大,图文并茂,专栏较多;

(3) 杂志所用纸张质量高,印刷精致、讲究,可以用彩色图片来表现餐厅的装饰、布局、菜品、酒水以及服务,使人印象更深刻。

杂志广告的缺点:

(1) 出版周期长,只能适用于时间性不强的信息;

(2) 杂志很难针对某一地区市场;

(3) 广告成本稍高。

能够用来做餐饮广告的杂志一般都是行业性杂志,如《中国烹饪》《中国烹饪研究》《中国旅游饭店》《饭店世界》《旅游管理》等,其目的并不是给顾客看,而是由这些杂志的行业人员、科研人员、教师以及学生通过口头广告对餐厅进行宣传,树立餐厅形象,培养潜在顾客。

3. 旅游指南

如城市旅游景点指南、饭店指南、城市旅游交通图等,由于它们是针对特定的目标市场和地理区域,因此,其市场针对性强,效果好,而且有时列入旅游指南无须付费。

澳大利亚人克里斯和罗伯特(Chris Taylor & Robert Storey)合编了一本如何在中国旅游的指南(China-a Lonely Planet Travel

Survival Kit），分别在澳大利亚、美国、加拿大和法国出版，每年都再版。书中详细介绍了中国每一个地区的旅游景点，以及交通、购物、食宿等指南。这本书成了许多外国游客来华观光的必读手册，当笔者问起一些外国游客对此书有何评价时，他们都说："它告诉你在哪吃住最便宜！"这无疑为那些饭店、餐厅做了一个免费的世界范围的广告宣传。

## 二、广播与电视广告

### （一）广播广告

在电视普及之前，广播广告是一种大规模的广告工具，它具有以下优点：

1. 广播在特定的节目有特定的听众群，且广播往往针对某一特定的区域，因此，在广播电台做广告针对性强，能够吸引固定的市场层。例如，北京的长城饭店、京广中心就经常在北京音乐台和中国国际广播电台做广告，以吸引年轻的顾客群和收听外语节目的宾客。

2. 广播是一种传播功效极大的媒体，电台广告可以用来强化广告作用，获得立即的反馈，并可通过重复播放以加强目标顾客对餐饮产品和服务的了解，加深听众的印象。

3. 广播的费用较低，且收听者不受时间和空间的约束，随时随地收听。

广播广告的缺点：

1. 广播时间较短，有些重要信息如电话号码、地址等不易记住，因而，听众往往印象不深刻。

2. 广播广告以听为主，无法形成视觉效果。比如饭店的餐饮设施、服务、菜品、鸡尾酒等，不可能通过画面和图片展示出来，从而削弱了广告的效果。

### （二）电视广告

通过电视做广告是建立饭店与餐厅良好形象的最佳途径。电视广告具备了广播广告的优点，同时它还可以通过声音、图像动态地展现出来。特别是具有一定趣味性、艺术性的电视广告，会给观众留下深刻印象，是最富有感染力的广告媒体，具有良好的宣传效果。

电视广告传播速度快，覆盖面广，同广播一样，电视在特定的时间、特定的节目以及特定的地域有其固定的观众群体，因而可以大规模地吸引消费者。然而，电视广告同其他类型的广告相比，也有很多不足之处。如：

1. 展示时间短，稍纵即逝，不便储存和查找。
2. 广告费用昂贵。除播映费用外，广告的制作成本也很高。
3. 受时间和频道限制，比较被动，而且信息只能单向沟通。

有鉴于此，中小型餐厅不宜做电视广告。对于实力雄厚的大型饭店和餐厅，尤其是餐饮连锁集团，电视广告是较好的选择。电视广告适合宣传餐饮服务设施和形象，以及特殊活动。那些试图吸引外国游客、常驻机构的外国工作人员和企业外籍员工的餐厅最好将餐厅广告安排在新闻节目，特别是英文新闻节目的前后，以达到最佳广告效果。

另外，有些餐厅不是直接做电视广告，而是电视台的有关栏目有意地宣传。如电视台拍一些餐饮专题片，餐厅可以争取这些机会。北京电视二台有一个"今日商场"节目，很多餐饮企业在这个节目中亮相。当然，这是需要付费的，但广告效果很不错。

### 三、餐厅店堂招牌与橱窗设计

#### （一）招牌推销

招牌是餐厅十分重要的宣传工具。招牌要大而醒目，使其可见性大，要让乘车经过的人远远就能看见，晚上招牌要有灯光照明。对于宾馆饭店内部的餐厅，不仅要有明显的招牌，而且还要在过道及顾客从大堂到客房的路线设立明显的标志。

常见的餐厅招牌有以下几种：
1. 直立式招牌

直立式招牌是在餐厅门口或门前竖立的带有餐厅名字的招牌。直立式招牌有各种不同的形状，如竖立长方形、横列长方形、正方形和椭圆形等。为了增加视觉效果，招牌的正反两面或四面体的四面都应设计餐厅的名称和标识。

2. 人物或动物造型招牌

以动物或人物造型制作的招牌，具有较大的趣味性，能吸引较多的顾客，尤其是少年儿童。麦当劳、肯德基门前的人物造型即属此类。目前，在国内很难发现中式餐厅有这样的招牌。

3. 霓虹灯、日光灯招牌

在晚上，霓虹灯和日光灯招牌能使餐厅明亮醒目，增加餐厅在晚间的可见度。同时，这些招牌能制造热闹和欢快的气氛。霓虹灯和日光灯招牌的设计要新颖，独具一格。它们可以被设计成各种形状，采用多种色彩。灯光巧妙地闪烁和变化移动能产生一种动态的感觉。同一成不变的静态灯箱相比，霓虹灯更能活跃气氛，更富有吸引力。

美国的一家生意兴隆的餐厅，为了减少招待的麻烦，特意在门前装了三色霓虹灯，红灯表示客满，黄灯表示稍等片刻，而绿灯则表示欢迎入内。这可以说是利用灯箱广告的一种新招数。

4. 壁式招牌

壁式招牌是镶嵌在墙上的招牌。传统的壁式招牌是挂在门口上的木制匾牌，餐厅的名称通常由某位名人书写，传统的中餐厅大都如此。由于这种招牌紧贴墙壁，所以，顾客在远处很难发现。一些西式餐厅为引人注意，设法将这种招牌从周围墙上突出来，用大理石或黄铜作招牌底面，再配以色彩鲜明的店名，效果较好。这种招牌的设计要有独特性，不要只是简单的一行字。

5. 悬吊式招牌

悬吊式招牌是挂在餐厅门口上方，并从门口向外探出的招牌。

悬挂式招牌挂得高，比较突出。一般来说，双面都印上或刻上餐厅的名字，可以使南来北往的客人能远远地就见到招牌，宣传效果比壁式招牌好。

**（二）橱窗推销**

餐厅的外观设计要美观大方，门口和橱窗可种植或摆放花木、盆栽。四周要保持卫生清洁，花木要及时去掉凋花和枯叶，花叶不可粘满尘土。只有清洁的外观才能使顾客相信餐厅的内部环境和食品是卫生。中、低档餐厅可在门前或橱窗上列出餐厅供应的特色菜品和价格，而高档餐厅则不宜列出价格。

除餐厅的常客外，一般人是不愿光顾一家客人稀少的餐厅的。这也是一种消费心理，人越多，客人越往里挤；人越少，客人越不愿进。因此，要训练迎宾员或领座员将客人引到靠窗的座位，或引到从窗外容易看到的座位。这样，从橱窗外面看，给人以一种生意兴隆的印象。窗边的座位布置要讲究，可巧妙地放置一些花木、盆景，给人一种舒适感。

有些餐厅为推销海鲜，或展示餐厅特色，将橱窗的一部分设计成大鱼缸，缸内养鱼、虾、蟹等，顾客可以欣赏，也可以从中任意点取所喜爱的海鲜，顾客吃着也放心。这也是一种有效的推销方法。

还有一些餐厅，特意将厨房设在沿街一面，使用透明玻璃窗，将厨师的操作展现在行人面前，通过厨师高超的烹饪艺术来吸引顾客。这种方法一般适用于干净、整洁的西餐厅。西餐厨房使用的设备多为不锈钢的自动化设备，且烹调过程比中餐简单，采用这种方法可以起到很好的推销效果。

**四、POP 广告与餐饮经营**

**（一）POP 广告的概念**

POP 广告（Point of Purchase Advertising），亦称售货点广告或购货点广告。POP 广告的概念有广义与狭义两种，广义的 POP 广告概念是：凡在购买场所、零售商店的周围、入口、内部以及有商品的地方设置广告物,如商店招牌、门面装潢、橱窗、商店装饰、商品陈列、招牌、传单、刊物、表演以及有线广播、录像播放等广告形式,都属POP广告;狭义的POP广告概念,是指在购物场所和零售店内设置的专柜展销和专橱展销。我们研究的是广义的POP广告。

（二）餐厅内部的POP广告

1. 餐台广告,对吸引消费者注意,对商品差异化的认知,引起购买冲动,都起到重要作用。餐厅可在吧台或餐台设立主体的和动态的POP广告物。

2. 悬挂广告,这是从天花板、梁柱上垂吊下来的展示物,如吊牌、饰物、彩条、小旗帜等,只要高度适中,也能引起注意和增强店面装饰效果。

3. 墙面广告,这是利用墙面张贴海报、招贴、装饰旗等,主要是宣传餐饮产品和美化墙壁,对餐厅环境也有重要影响。

4. 地面广告,利用餐饮店内外的地面空间,放置鱼缸水台、旋转台等,这是展示商品,刺激购买的良好形式。

（三）户外POP广告——路牌广告

1. 路边广告牌有不同的形式

（1）公路广告招牌

公路广告招牌能将广告的内容传递给成千上万个驾车驶过的人。由于行车速度快,公路广告招牌应制作得大一些,字体要鲜明、突出,如绿底白字,或蓝底白字。位于高速公路边上的广告牌必须标明出口号码,如"罗杰斯餐厅,12号出口"。而在快到达出口的地方,由于车要减速,招牌可再具体一些,如"城乡饭店——餐厅、鸡尾酒、游泳池、儿童免费"。

（2）招贴海报牌

招贴海报牌也是户外广告的一种主要形式。这种海报牌通常用木条或铝合金来做边框,玻璃板内镶嵌平版印刷的餐饮广告。海报牌常见于市区街道两侧,或置于公共汽车站,或置于建筑物墙上或顶上。

2. 选择路牌做广告媒体，应考虑以下几个因素：

（1）客流量的大小

把广告设在客流量大的地方是广告单位与广告客户的共同愿望。但考虑这一因素时，不能妨碍现代化交通的发展，还要服从整体市容的美化。在文物保护单位和名胜古迹，一般是禁止设置路牌广告的。

（2）路牌的高度、宽度以及面积的大小

这一般要因地制宜，还要考虑施工方便与安全（包括灯光、风力）以及防止路牌褪色或掉漆皮等。

（3）路牌的价格

一般是按块计价，按期收费。在条件具备时采用定期轮换地点的方法，有利于扩大宣传面。

**五、直接邮寄餐饮广告**

直接邮寄餐饮广告，或 DM 广告（Direct Mail），就是通过邮政线路把餐厅的商业性信件、宣传小册子、餐厅新闻信、明信片等推销信息直接寄给顾客和潜在顾客的一种推销方式。

**（一）对餐饮企业直接邮寄广告的评价**

在某些地方，直接邮寄广告被吹嘘成美国企业界新的热门营销媒介，其实直邮在美国已有一百多年的历史了。电视业的兴起，吸引了大量的广告，使直邮广告曾一度销声匿迹。但目前，它又东山再起，而且家喻户晓。不仅工商业使用它，就连餐饮企业也对它另眼相看了。

1. 餐饮企业直邮广告的优点

（1）由于直投广告直接将广告信息传递给真正的受众，具有强烈的选择性和针对性，其他媒介只能将广告信息笼统地传递给所有受众，而不管受众是否是广告信息的目标对象。因此，其阅读率高于其他广告。

（2）可以使广告更具有个人化的特点。自动打印机和现代化的印刷技术已能使餐饮企业向顾客个别地发送邮件。

（3）竞争有限。广告对象在某一天收到的各种有竞争性的直接邮件，在数量上与从广播、电视和报纸上传来的广告，根本不能相比。事实上，你收到的广告信息很可能是某些顾客在某一天所收到的唯一的一份信息。

（4）限制因素比其他媒体少得多。直邮广告不会有广播和电视那种30秒和5秒钟的限制，也不会有展示性广告那种版面大小的限制。直邮广告的长短由你任意选择，还可以随信函赠送一些小玩意儿，以及其他吸引人的纪念品。

（5）日程安排比其他媒介方便。对直邮广告，人们可以从容安排何时制作、何时发递，而不受报纸、杂志和电视广告的截止日期限制。

（6）直邮广告向顾客提供方便的回函方式。

（7）可以发挥餐饮经营者的想象力，可以随心所欲的变化设计，以最大限度地表现餐厅的风格和特色。

（8）广告针对顾客个人，使之感到亲切。人们对列有本人姓名的信件感兴趣，顾客会对餐厅对本人的认知而感到高兴，从而有可能成为餐厅的顾客或回头客。

（9）直投广告是一种深入潜行的非轰动性广告，不易引起竞争对手的察觉和重视，具有很强的隐蔽性。

2．直邮广告的缺点

（1）由于宣传小册子要求印刷精美，所以印刷费用高。

（2）引人入胜的效果和良好的直邮邮件是很难制作的。

（3）编制和保证准确的邮递名单，始终是一项艰巨的任务。人员流动率的增加使这一工作比过去更难做了。

**（二）餐厅直接邮寄广告的最佳时机**

1．餐厅开业或重新装修开张

在餐厅开业之前，应利用所有广告媒体，而此时直接邮寄的任务就是招徕顾客，所以应利用店主和餐厅的投资单位以及员工的各种关系，寄发开业通知、邀请函、优惠券给亲朋好友和目标顾客。

2．举办活动

举办周年店庆、圣诞活动、美食节以及其他特殊推销活动时，采用直接邮寄广告是相当有效的。

3．推出新产品、新服务

每次餐厅推出新菜单、酒吧推出新鸡尾酒、餐厅推出新的娱乐项目时，也是运用直接邮寄广告的好时机。

4．庆祝顾客的喜庆佳节

如果餐厅有较完好的顾客档案，或能细心地把握顾客的动态，在生日、结婚纪念日或团体顾客如公司庆典等时机，向顾客邮寄 DM 广告，会使顾客倍感亲切，难以忘怀。

5．问候

春夏秋冬的时令问候，节日的祝贺，对稳定和联络常客，可以起到非常好的效果。在其他时候也可以寄发问候卡，或借助本月问候等名目，设计不同凡响的邮寄广告，以达到招徕顾客的效果。

6．致谢

对开业时惠顾的顾客或参加活动的顾客，应于一周后寄发 DM，表示道谢。当事过境迁，顾客几乎要忘记的时刻，忽然接到餐厅跟踪而来的谢函，顾客一定会留下更深的印象的。

**（三）直接邮寄广告信件的写作技巧**

直邮广告信件的写作有一个基本程式，不管是单封信件还是系列邮寄，都要遵循以下四个步骤，也称做 AIDA 原则。四个大写英文字母的含义是：

A—Attention　　　　　　注意
I—Interest　　　　　　　兴趣
D—Desire　　　　　　　欲望
A—Action　　　　　　　行动

1. 注意

一张成功的直邮广告应立即吸引读者的注意力。在邮件的信封上印上一个说明或图案，能引起顾客的好奇心去拆开邮件。信件拆开后，又有新的引人注意的内容——一张馋涎欲滴的佳肴彩图，可能还有一个巧妙的标题、引句或一封优美动人的信件。

2. 兴趣

一旦抓住了读者的注意力，就要用美好的允诺使读者保持兴趣。吹嘘自己的餐厅是全市历史最悠久，或者宣扬自己餐厅是最早使用电脑进行菜单分析，这没有多大意义，顾客会问："这与我有什么关系呢？"关键是要告诉消费者，他能得到什么特别的好处，如打折、免费赠送等。

3. 欲望

要把读者的兴趣引向欲望。潜在顾客现在想要尝一尝这道菜，或体验一下这种服务，但还有疑问："不会这样便宜吧，也许还有什么外加费用吧。"好的广告应该可以完全消除这些疑虑，并使潜在顾客了解餐饮产品与服务，产生要"尝一尝"的欲望。

4. 行动

最后，该要求读者采取某种行动，你的直邮广告应该要求有个答复，"请即来函索取免费手册""请电话预订"，等等。

广告词的语调应是谈话式的，使用通俗的语言，避免生僻的词语。广告词一开始就应突出餐厅的最大特色，收尾时以类似的有力笔触号召某种行动。宣传的重点应放在读者的利益上，其次才是服务质量。

### 六、网络广告

#### （一）网络广告的概念

简单地说，网络广告就是在网络上做的广告。利用网站上的广告横幅、文本链接、多媒体的方法，在互联网刊登或发布广告，通过网络传递到互联网用户的一种高科技广告运作方式。

20世纪90年代以来，信息技术的高速发展也带来了广告业的巨大变化，这使餐饮广告宣传面临着新的挑战和机遇。网络广告作为广告形式中的新生事物，它具有迅速、准确、信息量大、反应灵活等优点。尤其是互联网的应用，完全打破了时间、空间界限，使得信息交换得以空前的高速进行。随着新技术的应用，特别是计算机操作方式的简化，以及互联网的普及，我们有望实现对餐饮消费者提供更及时、更完美的服务。

与传统的四大传播媒体（报纸、杂志、电视、广播）广告及近来备受垂青的户外广告相比，网络广告具有得天独厚的优势，是实施现代营销媒体战略的重要一部分。互联网是一个全新的广告媒体，速度最快效果很理想，是中小企业扩展壮大的很好途径，对于广泛开展国际业务的公司更是如此。

目前网络广告的市场正在以惊人的速度增长，网络广告发挥的效用越来越显得重要。以致广告界甚至认为互联网络将超越路牌，成为传统四大媒体（电视、广播、报纸、杂志）之后的第五大媒体。因而众多国际级的广告公司都成立了专门的"网络媒体分部"，以开拓网络广告的巨大市场。

（二）网络广告的主要形式：

1. 网幅广告（包含Banner、Button、通栏、竖边、巨幅等）

网幅广告是以GIF、JPG、Flash等格式建立的图像文件，定位在网页中大多用来表现广告内容，同时还可使用Java等语言使其产生交互性，用Shockwave等插件工具增强表现力。

2. 文本链接广告

文本链接广告是以一排文字作为一个广告，点击可以进入相应的广告页面。这是一种对浏览者干扰最少，但较为有效果的网络广告形式。有时候，最简单的广告形式效果却最好。

3. 电子邮件广告

电子邮件广告具有针对性强（除非你肆意滥发）、费用低廉的特点，而且广告内容不受限制。特别是针对性强的特点，它可以针对具体某一个人发送特定的广告，为其他网上广告方式所不及。

4. 与网页内容相结合的广告

广告与内容的结合可以说是赞助式广告的一种，从表面上看起来它们更像网页上的内容而并非广告。在传统的印刷媒体上，这类广告都会有明显的标示，指出这是广告，而在网页上通常没有清楚的界限。

5. 插播式广告（弹出式广告）

访客在请求登录网页时强制插入一个广告页面或弹出广告窗口。它们有点类似电视广告，都是打断正常节目的播放，强迫观看。插播式广告有各种尺寸，有全屏的也有小窗口的，而且互动的程度也不同，从静态的到全部动态的都有。浏览者可以通过关闭窗口不看广告（电视广告是无法做到的），但是它们的出现没有任何征兆，而且肯定会被浏览者看到。

（三）网络广告的优点

1. 覆盖范围广

2017年8月4日，中国互联网络信息中心（CNNIC）在京发布第40次《中国互联网络发展状况统计报告》。报告显示，截至2017年6月，我国互联网普及率以54.3%的比例超过全球平均水平4.6个百分点。同时，我国网民数达到7.51亿，手机网民占比达96.3%，中国网站数量为506万个，显示出中国互联网的规模价值正在日益放大。

2. 主动性和积极性强

网络广告能将文字、图像和声音有机的组合在一起，传递多感官的信息，让顾客如身临其境般感受商品或服务。广告受众可以对其感兴趣的产品信息进行更详细的了解,使消费者能亲身体验产品、服务与品牌。这种图、文、声、像结合的广告形式，将大大增强网络广告的实效。

3. 费用相对较低，性价比高

网络广告制作周期短，并在较短的周期进行投放，因此在互联网上做广告能够按照客户需要及时变更广告内容。这样,经营决策的变化就能及时实施和推广。

4. 网络广告拥有最有活力的消费群体

互联网用户 72%集中在经济较为发达地区,78%家庭人均月收入高于 1000 元,64%年龄在 18 岁到 35 岁之间,58%受过大学以上教育。因此,网络广告的目标群体是目前社会上层次最高、收入最高、消费能力最高的最具活力的消费群体。这一群体的消费总额往往大于其他消费层次之和。

(四)网络广告的缺点

1. 网络广告的管理还不规范

中国的互联网目前还处于发展阶段,相应的国家法律法规还相当欠缺,导致一部分人为了贪图小便宜,趁机扰乱整个市场,出现了许多如价格不规范,效果检测不规范等问题。

2. 网络广告泛滥

由于网络广告传播范围广,价格低廉等优势,很多的企业大量投放网络广告,让网民们"应接不暇",甚至反感,如垃圾邮件广告、垃圾论坛、留言板留言等。

3. 网络广告的点击率还比较低

中国互联网络信息中心(CNNIC)第十二期和第十三期调查显示:经常浏览网络广告的占 19.0%(12.4%),而有时浏览 49.0%(46.9%),很少浏览 27.7%(34.7%),从来不浏览 4.3%(6.0%)。导致这一原因的因素有:一是网民对网络广告的信任度低;二是强制性广告让网民心烦;三是广告创意不足,不能很好地吸引网民的注意。

广告策划者必须了解各种主要媒介,综合考虑各种因素来选择最佳的广告媒体,包括各种媒介接触顾客的方式,接触的频率以及对顾客的影响,比如说广播和电视,就是吸引青少年的最好媒介。这些主要媒介的对比如表 9-2 所示。

表 9-2  主要广告媒介的对比

| 广告方式 | 优点 | 局限性 |
|---|---|---|
| 报纸广告 | 灵活性高,无时间约束,能很好地占领当地市场,被广泛地接受,可信度高 | 再造能力差,口碑效应小 |
| 电视广告 | 对视觉、听觉效果动态的展示,容易吸引人的注意力,关注度高,容易被顾客接受 | 成本绝对高,时间紧凑,顾客选择性低 |
| 直接邮寄 | 针对性强,灵活性高,在同一媒介里没有竞争,更人性化 | 有相对较高的成本,给人以垃圾邮件的印象 |
| 无线电广播广告 | 应用广泛,在地域性和目标受众方面有很强的针对性,成本低 | 与电视广告相比,关注度较低,没有标准的比例结构,播放时间短 |
| 杂志广告 | 与无线电广告相似,在地域性和目标受众方面有很强的针对性,可信度和威望较高,有很强的再造能力,存在时间长,有很好的读者群 | 要提前很长一段时间去制作广告,浪费发行量,没有区域保证 |
| 室外广告 | 灵活性高,很强的重复展示力,成本低,无激烈竞争 | 没有顾客选择的余地,受创造力的限制 |
| 网络广告 | 顾客选择性强,有个性,成本低 | 需要经过允许,内容必须切题,否则会被看作垃圾邮件处理 |

### 七、公共关系与宣传

公共关系是一个企业组织或个人与公众的交往，是一种促进与公众良好关系的方式，如新闻报道、公益活动等。更明确地说，它是企业与顾客的关系，企业与员工的关系，企业与社区的关系，企业与股东的关系，以及企业与各种新闻媒体的关系，做好公共关系与企业的成功至关重要。

目前，一些餐厅对公共关系缺乏了解，他们认为公共关系就是走后门，拉关系，就是通过某种关系或手段把顾客拉到餐厅用餐。

#### （一）餐饮公共宣传的模式

1．现场新闻

现场新闻是由那些发生在餐饮营业现场的有新闻价值的事件组成的，现场新闻往往是偶然发生的，具有非计划性和不可控制性。如某国总统在中国访问时去某餐厅用餐，一位顾客在餐厅享受海鲜时却意外地从牡蛎中发现一粒珍珠等。

2．访谈

新闻记者采访餐厅的总经理或餐饮界某位知名人物。这种访谈应预先进行认真安排，并使被访问者有一定的思想准备，因为这次访谈是要在广播电台播出或在电视上与观众见面的。

3．有计划的新闻事件

这些新闻事件是预先为人所知的。在这个新闻事件到来之前，餐厅要通过媒体适当进行宣传，等新闻事件发生之时再进行详细的报道。这类事件包括开业十周年举行的店庆活动，新的总经理或主厨的任命或聘请，企业某位领导被选为人大代表或政协委员。

4．创造性新闻

对于这类新闻，如果餐厅不做点调查不进行一些必要的报道，是永远不会传递给公众的。任何一位名人的来访，都可以成为新闻。如某位电影明星在餐厅进餐或在鸡尾酒廊出现都可以成为新闻对象。

5. 新闻照片

从编辑的角度看，照片是所有新闻发布中最能使公众接受的，但它要具有某种新闻视角。一个普通人在一家餐厅吃烧烤没有新闻价值，但某位知名人士在餐厅吃烧烤就会成为重要新闻。为达到新闻照片的最大可接受效果。

（二）直接报道

最好的宣传效果是由电视台或报纸总编直接派记者到餐厅进行现场采访报道。餐厅要想获得直接报道的机会，最好的途径就是与这些传播媒介的编辑、记者建立良好的个人关系。

如果你认为餐厅的某件事有新闻价值，可以给报社或电视台的新闻记者打电话或写信通知他们，告诉他们你为什么认为有新闻价值。

电视台设有不同的新闻节目，报纸设有不同的版面和专栏，每一节目、专栏、专版都有专门的编辑和记者。餐厅认为有新闻价值的事件，如电影明星的到来，在体育记者看来不重要，而对于影视版的记者来说，则是绝好的报道机会。

（三）**餐饮公共宣传的特点**

1. 影响面广、影响力大，可以在大范围内迅速地被公众接受。
2. 由第三者做宣传，可信度高，可接受性强。
3. 最可能赢得公众对企业的好感。
4. 由于餐饮公共宣传通常是免费的，所以成本很低。

# 第五节　社交媒体营销与会员营销

近年来，随着web2.0和智能手机的普及，网上社交成为人们日常社交生活的重要部分。国外脸书（Facebook）、推特（Twitter）等社交网络盛行，国内社交网络也紧随其后，人人网、开心网、微博、微信等众多互联网上社交媒体不断衍生。大量社交媒体的诞生影响着众多餐饮企业的宣传营销模式，愈来愈多的企业纷纷转向了消费者的新聚集地——社交媒体。

一、社交媒体营销的概念

社交媒体（Social Media），也称为社会化媒体、社会性媒体，指的是互联网上人们彼此之间用来分享意见、见解、经验和观点的工具和平台，现阶段主要包括社交网站、微博、微信、博客、论坛、播客等。社交媒体营销是指利用社交网络媒体来进行营销推广的营销方式。

调查显示，在美国，超过 100 名员工的餐饮企业中，大约 80% 已经在利用社交网站做不同形式的营销活动了。这包括品牌塑造、客户服务、产品服务展示、促销、公关、整合线下活动、电子商贸等。社交媒体网站在中国也得到快速发展，中国不仅拥有全球最大的互联网用户群体，而且中国网民在网上内容的制造和消费方面十分活跃。人们不仅利用网络观看视频节目、阅读内容或下载图片，他们还是积极的内容创造者，比如发微博，发微信，上传移动图片和分享内容。虽然美国有脸书、推特等网站，但中国的 7 亿多网民还是更喜欢本土的社交网站，包括拥有庞大注册用户的开心网、人人网、博客、优酷、QQ 以及无数的在线论坛、微博、微信等。

二、社交媒体营销的特点及方式

（一）社交媒体的类别

1. 社会关系网络，如开心网、人人网、脸书、推特等。
2. 视频分享网络，如优酷网、土豆网等。
3. 照片分享网络，如雅虎网络相册（flickr）等。
4. 即时消息新闻共享网络，如微博、博客等。
5. 社会化书签，如美味书签（Delicious）等。

（二）社交媒体营销的特点

1. 立体化

企业能够通过先进的多媒体技术及方法，通过文字、图片或者视频等不同的表现形式对产品进行介绍，从而能够使潜在消费者更加形象更加直接地接受企业传播的信息，同时也能充分发挥营销人员的主观能动性。

2. 交互式

用户可以对企业发布的产品信息即时地进行沟通并做出反馈，这样不仅可以增强与企业的互动性，加强用户与企业之间的黏性，还能帮助企业培养自己的忠实客户群体。

3. 拟人化

社交媒体上的推广往往是理性的一对一的，并且是由用户主导的非强迫性的循序渐进式的营销方式，它的推广成本十分低廉，促销手段也极其人性化，免受销售人员强势推销的干扰，通过交互式的交流可以与用户建立良好的长期合作关系。

4. 成长性

社交媒体使用人群的数量快速增长并遍布全球，使用者多半年轻化，属于中产阶级，受教育水平较高，这部分群体购买力强且具有很大的市场影响力，因此也极具市场开发潜力。

5. 整合性

企业可以利用社交媒体这个交互式的平台，将不同种类的营销活动进行统一的规划后，再协调实施，以一致的传播内容向消费者传达活动的目的，防止不同形式的传播渠道产生的不一致的消极影响。

6. 超前性

社交媒体是一个功能十分强大的营销平台工具，它可以同时兼具产品渠道、促销手段、顾客互动、服务以及市场信息分析等多种功能。它所拥有的一对多的营销优势，恰好和定制营销与直复式营销的未来趋势相吻合。

（三）社交媒体营销方式

社交媒体作为消费者的新聚集地，其高影响力、高精确性、高性价比，已倍受企业推崇，因此如何借势新锐营销平台再上一层楼，已是如今营销模式越来越同质化的餐饮企业的新课题。

1. 利用社交网络进行有效的产品宣传

社交媒体营销的一大作用就是通过在拥有海量注册用户的社交媒体网络上发布相关的产品、服务资讯，利用社交媒体网络上的粉丝关注度和社群效应，以增加餐饮企业产品在社交网络上的曝光量与知名度。

弗朗西斯·西拉特（Francis Syraht）是美国加州一家知名酒店。社交媒体脸书（Facebook）兴起后，弗朗西斯·西拉特（Francis Syraht）将菜品资料和价格以日志的形式发送到网站上，有兴趣的顾客只需要点击上面的链接，就可以浏览酒店的销售页面。这样酒店不仅增加了推广渠道，还可以跟踪消费者的消费倾向，进而监测到利用社交媒体的回报率。弗朗西斯·西拉特（Francis Syraht）在推特（Twitter）上也开了几个账号，有的是专门销售食宿，有的是专门针对普通消费者，有的是负责售后服务和投诉等，不同的账号处理不同的需要，以便跟不同阶层的受众沟通。目前，该酒店在推特上有超过200万名粉丝，企业投入的资源不多，但宣传效果却不错。据悉，弗朗西斯·西拉特（Francis Syraht）酒店在美国的销售额，超过25%是从社交媒体转过来的。

2. 借助社交网络定位忠诚顾客，寻找意见领袖

社交网络有助于企业快速搜集顾客行为数据，通过分析个体与群体特征，社交网络分析能够定位核心价值客户。2014年1月海底捞正式推出微信公众号。关注海底捞公众号后，手机就会弹出消息询问客人是否使用实时位置。此功能会专门针对地区消费者发信息，提供更为个性化的服务。微信公众号平台主要包括发现、吃和玩三个部分，以及给粉丝发送的信息，大约一周一次，频率不高，有助于维持新鲜感。2014年1月海底捞微信公众号推出在线微支付，扫描二维码支付，让支付过程变得简单，多数情况微信支付可以得到10元的折扣。通过存储顾客消费信息和关注信息，

企业很好地了解到消费者的不同需求,从而更精准地向消费者推荐个性化的产品。

如果餐饮企业的消费群里面有意见领袖或者知名博主、有影响力的人,一定不要忽视他们,可以跟他们商议比较深度的合作,争取通过他们的公信力、分享增加流量、扩大产品的社会影响,以此引导、推动社会消费。

3. 经常给网友一份惊喜与关怀

在社交网络媒体里,心情愉快、觉得自己被关心重视的顾客更倾向光顾餐饮企业所在的社交网、官网,并乐于向朋友推荐企业的产品,达到良好的口碑营销的效果。

2011 年 4 月的一天,住在美国芝加哥的艾米(Amy),在多米诺的网站上订了比萨晚餐。不过,送货员不但晚来了一小时,还送错了订餐。惆怅之余,她在推特(Twitter)发了一条抱怨记录。意料之外的事发生了:第二天起床后,她在推特上看到,该店长为她准备了一段长达 2 分半钟的道歉视频,并写下链接叫她往优兔(YouTube)视频网站观看。这个举动让她既惊喜又感动:"我只是一个小人物啊!"之后,该视频被点击观看超过 50 万次,就是这个简单的视频,从此为多米诺带来很大的商誉和营业额。

4. 持续推广有效的促销活动

任何没有礼品、赠品、抽奖甚至折价的营销活动都很难在竞争残酷的市场中胜出。因此借助有效的促销活动,加上新营销模式,往往能让企业逆势突围。

"青春飞扬向前进"是劲酒在人人网上开展的"毕业宴聚餐酒申请"促销活动。只要通过在线申请,即可凭学生证在活动覆盖的 29 个城市领取 500ml 劲酒一箱。最终 5475 份申请获得了成功,劲酒 15 天共送出了价值 138 万元的毕业宴聚餐酒。劲酒这次营销活动的目的非常明显,那就是通过人人网的精准广告,定位于即将进入社会的毕业生,通过产品体验的方式,培养他们的品牌好感。而此促销活动一推出,立即受到 100 多万网民的大量浏览与转发。此外,劲酒表示未来将继续通过人人网与这 5000 多名踏入社会的毕业生保持联系、沟通，了解他们在哪里工作，是否还喜欢企业产品，然后根据情况决定是否给他们提供优惠。

需要注意的是，任何相关赠品、抽奖、打折等促销活动都必须为参与者提供较为适宜的条款和参加条件，在社交网上也同样如此。微博、微信上有许多餐饮企业参与"转发有奖"活动大受欢迎的原因之一在于无障碍的分享与现实性，以让促销信息更为广泛地转发。

### 三、社交媒体营销的优点

#### （一）增加营造餐饮企业的网络曝光度和网站流量

企业应用社交媒体，可以在社交网络、微博、博客等拥有海量注册用户的社交媒体网上发布相关的服务信息和产品资讯，利用社交媒体网络上的粉丝关注效用和社群效应，增加企业的产品与服务信息在社交网络上的曝光量。企业也可以通过在自己的官方网站上或垂直门户的资讯频道上建立社交网站，发布有吸引力的信息，然后通过关键词搜索，由搜索引擎带来相关的流量和点击，并吸引大量用户注册。

#### （二）创造高质量的销售机会

国内外餐饮企业在推特（Twitter）、脸书（Facebook）上的成功应用已经证明了社交媒体对于销售机会的促进作用。在美国，必胜客、麦当劳、汉堡王、肯德基、可口可乐等许多知名企业已经通过脸书等平台发布产品消息、利用网络下载优惠券、在微博上发起与产品有关的话题、监控感兴趣的客户行为并结合邮件营销和博客营销，带来了大量的销售机会。

#### （三）有效减少营销费用开支

社交媒体有着其他传统媒体不可替代的传播效应。一方面社交媒体网络的开放性吸引了大量的注册用户，另一方面有关产品与服务的信息可以利用性价比高的社交媒体网络以更低的成本、更快的速度进行传播。若餐饮企业能够将社交媒体与视频营销结合起来，将能够达到更出乎意料的营销效果。

**（四）挖掘更多的志同道合的业务合作伙伴**

社交媒体在吸引个人用户的同时，也吸引了越来越多的企业用户。统计显示，美国有70%的企业在利用社交媒体提供各种类型的服务，这也给许多企业提供了寻求合作的机会，通过社交媒体认识并找到更多适合的合作伙伴，比如餐饮店、连锁店的加盟推广，共同推进销售。

**四、社交媒体营销的缺点**

**（一）不易控制**

社交媒体营销的过程难以把控，往往营销没有达到预期效果，甚至造成企业品牌的负面影响。社交媒体营销工具最有价值的地方在于它们在品牌口碑和影响力的互动性上，但只要有互动，就会有两面性，正面的互动能够有效提升品牌的经济价值，但是负面的互动则会破坏品牌现有的价值。

**（二）难检测**

不管什么样的广告投放，到最后都需要给客户提供一个数据结果，但是借助社交媒体营销获得的数据结果，却只能体现在信息内容的转载量、评论量、搜索量上面，但这些数据的质量如何、效果如何、美誉度如何都很难监测和定论。

**（三）易作假**

在淘宝上只需付出5毛钱就可以买到很多的粉丝量，而雇佣水军进行发帖，一个也最多就2元而已。社交媒体营销有关的刷点击率和顶贴的现象已经成了广泛讨论的话题，即使企业自己在看到数据的时候，也会不自觉地对数据打些折扣，换而言之就是社交媒体营销的效果和真实性已经被怀疑了。

上述几个缺点的存在决定了餐饮企业不能够仅仅把社交媒体营销作为促销的唯一方法，它还不能起到可以独立支撑起企业品牌传播的作用，但是可以作为促销方法和手段之一。

**五、会员营销**

会员营销是餐饮企业通过发展会员，提供差别化的服务和精准的营销，提高顾客忠诚度，长期增加企业利润。其中，会员卡是会员进行消费时享受优惠政策或特殊待遇的"身份证"。

**（一）会员营销的作用**

1. 留住现有客户

实行会员制营销的主要目标就是留住现有客户，与客户建立长期稳定的关系，使他们成为忠诚客户。

2. 吸引新的客户

会员制营销的第二个主要目标是吸引新的客户。首先，会员制利益本身的价值会吸引其他消费者加入；其次，对会员制满意的会员会为会员俱乐部做口碑宣传，从而吸引新的客户加入。

3. 建立客户数据库

会员制营销的第三个主要目标是建立强大的客户数据库。一个维护良好、可以持续记载最新信息的数据库是企业最强有力的营销工具，可以被广泛应用于各种营销活动中。因为只有在客户成为会员时，他所提供的个人基本资料（如姓名、年龄、住址等）以及购买行为（如喜爱的品牌、购买频率、购买数量等）才是最真实可靠的。这些详细的客户数据库资料正好可以支持企业的其他部门，如研发部、产品营销部、市场调研等部门针对会员客户的具体情况，进行有的放矢的产品设计和个性化服务。

**（二）会员营销的类型**

1. 加入会员

（1）免费注册为会员

任何顾客都可以免费注册成为会员，只要注册成为餐厅会员，就可以在特定菜品上获得折扣。同时推行这种计划的餐饮企业对收银员进行培训，如果会员忘记带卡或顾客不是会员，则收银员会帮他们刷卡（自备的），而且每个人享受的折扣都一样。

（2）储值成为会员

当餐厅开业时，商家常会推出储值返现类的储值卡，目的就是为了让会员再次来消费。餐厅在设定储值起点时，应充分结合餐厅定位、消费人群、客单价、桌均等几个要素。一般来说，餐厅的储值金额区间在平均客桌单价的 3—10 倍，是比较合理的。有的餐厅也推出储值金额分档的情况，如 500 元、1000 元、2000 元、3000元等，不同档次购买时赠送金额或折扣金额不同。

（3）付费或消费达到规定额度成为 VIP 会员

某些餐厅需要付费或者达到规定消费额度才能成为 VIP 会员。例如，2017 年底西贝莜面村的官网发布"西贝会员权益调整公告"，普通会员通过缴纳 299 元即可升级 VIP，享受西贝 VIP 服务。西贝 2018 年的新菜单上菜品开始标注原价和会员价两种定价。例如，原价 129 元的小锅牛肉 VIP 会员价为 119 元，189 元一份的烤羊腿 VIP 会员价为 179 元，优惠力度在 3—10 元之间。此外还有"满20送1元""满 100 返 30 代金券""60 元生日礼券""包间优惠活动""亲子套餐""网络商城优惠"等。

2. 会员奖励类型

（1）餐厅自营产品

餐厅自营产品的兑换奖励，相比于从外部采购其他礼品，一方面，给消费者的感知会更加划算，也避免礼品并非消费者所需；另一方面，餐厅生产的成本相比于对外采购其他礼品的成本，更加低廉。赛百味（Subway）是最早开始推广会员运营的餐饮老牌企业，他的会员激励是"买满十个送一个"。星巴克给新会员提供早餐咖啡券和升杯券。凭咖啡券，会员可以在早上免费兑换一杯咖啡；凭升杯券，中杯可以升大杯，大杯可以升超大杯。

（2）非餐厅自营产品

某些高档餐厅秉承"没有不为所动的顾客，只有无效的会员激励。越是高端的客户，优惠折扣效力越低，反而是更好的礼品和专属权益才能产生足够激励"的信条。帕姆（Palm）是美国的一家高端牛排餐厅的连锁品牌，它们相比于相同定位的同行，有着更多的回头客，秘诀就在于他们高档奢侈的会员奖励。所有在餐厅的消费金额都可以转换成积分，并且同比例可以获得比其他餐厅更大的回报：500 积分，可兑换一本帕姆（Palm）餐厅的特色菜品烹饪书；2500 积分，可兑换一张价值 200 美元的蒂夫尼（Tiffany）礼品卡；15000 积分，可获得在帕姆（Palm）餐厅举办私人派对的资格，包含 1500 美元酒水礼金券，并在店内壁饰加上这位客人专属的漫画头像；27000 积分，可获得奥兰多迪士尼乐园的双人旅行，包含两张迪士尼 3 日通票、3 晚住宿、往返机票、两张帕姆（Palm）餐厅 150 美元礼金券。无论是蒂夫尼（Tiffany）礼品卡、迪士尼乐园的双人旅行，还是私人派对、个人肖像漫画的专属特权，这些都是能打动高端消费人群的激励措施。

## （三）会员营销的步骤

### 1. 积累会员资料

会员信息尽可能详细，包括购买物品与购买情景的记录，有助于会员个性化关怀、差异化营销，如会员生日、手机号、购买类型（折扣／需求）等。

### 2. 客户分层

结合客户的交易特征，可以进行客户分层，进一步将客户划分为新客户（高客单）、新客户（低客单）、忠诚客户、活跃客户、预流失客户（高客单）、流失客户、休眠客户等。

### 3. 会员关怀

会员关怀需体现在服务的各个环节，根据会员等级的不同，给予不同等级的服务：

（1）新会员，购物体验良好，店铺服务满意，愿意再次光顾。

（2）活跃会员，购物体验良好，店铺服务人性化，感觉到了关怀与尊重，愿意成为忠实用户，如专享菜品、平日会员折扣、促销折上折等。

（3）忠诚及粉丝会员，享受尊贵的 VIP 服务体验，情感上产生归宿感，成为积极拥护者和口碑传播者，如菜品口味不满意无理由退换、饮品包间等免费享受、新菜品免费试吃、节日礼遇、各种活动优先权、私人定制套餐、不定期的意外惊喜等。

4. 会员营销策略

（1）建立完善的会员积分体系，并让会员明确积分奖励及消费制度，体会到积分的价值，从而通过各种途径积累积分，持续消费并主动分享和传播。

（2）针对不同层级的会员，采用更有效的营销方式促进会员向更深层次转化。

（3）会员社群体系建设。

**（四）餐饮企业会员营销存在的问题**

1. "入会"门槛低

有的餐饮企业办理会员卡的门槛很低，只需一次充值 50 元或者 100 元便可成为会员，享受优惠，很多顾客为了当时能够享受价格优惠，便毫不犹豫地选择办理"入会"，但是这样容易导致顾客将得来全不费功夫的会员资格遗忘，很难再次进行消费。同时餐饮企业可能也没有留下顾客的详细信息，无法实现与顾客的再次沟通与联系。

2. "进会"后享受少

目前我们身边的大多数餐饮企业的会员制是建立在折价、折扣、特价优惠的基础之上，严格来说只是变相降价，会员制也仅仅是一种促销手段。在日常消费中，会员享受的优惠方式少，没有吸引力，餐饮企业也没有及时聆听顾客需求，更不能与客户形成长久的联系。

3. "进会"后无新鲜感和吸引力

成为会员后顾客没有得到后续的服务和关怀，会员待遇方式单一，顾客没有新奇感，有时候会员价的菜品还没有特价菜便宜，会员资格也变得毫无吸引力，客户忠诚度不高。

4. 餐饮企业对会员的掌握和分析不够

大部分餐饮企业在办理会员卡时往往只留下姓名和电话，没有更多的年龄、职业等信息，缺少对现有会员的信息采集。同时，很少对已经掌握的现有会员信息进行分析。

5. 用卡限制

很多餐饮企业享受会员优惠是有条件的，比如，有的是需要消费满一定金额才能享受会员优惠，有的是在一些特殊的节日才会有优惠，顾客为了凑足这个数字或者刻意等到这个特殊节日时，难免会有些抱怨。

## （五）餐饮企业会员营销的管理

1. 维持会员新鲜度

连锁餐饮企业要适当推出特色活动，比如生日优惠礼包、纪念日大放送等。这样给会员一种被邀请和乐意参与、有归属的感觉，吸引会员再次光临，提高会员的忠诚度。

2. 会员分级管理制度

新入会的会员随着消费次数和金额的不断增加，会享受越来越多的优惠和会员特色活动。同时不同级别的会员享受的优惠也不同，这使会员有一种芝麻开花节节高的感觉，他们愿意去积累、愿意再次消费。

3. 提供会员消费便利

会员卡忘带可能是常事，餐饮店可以通过提供手机号或者身份证号码等认证信息，继续让会员享受会员服务。人性化服务，为会员提供便利。

4. 提供更多的增值服务

比如定期组织会员活动，开办一些交流会，新菜品推广会，根据会员级别组织座谈、旅游等娱乐活动，除了降价、打折这些硬性活动，更需要增加一些软性服务。

5. 加强会员信息分析和管理，完善会员信息化管理

首先保证会员信息不能外泄，其次要有效地分析顾客，比如顾客所属行业、年龄等，有效稳住老客户并开发和吸引新的会员加入。

## 第六节 促销组合

### 一、促销组合的概念

促销组合就是把人员推销、广告宣传、公共关系和销售推广等促销方式有机地结合起来，综合运用，形成一种促销策略。

在综合运用促销方式时，应对各种促销方式的优缺点进行比较。企业可以根据自身的情况，选择相应的组合。

### 二、企业运用促销组合时应考虑的因素

企业在进行促销组合时要考虑的因素有很多，包括产品和市场的类型、采用拉动策略还是推动策略、购买者的状态以及产品所处的生命周期。

1. 产品和市场的类型

面对不同的消费者和产品市场，促销策略的重点也不相同。餐饮企业面对个体消费者时经常把促销策略的重点放在广告上，而不是人员推销上；在面对商业组织时则在人员推销上的花费更多。一般来说，人员推销主要用于昂贵的、有一定风险的商品上，比如商业组织可能需要会议室，这时就需要推销员满足客户的一系列要求，以合适的价位提供客户需要的服务，以增加企业的收入。

2. 推动策略和拉动策略

选择拉动策略还是推动策略对促销组合的选择有很大的影响，两种策略的对比如图 9-2 所示。推动策略就是运用各种手段把产品推到购买者面前，促使其购买。制造商指导销售人员通过人员推销和销售推广把商品卖给最终的消费者，立足点是把产品"推"出去。

拉动策略就是大量运用广告和其他宣传措施激发消费者对企业

产品产生兴趣,从而产生购买行为。生产者通过广告宣传和公共关系直接把商品推销给最终的消费者,立足点是把顾客"拉"过来。

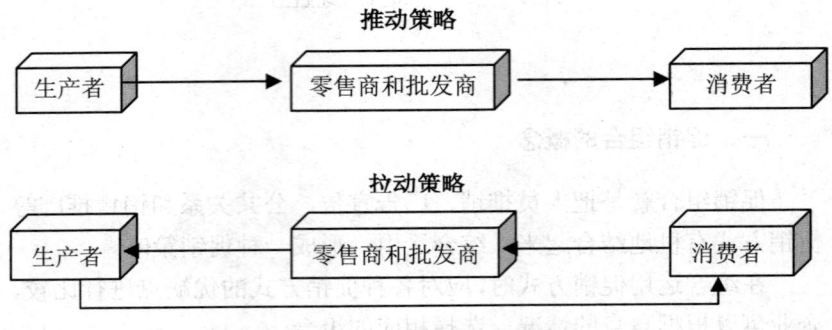

图 9-2　促销的推动策略与拉动策略对比

3．购买者的状态

由于促销工具在不同的顾客待购阶段作用不同而各不相同。广告与公共关系,在消费者的认识和了解阶段起着非常重要的作用,比那些销售人员冰冷的谈话更为重要。消费者的偏好,容易受到面对面的人员推销的影响,而这种影响又是在广告的影响下产生的。最后,销售的完成是由消费者的订货电话和促销来定夺的,尽管考虑到很高的成本费用,但还是只有面对面的人员销售才能够充分重视到销售的后一阶段即消费者的购买过程。

4．产品所处的生命周期

产品所处的生命周期不同,促销工具的使用效果也是不同的。在产品的引入期,广告和公共关系对提高产品的认知度是很重要的,同时,营业推广在早期阶段对产品的销售是非常有效的。人员推销一定要用于产品的成长期,这一时期,广告和公共关系的力量仍然很强大,而营业推广的措施应减少,因为这一时期市场不需要更多的刺激。在成熟期,营业推广再次成为重要的营销手段,消费者这时已经对产品的品牌有了认识,因此广告只需要提醒顾客去购买商品。在衰退期,广告的作用仍是提醒顾客,公共关系的作用几乎可以忽略,人员推销的作用也变得微乎其微,但营业推广的力量可能仍然很强大。

### 思考题

1. 服务员应具备什么样的素质与要求?
2. 如何培训服务员进行适时的推销?
3. 餐厅的推销活动有哪些?如何进行?
4. 如何组织美食节?
5. 广告与公共关系有什么区别与联系?
6. 餐饮广告的形式有哪些?
7. POP 广告包括哪些内容?
8. DM 广告应如何设计?
9. 如何评价餐饮直邮广告?
10. 餐饮企业在做网络广告时应注意哪些问题?
11. 餐饮公共宣传的时机与模式有哪些?
12. 餐饮企业在做社交媒体营销时应该注意哪些问题?
13. 会员营销的步骤包括哪些内容?

## 案例分析

### 喜来登酒店与万豪酒店的公共关系

无论是规模、知名度,还是管理水平,喜来登酒店和万豪酒店都是名列世界前茅的。下面让我们看一下这两个酒店集团是如何开展公共关系活动的。

#### 一、海外促销

在夏威夷的喜来登酒店有一位公共关系主管,她的职责不仅包括在当地进行公共宣传,也负责非常重要的海外促销。

她的宣传工作包括:

1. 把夏威夷作为旅游目的地销售。

2. 把喜来登在夏威夷的六家饭店作为一个整体来销售，使之成为顾客食宿的基地。

3. 推销饭店的特殊活动。

为了把夏威夷的气候、浪漫风情推销给未来的顾客，她希望报社、航空公司以及客轮的旅游专栏作家在他们的文章中提到喜来登饭店，使海外游客在来夏威夷观光时吃在喜来登、住在喜来登。

### 二、餐饮促销

在美国首都华盛顿的两家喜来登酒店（喜来登卡尔顿和喜来登花园）有一位专门负责餐饮推销的女士——安尼格林。喜来登卡尔顿位于华盛顿市中心，而喜来登花园则位于居住区。

为推销喜来登卡尔顿的午宴生意，安尼格林安排了"今日时装表演"节目，聘请了著名的服装设计师，而这位服装设计师拥有一大群以政府官员的太太们为主的追随者。设计师出现在每周的时装表演上，而模特一律由饭店的员工和当地的秘书们充任。华盛顿的报纸进行了一周的广告宣传，所有媒体的服装栏目编辑在一周前就收到邀请，并送给票券。午宴的促销传单邮寄给上流社会的妇女们。这项活动持续了很长时间，收到了非常理想的效果。

在喜来登花园酒店，安尼格林为了提高餐饮收入，特意举办了一个名为"迷人之夜"的包价促销活动，以吸引当地居民到喜来登的餐厅用餐。这个每人19.9美元的包价包括：豪华鸡尾酒廊的餐前鸡尾酒，餐厅的一顿晚餐，餐后鸡尾酒，以及免费停车。促销传单放在客房里，邮寄给当地居民，放在大堂的宣传栏里，仅此而已。新闻媒体的代表定期被邀请到饭店做客。这一活动结束时，不仅住店顾客增加了在餐厅的消费，而且也把当地的居民吸引到餐厅。

### 三、创造性公关

一些成功的公共关系案例表明，饭店不需要花多少钱，就可以达到轰动全国的推销效应。万豪酒店的格雷斯告诉了我们一个故事，万豪是如何赢得了十万美金的公共宣传效益，以及双倍于它的社会声望。

人类历史上第一位进入太空的宇航员约翰格兰的家被新闻记者团团围住。格兰的家乡在弗吉尼亚州的亚力桑得拉市，他的家正好在万豪酒店的后面。约翰格兰即将从太空返回地球，来自广播电台、电视台、报纸等新闻媒体的记者正在不停地对他的家人进行采访，各大媒体都在进行实况转播。实况报道转播中穿插一些格兰生活经历及其家人的故事。警察对其住宅附近进行了保护戒严。

正在观看实况转播的格雷斯，这位万豪酒店的推销员突然意识到，是否有人想到过要给格兰太太一家人和新闻记者提供午餐？电视实况转播的观众约一亿人，而且转播现场就在万豪酒店后身。

格雷斯马上给餐厅打电话，准备几桶炸鸡。很快两名精干的身着万豪漂亮制服的侍者带着洁白的手套，推着有万豪标志的餐车，餐车上有万豪标志的盛炸鸡的容器，走近采访现场。的确，从未有人想到过要给这么多人提供午餐。

当餐车接近警戒现场，工作人员向警察说明是为格兰家人和新闻记者提供午餐时，马上受到了欢迎。警察驾驶摩托车为万豪的餐车开道，直奔格兰家。所有的摄影机、照相机镜头都对准了送餐队伍，格兰在所有的镜头面前代表格兰和全家对万豪的热情关怀表示了衷心的感谢。万豪不仅为格兰一家，也为新闻记者和警察提供了午餐。

当肯尼迪总统通过电话对格兰表示问候，并询问可为他们做些什么的时候，一个声音传遍了全世界："我想和家人在万豪酒店住几天，因为他们对我的家人太好了！"

这件事情说明，公共关系的机会有时就在你的房后，当你的邻居需要时，帮他一把，你所付出的可能很有限，但得到的回报却相当丰厚。

**案例思考题**

1. 公共关系与广告的区别是什么？
2. 夏威夷的喜来登酒店是如何开展公共关系活动的？
3. 为什么万豪酒店赢得了十万美金的公共宣传效益，以及双倍于它的社会声望？

# 第十章　饮料基本知识

**学习目的**

- 掌握饮料的基本知识
- 掌握饮料的分类

**基本内容**

饮料简介及分类
- 饮料的简介
- 饮料分类
- 几种饮料的对比

无酒精饮料
- 果汁饮料
- 碳酸饮料
- 矿泉水
- 咖啡
- 茶

发酵酒
- 葡萄酒
- 啤酒

世界著名蒸馏酒
- 威士忌
- 金酒

- 伏特加
- 白兰地
- 兰姆酒
- 特基拉酒

配制酒
- 开胃酒
- 餐后甜酒
- 利口酒

鸡尾酒
- 鸡尾酒的简介
- 鸡尾酒的分类
- 鸡尾酒的调制

# 第一节 饮料简介及分类

### 一、饮料的简介

饮料又称为酒水。按照饮料是否含有酒精来区分，可以分为两大类：无酒精饮料、酒精饮料。

其中，无酒精饮料又称为软饮料，是一种不含酒精的饮料。而所有含酒精成分的酒水称为酒精饮料。按照生产工艺的特征可把酒精饮料分为发酵酒、蒸馏酒、配制酒和鸡尾酒四类。

发酵酒是通过酵母的作用，把含有淀粉和糖质的物质进行发酵，从而产生酒精成分。其特点是酒精度数较低，对人体的刺激较小。由于其有一定的营养成分，适量饮用有益身体健康。发酵酒包括葡萄酒、啤酒、黄酒和清酒等。

蒸馏酒的品种很多，以谷物或者水果为原料经过发酵、蒸馏而形成的含酒精较高的酒都称为蒸馏酒。谷物蒸馏酒的原料主要有麦类、玉米、高粱和薯类等。西方的威士忌、伏特加都是谷物蒸馏酒，我国的茅台、五粮液等也是谷物蒸馏酒。有的蒸馏酒是以水果为原料进行发酵蒸馏的，如白兰地用葡萄作为发酵原料，兰姆酒是以甘蔗或糖蜜为原料酿造的。

配制酒就是用发酵原酒（黄酒，葡萄酒，果酒）或是蒸馏酒为酒基，用浸泡、掺兑等方法，加入香草、香料、鲜花、果皮、果汁或中药配置加工而成的饮料。配制酒一般有餐后甜酒、开胃酒和利口酒。餐后甜酒也称作强化葡萄酒（Fortified Wine）。它是用葡萄酒为主料加入白兰地配制而成的。开胃酒又称餐前酒，是在餐前饮用的酒品，指专门以葡萄酒和某些蒸馏酒为主要原料的配制酒。利口酒是一种以食用酒精和其他蒸馏酒为酒基，加入各种香精、香料、水果等浸泡，并经过甜化处理的酒精饮料。

鸡尾酒是以一种或者几种蒸馏酒（有时也用少许发酵酒）为基酒，添加其他辅料，如汽水、果汁、蛋清等，用一定的方法调制而成的混合饮料。

二、饮料分类

饮料的分类如图 10-1 所示。

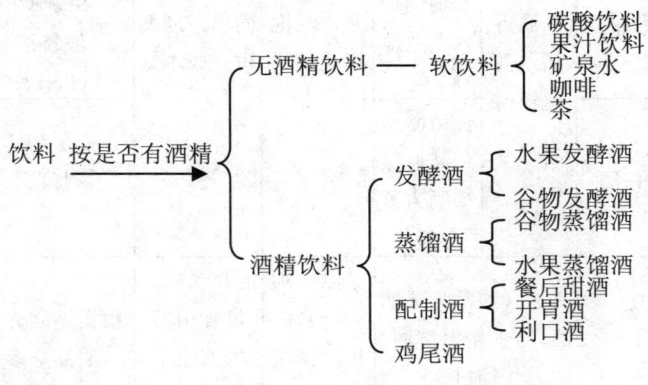

图 10-1　饮料的分类

## 三、几种饮料的对比

几种饮料的对比如表 10-1 所示。

表 10-1  饮料的对比

| 类别 | | 原料 | 制作方式 | 特点 | 包括酒品 |
|---|---|---|---|---|---|
| 发酵酒 | 水果发酵酒 | 水果 | 发酵糖化 | 酒精度低，有营养 | 葡萄酒 |
| | 谷物发酵酒 | 谷物 | | | |
| 蒸馏酒 | 谷物蒸馏酒 | 米类、麦类、薯类等 | 先发酵后蒸馏 | 酒精度高，品种多，分布广，多在餐前或餐后饮用 | 威士忌、伏特加等 |
| | 水果蒸馏酒 | 水果（葡萄、甘蔗等） | | | 白兰地、兰姆酒等 |
| 配制酒 | 开胃酒 | 葡萄酒、蒸馏酒为基酒 | 发酵酒基，浸泡掺兑辅料 | 生产过程简单，周期短，成本低 | 味美思酒（Vermouth）比特酒（Bitter） |
| | 餐后甜酒 | 酒基：原酒或蒸馏酒再加入其他辅料 / 葡萄酒加入白兰地 | | | 些厘酒（Sherry）波特酒（Port） |
| | 利口酒 | 食用酒精和其他蒸馏酒为酒基 | | | 利口酒 |
| 鸡尾酒 | | 基酒（通常为蒸馏酒，有的用发酵酒）辅料 | 基酒添加其他辅料，调制而成 | 混合饮料，可食用不同方法不同材料 | 根据不同分类酒品众多 |

## 第二节 无酒精饮料

如前所述，无酒精饮料是指不包含酒精的饮料，也称为软饮料，有果汁饮料、碳酸饮料、矿泉水、咖啡、茶等。

### 一、果汁饮料

**（一）种类**

果汁饮料所包含的范围很广，常见的果汁有新鲜果汁、罐头果汁、浓缩果汁等。根据国家标准，分为以下几类：

1. 浓缩果汁：是指新鲜成熟水果经榨汁后浓缩而成，不添加糖、色素、防腐剂、香料、乳化剂及人工甘味剂。

2. 纯天然果汁：一种是指由新鲜果实直接榨出的不稀释、不发酵的纯果汁；另一种是指由浓缩果汁加以稀释复原成前项所述水果汁的榨汁状态。

3. 果汁饮料：是指天然果汁或果浆含有率在6%以上至不足30%者，可以直接饮用。

4. 天然果浆：是指水分较低及（或）黏度较高的果实，经破碎筛选后所得的稠厚状加工制品。

5. 发酵果汁：是指水果盐渍发酵后经破碎压榨所得的果汁。

6. 稀释发酵果汁：是指含发酵果汁在30%以上者。

7. 发酵果汁饮料：是指发酵果汁含有率在6%以上至不足30%者。

8. 纯天然蔬菜饮料：是指由新鲜蔬菜经压榨、加水蒸煮或破碎筛滤所得的汁液，有两种或两种以上蔬菜混合制造的综合蔬菜汁，配合比例不予限制。

9. 稀释天然蔬菜汁：是指天然蔬菜汁稀释至蔬菜汁含有率在

30%以上，以两种或两种以上纯天然蔬菜汁，混合稀释至综合蔬菜汁含有率在30%以上者。

### （二）常见的果汁饮料

常见的果汁饮料包括葡萄柚汁、番茄汁、橙汁、菠萝汁、葡萄汁、苹果汁、番石榴汁、木瓜汁、罐头综合果汁、新鲜胡萝卜汁、什锦蔬菜汁。

### （三）果汁饮料的特点

果汁饮料含有丰富的矿物质、维生素、糖类、蛋白质和有机酸，果汁饮料含有许多人体需要的无机盐。果汁饮料有悦目的色泽、沁人的芳香、爽口的味道，深受人们尤其年轻人的喜爱。

## 二、碳酸饮料

碳酸饮料就是我们日常生活中俗称的汽水，它是饮用水、柠檬酸、小苏打、白糖、香精、食用色素等原料按一定比例配置而成的。

### （一）种类

碳酸饮料种类繁多，我们只着重介绍以下几种：

1. 奎宁水：汤力水、苦柠水。
2. 柠檬味汽水：雪碧、七喜。
3. 可乐型汽水：可口可乐、百事可乐、崂山可乐。
4. 橙味汽水：新骑士橙汁汽水。

### （二）特点

碳酸饮料大多颜色艳丽，口感清爽，最大的特点是饮料中含有"碳酸气"，碳酸饮料的二氧化碳对胃壁有轻微的刺激作用，能加速胃液分泌，帮助消化；同时，二氧化碳从进入人体到排出体外的过程会带走一部分热量，因而赋予饮料特殊的风味以及不可替代的夏季消暑解渴功能。但是碳酸饮料不含维生素，也不含矿物质，其主要成分为糖、色素、香料及碳酸水等，除热量外，几乎没有什么营养成分。碳酸饮料中多含糖分，过多摄入容易导致肥胖症，特别是儿童不宜多喝。

### 三、矿泉水

矿泉水是从地下深处自然涌出的未受污染的地下矿水，含有一定量的矿物盐、微量元素或二氧化碳气体。

#### （一）分类

按照国家标准，矿泉水的主要类型有九大类：偏硅酸矿泉水、锶矿泉水、锌矿泉水、锂矿泉水、硒矿泉水、溴矿泉水、碘矿泉水、碳酸矿泉水、盐类矿泉水。

#### （二）特点

由于地下水在漫长的地下循环中，长期与围岩接触，经溶滤作用、阴阳离子交替吸附作用等一系列物理化学作用，使岩石中的矿物质、微量元素或气体成分进入地下水中，富集到一定的浓度，地下水在高温、高压和水蒸气膨胀作用下，沿地壳裂隙运移上升，涌出地表形成各种类型的矿泉水。因此，矿泉水中含有一定的矿物盐、微量元素或二氧化碳。

### 四、咖啡

最早的咖啡源于非洲的埃塞俄比亚，传说是由一个牧羊人发现的，然而真正将咖啡作饮料的还始于欧洲。目前巴西是咖啡的最大生产国和出口国。欧美人喝咖啡就像我们喝茶一样普遍，但最近十几年，咖啡在中国也赢得了广泛的市场，越来越受到人们的青睐。咖啡的品种很多，主要有：

#### （一）单品咖啡

单品咖啡是指调制过程中仅使用某一产地的咖啡，不与其他产地或品种的咖啡混合。比较有名的单品咖啡有：

1. 蓝山咖啡（Blue Mountain Coffee），产自牙买加。
2. 曼特宁咖啡（Mandhelling Coffee），产自印度尼西亚。
3. 摩卡咖啡（Mocha coffee），产自也门。
4. 巴西咖啡（Santos Coffee）。

5. 哥伦比亚咖啡（Colombia Coffee）。
6. 危地马拉咖啡（Guatemala Coffee）。
7. 夏威夷可娜咖啡（Kona Fancy Coffee）。

**（二）综合咖啡**

1. 由厂商按不同比例的原豆调制成的综合咖啡。
2. 店内按照咖啡豆的特性自行搭配而成的综合咖啡。

**（三）意式咖啡**

1. 意大利浓缩咖啡（Espresso）

依蒸汽加压原理调制而成，容量极少，约 30—40 毫升。这种咖啡浓稠、甘甜且香气极佳。

2. 玛奇朵（Macchiato）

一份浓缩咖啡加上一大匙细奶泡（不加鲜奶）而成。

3. 拿铁（Latte）

加了较多牛奶的咖啡，咖啡、牛奶、奶泡之间的比例为 1:2:1。

4. 卡布奇诺（Cappuccino）

加了咖啡的牛奶，咖啡、牛奶、奶泡各为 1/3。

**（四）花式咖啡**

1. 皇家咖啡（Royal Coffee）

以特制的汤匙架在杯上，内放白兰地酒和方糖，点火让方糖溶化，再加入咖啡中。

2. 维也纳咖啡（Vienna Coffee）

热咖啡上挤上鲜奶油，再附糖包。

3. 爱尔兰咖啡（Irish coffee）

在特制的爱尔兰咖啡杯内放爱尔兰威士忌及糖，点火待糖溶化后，倒入咖啡，挤上鲜奶油。

**（五）冰咖啡**

1. 综合冰咖啡。
2. 漂浮冰咖啡：冰咖啡上加冰淇淋。
3. 亚历山大冰咖啡：冰咖啡加白兰地酒、鲜奶油及糖水。

4. 墨西哥冰咖啡：冰咖啡加利口酒、鲜奶油及糖水。
5. 百合冰咖啡：冰咖啡加薄荷酒、鲜奶油及糖水。
6. 咖啡冰沙：以冰咖啡加大量冰块打成砂状的饮品。

## 五、茶

我国是茶树的原产地，是最早发现和利用茶树的国家。茶树最早出现于我国西南部的云贵高原、西双版纳地区，后传播到我国东南沿海地区及世界各地。茶的英文名称是 tea，是一个源于中文的外来词，其发音与闽南话"茶"的发音相同。因此茶不仅是中国人最普遍饮用的饮料，而且也成为世界各地人们的日常饮料。

中国茶分为五类：红茶、绿茶、乌龙茶、花茶和黑茶。乌龙茶、红茶性暖，宜冬天饮用，绿茶、花茶性寒，夏天饮用较适合。

对于果汁饮料、碳酸饮料和乳酸饮料，在饮用上是较简单的，可以根据顾客的要求净饮、加冰块或与其他酒水兑饮。喝茶则不同，茶需要泡，茶要泡得好，需要在水质、水温、泡茶时间及茶具上下功夫。

1. 水质：矿泉水沏茶最好，没有矿泉水的地方，可用麦饭石使水变成具有矿泉水的性质；蒸馏水沏茶效果次之。一般情况下，应该用软水沏茶，不要用碱性水。

2. 温度：优质茶多是用嫩芽部分制成的，沏水温度不宜过高，一般以 80℃ 为宜；次质茶的沏水温度可以高些，一般以 90℃ 为宜。忌用滚开的沸水冲茶，以免温度高，将茶烫熟，失去茶的香气。

3. 时间：茶的冲泡时间不宜过长，否则会失去茶味的爽口清香。一般来说，冲泡时间是 3—5 分钟，喝至一半时，再继续加水，可保持香味不断。

4. 茶具：同一种茶，如茶具不同，沏好的茶的色、香、味会不同。陶器茶具最好，瓷器茶具次之，玻璃茶具第三，搪瓷茶具较差，保温杯最差。

## 第三节　发酵酒

发酵酒又称酿造酒，是最早与人类生活相关的酒。它是借着酵母的作用，将含有淀粉和糖分的原料发酵产生酒精成分而形成，因此其酒精成分并不高，发酵酒常被称为低酒精饮料，酒精度常在 3.5 度至 12 度。

发酵的原理如下：

酵母 + 糖 ──→ 二氧化碳 + 酒精

发酵酒分为葡萄酒和啤酒两大类。

### 一、葡萄酒

葡萄酒包括白葡萄酒、红葡萄酒、桃红葡萄酒和香槟酒等。下面就简单介绍葡萄酒的一些基本内容。

#### （一）葡萄酒的概述

葡萄酒是以葡萄为原料经发酵酿制而成的，是人们日常饮用的低度酒。葡萄酒在世界各类酒中占据了重要的位置，世界著名的葡萄酒主要生产于法国、意大利、西班牙、葡萄牙、德国、瑞士、匈牙利、澳大利亚等。

#### （二）葡萄酒的分类

了解葡萄酒的分类，可以帮助服务人员提高服务水平。葡萄酒的品种很多，通常有以下分类标准：

1. 根据葡萄酒的颜色划分

（1）红葡萄酒：红葡萄酒是以紫红色葡萄为原料，将果皮、果肉与果核混在一起进行发酵，最后将酒与皮渣分离。酒液呈红宝石色，酒体丰满醇厚，略带涩味。

（2）白葡萄酒：在发酵时将葡萄的果肉与皮渣分离后单独发酵

制成的葡萄酒。通常以白葡萄为原料，酒的颜色从深金黄色、浅褐杆色至近无色不等。

（3）桃红葡萄酒：此种葡萄酒是先将紫红色葡萄压碎后连皮带核一起进行部分发酵，然后再将皮渣分离继续发酵。因此酒的颜色呈淡淡的玫瑰红色或者粉红色，又称为玫瑰葡萄酒。

2. 根据葡萄酒中含糖量划分

（1）干葡萄酒，含糖量小于 4 克/升，一般尝不出甜味。

（2）半干葡萄酒，酒中含糖量为 4—12 克/升，可以尝出微弱甜味。

（3）半甜葡萄酒，酒中含糖量为 12—50 克/升，甜味比较明显。

（4）甜葡萄酒，酒中的含糖量大于 50 克/升，甜味醇厚。

3. 根据酿造过程中的特殊处理方法划分

（1）起泡葡萄酒：这种酒在制作中通过自然生成或人工加入二氧化碳，在 20℃的条件下气压≥0.35MPa，开瓶后会产生气泡，因此称为起泡葡萄酒。香槟酒就是典型的起泡葡萄酒。值得注意的是，并不是所有起泡葡萄酒都叫香槟酒。"香槟"一词，音译自 Champagne，是法国一个葡萄产地的名字，按照法律规定，只有在法国香槟地区使用该地的葡萄酿造的起泡葡萄酒才可以称之为香槟酒。

（2）强化葡萄酒：在葡萄酒发酵之前或发酵中加入部分白兰地或酒精，以此提高酒度并抑制发酵，留下某种程度的自然糖分，使酒精度保持在 15°—22°左右，如波特酒（Port）、雪利酒（Sherry）、味美思酒（Vermouth）等。

（三）法国葡萄酒简介

法国被誉为"葡萄酒王国"，它的葡萄酒畅销世界。葡萄酒被分为四类，如图 10-2 所示。

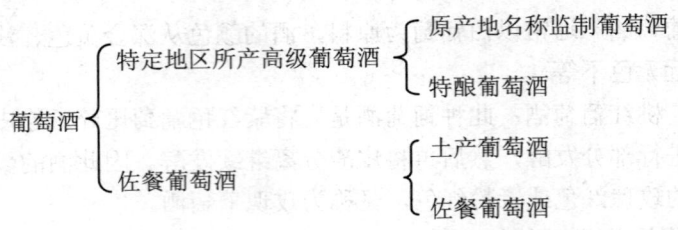

图 10-2　法国葡萄酒的分类

1. 原产地名称监制葡萄酒

这类酒是法国葡萄酒中的极品，政府对这类酒的出品有严格的法规进行控制，这些法规涉及生产、葡萄品种、最低酒精含量、单位面积最高产量、葡萄栽培方法、酿酒方法，有时甚至包括储藏和陈酿条件等。"原产地名称监制葡萄酒"只有在符合了该酒的特定标准以后，才有资格冠以"地名监制"的美称，否则无权使用"地名监制"。

2. 特酿葡萄酒

它的生产必须经过"国家原产地地名协会"的严格控制和管理，其生产条件包括：生产地区、使用的葡萄品种、最低酒精含量、单位面积最高产量、葡萄栽培方法、酿酒方法等，在顺利通过官方委员会进行的品尝试验之前，这类酒不能从地方企业联合会取得 VDQS 标签。

3. 土产葡萄酒

该类酒只能用经认可的葡萄品种进行酿制，且葡萄品种必须是酒标上所使用地名的当地产品。

4. 佐餐葡萄酒

除当地产葡萄酒外的佐餐酒，酒精度一般在 8.5%—15% 之间，它们可以是不同地区甚至不同国家葡萄酒的混合品。法国葡萄酒无论是佐餐葡萄酒还是原产地名称监制葡萄酒，从开始生产到被消费，受到全方位的严格控制，控制内容涉及生产、批发商、销售和消费等。

### （四）法国三大葡萄酒产区

波尔多、麦多克和香槟称为法国三大葡萄酒产区。

1. 波尔多：位于法国西南部，加龙河、多尔多涅河和吉龙德河谷地区，有葡萄园近11万公顷，年均产酒5亿瓶左右，是公认的世界最大葡萄酒产地。由于地广土肥，葡萄品种齐全，几乎所有的葡萄酒都可以生产，有香醇味浓的红葡萄酒，有带辣味或甜味的白葡萄酒，还有玫瑰红葡萄酒等。从高级佳酿到普通佐餐酒，应有尽有，尤其以红葡萄酒口味最为淳厚细腻。

2. 麦多克：位于吉龙德河左岸，波尔多地区的西北部，地势平坦，表土多为沙砾鹅卵石质，下层土为赤褐色含铁土质，较好的葡萄酒来自麦多克村等8个地区，并以村名作葡萄酒名。

3. 香槟：位于巴黎东北郊大约160公里处，出产号称"酒中之王"的香槟酒。从公元3世纪起，香槟地区开始生产红、白葡萄酒，直到1700年才第一次开始生产香槟酒，用于生产香槟酒的葡萄品种主要来自必奴葡萄家族，品种有黑必奴、默尼埃必奴和白必奴。香槟酒是葡萄酒完成发酵以后，进行倒桶、澄清和混合调配，然后将调配的葡萄酒加上甜味，装瓶后再经二次发酵，此时所释放的二氧化碳溶解于葡萄酒中，这就是香槟酒在开瓶时会产生泡沫的原因。陈年香槟酒在上市前必须至少装瓶储存3年左右。

### （五）葡萄酒与菜的搭配

西餐中一般是"白葡萄酒配白肉，红葡萄酒配红肉"，具体来说，干白葡萄酒配海鲜，红葡萄酒配牛羊肉，白葡萄酒配鸡肉，桃红葡萄酒和香槟可配任何食品。

### （六）葡萄酒的饮用程序

1. 香槟和白葡萄酒饭前作开胃酒喝。
2. 红白葡萄酒佐餐时喝。
3. 白葡萄酒先喝，红葡萄酒后喝。
4. 清淡的葡萄酒先喝，口味重的葡萄酒后喝。

5. 陈年时间短的葡萄酒先喝,陈年时间长的葡萄酒后喝。

6. 干的葡萄酒先喝,甜的葡萄酒后喝。

### (七) 葡萄酒与酒杯的搭配

1. 红葡萄酒——郁金香型高脚杯,波尔多型与勃艮第型

郁金香型的理由:杯身容量大则葡萄酒可以自由呼吸,杯口略收窄则酒液晃动时不会溅出来且香味可以集中到杯口。

高脚的理由:持杯时,可以用拇指、食指和中指捏住杯茎,手不会碰到杯身,避免手的温度影响葡萄酒的最佳饮用温度。

2. 白葡萄酒——小号的郁金香型高脚杯

郁金香型和高脚的理由:同红葡萄酒杯。

小杯的理由:白葡萄酒饮用时温度要低,白葡萄酒一旦从冷藏的酒瓶中倒入酒杯,其温度会迅速上升。为了保持低温,每次倒入杯中的酒要少,斟酒次数要多。

3. 香槟——杯身纤长的直身杯或敞口杯

杯型理由:为了让酒中金黄色的美丽气泡上升过程更长,从杯体下部升腾至杯顶的线条更长,让人欣赏和遐想。

### (八) 法国葡萄酒饮用时的最佳温度

1. 红葡萄酒

红葡萄酒一般室温饮用,不需要冷藏,其温度约为 18℃—24℃之间。红葡萄酒在开瓶后不要急于为客人斟倒,许多高档酒店的做法是服务员将瓶塞呈递给客人,让客人闻一闻瓶塞,再斟倒少量的酒给客人试饮,待客人表示对该酒的认可或赏鉴后再斟倒。而这时红葡萄酒也正好可以"呼吸"一下,名为"醒酒"。

2. 白葡萄酒

白葡萄酒的饮用一般需要冷藏或冰镇。事实上,酒店中的白葡萄酒无论是在酒窖还是在酒吧都一直处于冷藏状态。服务时应将白葡萄酒置于冰桶中。

3. 香槟酒

香槟酒的温度一般应在 8℃—10℃。喝香槟酒前应该先冰镇一

下，一般至少 3 小时，因为香槟的酒瓶比普通酒瓶厚 2 倍。

## 二、啤酒

啤酒是以麦芽为主要原料，通过发酵制成的酒。由于啤酒中有较高的热量和多种维生素、矿物质等，人们将啤酒又称为"液体面包"。

啤酒的酒精含量是按重量计算的，通常在 2%—6% 之间。值得注意的是，啤酒瓶上的啤酒度数，如 10°或 12°等，它代表的不是酒精的含量，而是指酒液中原麦汁含量的百分比。

### （一）啤酒的分类

1. 按颜色分类

可分为淡色啤酒、浓色啤酒和黑色啤酒，其中淡色啤酒又叫做黄啤酒。

2. 按麦汁浓度分类

（1）干啤：即麦汁浓度在 7%—8%，酒精含量在 2% 左右。

（2）中度啤酒：即麦汁浓度在 11%—12%，酒精含量在 3.1%—3.8% 左右。

（3）高浓度啤酒：即麦汁浓度在 14%—20%，酒精含量在 4.9%—5.6%，是高级啤酒。

3. 按是否经过杀菌分类

（1）生啤酒：在生产中未经杀菌处理，但仍在饮用的卫生标准之内，口感较好，且营养价值高。由于生啤酒未经过杀菌，仍然保留一些酵母菌和其他菌种，因此，必须用结实的桶来盛装，且保存期仅为 3—7 天。我们平常所说的"扎啤"就是指生啤酒，因用"扎"（Jar）盛装，故得此名。

（2）熟啤酒：是经过巴氏消毒法（Pasteurizing）进行杀菌处理的啤酒，保存期在 3 个月左右。我们日常饮用的瓶装和罐装啤酒都属此类。

**（二）世界著名啤酒**

1. 美国：百威（Budweiser）、幸福（Lucky）、奥林匹克（Olympia）、雪来时（Schlitz）。
2. 英国：健力仕（Gumness Stout）、淡麦啤酒（Pala Ale）、华盛顿（Washiongton）。
3. 德国：多特蒙德（Dortmund）、卢云堡（Lowenbrau）、慕尼黑啤酒（Munchen Bier）。
4. 荷兰：喜力（Heineken）、阿姆斯台尔（Amstel Bavaria）。
5. 比利时：亚多瓦（Artois）、皮爱伯夫（Piedboeuf）。

## 第四节　世界著名蒸馏酒

相对于发酵酒来说，蒸馏酒的历史比较短，大约诞生于中世纪初期。它的品种很多，凡是以谷物或者水果为原料，经发酵、蒸馏而成的含酒精度数较高的酒都称为蒸馏酒，糖和淀粉经酵母发酵后产生酒精，利用酒精的沸点（78.5℃）和水的沸点（100℃）不同，将原发酵液加热至两者沸点之间，就可从中蒸出和收集到酒精成分和香味物质。

蒸馏酒的原料主要有玉米、麦类、米类、高粱和薯类。金酒（Gin）、威士忌、伏特加都是谷物蒸馏酒，中国的茅台、五粮液、泸州大曲等也是以谷物发酵蒸馏的。另外，水果或其他植物也可用来发酵酿酒，如白兰地是以葡萄酿制的，特基拉酒（Tequila）是用龙舌兰酿制的。

### 一、威士忌（Whisky）

**（一）起源**

世界上最早的蒸馏酒是由爱尔兰和苏格兰的古代居民凯尔特人

在公元前发明的。当时的凯尔特人使用陶制蒸馏器酿造出酒精含量较高的烈性酒,这也是威士忌酒的起源。威士忌一词出自凯尔特人的语言,意为"生命之水"。公元43年,罗马大军征服了不列颠,也带来了金属制造技术,从而使凯尔特人传统的蒸馏方法得到改进,改善了蒸馏器的密封性,减少了酒精蒸气的挥发,提高了蒸馏效率,使威士忌酒产量大大提高。到公元10世纪,威士忌酒的酿造工艺已基本成熟。

### (二) 分类

威士忌可分为四类,即苏格兰威士忌、爱尔兰威士忌、加拿大威士忌和美国威士忌。其中,苏格兰威士忌最负盛名。按惯例,苏格兰、美国、加拿大的威士忌书写为 Whisky,而爱尔兰威士忌一直书写为 Whiskey。

#### 1. 苏格兰威士忌

苏格兰威士忌以当地出产的大麦为原料,并以当地出产的泥煤(Peat)作为烘烤麦芽的燃料,精制而成。新蒸馏出来的威士忌至少在酒桶内陈酿4年以上,在装瓶销售前还必须进行勾兑。

中国市场上最有名的苏格兰威士忌当属尊尼获加(Johnnie Walker)。其品级从低到高分别是:Red label(红牌),7年左右;Black label(黑牌),12年左右;Gold label(金牌),18年左右;Blue label(蓝牌),蓝牌是尊尼获加系列的顶级醇酿,精选苏格兰多处地方陈年的威士忌调配而成,当中包含了年份高达60年的威士忌,酒质独特,醇厚芳香,为威士忌鉴赏家之选。

此外,苏格兰威士忌名品还有:皇家芝华士(Chivas Regal)、白马(White Horse)、金铃(Bell's)、巴伦丁(Ballentine)、大使(Ambassador)、格兰威(Grant's)、珍宝(J & B)、皇家礼炮(Royal Salute)等。

#### 2. 爱尔兰威士忌

爱尔兰威士忌的特点是柔和,好像在口中燃烧,原产爱尔兰,用小麦、大麦、黑麦等的麦芽做原料酿造而成，经过三次蒸馏，然后入桶陈酿，一般需8—15年，装瓶时还须勾兑。因原料不用泥炭熏焙，所以没有焦香味，口味比较绵柔长润，适用于制作混合酒与其他饮料共饮。名品有：尊美醇（John Jamson）、老布什米尔（Old Bushmills）、帕蒂（Paddy）等。

3. 美国威士忌

美国威士忌一般被称为波本威士忌（Bourbon Whisky），因原产地在肯塔基州的波本县而得名。联邦政府规定其谷物原料中至少含有51%的玉米。波本威士忌的蒸馏酒度在40—80度之间，法律规定陈年至少为2年，但许多厂家为提高质量，蒸馏后放入内侧熏焦的橡木酒桶中酿制4—8年。波本威士忌的名品有：金宾（Jim Beam）、老祖父（Old Grand Dad）、老林人（Old Forester）、四玫瑰（Four Roses）、杰克丹尼（Jack Daniels）等。

4. 加拿大威士忌

加拿大威士忌多由法裔加拿大人制造，原料为玉米、黑麦和大麦，蒸馏酒度在70度至90度之间。加拿大威士忌酒色泽棕黄，酒香清芬，口感轻快爽适，酒体丰满，以淡雅著称。名品有：加拿大俱乐部（Canadian Club）、土鉴特醇（Seagram's V.O）等。

（三）威士忌的饮用

威士忌一般是净饮，用于餐前或餐后饮用，标准用量一般为1盎司或1.5盎司（约28毫升或43毫升），主要用古典杯。威士忌也可兑水或加冰饮用，也可以调制鸡尾酒。威士忌开瓶后，需要马上封闭，采用竖立方式置放，室温保管。

二、金酒（Gin）

（一）起源

1660年，金酒由荷兰莱顿大学（University of Leyden）西尔维斯（Doctor Sylvius）教授制造成功。最初制造这种酒是为了帮助在东印度地区活动的荷兰商人、海员和移民预防热带疟疾病，以后这种用杜松子果浸于酒精中制成的杜松子酒逐渐为人们接受为一种新的饮料。据说，1689年流亡荷兰的威廉三世回到英国继承王位，将杜松子酒传入英国，并受到普遍欢迎。

（二）分类

金酒可分为荷兰式金酒和英国式金酒两大类。干金最具有英式金酒风味，因此才有伦敦干金（London Dry Gins）之名。

1. 荷兰金酒

荷兰金酒产于荷兰，主要的产区集中在斯希丹（Schiedam）一带，是荷兰人的国酒。

荷兰金酒是以大麦芽与裸麦等为主要原料，配以杜松子酶为调香材料，经发酵后蒸馏三次获得的谷物原酒，然后加入杜松子香料再蒸馏，最后将蒸馏而得的酒，贮存于玻璃槽中待其成熟，包装时再勾兑装瓶。荷兰金酒色泽透明清亮，酒香味突出，香料味浓重，辣中带甜，风格独特，无论是净饮或加冰都很爽口。

荷兰金酒在装瓶前不可贮存过久，以免杜松子氧化而使味道变苦，而装瓶后则可以长时间保存而不降低质量。荷兰金酒常装在长形陶瓷瓶中出售，新酒叫Jonge，陈酒叫Oulde，老陈酒叫Zeet Oulde。比较著名的酒牌有：亨克斯（Henkes）、博尔斯（Bols）、波克马（Bokma）、哈瑟坎坡（Hasekamp）。

荷式金酒的饮法也比较多，在东印度群岛流行在饮用前用苦精（Bitter）洗杯，然后注入荷兰金酒，大口快饮，痛快淋漓，具有开胃之功效，饮后再饮一杯冰水，更是美不胜言。荷式金酒加冰块、再配以一片柠檬，就是世界名饮干马天尼（Dry Martini）的最好代用品。

2. 英式金酒

大约在17世纪，威廉三世统治英国时，发动了一场大规模的宗教战争，参战的士兵将金酒由欧洲大陆带回英国。1702—1704年，当政的安妮女王对法国进口的葡萄酒和白兰地苛以重税，而对本国的蒸馏酒降低税收。金酒因而成了英国平民百姓的廉价蒸馏酒。另外，金酒的原料低廉，生产周期短，无须陈年，因此经济效益很高，不久就在英国流行起来。当时一家小客栈打出一个非常有趣的招牌，由此可以看出当时的金酒是何等的便宜：

> Drunk for a penny,
> Dead drunk for two penny,
> Clean straw for nothing.

中文是：
> 一分钱喝个饱，
> 二分钱喝个倒，
> 穷小子拿干净吸管来喝酒，一分钱也不要。

英式金酒的生产过程比荷式金酒简单，它用食用酒糟和杜松子及其他香料共同蒸馏而得干金酒。由于干金酒酒液无色透明，气味奇异清香，口感醇美爽适，既可单饮，又可与其他酒混合配制或作为鸡尾酒的基酒，所以深受世人的喜爱。英式金酒又称伦敦干金，属淡体金酒，意思是指不甜，不带原体味，口味与其他酒相比，比较淡雅。英式金酒的主要品牌有：英王卫兵（Beefeaters）、布斯（booth's）、戈登金酒（Gordon's）、吉利倍（Gilbey's）、添万利（Tanqueray）等。

### 三、伏特加（Vodka）

#### （一）伏特加的特点

伏特加是以多种谷物（包括马铃薯、玉米等）为原料，用重复蒸馏、精炼过滤的方法，除去酒精中所含异物的一种纯净的高酒精浓度的饮料。该酒酒精度35度至50度，以40度的伏特加酒销量最高。伏特加无色无味，没有明显的特性，但很提神。酒中所含杂质极少，口感纯净，可以任何浓度与其他饮料混合饮用，所以经常用于做鸡尾酒的基酒。

#### （二）伏特加的分类

伏特加主要分为俄罗斯伏特加和波兰伏特加。

1. 俄罗斯伏特加

俄罗斯伏特加最初用大麦为原料，以后逐渐改用含淀粉的马铃薯和玉米，制造酒醪和蒸馏原酒并无特殊之处，只是过滤时将蒸馏而得的原酒，注入白桦活性炭过滤槽中，经缓慢的过滤程序，使蒸馏液与活性炭分子充分接触而净化，将所有原酒中所含的油类、酸类、醛类、酯类及其他微量元素除去，便得到非常纯净的伏特加。俄罗斯伏特加酒液透明，除酒香外，几乎没有其他香味，口味浓烈，劲大冲鼻，火一般地刺激，其名品有：波士伏特加（Bolskaya）、苏联红牌（Stolichnaya）、苏联绿牌（Moskovskaya），以及极具传奇色彩的宝狮（Smirnoff）等。1917年以前，宝狮（Smirnoff）是一个家族企业，日产量是每天100万瓶。1930年，伏特加酒的配方被带到美国，在美国也建起了宝狮（Smirnoff）酒厂。

2. 波兰伏特加

波兰伏特加的酿造工艺与俄罗斯伏特加相似，区别只是波兰人在酿造过程中，加入一些花草、植物果实等调香原料，所以波兰伏特加比俄罗斯伏特加酒体丰富，更富韵味，名品有：兰牛（Blue Bison）、维波罗瓦红牌（Wyborowa）、朱波罗卡（Zubrowka）。

（三）**伏特加的饮用**

标准用量为每份1盎司或1.5盎司（约28毫升或43毫升），用利口酒杯或古典杯饮用，可作佐餐酒或餐后酒。净饮时，备一杯凉水，以常温饮用，快饮（干杯）是其主要饮用方式。许多人喜欢冰镇后净饮，仿佛冰溶化于口中，进而转化成一股火焰般的清热。伏特加也可以作基酒来调制鸡尾酒，比较著名的有：莫斯科骡子（Moscow Mule）、黑俄罗斯（Black Russian）、镙丝钻（Screw Driver）、血玛丽（Bloody Marry）等。

**四、白兰地（Brandy）**

在法国当地流传这样一句谚语：男孩子喝红酒，男人喝波特（Port），要想当英雄，就喝白兰地。人们授予白兰地以至高无上的地位，称之为英雄的酒。白兰地一词分狭义和广义之说，从广义上讲，所有以水果为原料发酵蒸馏而成的酒都称为白兰地，例如樱桃白兰地、苹果白兰地，但现在已经习惯把葡萄酒经过蒸馏和放在木桶里经过相当时间的陈酿而成的酒，称为白兰地。

### （一）起源

白兰地是人们无意中发现的。18世纪初，法国查伦泰河（Charente）的码头因交通方便，成为酒类出口的商埠。由于当时整箱葡萄酒占船的空间很大，于是法国人便想出了蒸馏的办法，去掉葡萄酒的水分，提高葡萄酒的纯度，减少占用空间而便于运输，这就是早期的白兰地。1701年，法国卷入了西班牙战争，白兰地销路大减，酒被积存在橡木桶内。战争结束以后，人们发觉陈放在橡木桶内的白兰地酒，酒质更醇，芳香更浓，而且还有晶莹的琥珀色，因此，用橡木桶陈年便成为酿制白兰地的重要环节。

### （二）分类

白兰地通常分为干邑白兰地、雅邑白兰地。

1. 干邑白兰地（Cognac）

众所周知，白兰地最著名的产地当属法国，然而当人们提到极品白兰地的时候，不是泛指法国白兰地，而是指干邑白兰地（Cognac）。干邑，是法国南部的一个地区，位于夏朗特省（Charente）。干邑地区的土壤、气候、雨水等自然条件特别利于葡萄的生长，因此，这个地区生产的葡萄是全世界首屈一指的，但这并不是说好的葡萄就一定可以酿出优质的白兰地。干邑是法国白兰地最古老、最著名的产区，干邑地区生产白兰地有其悠久的历史和独特的加工酿造工艺，干邑之所以享有盛誉，与其原料、土壤、气候、蒸馏设备及方法密切相关，干邑白兰地被称为"白兰地之王"。干邑白兰地酒体呈琥珀色，清亮透明，口味讲究，风格豪放，特点十分独特，酒度为43°。

干邑白兰地的名品很多，远销世界各地，常见的有：人头马X.O（Remy Martin X.O）、人头马俱乐部（Remy Martin Club）、人头马V.S.O.P（Remy Martin V.S.O.P）、马爹利V.S.O.P（Martell V.S.O.P）、马爹利X.O（Martell X.O）、蓝带马爹利（Ribbion Martell）、轩尼诗

X.O（Hennessy X.O）、轩尼诗 V.S.O.P（Hennessy V.S.O.P）、长颈 F.O.V（F.O.V）、拿破仑 V.S.O.P（Courvoisier V.S.O.P）、普利内 V.S.O.P（Polignae V.S.O.P）、百事吉 V.S.O.P（Bisquit V.S.O.P）等。

2．雅邑白兰地（Armagnac）

仅次于干邑的是雅邑白兰地，雅邑位于干邑南部，即法国西南部的热尔省（Gers），以产深色白兰地驰名，虽没有干邑著名，但风格与其很接近。酒体呈琥珀色，发黑发亮，因贮存时间较短，所以口味烈。陈年或远年的雅邑白兰地酒香袭人，它风格稳健沉着，醇厚浓郁，回味悠长。留杯许久，有时可达一星期之久，酒度为43°。雅邑也是受法国法律保护的白兰地品种。只有雅邑当地产的白兰地才可以在商标上冠以 Armagnac 字样。雅邑白兰地的名品有：卡斯塔浓（Castagnon）、夏博（Chabot）、珍尼（Janneau）、索法尔（Sauval）、桑卜（Semp）等。

（三）白兰地标记和质量等级

白兰地的酒龄一般为 3—8 年，但有许多著名的品牌酒龄长达 25 年，甚至更为长远。为了突出贮陈年限，抬高酒价，酒瓶的商标上还要有醒目的特殊标记，这些标记各有不同的意义，如表 10-2 所示。

表 10-2　白兰地酒标上字母的含义

| 标识 | 意义 |
| --- | --- |
| ★ | 3 年陈 |
| ★★ | 4 年陈 |
| ★★★ | 5 年陈 |
| V.O. | 10—12 年陈 |
| V.S.O. | 12—20 年陈 |
| V.S.O.P. | 20—30 年陈 |
| F.O.V. | 30—50 年陈 |
| X.O. | 50 年陈 |

续表

| 标识 | 意义 |
|---|---|
| X. | 70 年陈 |
| E—Especial | 特别的 |
| O—Old | 老陈 |
| P—Pale | 浅色、清澈的、指米加焦糖色 |
| S—Superior | 高级的 |
| V—Very | 非常 |
| X—Extra | 格外的、特高档的 |
| C—Cognac | 干邑 |
| F—Fine | 好的、精美的 |

实际上这些标记的含义不都是很严格的，不仅代表的酒龄没有严格的确定，相同的标记在不同的地区和厂家所代表的意义也不尽相同。

**（四）白兰地的饮用**

比较讲究的白兰地饮用方法是净饮，用白兰地杯，另外用水杯配一杯冰水，喝时用手掌握住白兰地杯壁，让手掌的温度经过酒杯稍微暖和一下白兰地，让其香味挥发，充满整个酒杯（224 毫升的白兰地杯只倒入 28 毫升或 1 盎司白兰地酒），边闻边喝，才能真正地享受饮用白兰地酒的奥妙。冰水的作用是，每喝完一小口白兰地，喝一口冰水，清新味觉能使下一口白兰地的味道更香醇。

## 五、兰姆酒（Rum）

**（一）起源**

兰姆酒又称朗姆酒，是用甘蔗或制蔗糖的副产品糖蜜酿造的蒸馏酒。16 世纪时，西印度群岛盛产甘蔗，当时用古老的方法提炼蔗糖，即加热甘蔗汁，蒸发水分使蔗糖结晶出来，这种方法到最后，总有一些含高分子的残液无法继续加热，否则会炭化，这些残余的糖蜜只能用作焦糖。新英格兰的殖民者发现糖蜜可以用来酿酒，于是就出现了兰姆酒。这种酒利用廉价的原料，酿出即卖，没有储存期，不需要陈年，因此辛辣刺喉，很受生活在艰苦环境的水手和海盗的青睐，有的船长甚至用兰姆酒为水手发工资，兰姆酒迅速在大西洋水手和加勒比海海盗中风行开来，所以兰姆酒也有"海盗之酒"的绰号。

（二）分类

根据不同的甘蔗原料和酿造方法，兰姆酒可分为以下五类：

1．白兰姆酒（White Rum），也叫 Light Rum，是在制造过程中让糖分发酵，继以连续蒸馏后经由活性处理而成。

2．金兰姆酒（Gold Rum），也叫 Medium Rum，是在蒸馏过程中混合白兰姆酒所成的酒。

3．黑兰姆酒（Dark Rum），是指在酿造时用单式蒸馏，蒸馏后的酒液在内侧烤焦的木桶中陈年，因色泽浓所以也叫黑兰姆酒。

4．老兰姆酒（Old Rum），需经 3 年以上的陈年，质厚优雅，口味甘润，酒精度在 40—43 度之间。

5．传统兰姆酒（Traditional Rum），传统型的兰姆酒，琥珀色，酒色透明，光泽美丽，甘蔗香味，口味精细醇厚。

（三）兰姆酒的饮用

兰姆酒可以净饮，可以加冰块饮用，也可以勾兑成混合饮料，主要用于调制鸡尾酒的基酒。

六、特基拉酒（Tequila）

特基拉酒是以墨西哥的特基拉镇命名的，是墨西哥的主要烈酒，它是以龙舌兰（agave）为原料的蒸馏酒。将浸泡在糖液中的龙舌兰发酵后，经过两次蒸馏，酒精酒度为 52—53 度，此时的酒香气突出，口味浓烈，然后放入橡木桶陈酿，陈酿时间不同，颜色和口味差异很大。白色者未经陈酿，银白色贮存期最多 3 年，金黄色酒的贮存期至少 2—4 年。品质更佳的特基拉酒需要更长的贮存期。

特基拉酒是墨西哥人非常喜欢的酒品，常用于净饮。在墨西哥或美国西南部与墨西哥临近的几个州，人们饮用特基拉酒的方式很独特。每次饮酒时，先用舌头舔一下自己的手背，再使手背粘上细盐，每喝一口酒，就舔一下盐，再吃一口酸橙，美不胜言。特基拉酒越来越受到世人瞩目，销量增加很快，名品有：奎尔沃（Cuervo）、苏子（Sauza）、阿兰达（Arandas）等。

## 第五节　配制酒

配制酒主要有开胃酒、餐后甜酒和利口酒，下面分别进行简单的介绍和说明。

### 一、开胃酒（Aperitif）

开胃酒主要在餐前饮用，目的是为了刺激食欲，主要品种有：

#### （一）味美思（Vermouth）

1. 起源

味美思是意大利文 Vermouth 的音译。它是以葡萄酒为酒基，用芳香植物的浸液调制而成的加香葡萄酒。它因特殊的植物芳香而"味美"，因"味美"而被人们"思念"不已，这种酒有悠久的历史。据说古希腊王公贵族为滋补健身，长生不老，用各种芳香植物调配开胃酒，饮后食欲大振。从文艺复兴时期开始，意大利都灵人在酿造这种酒时以"苦艾"为主要加香原料，因此味美思也叫做"苦艾酒"。所以，人们普遍认为，味美思起源于意大利，而且至今仍然是意大利生产的"味美思"最负盛名。

2. 分类

目前世界上味美思有三种类型，即意大利型、法国型和中国型。意大利型的味美思以苦艾为主要调香原料，具有苦艾的特有芳香，香气强，稍带苦味。法国型的味美思苦味突出，更具有刺激性。中国型的味美思是在国际流行的调香原料以外，又配入我国特有的名贵中药，工艺精细，色、香、味完整。

3. 味美思的饮用

味美思的饮用方法在我国不拘形式，在国外习惯上要加冰块或杜松子酒。味美思还有一大功用，就是调配鸡尾酒。因为味美思除了具有加香的特点，还具有加浓的特点，它含糖量高（15 度），比重大，酒体醇浓，是调配鸡尾酒不可缺少的酒种。

（二）比特酒（Bitters）

比特酒又称苦精酒或必打士，是在葡萄酒或蒸馏酒中加入树皮、草根、香料及药材浸制而成的酒精饮料。比特酒酒味苦涩，酒度在 16—40 度之间。

常用的牌子有：

金巴利酒（Campari），颜色鲜红，酒度 26 度，意大利产。

杜本那（Dubonnet），暗红色，酒度 18 度，味道苦中带有甜味。

菲奈特·布兰卡（Fernet Branca），酒度 45 度，意大利产。

西娜尔（Cynar），酒度 18 度，意大利产。

安德卜格（Underberg），殷红色，酒度 49 度，德国产，是一种由多种药材浸制成的烈酒，有解酒作用，通常是 5.6 毫升的小瓶包装。

安哥斯特拉（Angostura），褐红色，酒度 44 度，中美洲的特立尼达出产，140 毫升小瓶包装，是一种很特别的苦酒。调酒中常用，但刺激性很强，有微量毒性，喝多会有害人体健康。

（三）茴香酒（Anisette）

茴香酒是以茴香为主要香料，再加上少量的其他配料如白芷根、柠檬皮等在蒸馏酒中浸制而成的一种酒精饮料，无色或浅黄色，酒度在 25—30 度之间，香气浓、味重，加水稀释后，成为乳白色。其名品有法国的潘诺（Pernod）、里卡德（Ricard）等。

**（四）开胃酒的饮用**

1. 净饮

使用工具：调酒杯、鸡尾酒杯、量杯、酒吧匙和滤冰器。

做法：先把 3 粒冰块放进调酒杯中，量 1.5 盎司（约 43 毫升）开胃酒倒入调酒杯中，再用酒吧匙搅拌 30 秒钟，用滤冰器过滤冰块，把酒滤入鸡尾酒杯中，加入一片柠檬。注意，加冰的目的是冷却酒液，这是与后面的加冰饮用的区别。

2. 加冰饮用

使用工具：平底杯、量杯、酒吧匙。

做法：先在平底杯加进半杯冰块，量 1.5 盎司（约 43 毫升）开胃酒倒入平底杯中，再用酒吧匙搅拌 10 秒钟，加入一片柠檬。

3. 混合饮用

开胃酒可以与汽水、果汁等混合饮用，也可作为餐前饮料。

## 二、餐后甜酒（Dessert Wine）

餐后甜酒是指西餐中专门佐食甜点的强化葡萄酒。主要包括：

**（一）雪莉酒（Sherry）**

雪莉酒产于西班牙，它可分为天然酒与高浓度酒两大类，天然酒以马惹尼诺（Manzanillo）和阿蒙提那多（Amontillado）等为最佳，是代表性的高级雪莉酒。高浓度雪莉酒是在天然酒中加糖或者加酒精，或两者同时加，酒分有的高达 20%—25%，这种高浓度酒直接饮用的比较少，大多作为调合用酒，或用于烹饪。

雪莉酒酒液浅黄或深褐色，也有的为琥珀色（如阿蒙提那多酒），清澈透明，口味复杂柔和，香气芬芳浓郁，是世界著名的强化葡萄酒。欧美，特别是英国人尤其喜爱它。

雪莉酒含酒精量高，为 15%—20%；酒的糖分是人为添加的，甜型雪莉酒的含糖量高达 20%—25%，干型雪莉酒的糖分为 0.15 克/100 毫升（发酵后残存的），总酸 0.44 克/100 毫升。其名品有潘马丁（Pemartin）、布里斯托（Bristol）等。

## （二）波特酒（Port）

波特酒产于葡萄牙，属强化葡萄酒，用葡萄酒和白兰地勾兑而成。根据葡萄牙政府的规定，如果酿酒商想在自己的产品上写"波特"（Port）的名称，必须有三个条件：

1. 用杜罗河上游的阿尔托·杜罗（Alto Douro）地域种植的葡萄酿造。为了提高产品的酒度，用来勾兑的白兰地也必须使用这个地区的葡萄酿造。

2. 必须在杜罗河口的维拉·诺瓦·盖亚酒库内陈年和贮存，并从对岸的波特港口运出。

3. 产品的酒度在 16.5°以上。

如不符合三个条件中的任何一条，即使是在葡萄牙出产的葡萄酒，都不能冠以"波特酒"。波特酒名品有泰勒（Taylor's）、圣地门（Sandeman）等。

## 三、利口酒（Liqueurs）

利口酒又称利乔酒或香甜酒，是在蒸馏酒或食用酒精中加入芳香原料配制而成。利口酒（Liqueurs）是指欧洲国家出产的利口酒，美国产品通常称为甜香酒（Cordial），而法国产品则称为克罗美（Creme）。

利口酒从加入的芳香原料的类型可分为水果（果实）类利口酒和植物（药草）类利口酒。利口酒的酒度一般在 20—40 度之间。利口酒色泽娇艳、气味芳香，有较好的助消化作用，主要用作餐后酒或调制鸡尾酒。

最早发明利口酒的是修道院的僧侣们。他们配制利口酒是为了延年益寿，长生不老。僧侣们相信，上帝把万寿无疆的精灵藏在了植物里，根、果、花、皮，用蒸馏法来提取最为有效。这些人有知识，有时间，很多人成了利口酒专家。

利口酒品种很多，目前在中国市场比较流行的有泵酒、君度香橙、修道院酒、库拉索橙皮酒、加利安奴、三干酒等。表10-3 详细列出了世界著名利口酒的原文名称、中文名称、用什么基酒配制的、香料类型、颜色，以及酒度。

表 10-3 世界著名利口酒

| 利口酒名称 | 基酒 | 香料 | 颜色 | 酒度 |
|---|---|---|---|---|
| Amaretto<br>阿玛莱托 | 食用酒精 | 杏仁 | 琥珀色 | 24°—28° |
| Anisette<br>茴香酒 | 食用酒精 | 大茴香籽、甘草 | 红色 | 20°—30° |
| Apricot Liqueur<br>利口杏酒 | 食用酒精 | 杏子 | 橘黄 | 30°—35° |
| Bailey's Irish Cream<br>爱尔兰奶 | 爱尔兰威士忌 | 爱尔兰巧克力 | 浅咖啡色 | 17° |
| Benedictine<br>泵酒 | 食用酒精 | 草药、香料 | 深金黄色 | 43° |
| B & B<br>B 和 B | 干邑 | 草药、香料 | 深金黄色 | 43° |
| Blackberry Liqueur<br>黑草莓利口酒 | 白兰地 | 黑草莓 | 紫红色 | 30° |
| Chartreuse<br>修道院酒 | 白兰地 | 草药、香料 | 黄、绿两种 | 黄40°—43°绿55° |
| Cheri-Suisse<br>樱桃苏滋酒 | 白兰地 | 巧克力、樱桃 | 粉红色 | 26°、30° |
| Cherry Liqueur<br>樱桃利口酒 | 白兰地 | 樱桃 | 红色 | 15°—30° |
| Cointreau<br>君度香橙 | 食用酒精 | 白兰地、水果 | 深琥珀色 | 40° |
| Crème de bananas<br>香蕉甜酒 | 干邑 | 熟香蕉 | 黄色 | 25°—30° |
| Crème de Cassis<br>黑加仑子酒 | 干邑 | 黑加仑子 | 黑红 | 15°—25° |

续表

| 利口酒名称 | 基酒 | 香料 | 颜色 | 酒度 |
|---|---|---|---|---|
| Crème de menthe 薄荷酒 | 干邑 | 薄荷 | 绿色、白色 | 30° |
| Crème de noyaux 果核酒 | 干邑 | 杏仁 | 无色、红色 | 25°—30° |
| Curacao 库拉索橙皮酒 | 兰姆酒或白兰地 | 橘皮 | 无色、橘黄、蓝色 | 27°—40° |
| Drambuie 涓必酒 | 苏格兰威士忌 | 苏格兰蜂蜜、草药 | 金黄 | 40° |
| Forbidden Fruit 禁果甜酒 | 白兰地 | 葡萄酒 | 棕红 | 30°—32° |
| Galliano 加利安奴甜酒 | 食用酒精 | 香草、甘草 | 明黄 | 40° |
| Grand Marnier 高级马尼尔 | 干邑 | 橘子皮 | 浅琥珀色 | 40° |
| Kahlua 墨西哥咖啡甜酒 | 食用酒精 | 咖啡 | 褐色 | 26.5° |
| Mandarine 曼达瑞甜酒 | 白兰地 | 柑橘 | 明黄 | 40° |
| Maraschino 马士坚奴 | 食用酒精 | 樱桃 | 无色 | 30°—40° |
| Midori 来道丽甜酒 | 食用酒精 | 蜜露 | 绿色 | 33° |
| Ouzo 奥作甜酒 | 白兰地 | 甘草、大茴香子 | 无色 | 45°—49° |
| Peach Liqueur 桃酒 | 食用酒精 | 桃 | 琥珀色 | 30°—40° |
| Peppermint 薄荷酒 | 食用酒精 | 薄荷 | 无色 | 20°—30° |

续表

| 利口酒名称 | 基酒 | 香料 | 颜色 | 酒度 |
|---|---|---|---|---|
| Pernod 培诺 | 食用酒精 | 甘草、大茴香子 | 黄绿色 | 45° |
| Peter Heering 彼得.海林 | 食用酒精、白兰地 | 樱桃 | 深红色 | 29.5° |
| Raspberry Liqueur 木莓甜酒 | 食用酒精、白兰地 | 木莓酱 | 紫红色 | 25°—30° |
| Tia Maria 太玛利娅 | 兰姆酒 | 咖啡 | 褐色 | 36.5° |
| Triple Sec 库拉索三干酒 | 食用酒精 | 橙皮 | 无色 | 30°—40° |
| Tuaca 达卡 | 白兰地 | 蛋诺、可可 | 棕黄 | 42° |
| Vandermint 巧克力薄荷甜酒 | 食用酒精 | 巧克力、薄荷 | 深棕色 | 26° |
| Vieille Cure 韦丽库甜酒 | 食用酒精 | 香草、香料 | 绿、黄 | 30° |

# 第六节 鸡尾酒

## 一、鸡尾酒简介

鸡尾酒是用几种饮料混合而成的酒精饮料,多在饮用时临时调制。鸡尾酒所用的饮料可以是酒,也可以是非酒精饮料。有的是经过冰镇处理的,有的是保持原有温度或加热的。无论哪一种,鸡尾酒都是按照严格的配方制作的,尤其是世界上流行的著名鸡尾酒更是如此。鸡尾酒的酒谱配方名目繁多,五花八门,以经过冰镇处理的品种最受顾客欢迎。

## 二、鸡尾酒的分类

### （一）按照鸡尾酒的容量和酒精度数

1. 短饮

短饮即短时间喝的鸡尾酒，时间一长风味就减弱了。此种酒采用摇动或搅拌以及冰镇的方法制成，使用鸡尾酒杯。一般认为鸡尾酒在调好后 10—20 分钟饮用为好，大部分酒精度数是 30 度左右。

2. 长饮

长饮是调制成适于消磨时间悠闲饮用的鸡尾酒，兑上苏打水、果汁等。长饮鸡尾酒几乎全都是用海波杯（High Ball）这种大容量的杯子。它是加冰的冷饮，也有加开水或热奶趁热喝的热饮，尽管如此，一般认为 30 分钟左右饮用为好。与短饮相比大多酒精浓度低，所以容易喝。这种鸡尾酒依制法不同而分若干种。

### （二）按照鸡尾酒的饮用时间

1. 正餐前鸡尾酒（Per-Dinner Cocktail）

正餐前喝的鸡尾酒，目的是滋润喉咙，增进食欲。甜味并不强烈，口感很清爽。

2. 正餐后鸡尾酒（After Dinner Cocktail）

正餐之后喝的鸡尾酒，目的是在进餐之后清新口气或促进消化。它是有效利用甜露酒风味的甘甜浓重的鸡尾酒。

3. 全天可饮的鸡尾酒（All Day Cocktail）

任何时候喝都可以，当然，上述几种鸡尾酒也没有必要过分拘泥。多数鸡尾酒属这一类。

4. 睡前鸡尾酒（Night Cap Cocktail）

睡前鸡尾酒即所谓安眠酒，一般认为睡前酒最好是以白兰地为基酒，味道浓重的鸡尾酒和使用鸡蛋的鸡尾酒。

## 三、鸡尾酒的调制

鸡尾酒已经走进了我们的生活，闲暇时间在酒吧喝点鸡尾酒，已经逐渐成为一种时尚。鸡尾酒也是非常多彩多姿的,不同的酒配搭起来,变换出不同的色彩,拥有数不胜数的美丽动听的名字。其实鸡尾酒虽然千变万化,却有一定的规律可循,只要备齐以下基本材料,就有可能成为吧台后面的调酒高手。

### (一)鸡尾酒调制的原料

尽管鸡尾酒调制的原料多种多样,但归纳起来,有五大类,如表10-4所示。

表10-4 鸡尾酒调制所需原料

| 主要类型 | 具体原料 |
| --- | --- |
| 六大基酒和利口酒 | 金酒(Gin)<br>伏特加(Vodka)<br>兰姆酒(Rum)<br>特基拉酒(Tequila)<br>威士忌(Whisky)<br>白兰地(Brandy)<br>利口酒(Liqueurs) |
| 五大汽水 | 苏打汽水(Soda Water)<br>汤力汽水(Tonic Water)<br>姜汁汽水(Ginger Water)<br>七喜汽水(7-UP)<br>可乐(Cola) |
| 重要配料 | 红石榴汁(Grenadine)<br>柠檬汁(Lenmon)<br>酸橙汁(Lime)<br>鲜奶油(Gream)<br>椰奶(Pina Colada)<br>鲜奶(Milk)<br>蜂蜜(Honey)<br>蓝柑汁(Blue Curacao Syrup)<br>薄荷蜜(Peppermint Syrup)<br>可尔必思(Calpis)<br>葡萄糖浆(Grape Syrup) |
| 重要果汁 | 橙汁、菠萝汁、番茄汁、葡萄柚汁、葡萄汁、苹果汁、小红莓果汁、运动饮料、杨桃汁、椰子汁等 |
| 备用配料 | 杏仁露、豆蔻粉、芹菜粉、红樱桃、绿樱桃、香草片、洋葱粒、橄榄粒、辣椒酱等 |

## （二）鸡尾酒的四种调制方法

1. 手摇法（Shaking）

手摇法即把材料和冰块放入调酒壶中摇晃使之混合。这能使难以混杂的材料混合在一起，还能用冰块使之迅速冷却。此外酒精含量高的酒在摇动过程中还能磨去冰块的棱角，从而获得爽口的味道。一般适用于含有蛋清、蛋黄或奶油的鸡尾酒。

2. 搅拌法（Stirring）

搅拌法就是把材料依次放入调酒杯，再用吧匙迅速进行搅拌，目的是使各种材料充分均匀混合，同时也有冷却材料的目的。一般适用于果汁与基酒混合的饮料。

3. 依次放入法（Building）

依次放入法是把材料和冰块直接倒入使用的酒杯中。只要掌握要领就极少失败，这是一种轻松地享受鸡尾酒调制乐趣的方法。马丁尼（Martini）、曼哈顿（Manhattan）、彩虹（Rainbow）等就是用此法调制的。

4. 电动混合法（Blending）

电动混合法是用搅拌机进行搅拌混合，主要适用于基酒与某些水果或碎冰混合的鸡尾酒。向搅拌机中放入水果和碎冰，然后进行混合即可。通过调节碎冰的量，把这些材料搅拌成果子露状的液体。

## 复习思考题

1. 什么是饮料？饮料是指不含酒精的果汁或可乐吗？
2. 饮料是如何分类的？
3. 洋酒中的烈酒或蒸馏酒有哪些类别？各自的典型产地是哪里？各有什么特点？
4. 葡萄酒通常在什么情况下饮用？与肉类搭配有什么讲究？
5. 威士忌和白兰地通常在什么情况下饮用？有什么讲究？
6. 什么是鸡尾酒？制作鸡尾酒的原料通常有哪些类？

# 案例分析

## 一家濒临破产的酒吧是如何起死回生的

有朋友开了一家酒吧，除了经营啤酒、红酒、白酒、洋酒以外，还提供20种特色地方菜，有一次应邀来到酒吧，菜品味道挺好的，环境氛围也非常不错，朋友3罐蓝带下肚，却突然对我诉苦："哥们你不知道啊，店里虽然酒水菜品和服务很好，可就是来的人少，这个地段又偏，每天的营业额刚够保本。"

我仔细看了下，的确是，按理周末人多，可这里零零散散的，只坐了5桌客人。"今年生意不好做啊，可能是行业的问题，你是做实体店策划的，你就帮帮我吧"，他陷入了沉思。看着朋友一脸的无奈，我决定帮他一把。

之后的几天我走遍了市里所有的酒吧夜场，然后回到朋友的店里，每天计算进店率，评估点菜系统，体验店里的服务水平。调查发现，他卖的菜，别的酒吧也卖；他卖的酒，别的酒吧也卖；他店里的环境氛围好，别的酒吧也非常不错。唯一不同的是，来他店里消费的，大多是开小店的老板，打工白领一族，还有一些外地务工人员，这些人酒量还是挺大。看来，要想让朋友这家酒吧赚大钱，就要把相同的产品卖出不同。

于是，我帮他设计的1个简单的方案，不可思议的是，10天成交了2109个顾客，创造了286835元的纯利，每天进店260多人，连空落落的3楼，也时常爆满！这一成功的策略就是"套餐赠送"。

我帮他包装了5道特色菜——酸甜苦辣咸（酸韧皮冻、甜果奶昔、苦瓜炒肉、辣爆鱿鱼、咸香花生）五味套餐，价值118元，5道菜品，5种口味，品尝人生百味！然后制作PVC卡，注明：凭此卡可免费获得价值118元的5道特色菜，每次每桌限1张使用，再配合一张5道菜的说明单页，装在航空信封里，免费送给50家周边做生意的老板让他们当作成交赠品，每个老板首次提供 100 份，他们可以送给自己的 VIP 客户。

刚开始，朋友快疯掉了，这 5 道菜的成本就 50 元，要是送的话不亏大发了。我建议他先找 6 家，发 600 份试试效果。600 份发出去后，来了 220 个人，来的人除了点别的菜以外，还点了大量的酒水。平均每桌消费 314 元，除去 50 元赠送套餐成本和其他成本，净赚 138.4 元。更重要的是，留下了顾客的联络方式，锁定了客户长期消费。也就是说，发一张卡，单次就能得到 138.4 元纯利。以后要做的，只需要免费送就可以了。

用 50 元的成本来买一桌客户，相当于做广告宣传了，但是比宣传的效果会有效得多。酒吧付出的 5 个菜的成本，而顾客来到酒吧绝不仅仅是吃这五个免费菜，肯定要点酒水的！酒水的销售价格减去菜品成本和饮料成本就是该酒吧的毛利了。

**案例思考题**

1. 如果该咨询专家的策略不能带来更多的顾客，酒吧损失的是什么？

2. 为什么咨询专家建议酒吧老板把免费套餐券赠送给周边做生意的老板并让他们送给生意伙伴作为成交赠品？

# 第十一章 餐厅的安全与卫生管理

**学习目的**

- 认识餐厅安全与卫生管理的重要性
- 掌握餐厅安全和卫生管理控制的要求和方法

**基本内容**

餐厅安全管理
- 事故预防
- 防火
- 烫伤
- 切伤的原因和预防
- 肌肉拉伤和摔伤
- 机器和设备的伤害
- 紧急情况的处理

餐厅环境与卫生管理
- 餐厅环境卫生要求
- 厨房卫生要求
- 餐饮设备的卫生要求
- 餐厅员工的清洁卫生
- 洗涤
- 细菌的生长、传播与控制

- 中毒
- 危害分析关键控制点

在餐饮业中，几乎每天都可见刀伤、碰撞损伤、烫伤，甚至火灾这样的事故，至于因为食品不卫生而引起的疾病和中毒也时有发生。发生事故不仅会损害餐厅的声誉，挫伤员工的士气，还会造成经济损失甚至危及顾客和员工的生命。管理人员要使每一位员工都懂得，餐厅安全和卫生工作涉及每一位进入餐厅的人，也包括员工自己的健康和安全。因此，餐厅的安全和卫生管理是每一位餐厅经营者必须重视的工作重点，也是餐厅中每一位工作人员不可忽视的问题。

## 第一节 餐厅安全管理

### 一、事故预防

餐厅服务人员进行某项服务时，必须随时随地注意周围每个人的安全。有些事故看上去是偶发的，事实上是由于员工的疏忽、粗心、走神和无知造成的。在工作中必须遵守规章制度和操作规程，这是保证安全的前提，因此下列有关安全问题的七个要点，员工在工作中应严格遵守。

1. 应当时时将自己作为餐厅安全小组中的一员，及时地报告各种不安全的因素，防患于未然。

2. 当看到地板上出现不是原来固有的东西，如溢出物或其他东西，都应清扫干净或移至安全的地方。

3. 无论是谁受了伤，哪怕十分轻微，都应立即向上报告，使受伤者得到应有的帮助和照料。

4. 在餐厅、楼道里要靠右行走，禁止奔跑，转弯时要注意观察，防止碰撞。

5. 进门时要放慢速度、留心对面是否有人。开窗时，先察看窗台上是否放有杂物，动作要慢，不要直接用手推玻璃，要使用窗把手。

6. 禁止工作时打闹开玩笑，有时无害的玩笑也会造成损伤。

7. 发现有缺损的设备应及时向有关人员报告，及时修理。使用设备时，要切实遵守操作流程和安全规则。

总结餐厅中发生的各类事故，可以看到，大多数事故是由下列原因引起的：

1. 走廊上或楼梯上堆有异物。
2. 在通道上放置了设备和电器。
3. 楼道上有污物、垃圾和其他杂物。
4. 走道上有油或其他溢出物未及时清扫。
5. 使用了不安全的梯子、椅子或者窗框不牢固。
6. 将椅子放在了餐厅中繁忙的走道上。
7. 行走时低头看手机或玩手机游戏。

对此类不安全因素要严加防范，发生了问题，要及时解决。

## 二、防火

对一个餐厅来说，发生火灾是最可怕的。火灾可以造成两个明显的危害，一是人员伤亡，二是财产毁坏。此外，当火灾发生时，惊慌失措和恐惧使人们不能像在正常情况下那样思考和行动，也会造成意外事故的发生。

防火，实际上包括了两个方面的工作，一是防止火灾发生，二是一旦发生了火灾应该如何采取正确的扑救措施。战胜火灾最好的办法就是预防火灾！防火也依赖于餐厅每一位工作人员的共同努力。

### （一）火灾预防措施

作为一名服务人员，在工作中必须牢记下列事项：

1. 经常检查餐厅内所有的烟灰缸和电器插座，杜绝隐患。
2. 清理烟灰缸的时候要仔细，防止把烟蒂直接倒入垃圾袋和其他易燃容器中。
3. 不要使用损坏的电源插座、过长的电线和不合适的插头。
4. 不要使电线的负荷过大。
5. 若发现裸露的电线和松动的插头应立即向有关人员报告，尽早修理或更换。
6. 在桌上使用移动煤气灯或酒精炉时要格外小心，防止倾翻。
7. 在餐厅中移动煤气灯和酒精炉时必须将明火熄灭。
8. 在餐厅中使用火锅或提供烤肉服务时，要有专人巡视，防止火灾。

### （二）火灾发生时应注意的问题

一旦起火，在最初的 5 分钟内所采取的补救措施正确与否至关重要。为了预防火灾，服务人员平时应了解一些相关的知识，例如，人员所处的楼层，区域和整座大楼的结构和平面布置；熟悉安全通道的位置和出口；熟知灭火器的位置和使用方法等。一旦发生火灾，应该做到以下几点：

1. 不要惊慌失措。
2. 立即疏散客人，帮助他们到达安全的场所。
3. 启动最近的火灾报警器。
4. 消防队到达之前，采取初步的补救措施。
5. 消防队到达后，有专人为消防队员引路，并报告主要的电器开关箱、助燃物和火源的位置。

### （三）火灾的类型

火灾大体上可分为四种类型：

1. 类型 A：普通火灾，主要由木头、布、纸和一些塑料燃烧引起的，这些物品燃烧后会留下灰烬。
2. 类型 B：由液化气、脂肪、油、油脂和漆等燃烧引起的火灾。
3. 类型 C：电器类火灾。

4. 类型 D：混合型火灾。

火灾发生后，要立即搞清火灾的类型，并且了解餐厅中灭火器的类型，然后可以有针对性地使用灭火剂，否则，不仅不能扑灭火灾，而且会造成危险。

不同类型火灾有不同的扑救方法：

1. 对于类型 A 火灾，可以用水或多用途化学灭火器来扑灭。

2. 对于类型 B 火灾，应该使用二氧化碳灭火剂或其他化学灭火剂和碳酸氢钠、碳酸氢钾等灭火，其灭火原理是隔离氧气而将火扑灭。泡沫灭火剂可以将部分而非全部液体类火灾扑灭，灭火时应注意鉴别燃料的类型。在餐厅中应特别注意气体和油脂类火灾，对这类火灾严禁用水，否则，有可能使得油脂漫溢而使火灾蔓延开去。

3. 类型 C 火灾应使用惰性气体或干化学灭火剂，千万不能用水去灭电器火，因为水是导电的。

4. 类型 D 火灾，这是最不希望在餐厅中发生的，对救援这类火灾最好的方法是使用泡沫和干混合灭火剂。

总的来说，火的燃烧应具有 3 个条件：可燃物质、氧气和一定的温度。除去任何一个条件，火就会熄灭，因此，火灾发生时，只要努力除掉燃烧所需的某个条件，火就会被扑灭。

## 三、烫伤

餐厅内的某些设备和用具可造成严重的烫伤，比如烫的盘子和碗，不注意就会烫伤皮肤。因此，服务员在端、放这些物品时应留心自己和周围的人员。刚烧好的汤是另一个潜在的烫伤源。服务人员在送热的流体食物时，特别是在穿过一个拥挤的餐厅时，严禁奔跑等慌乱行为，应倍加小心。一旦发生烫伤事故，应该立即做医疗处理。

烫伤主要是由于职工在工作时粗心大意造成的。餐厅营业时，工作繁忙，职工在忙乱中偶尔接触到热锅、热锅柄、热油、热汤汁和热蒸气等造成了烫伤。

防止烫伤应注意以下几点：

1. 餐厅服务员使用热水器开关时，应当谨慎小心，不要将容器内的开水装得太满。
2. 当服务员运送热汤菜时，一定要注意周围的顾客。当热汤菜送至餐桌时，一定要先说："打扰了！"并注意周围顾客的动态。
3. 无论使用任何厨具或点燃燃气设备时，都应遵循相应的程序。
4. 有计划地操作，例如，在把热锅从一个地方移到另一个地方的时候，应该先把放热锅的地方预备好。
5. 用干燥的锅垫垫锅，湿的锅垫会导致蒸汽烫伤，绝不能用围裙、毛巾、洗碗布来端锅。
6. 不要使用把柄松动的平底锅（以防突然跌落），不要使用圆底锅（以防倾斜）。
7. 不要赤手伸入烤箱，应使用专门的隔热手套。
8. 待设备冷却后再进行清洗。
9. 倒咖啡或其他热饮料时要特别小心。
10. 谨慎使用喷灯。
11. 打开锅盖时，应先打开离自己远一些的一边，再打开全部锅盖。
12. 经常检查蒸汽管道和阀门，防止出现泄露伤人的事故。
13. 需要油炸的食品应先滤去水分，防止油锅中的热油溅出伤人。

### 四、切伤的原因和预防

在餐饮服务和生产安全事故中，切伤发生的概率很大，尤其是厨房的切伤事故。造成切伤的主要原因有以下几个方面：

1. 职工在工作时，精力不集中。
2. 工作姿势或者是程序不正确。
3. 刀具钝或刀柄滑。
4. 刀具摆放的位置不正确等。

5．切割设备没有安全防护。

6．作业区光线不足。

预防切伤应当注意以下几点：

1．应当保持刀刃的锋利，越是不锋利的刀具，越容易发生切伤事故；锋利的刀具需要力度较小，不易发生滑动。

2．应使用砧板，不要在金属物体表面切割物品；在砧板底下垫上湿毛巾，防止其滑动。

3．在使用刀具和切割器的时候要特别小心。

4．切割时远离自己的身体和其他同事。

5．刀具只用于切割，不要将其用来开启罐头或是瓶子。

6．不要去接掉落的刀具。

7．不要将刀具浸放在水里，或者是其他不易察觉的地方。

8．保持刀具的清洁，保证刀刃背离你的身体。

9．刀具不用时应整齐地放在一个安全的地方，比如说刀具盒。

10．正确取用刀具，将刀刃向下离体置于外侧；不要挥舞，尽可能将其搁在刀具架里。经过他人旁边时应当提醒他人小心。

11．破碎的物件，比如说碎盘子和碎玻璃，及时清出生产区。

12．不要用手直接接触破碎物件。

13．使用专门的容器存放破碎物件，不要与其他的废物一起存放。

14．将钉子等物品及时清出生产区，妥善放置。

### 五、肌肉拉伤和摔伤

为了避免肌肉拉伤，搬重物之前要站稳脚跟，挺直脊背，不要前俯或摇摆。屈膝拿低处的东西后站起要用腿力，而不是用腰力。一次不应搬过多和过重的东西。搬重物时应当寻求帮助或用小推车搬运。扭伤俗称扭腰或闪腰，当餐厅和厨房职工搬运过重的物体使用不正确的搬运方法造成腰部肌肉损伤时，扭伤就发生了。

防止扭伤的发生应注意以下几点：

1．职工搬运物体时，要掌握正确的搬运姿势，同时应量力而行，不要举起过重的物体。

2．举起物体时，应使用腿力而不是背力，被举物体一般不应该超过头部。

3．举起物体时，双腿应分开，弯曲双腿，挺直背部，抓紧被举的物体。

4．通常，男职工可举起物体的重量约是 22.5 千克，而女职工可以抓起的物体重量为男职工的一半。

再者就是摔伤，实际上大多数摔伤者并非从高处摔下，而是在平地滑倒或者是绊倒的。预防此类事件发生的方法有如下一些：

1．始终保持地面干燥，有溅出物时要立即擦干净。使用"防滑"的地板蜡，适当使用"注意安全"或"防止滑到"的警示牌。

2．地板上出现液体污点来不及清理时，在其表面撒一些盐来降低其光滑度。

3．把有危险的东西如盒子、拖把、扫把放在远离工作区的地方。一旦发现有松动的或已翻起来的地板砖，应立即更换。

4．保证走廊和楼梯的清洁，不允许有障碍物存在。

5．及时修理破损的或者已经破旧的楼梯踏板。

6．穿合脚的平跟防滑鞋。不要穿旧鞋、薄底鞋、拖鞋、高跟鞋和塑料鞋。鞋跟和鞋尖部分不能有开口，绑紧鞋带，防止绊倒。

7．过摇摆门时，应当走过去，不是跑过去，而且要小心地走过去。"靠右行"是许多餐厅的规定，大家都应该按照规定靠一定的方向走，按规定出入就不会发生碰撞。

8．如果要爬到高处取东西，要用结实的梯子，不能简单地使用椅子或者是箱子垫起。

9．不要搬运影响前进视线的过大的物体。

10．要确保出入口干净安全，尤其是冬季下雪的地区，应在下雪时经常清理雪和冰，保证路面干净不滑。门前踏垫要保持干净，随时注意踏垫的摆放位置。

### 六、机器和设备的伤害

机器和设备对员工的伤害在餐厅中也比较常见，比如切割机对员工的伤害、电器类设备对员工的伤害。要避免机器和设备对员工的伤害，必须做到以下几点要求：

1．在不了解设备操作使用规程之前，不要擅自使用设备。

2．起用设备上所有的安全指导和装置，比如切片机在不使用时要彻底关闭。

3．禁止在任何一种设备处于运转状态时取拿食品。

4．在清洗和拆卸电器类设备之前，必须彻底切断电源。

5．在设备接上电源之前，必须保证开关是处于关闭状态的。

6．当服务人员的手是湿的或者是站立在水中时，不要接触或者是拿带电设备。

7．穿合身的衣服并且将围裙带子卷好以免被绞进机器内。

8．按照机器的设计使用意图使用机器设备，绝不可作为他用。

9．将罐、盆以及其他的设备摆放在合适的稳固的架子上，防止其倾倒伤人。

10．厨房和备餐间中所有设备的电源都必须安装地线，不得将电线放在地上，即便是临时措施也很危险。

11．在容易发生触电事故的地方涂上标记，提醒员工注意。

### 七、紧急情况的处理

每一位员工在事故发生时都必须牢记下列要点：

1．不要惊慌失措。

2．立刻请求帮助，并告诉支援者有关事故的详细情况，包括事故的位置和性质。

3．只做必须做的事，但要按照次序，不要做超出个人能力的事。

4．很多事情都可以补救，挽回损失，但人死不能复生，一定注意不要危及自己及他人的生命。

5．在紧急情况下，没有时间去查阅教科书，因此，在动手之前，应该迅速地想一下，应该做些什么和怎么去做。

6．当意外事件平息之后，应立即写出有关事故的详细报告，如事故的位置、程度和伤亡情况等。

## 第二节　餐厅环境与卫生管理

餐厅中，环境卫生与个人卫生是至关重要的。尽管服务过程都经过精心设计，但总会出现这样或那样的问题，如棉织品被污染，刀叉被手指捏过，杯子碰到了油污，或某个员工在工作场所吸烟给顾客留下一些不卫生的印象等。

### 一、餐厅环境卫生要求

餐厅的卫生管理包括对餐厅地面、墙壁、天花板、门窗、灯具和各种装饰品的卫生管理。具体要求如下：

1．保持餐厅地面的清洁，每天清扫大理石地面并定期打蜡上光；每天清扫并用墩布擦木地板地面，定期除去木地板上的旧蜡，上新蜡并磨光；每天对餐厅的地毯吸尘2—3次，并用清洁剂和清水及时将撒在地毯上的汤汁擦干净。

2．保持餐厅的墙壁和天花板的清洁，每天清洁1.8米以下的墙壁一次，每月或定期清洁1.8米以上的墙壁和天花板各一次。

3．保持餐厅门窗及玻璃的清洁，每三天清洁门窗一次，雨天和风天要及时擦拭。

4．每月或定期清洁餐厅的灯饰和通风口一次。

5．每餐后认真清洁餐厅的餐台、餐椅、服务桌和各种服务车。

6．保持备餐间的卫生，每天整理和擦拭餐具车、洗碗机。

7．保持花瓶、花篮和各种调料的卫生，每天更换花瓶中的水，及时更换调料瓶中的各种调料。

## 二、厨房卫生要求

厨房卫生管理包括通风设施、照明设施、冷热水设施、地面、墙壁、天花板等的卫生管理。

1. 通风设施

厨房要安装通风设施以排出炉灶和仓库发出的气味。排风设施距离炉灶最近，容易沾染油污，油污积存多了会落在食物上，因此，通风设备要定时或经常清洁，许多饭店和餐厅每两天清洁一次通风设备。通风口要有防尘设备，防止昆虫、尘土等飞入。良好的通风设施不仅使厨房员工感到凉爽、空气清新，还能加速蒸发员工身上的汗水。

2. 照明设施

有效的照明设施可以缓解员工的眼睛疲劳，自然光线的效果比人工照明设施更理想。同时，只有适度的照明，厨房员工才可能注意厨房中的各个角落的卫生。许多饭店每周清洁厨房照明设施一次。

3. 冷热水设施

厨房和备餐间要有充足的冷热水设施，因为厨房和备餐间的任何清洁工作只有在安装了冷热水设施的前提下才能完成。

4. 员工卫生间

饭店与餐厅常在厨房的附近建立员工洗手间，洗手间的门不可朝向餐厅或厨房。卫生间的卫生应有专人负责，餐厅服务员和厨房员工不可兼管卫生间。

5. 厨房地面

厨房地面应选用耐磨、耐损和易清洁的材料。地面应平坦，没有裂缝，不渗水。地面用防滑砖最适宜。保持地面清洁，每天应冲洗地面，冲洗时，用适量的清洁剂，然后擦干。

6. 厨房墙壁

厨房墙壁应当结实、光华、不渗水、易冲洗、浅颜色为宜。墙壁之间、墙壁与地面之间的连接处应以弧形为宜，以利清扫。瓷砖墙面最为理想。保持墙面清洁，经常用热水配以清洁剂冲洗墙壁。

7. 厨房天花板

厨房天花板应选用不剥落或不宜断裂及防止尘土的材料，通常厨房选用金属材料做天花板，其优点是不易剥落和断裂，可以拆卸安装以利于清洁。

8. 厨房门窗

厨房的门窗应没有缝隙，保持门窗的清洁卫生。保持门窗的清洁，使光线充足。厨房的门窗应当每天擦拭，较高位置的窗户和玻璃，如超过 1.8 米，可以三天到一周清洁一次。

9. 食梯

食梯通往各楼层，是老鼠和害虫通往厨房的通道。因此，保持食梯卫生很重要，不要在食梯内存留食物残渣，以免病菌繁殖。

### 三、餐饮设备的卫生要求

1．餐饮设备应易于清洁，易于拆卸和组装，设备材料必须坚固、不吸水、光滑、易于清洁、防锈、防断裂、不含有毒物质。

2．设备每天使用完毕或每天工作结束时，应彻底清洁。

3．清洁可拆卸的设备时，应先去掉残渣和油污，然后，将卸下的部件放入含有清洁剂的热水里浸泡，用刷子刷，再用清水冲洗。

4．对于不可拆卸的设备，应在抹布上涂上清洁剂，然后涂在设备上，再用硬毛刷刷去污垢，用清水清洗后，再用干净布擦干。

5．对于用不同的材料制成的用具与器皿采用不同的清洁方法以达到最佳的卫生效果和保护用具与器皿的作用。例如，用热水和毛刷冲洗大理石用具，然后晾干；用热水和清洁剂冲刷木制品，用净水冲洗，然后擦干；用热水冲洗塑料制品；用热水和清洁剂冲洗瓷器和陶器；对铜制品的清洁方法是，先清除铜制品的食物残渣，然后用热水和清洁剂冲洗，再晾干。

6．不要用碱类物质清洗铝制品，以免破坏其防腐保护膜。清洗时,先去掉食物残渣,然后浸泡,再用热水放适量的清洁剂清洗。

7．清洗锡制品和不锈钢制品时,先使用热水和清洁剂刷洗,然后用清水冲净、晾干。

8．清洁镀锌制品时,注意保护外面的薄膜,洗涤后一定要擦干,否则会生锈。

9．用潮湿的布擦洗搪瓷制品,不要使用去污粉。

10．清洁刀具时,应注意安全,用热水和清洁剂将刀具洗净,然后用清水冲净、擦干、涂油。

11．清洗各种滤布和口袋时,先去掉其残渣,用热水和清洁剂洗涤揉搓后用水煮,冲洗,晾干。

12．清洁过滤网、绞肉机和削皮机时,用清水冲掉网洞中的食物残渣,用毛刷、热水和清洁剂刷洗,用净水冲洗,擦干。

13．清洗电器设备时,应关闭机器,切断电源,用布、小刀或其他工具去掉食物残渣,用热水和清洁剂清洗各部件,尤其应注意清洗刀具和盘孔,然后擦干。

### 四、餐厅员工的清洁卫生

许多餐厅的环境卫生无可挑剔,然而,餐厅却没有提供员工洗澡淋浴的地方。虽然一些饭店或餐厅每月发放给员工补贴,但还是存在员工个人卫生不合格的情况。个人卫生不合格不仅影响员工的健康,而且还会影响顾客对餐厅的总体印象。因此,良好的员工个人卫生必须做到以下几点:

1．员工每年至少进行一次健康检查。

2．每天应该洗澡,使用除臭剂。

3．保持头发整洁,梳理整齐。

4．任何时间内,衣服穿着必须清洁合身。

5．保持更衣室的整齐,清洁。

6．不吃异味变质的食物。

7．在工作前、准备食物前、抽烟后和便后均应使用肥皂、热水洗净手，包括指甲。

8．穿干净的制服、围裙，戴好帽子或者发网。

9．不要戴耳环和头饰，这些东西可能会掉入食物内。

10．保持指甲清洁，勿涂指甲油，不要留长指甲。

11．当手指割伤或戳伤时，应立即用止血胶带包扎。

12．不要在工作时用手指去抓头皮、擦脸和揉眼睛。

13．钢笔和铅笔应当放在较低的口袋中，防止弯腰时掉进食品中，当然绝对不允许将其含在嘴中或别在耳后。

14．工作时，禁止吸烟、吐痰和嚼口香糖。

15．打喷嚏和咳嗽，要用手帕或纸巾将脸遮住。

16．当发生刀伤或烫伤事故时，应进行急救。

17．生病员工应在家休息，如感冒这样的传染病，仅仅通过呼吸就可以传染给顾客。

18．品尝食物时，要使用清洁的叉、匙。品尝流质食品，应先取一些放入盘中或小碟里，然后在品试。

19．服务时，不要把手指伸入盘子或碗中。

20．保持台布、餐巾、餐巾纸的清洁，做到一客一换。

保持餐饮工作人员的身体健康非常重要，这是防止将病菌带入餐厅和厨房的一个重要环节。因此还应做到以下几点：

1．饭店和餐厅的管理人员应当重视和关心员工的身体健康，并为他们创造良好的工作条件，不要随意让职工加班加点。

2．餐饮职工应适当地休息和锻炼，呼吸新鲜空气和均衡饮食。由于餐厅和厨房工作时间长，工作节奏快，部分员工上两头班（早晚班）。因此，餐饮职工需要有充足的睡眠和休息。下班后，他们应得到放松，特别需要呼吸新鲜空气。

3．餐饮职工需要营养丰富的食品，喝干净的水，养成良好的饮食习惯，善于放松自己，不要焦虑，以保持身体健康。

4．餐厅服务员穿的民族服装和制服每天更换。工作服应当整齐干净，没有油污和破损。

5．按照国家和地方法规的规定，餐饮生产和服务人员每年应做一次体检。身体检查的重点是肠道传染病、肝炎、肺结核、渗出性皮炎等，上述各种疾病患者及带病菌者均不可从事餐饮生产和服务工作。

**五、洗涤**

洗涤是整个餐厅业务运转中不可缺少的一环，对玻璃器皿、瓷器、银器进行有效的清洗可防止疾病的传染。洗涤的设备、水质和温度必须符合地方防疫部门的要求。如果使用自动洗碗机，则应记住操作步骤：

1．清洗前，应将所有盘子粗粗地刮一下，除去残留物。
2．在上机前，预先清洗一次。
3．把盘子叠好，做好送入机器的准备。
4．把盘子送入机器，注意不要超量。
5．把需清洗的碗、杯子倒扣过来。
6．银器要单独清洗。
7．检查清洁剂是否充足。
8．检查水温，洗涤时不得低于60℃，消毒时，不得低于82℃。
9．待餐具干燥后贮存在干净的贮存柜中。
10．不要用手过多地接触已清洗过的餐具。

在整个洗涤工作中，玻璃器皿的洗涤是最为困难的。因此，应尽量先洗涤玻璃器皿，或者配单独的洗碗机来洗涤玻璃器皿。清洗杯子前，应先检查一下杯口是否有油污、唇膏和其他印痕，这些东西是较难除去的，应当先手工擦净。

不锈钢或银餐具的洗涤方法有所不同，首先应将它们放在加有清洁剂的热水中预泡一下，主要是为了去掉食物残渣。如使用洗碗机，则要将银餐具放在单独的一层中洗涤。洗涤后将水温升到85℃以上进行消毒，而后用热空气进行干燥。洗净的银器应贮存好，不要用手过多地去拿放它们。

洗涤银餐具是一件复杂而又费时的工作，但如果方法得当，也能简单而快速地完成。银餐具在使用后应立即将它们放在有清洁剂的水中洗涤，但应避免长时间浸泡。在洗银餐具的水中加几滴氨可以减少污斑而增加银具的亮度。如果需要抛光，则应使用优质牙膏或液体上光剂，用清洁的软布将银餐具擦亮。如果要快速上光可以使用专用的擦银布。

已清洁过的银餐具不要再用裸手去拿，因为手上的汗会造成新的暗污点。不要把银餐具用橡胶带或橡皮筋捆扎，这些物品会因老化而在银餐具上留下黑印。为了防止银器发黑，应该使用抗污布将餐具包好，放在干燥的地方保存，尽量减少接触空气。

目前，有一种专门使银器表面光滑的洗涤方法。这种方法是用一只铝盆盛上足以盖没银餐具的水，每一立升水中加入一茶匙食用苏打，将溶液煮沸，然后关闭热源，加入银器泡一会儿，将银器取出，用加清洁剂的水清洗一遍，然后擦干。铝和银会起一种电解作用，使银器上的污斑除去。使用过的铝盆则应用酸性溶液煮一下。

在清洗中，应随时取走瓷器和玻璃器皿的碎片，因为它们不仅妨碍正常的洗涤工作，而且容易导致人员受伤。

做完所有的洗涤工作后，放杯盘的桌子、洗碗机，包括水管、碗槽、碗筐等附件，都要进行清洗，所有的水都应当放光，机器的内外部分要擦干净，以保证其良好而清洁的状态和环境卫生。

## 六、细菌的生长、传播与控制

大多数的食品污染是由细菌引起的。细菌是一种单细胞生物，体形微小，种类繁多，形态各异，有球状、杆状和螺旋状。

**（一）细菌的分类**

对于餐饮管理者来说，细菌可以分为以下四类：

1. 无害细菌。多数细菌都属于这一类，它们既无害也无益，在餐饮经营中对它们不予考虑。

2. 有益细菌。这些细菌对我们是有益的，比如它们很多生长在肠道内，不仅可以抑制有害菌的生长繁殖，促进食物的消化，而且可以生产某些特定的营养素。在某些食品生产中，比如说泡菜、酸奶等，就是利用了乳酸菌的发酵实现的。

3. 不受欢迎菌。这些细菌会造成食物的变质，由于它们有明显的表现，比如恶臭、酸化，只要我们发现并及时处理，就不会致病。

4. 致病细菌。这种细菌是导致食物中毒的罪魁祸首，因为它们的存在没有什么明显的征兆，人们无法直观地看出、闻出或者是尝出它们的存在，因此，这些细菌是餐饮经营者必须时刻注意的。

（二）细菌的生长

细菌的繁殖是通过细菌分裂完成的，在良好的生长环境中，它们每15到30分钟就能分裂一次，这意味着一个细菌在不到6小时的时间里变成上百万个细菌。细菌的繁殖需要六个条件：

1. 食物。细菌的生长需要一定的食物，因此它们也喜欢人类所喜欢的食物。

2. 湿度。细菌的生命活动需要在水的环境中进行，因此干活原料不容易滋生细菌，不易腐败变质。如果食物中盐和糖含量高，也可以抑制细菌的生长，因为细菌生活的环境中若糖浓度和盐浓度过高，会导致细菌细胞失水死亡。

3. 温度。温暖的环境最适宜细菌的生长，在7℃—60℃之间，致病细菌繁殖的速度最快，因此这一温度区间被称为食物危险区。需要说明的是，由于致病细菌的适应能力越来越强，卫生部门建议将食物危险区的温度下限降到4℃，也就是说，食物冷藏的温度不要超过4℃。

4. 酸碱度。一般来说，致病细菌喜欢中性的环境，食物酸性或碱性过强，都不利于细菌的生长。

5. 空气。大多数细菌需要氧气来生长，这些细菌被称为好氧菌；而有些细菌只能在没有氧的条件下才能繁殖，它们被称为厌氧菌。肉毒中毒就是一种由厌氧菌引起的最严重的食物中毒。

6. 时间。当细菌被传播到一个新的环境中时，它们在开始生长繁殖之前需要一定的时间来适应周围的环境，这个时间被称为"适应期"。如果其他条件良好，适应期可能持续 1 小时左右。在这个适应期可以使食品在室温条件下进行短时间的加工而不致造成细菌的快速繁殖。

## （三）细菌的传播

细菌运动的唯一方式就是通过载体来传播。细菌的传播有以下一些途径：

1. 双手的触摸；
2. 咳嗽和打喷嚏；
3. 其他食品污染；
4. 设备和器皿的污染；
5. 空气的污染；
6. 水污染；
7. 昆虫污染；
8. 鼠类的污染。

## （四）阻断和消灭细菌方法

针对细菌生长繁殖所需的条件，我们可以采取一些措施来阻断细菌的生长。阻断细菌生长繁殖的原则有三条：

1. 防止细菌的传播。避免食品接触其他带有致病菌的食品和空气中的致病菌。

2. 中断细菌的生长繁殖。去除细菌生长繁殖的条件。在厨房，最好的武器就是温度，最有效的方法将食物的温度控制在食物危险区以外，也就是将食品保存在 7℃ 以下冷藏或者 60℃ 以上热存。这两个方法不一定能够杀死细菌，但是可以有效抑制细菌的生长。

3. 杀灭细菌。大多数致病细菌，在 77℃ 条件下经过 30 秒的时间即可被杀死，因此餐具的消毒一般控制在这个温度以上，这个温度也是大多数食品的烹饪温度。

### 七、中毒

食物中毒是指摄入了含有生物性、化学性有毒有害物质的食品或者把有毒有害物质当作食品摄入后出现的非传染性（不属于传染病）的急性亚急性疾病。食物中毒在餐饮企业中比较常见，虽然近年来有所改观，但是餐饮管理者还是应该对其有所了解。食物中毒的原因主要有以下几个方面：

#### （一）致病性生物污染导致的中毒

1. 沙门氏菌感染，主要症状是腹痛、腹泻、头痛、发烧、恶心和呕吐等，主要来源是感染的病人、动物的爪子等。预防措施就是保证人员的卫生安全。

2. 链球菌感染，细菌的来源主要是受感染的员工咳嗽和打喷嚏。预防措施是：如果你受到了感染，不要接触食物；菜品在陈列时要避免受顾客的喷嚏和咳嗽的感染。

3. 致病性大肠杆菌食物中毒，主要发生在夏季，常因手、蝇和不洁用具污染而引起中毒，主要表现为腹泻、急性肠胃炎。预防措施就是做好餐厅卫生，同时服务人员也应对自身的卫生严格要求。

4. 葡萄球菌感染，这是最常见的食物中毒，症状是腹痛、恶心、虚脱、呕吐、腹泻和胃痉挛。这种细菌在奶制品、鸡蛋羹和肉类等高蛋白食物中最常见。预防的方法是养成良好的工作习惯，不要带病参加工作。

5. 传染性肝炎，传染性肝炎是一种由病毒引起的比较严重的疾病，这种病可以延续数月。传染源主要是受污水污染的贝类食品以及受感染的操作员工。预防措施是形成良好的卫生习惯，不生吃贝类食品。

6. 旋毛虫病感染，常被误认为是流感，因为其症状与流感类似，但实际上，其症状可以持续一年以上。这种病毒主要来源是食用垃圾的猪的肉，尤其是公猪的肉。预防的措施是所有的猪肉必须最起码加热到65℃，专家建议合理的烹饪温度必须达到74℃以上。

## （二）有毒化学物质导致的食物中毒

化学污染影响的范围很大，情况也很复杂。造成化学污染的原因主要是来自以下几个方面：

1. 来自生产、生活环境中的各种有害金属、非金属、有机及无机化合物。例如，使用铅锡容器造成的铅中毒，用镀锌容器贮存菜肴造成锌中毒，用铜容器贮存酸性的物质造成铜中毒等。

2. 在菜肴和点心加工中，加入不符合卫生标准的食物添加剂、色素、防腐剂和甜味剂，都是造成食品污染的原因。例如，在制作香肠时使用的亚硝酸盐是致癌物质，如果误食了大量的亚硝酸盐会出现烦躁不安、呼吸困难、腹泻，严重者会出现呼吸衰竭。人工合成的食用色素有致泻性和致癌性。

3. 农业用化学物质造成的污染。农作物在生长期或成熟后的贮存期，常常沾有农药与化肥，如果清洗不彻底，会造成急性中毒和积蓄中毒并危及人的生命安全。例如，食物残留过量的六氯环乙烷等有机氯农药的谷物、蔬菜和水果可引起肝、肾和神经系统中毒，使用掺有过量的敌敌畏、敌百虫等有机农药的谷物、蔬菜和水果可引起神经功能紊乱。

4. 由于使用不符合卫生标准的包装材料和运输工具引起食物与化学物质接触，造成化学污染。一些运输车辆在沾染有害物质后，由于未经严格的处理就与食品原料接触，也可造成食物中毒。

## （三）食品本身含有毒成分，因加工不当而导致中毒

例如，豆角含有一种有毒蛋白叫凝血素，可与红血球发生凝集，还有的豆角含有"皂苷"，可对消化道粘膜产生强烈刺激，这两种毒素在高温中可被分解破坏，若食用半生不熟的豆角则容易引起中毒。在加工豆角时一定要充分加热。在餐饮行业里，这样的原料不仅此一种，遇到这样的特殊材料时，应倍加小心，正确烹调。

明确餐厅中发生食物中毒的主要原因，有益于管理者做好监管和预防工作，但这并不意味着能够杜绝食物中毒的发生，因此，餐饮行业管理人员和服务人员还应明确对中毒事件的处理。

中毒以恶心、呕吐、腹痛、腹泻等急性肠胃炎症状为主。服务人员如发现客人同时出现上述症状,应立即报告本部门经理。部门经理在接到客人可能中毒的报告后,应立即通知医务人员前往诊断。

初步确定为食物中毒后,通知保安部经理、大堂经理和总经理。医务室应立即对客人进行急救,并将客人送往医院进行救治。餐厅要留存客人所用食品、饮料备检,以确定中毒原因。

餐厅要对可疑食品、饮料及有关餐具进行控制,以备查证和防止其他人中毒。由餐饮部负责保安部协助,对中毒事件进行调查,查明中毒原因、人数、身份等。

对食物中毒的客人,餐厅管理人员应给予足够的关注与慰问,并采取各种积极有效的措施,把中毒事件的影响降低到最低程度。至于饭店应承担的责任,应根据客人中毒的原因加以确定。

造成餐厅客人中毒的原因,一般有以下几种:

1. 餐厅的故意或过失而造成客人中毒

故意是指餐厅明知出售的食品有可能会造成客人食物中毒或引起食源性疾病却仍然出售,以致造成危害结果的发生。过失是指餐厅在出售有污染的食品时,应预见到会造成客人的中毒或食源性疾病,但由于疏忽而没有预见到,或已经预见到,却轻信能避免而未采取有效处理措施,以致引起客人中毒或发生食源性疾病。无论是故意还是过失,只要是由于餐厅本身的原因而造成的客人的食物中毒或引起食源性疾病,餐厅将承担全部的法律责任。

2. 餐厅外部原因造成的客人中毒

有的餐厅出售的食物不是由本餐厅制作的,而是从供货商购进,然后再出售给本餐厅的客人。由于这种原因而造成的客人中毒,餐厅首先应向客人赔偿损害,然后餐厅再向供货单位追偿损失。如果造成中毒的原因不是由供货商引起,而是由于运输部门在运输过程中受到污染而引起,应由运输部门承担责任。

3. 由于客人本身的原因

餐厅所提供的食物适宜一般的人食用,由于个别客人自身的原因而引发中毒，餐厅不承担法律责任。

## 八、危害分析关键控制点（HACCP）

### （一）什么是危害分析关键控制点

危害分析关键控制点，通常简称为 HACCP，是英文 Hazard Analysis Critical Control Point 的缩写。HACCP 是 20 世纪 60 年代由皮尔斯伯（Pillsbury）公司联合美国国家航空航天局（NASA）和美国一家军方实验室共同制定的一套食品卫生安全体系。该体系建立的初衷是为了确保太空食品的卫生，避免宇航员在进入太空后出现呕吐、腹泻等安全问题。

1973 年美国食品药品管理局（Food and Drug Administration）将 HACCP 原理应用于低酸性罐头食品生产中。1985 年美国国家科学院（National Academy of Sciences）正式向政府推荐 HACCP 体系，并因此于 1987 年成立了国家食品微生物标准咨询委员会，该委员会 1989 年提出了 HACCP 的七个原理，建立了现代 HACCP 的基本体系。现在 HACCP 体系已不仅局限于食品生产企业中的应用，许多国家已引进到餐饮业的经营中。

### （二）HACCP 的实施步骤

根据 HACCP 原理，实施 HACCP 计划具有七个步骤：

1. 对加工过程和投入的原材料进行危险分析。准备一份加工过程程序清单，标明在哪些地方可能发生重大危险，以及将采取或正在采取何种预防控制措施。

2. 确定加工过程的关键控制点，即在加工过程出现失控时可能会影响食品安全的地方。主要包括四项：个人卫生、避免交叉污染、烹饪加工、低温储存（包括冷藏和冷冻）。

3. 确定控制标准。以烤鸡胸肉为例，加工准备的操作规则包括：

（1）洗手；

（2）完成加工后对使用过的菜板和刀等进行冲洗和消毒；

（3）保持烤箱的温度在 74℃。

4. 监控关键因素的具体实施情况，包括监控什么、如何监控、监控频率和谁来监控等内容，以确保完全符合控制标准，如对肉类原料进行冷藏时，检查温度是否控制在 4℃以下，生熟食品是否分开等。

5. 在监督过程中，如果发现有不符合控制标准的，应采取必要的补救措施。

6. 建立有效的记录，保证程序。

7. 建立验证程序，证明 HACCP 系统是否正常运转。

目前，我国许多餐饮企业已经开始了 HACCP 的认证和实施，这对于餐饮企业的卫生安全和保障消费者的健康都具有重大意义。

### （三）餐饮业实施 HACCP 的好处

1. 增强消费者和/或政府的信心。因食用不洁食品将对消费者的消费信心产生沉重的打击，而食品事故的发生将同时动摇政府对企业食品安全保障的信心，因而应加强对企业的监管。

2. 减少法律和保险支出。若消费者因食用食品而致病，可能向企业投诉或向法院起诉该企业，既影响消费者信心，也增加企业的法律和保险支出。

3. 增加市场机会。良好的产品质量将不断增强消费者信心，特别是在政府不断抽查中，总是保持良好的企业，将受到消费者的青睐，形成良好的市场机会。同时与国际有关食品法规接轨，使产品符合国际食品安全法规要求，将使企业增加出口和进入市场的机会，并提高国际竞争力。

4. 降低生产成本。通过多厨房生产的控制，避免不合格菜品的出现，从而降低生产成本。

5. 提高产品质量的一致性。HACCP 的实施使生产过程更规范，在提高产品安全性的同时，也大大提高了产品质量的均匀性。

6. 降低商业风险。每一次食品中毒事件的出现，如北京的福寿螺事件，都给餐饮企业的经营和声誉造成重大的影响。

**本章小结**

本章共分两节，第一节是餐厅安全管理，介绍了餐厅员工在工作中的事故预防以及如何防止火灾、烫伤、切伤、肌肉拉伤、摔伤、机器设备的伤害等；第二节是餐厅环境与个人卫生，介绍了餐厅环境卫生要求、厨房的卫生要求、餐饮设备的卫生要求、餐厅员工的清洁卫生、洗涤要求以及细菌的生长、传播与控制方法，并简单介绍了由微生物所引发的疾病和中毒。

**复习思考题**

1．为什么说餐厅的卫生与安全管理变得越来越重要？
2．在服务过程中如何预防火灾？一旦火灾发生，餐厅工作人员应如何反应？
3．餐厅员工应如何预防烫伤、切伤和摔伤？
4．餐厅如果出现紧急情况，服务人员应如何处理？
5．如何保持餐厅环境的卫生？
6．员工个人卫生应注意哪些方面？
7．餐具的洗涤分为哪些步骤？
8．细菌的繁殖生长需要哪些条件？
9．什么是食物危险区？如何才能保证食品原料的安全与卫生？
10．针对细菌的传播途径，你认为餐厅工作人员在食品的准备、生产和服务过程中应养成什么职业习惯？
11．如何有效防止细菌的繁殖和传播？
12．食物中毒主要有哪些？如何预防？

# 案例分析

## 餐厅发生火灾的代价

2015年8月13日晚10点,南京长白街大个子龙虾店突发火灾,大火封门,火灾中一楼大部分顾客冲了出来,二楼多名顾客被烟熏倒,最终送医的人员中5人不治身亡。目前火灾的原因已经查明,涉事厨师、店长及老板三人被公安部门刑事拘留。

南京市公安消防局火调技术科科长邵瑾介绍,长白街大个子龙虾店的火灾,是由于厨师在油炸食物过程中离开,锅内持续加热,导致起火燃烧,最终酿成了惨剧。

据介绍,厨师吴某对此事故负有直接责任。此外,店长张某和老板杨某作为管理和经营者,同样负有责任。因此,公安部门对此三人处以刑事拘留。

事故发生后,秦淮警方以涉嫌失火罪将相关人员刑事拘留,经过进一步的调查,相关责任人涉及的罪名可能变更为重大责任事故罪,目前有待进一步的工作确定。

有律师向记者表示,重大责任事故罪是指在生产、作业中违反有关安全管理的规定,发生重大伤亡事故或者造成其他严重后果的行为。根据《刑法》规定,致1人死亡,就构成重大责任事故罪。而此次火灾造成5人死亡,属于情节特别恶劣,涉案人员可能会面临3年以上7年以下有期徒刑。

值得一提的是,店中的两名工作人员也被处以行政拘留。对此,邵瑾介绍称,作为饭店工作人员,在事故发生后,他们有义务引导顾客,疏散逃生。

就在前不久,记者曾跟随南京消防部门对部分场所进行检查时发现,绝大部分店员对如何使用消防器材,发生火灾时该如何疏散顾客都不清楚。消防部门提醒这些场所的工作人员,如果店内发生火灾而未能及时疏散、引导顾客离开，很有可能将面临行政拘留等处罚。

**案例思考题**

1. 为什么餐厅最易发生火灾？
2. 为什么该龙虾店在开始起火后没有得到及时的扑救？
3. 餐厅火灾带给顾客和老板的后果是什么？
4. 结合本章内容，说明餐厅火灾的预防和扑救措施。

# 参考文献

1. 黄文波. 餐饮管理. 天津：南开大学出版社，2010.
2. 蔡万坤. 餐饮管理. 第三版. 北京：旅游教育出版社，2008.
3. 李荣耀，洪锦怡，曾淑凤. 西餐烹饪实务. 天津：南开大学出版社，2005.
4. 杰克·米勒. 黄文波译. 餐饮成本控制. 天津：南开大学出版社，2004.
5. 王天佑. 餐饮管理学. 沈阳：辽宁科学技术出版社，2001.
6. 克里斯廷·格罗鲁斯. 韩经纶，等译. 服务管理与营销——基于顾客关系的管理策略. 第2版. 北京：电子工业出版社，2002.
7. 瓦拉瑞尔 A. 泽丝曼尔，玛丽·乔·比特纳，德韦恩 D.格兰姆勒. 张金成，白长虹译. 服务营销. 北京：机械工业出版社，2002.
8. 詹姆斯·赫斯克特，厄尔·萨塞，伦纳德·施莱辛格. 牛海鹏，等译. 服务利润链. 北京：华夏出版社，2002.
9. 刘书翰. 加入WTO与中国第三产业发展对策研究. 长春：吉林人民出版社，2002.
10. 赵建民. 餐饮质量控制. 沈阳：辽宁科学技术出版社，2001.
11. 黄文波. 餐饮业营销. 北京：企业管理出版社，1999.
12. 黄文波. 旅游业营销. 北京：企业管理出版社，1999.
13. 陈祝平. 餐饮营销策划与案例. 沈阳:辽宁科学技术出版社，2003.
14. Jack D. Ninemeier, David K. Hayes. Restaurant Operations

Management: Principles and Practices. Englewood Cliffs: Prentice Hall, 2016.

15. Robert Christie Mill. Restaurant Management: Customers, Operations, and Employees. Second Edition. Englewood Cliffs: Prentice Hall, 2001.

16. Mary B. Gregoire. Foodservice Organization. $7_{th}$ Ed. Englewood Cliffs: Prentice Hall, 2010.

17. Sarah R. Labensky, Alan M. House. On Cooking. Englewood Cliffs: Prentice Hall, 2006.

18. Philip Kotler. Marketing for Hospitality and Tourism. $6_{th}$ Ed. Englewood Cliffs: Prentice Hall, 2013.